现代企业税务管理

——面向企业 面向决策

第二版

张晓农 著

南开大学出版社
天　津

图书在版编目(CIP)数据

现代企业税务管理:面向企业、面向决策 / 张晓农著.
—2版.—天津:南开大学出版社,2013.10(2020.9重印)
ISBN 978-7-310-04311-8

Ⅰ.①现… Ⅱ.①张… Ⅲ.①企业管理—税收管理
—中国 Ⅳ.①F812.423

中国版本图书馆 CIP 数据核字(2013)第 223572 号

版权所有　侵权必究

现代企业税务管理:面向企业、面向决策(第二版)
XIANDAI QIYE SHUIWU GUANLI:
MIANXIANG QIYE MIANXIANG JUECE (DI-ER BAN)

南开大学出版社出版发行
出版人:陈　敬
地址:天津市南开区卫津路 94 号　邮政编码:300071
营销部电话:(022)23508339　营销部传真:(022)23508542
http://www.nkup.com.cn

天津泰宇印务有限公司印刷　全国各地新华书店经销
2013 年 10 月第 2 版　2020 年 9 月第 5 次印刷
230×170 毫米　16 开本　23.625 印张　433 千字
定价:45.00 元

如遇图书印装质量问题,请与本社营销部联系调换。电话:(022)23507125

内容摘要

本书从企业作为纳税人的角度,系统地介绍了税收理论与政策、我国税收制度和企业税务管理,注重税收对企业经营管理决策的影响,注重企业的税务管理与税务筹划。本书囊括了截至2013年的新一轮税制改革的最新成果,能从整体上反映我国的新税收制度。

本书适合作为工商管理专业在校大学生和研究生的教材,也可作为企业管理人员的培训教材。

序

在我国近些年来税制较大变动的背景下,张晓农教授修订再版了《现代企业税务管理》,内容既体现了近几年税改的成果,又前瞻性地预测了我国税改的前景,精辟的税收理论和丰富的实务案例相结合,为作为纳税人的我国企业管理者和商学院的学生提供了一本很好的教科书。

税,对中国来说是个很纠结的领域。中国是最早产生税的国家,但现行税制又很幼稚;十分强调纳税意识,但纳税人意识几乎为零;税负在世界排在前列,却常年入不敷出,甚至一些地方政府出现债务危机;在要求依法治税的大背景下,我国现有的二十多种税只有三种通过人大立法,而逃税避税简直成了群众运动;经济转型、扩大内需成为我国经济发展的主要引擎,但现行税种主要对消费征收,限制了内需却增加了到国外"扫货";对住宅开征房产税成为降低房价、打击房地产投机和增加政府收入多重目标的寄托,但与土地公有、土地出让金及70年期限的冲突,使对征收房产税的争议日趋白热化;由馒头税、月饼税引发的争论等等。人们开始意识到,不管人们愿意不愿意,所有的人都与税摆脱不了干系。因而,我建议大家多读读税收方面的书籍,包括这本为纳税人写的书。

从税的角度来看,中国进入了一个新的时代。首先,这是一个纳税人意识觉醒的时代,从普遍的"纳税与我没关系"到"我是纳税人",以及从"纳税意识"到"纳税人意识"的权利与义务的诉求开始觉醒;其次,这是一个新的税改时代,不仅仅是一个简单的、个别税种、短时间的税改时期,而是整个税制结构的变革,以适应我国经济转型的需要,从目前实质限制消费的以增值税、消费税等间接税为主体税种的税制结构,向以财产和所得征税为主体税种的直接税制变革;第三,这是一个新的税政时代,要真正依法治税,把税法的立法权收归人民代表大会,监督税务机关必须依法征税而不能违法征税,依法打击偷逃税行为;第四,这是一个税收理论创新的阶段,随着改革开放的深入,我国传统的税收理论遇到根本性的挑战,社会主义市场经济条件下的税收理论开始形成,税收的性质、动因、纳税人权利与义务、税制结构、税负转嫁、避税与节税等理论问题,将会形成一个新的理论体系,为我国涉税各方面的建设提供理论依据;最后,这是一个税学教育的时代,要把人们从税的愚昧状态下解脱出来,教育公民提高公民意识,知晓纳税与公共产品的关系,增强社会责任感及其纳税意识，同时要教育政府官员增强公仆意识，尊重纳税人（就是人民，因为每个人都是纳税人）的权利，善待税收钱财，提高民生水平；等等。面对这样一个新时代，我们要与时俱进，最重要的就是要学习。这本书具有系统而简明的内容、朴实易懂的文笔、贴近时代联系实际的风格，很方便阅读和学习。

众所周知，税是国家参与国民财富分配从而取得财政收入的一种方式，它反映了国家与人民群众之间的分配关系。在我国这样一个政府作用强大的国度，税理、税法、税制等比任何一个国家都重要，会影响整个国家的经济、社会、文化甚至政治，也会渗透到各个企业、家庭和个人的方方面面。转轨过程中的中国税收，在理论、理念、文化、法律、制度、现实、实务等方面会出现各种冲突，从而引发人们的思考，人们开始变革，这是历史的进步。正如歌德所言：理论总是灰色的，而生命之树常青。

读张晓农教授的书，有感而发，以为序。

王全喜

2013年7月于南开园

第二版前言

时至今日，我国企业的经营管理者大都认识到了税收是企业管理决策中不可忽视的重要因素。企业是纳税人，企业的经营管理者作为企业的人格化代表，通晓税收制度及相关实务已成为现代企业经理人的基本要求。在企业日常的生产经营活动决策和关系到企业发展的投资、融资以及收购兼并等战略决策中，税收是决策者必须考虑的重要变量之一。依法纳税是现代企业必须承担的社会义务，而税收作为一种刚性支出却又势必影响企业的利益。如何根据企业不同的发展战略科学地选择税收筹划方案已成为企业管理者必须面对的重要课题。

随着2009年增值税转型改革在全国的实施，我国于2004年启动的新一轮税制改革已经全面展现。在此轮税改中，我国的税收制度发生了深刻的变化，主要内容包括：

一、2009年在全国范围内实施了增值税转型的变革，使原来我国实行的生产型增值税转变为消费型增值税。增值税的转型有利于提高我国企业的竞争能力，将对我国企业的发展乃至社会经济结构产生深远的影响。

二、2008年合并了原有的"企业所得税"和"外商投资及外国企业所得税"，设立了新的企业所得税。新企业所得税第一次统一了内外资企业的税收负担，给开放环境下的企业竞争提供了一个平等的舞台，有利于促进企业整体的健康发展，也给外商投资企业和内资企业带来了新的机遇和挑战。

三、多次调整了消费税的税目和税率。消费税的税目有增有减，税率有升有降，对企业的经营范围选择、产品结构调整与发展战略制定等决策将产生影响。

四、修订了城镇土地使用税，把外商投资企业纳入了征收范围，同时，较大幅度地提高了税率。城镇土地使用税的修订，加大了对土地资源保护的力度，同时会增加企业的运营成本，影响企业的经营决策。

五、实行内外资企业统一的新车船税，取代了车船使用税和车船牌照使用税。此次车船税的改革，把车船税从一贯的行为税种纳入财产税的行列。

六、修订了耕地占用税，大幅度提高了税率。耕地占用税的修订，提高了占用耕地的成本，有利于保护耕地资源，也对企业的发展模式提出了挑战。

七、多次调整了证券交易印花税，实行出让方单边纳税，更有利于资本市场的运行。

八、两次提高了个人所得税的工薪费用扣除额，实行了年 12 万元以上收入的纳税申报管理，虽然没有解决个人所得税存在的本质问题，但也为其改革做了一定程度的尝试。我国个人所得税的改革方向是建设综合分类所得税制度，这是一个既紧迫又复杂的系统工程，还有很多的路要走。

与此相关，我国的税收理论和税收政策也发生了很大的变化。例如，此次新一轮税制改革一改过去税负不变的原则，采取了结构性减税的政策。而企业能否成为减税的受益者，还有待于企业管理层对新税制的把握和理解。本书反映了新一轮税改的成果，能为读者提供最新的知识和帮助。本书具有以下特点：

1. 从企业作为纳税人的角度阐述和研究税收；
2. 涵盖了企业经营管理决策所需的企业税务管理知识；
3. 内容反映了截至目前最新的税制改革的内容；
4. 为企业开展税收筹划奠定了税收理论、税收筹划技术以及法律制度等方面的基本知识。

本次修订主要集中在第五章增值税、第十二章第三节土地增值税和第十三章第二节印花税部分，并补充了 2013 年最新的"营改增"动态，从而使得教材更贴近现实。

本书适合工商管理专业的本科生和研究生学习，也可作为企业管理人员的培训和参考用书。本书以企业决策过程为研究视角，旨在帮助读者运用税收知识增强企业经营决策的科学性。

由于新一轮税改涉及面大，内容复杂，编写的时间紧，肯定会有缺点错误。欢迎大家批评指正。联系邮箱：xnzhang@nankai.edu.cn。

张晓农
2013 年 3 月于南开园

目 录

第一章　政府征税的动因与税收原则 ·· 1
　　第一节　税收的基本概念 ··· 1
　　第二节　市场经济条件下政府征税的动因 ······························· 5
　　第三节　税收原则的形成与发展 ··· 9
　　第四节　现代税收基本原则 ··· 16

第二章　税收制度与税制结构 ··· 23
　　第一节　税收制度的构成要素 ·· 23
　　第二节　税收的立法和税法实施 ······································· 30
　　第三节　税收的分类 ··· 33
　　第四节　税制结构 ·· 39

第三章　我国税收制度的建设 ··· 46
　　第一节　改革开放前的中国税制 ······································· 46
　　第二节　改革开放中的税制改革 ······································· 47
　　第三节　建立市场经济的税收制度 ···································· 51
　　第四节　税收制度改革方向 ··· 57

第四章　税收对企业的影响与税负转嫁 ································· 62
　　第一节　税收对企业决策的影响 ······································· 62
　　第二节　企业的税收负担 ··· 66
　　第三节　企业的税收转嫁 ··· 71

第五章　增值税 ··· 77
　　第一节　增值税概述 ··· 77
　　第二节　增值税的纳税人 ··· 81
　　第三节　增值税的征税范围 ··· 83
　　第四节　增值税的税率 ·· 84
　　第五节　应纳增值税的计算 ··· 85
　　第六节　出口货物退（免）税 ··· 94
　　第七节　增值税的税收优惠 ··· 96
　　第八节　增值税的纳税管理 ·· 100

第六章 营业税 ... 104
第一节 营业税概述 ... 104
第二节 营业税的纳税义务人和扣缴义务人 ... 105
第三节 营业税的税目和税率 ... 106
第四节 营业税的计税依据 ... 111
第五节 应纳税额的计算 ... 116
第六节 特殊经营行为的税务处理 ... 117
第七节 营业税的优惠 ... 118
第八节 营业税的纳税管理 ... 123

第七章 消费税 ... 127
第一节 消费税概述 ... 127
第二节 消费税的征税范围与税率 ... 128
第三节 应纳税额的计算 ... 132
第四节 特殊税务处理 ... 135
第五节 消费税的出口退税 ... 139
第六节 消费税的纳税管理 ... 141

第八章 关税 ... 147
第一节 关税概述 ... 147
第二节 关税的征税对象和纳税义务人 ... 150
第三节 关税的税则及税率 ... 151
第四节 关税的完税价格 ... 152
第五节 应纳税额的计算 ... 154
第六节 关税的减免 ... 156
第七节 关税的纳税管理 ... 158

第九章 企业所得税 ... 161
第一节 纳税义务人、征税对象与税率 ... 161
第二节 应纳税所得额的计算 ... 163
第三节 资产的税务处理 ... 170
第四节 应纳税额的计算 ... 175
第五节 税收优惠 ... 178
第六节 源泉扣缴 ... 188
第七节 特别纳税调整 ... 189
第八节 所得税的征收管理 ... 192

第十章　个人所得税 ... 196
　第一节　纳税义务人 ... 196
　第二节　应税所得项目 ... 198
　第三节　税率 ... 201
　第四节　应纳税所得额的确定 ... 203
　第五节　应纳税额的计算 ... 205
　第六节　税收优惠 ... 214
　第七节　纳税申报及缴纳 ... 217

第十一章　企业的财产税种 ... 221
　第一节　房产税 ... 221
　第二节　车船税 ... 227

第十二章　企业的资源税种 ... 232
　第一节　资源税 ... 232
　第二节　城镇土地使用税 ... 238
　第三节　土地增值税 ... 243
　第四节　耕地占用税 ... 251

第十三章　企业的行为税种 ... 256
　第一节　城市维护建设税 ... 256
　第二节　印花税 ... 260
　第三节　契税 ... 271
　第四节　车辆购置税 ... 276
　第五节　证券交易税 ... 280

第十四章　国际税收 ... 283
　第一节　国际税收的概念 ... 283
　第二节　国际重复征税及其避免 ... 286
　第三节　国际避税与反避税 ... 296
　第四节　国际税收协定 ... 309
　第五节　未来国际税收环境 ... 316

第十五章　企业纳税管理制度 ... 320
　第一节　税务登记制度 ... 320
　第二节　发票管理制度 ... 324
　第三节　纳税申报制度 ... 327
　第四节　税务代理 ... 330
　第五节　税务行政复议与诉讼 ... 333

第十六章　企业纳税筹划 ··341
第一节　纳税筹划的含义 ··341
第二节　企业纳税筹划的起因 ··342
第三节　商品与服务税的筹划 ··344
第四节　所得税的筹划 ··349
第五节　综合筹划 ···354
第六节　纳税筹划的案例 ···361

参考文献 ···364

第一章 政府征税的动因与税收原则

世界上有两种东西不可避免：一是死亡，二是税收。这是国外有关税收的一句名言。在世界各国的发展史上，有许多重大的历史事件和税收结下了不解之缘。例如，美国独立与税收有关，18世纪60年代，英国颁布在北美殖民地征收若干新税（印花税等）的法令，使得殖民地和英国的矛盾冲突越来越激烈，终于在1775年打响了北美独立的第一枪。另如，1640年英国国王查理一世为了通过税收聚集财富，不得不召开已被其解散的国会，引发了英国内战和查理一世的灭亡。1789年的法国资产阶级大革命也是由于国王路易十六强行征税，引起国民尤其是资产阶级不满而爆发的。在中国，最早的税收萌芽形式产生于奴隶社会，公元前二千年的夏，就出现了"贡"，即奴隶主庄园必须向国家缴纳贡品。春秋战国时期鲁宣公十五年的"初税亩"据说是中国税收产生的标志。而目前，世界各国几乎都拥有完备的税收体系。可见，税收是一个既古老又现代、与人们密切相关的概念。

然而，对于我们来说，税收又是一个很新的领域。由于在改革开放以前，我国实行高度集中的计划经济体制，当时在人们的观念中，税收好像没有存在的意义，因而税收制度几乎空白。1983年开展的利改税，才使税收的概念开始进入人们的经济生活。现行的税收体系于1994年正式建立，现在仍处于逐渐的完善之中。因此，对于税收的理论、观念和制度，纳税义务、纳税人的权益、逃税、避税、节税及税收筹划，税收的稽征、管理及行政复议与诉讼等，是许多人还不熟悉而又经常遇到的内容，尤其对企业的经营管理者而言更是如此。

第一节 税收的基本概念

一、税收的定义

对于什么是税收，理论界和学术界有不同的定义。

列宁认为：所谓赋税，就是国家不付任何报酬而向居民取得东西。

日本的税收学者小川乡太郎认为，税收是国家为支付一般经费需要，依据其财政权力而向人民强制征收的财物或货币。日本的《世界大百科事典》继承了小川乡太郎的定义："所谓税收，就是国家（或其他公共团体）以满足其一般经费开支为目的而运用财政权力向人民强制性地征收的金钱或实物。税收既不同于捐款这种仅体现单方面意志表示的奉献收入，也不同于公有财产收入和公共事业收入这种根据提供者与作为接受者的国家及其他公共团体之间按合同而取得的合同收入，它是不必得到纳税者承诺的强制性收入。"

美国的经济学家塞里格曼认为，税收是政府对人民的一种强制征收，以供支付谋取公共利益所需要的费用。但此项征收是否能给予被强制者以特殊利益，则并无关系。《美国经济学辞典》将税收定义为："税收是居民个人、公共机构和团体被强制向政府转让的货币（在某些条件下也可以采取实物或劳务的形式）。"

英国的《新大英百科全书》对税收定义如下："在现代经济中，税收是国家收入的最重要的来源。税收是强制的和固定的征收，它通常被认为是对政府财政收入的捐献，用以满足政府开支的需要，而并不表明是为了某一特定的目的。税收是无偿的，它不是通过交换来取得。这一点与政府的其他收入大不相同，如出售公共财产或发行国债等。税收总是为了全体纳税人的福利而征收，每一个纳税人在不受任何利益支配的情况下承担了纳税的义务。"

以上是在国外比较具有代表性的税收定义。我国学者对税收也有着各种不同的定义，有的强调形式，有的强调实质，有的只是用词不同。但笔者认为，国内外所有这些表述都有着共同的内容。这些内容主要有：

1. 税收的主体是国家或政府；
2. 税收的实质是政府向社会取得财富；
3. 政府征税的目的是为了满足公共利益的需要；
4. 政府向社会征税凭借的是政治权力，一般以法律的形式加以实施；
5. 税收的纳税人是居民个人和企业等社会团体；
6. 税收具有无偿性与强制性的特征。

根据这些内容，用中国人比较习惯的表述方式，本书将税收定义为：税收是国家（政府）为了满足公共利益的需要，凭借政治权力，以法律的形式，强制地、无偿地向社会取得财富的方式。

二、政府征税的各种理论依据

政府凭什么征税？百姓和企业为什么纳税？即政府征税的理论依据问题，各种不同流派的学者们仁者见仁、智者见智，形成了许多不同的学说。回顾先哲们的学说，对我们更深刻地理解税收、增强纳税人的义务和权利观念，是非常重要的。历史上各主要学说及其基本内容如下：

（一）公需说

公需说产生于17世纪，这种学说的代表人物主要有资本主义初期的重商学派和德国重商主义的官房学派的学者，如法国的卜波丹（Bodin）、德国的K.克洛克（Kha）等。这种学说认为，国家的职能是满足公共需要和增进公共福利，这一职能的实现需要税收来提供物质资源，故此，税收存在的客观依据就在于公共需要或公共福利的存在。克洛克说："租税如不是出于公共福利的公共需要，即不得征税，如果征收，则不得称为正当的征税。所以，必须以公共福利的公共需要为理由。"

（二）交换说

交换说产生于17世纪，主要代表人物有重商主义者霍布斯、古典学派经济学家亚当·斯密以及蒲鲁东等。这种学说认为，国家征税是为了保护人民的利益，人民应向国家纳税以相互交换。霍布斯于1939年曾指出："人民为公共事业缴纳税款，无非是为了换取和平而付出的代价。分享这一和平的福利部门，必须以货币或劳动之一的形式，为公共福利做出自己的贡献。"亚当·斯密也曾指出，政府的职能范围越小越好，税收越轻越好，而且国家应以个人所得利益的数量确定纳税标准。

（三）保险说

保险说产生于18世纪，主要代表人物是法国的梯埃尔。保险说认为，国家保护了人民生命财产的安全，人民应向国家支付报酬，国家犹如保险公司，人民纳税如同投保人向保险公司交纳保险金一样。梯埃尔指出："人民按其从国家获得的利益的一定比例来支付税收，犹如保险公司的保险金按投保金额的一定比例来确定一样。"

（四）义务说

义务说产生于欧洲国家主义盛行时期的19世纪。这种学说在黑格尔（Hegel）的国家主义思潮影响下，认为国家是人类组织的最高形式，个人依存于国家。国家为实现其职能就应有征税权，人民纳税是应尽的义务，任何人不得例外。如法国的劳吾指出："租税是根据一般市民的义务，按一定的标准向市民征收的公课。"强调的是国家的权力和人民的义务。

（五）牺牲说

牺牲说也产生于19世纪，主要代表人物有法国的萨伊、英国的穆勒等经济学家。牺牲说认为，税收是国家的一种强制征收，对于人民来说是一种牺牲。萨伊于1892年指出："租税是一种牺牲，其目的在于保存社会与社会组织。"穆勒发展了萨伊的牺牲说，即依据纳税人的能力负税理论，提出均等牺牲观点。英国的财政学家巴斯泰布尔进一步阐述了穆勒的均等牺牲说。他认为，均等牺牲原则不过是均等能力原则的一种表现;均等能力意味着负担牺牲的能力均等;社会的最大福利是使全体纳税人负担最少的牺牲。

(六) 掠夺说

掠夺说的主要代表人物是空想社会主义者圣西门。掠夺说认为,税收是国家政府为实现其职能的公共需要,由国家中占统治地位的阶级凭借国家的政治权力,对其他阶级的一种强制掠夺。

(七) 社会政策说

社会政策说产生于19世纪末,主要代表人物有德国著名财政学家瓦格纳和美国著名财政学家塞里格曼。这种学说认为,税收应是矫正社会财富与所得分配不公的手段,是实现社会政策目标的有力工具。瓦格纳在给税收下定义时曾指出:"从社会政策的意义上来看,赋税是在满足财政需要的同时,或者说不论财政上有无必要,以纠正国民所得的分配和国民财产的分配,调整个人所得和以财产的消费为目的而征收的赋课物。"因此,赋税不能单纯地理解为从国民经济年产物中的扣除,还包括纠正分配不公的积极目的。

(八) 经济调节说

经济调节说产生于20世纪30年代,主要代表人物是凯恩斯学派的经济学家。这种学说认为,国家征税除了为筹集公共需要的财政资金外,更重要的是全面地运用税收政策,调节经济运行,调节有效需求,即调整资源配置、实现资源的有效利用、再分配国民收入与财富,以提高社会福利水平,稳定经济发展。

三、税收的职能与作用

(一) 取得财政收入

国家作为凌驾于社会之上的政治组织,为了实现管理社会的职能,需要大量的财政支出,而财政收入是财政支出的来源。一般而言,国家取得财政收入主要有三个源泉:第一是国家资产收益,例如官田收入、国有企业利润;第二是国家垄断收入,例如烟草专卖,表面上是国家经营的收益,实质是国家政治强权的表现;第三是税收。在这三个源泉中,由于国家作为政治组织性质的原因,国家的资产收益不应构成财政收入的主要部分,尤其在市场经济条件下更是如此;国家专卖形成的垄断收入,受到市场范围的限制,一般数额有限;而税收由于其本身的特点,使其成为政府取得财政收入的主要来源。

(二) 影响经济

政府对社会征税,必然会影响纳税人的利益,进而会影响纳税人的经济行为,从而对社会经济产生影响。一般认为,税收影响经济的作用主要体现在以下几个方面：

1．税收能作为市场经济的"内在稳定器"。繁荣时多征税，防止消费和投资过热；萧条时期少征税，鼓励投资和消费，刺激经济发展。

2．调节产业结构和经济资源的配置，调节地区经济发展，缓解区域经济发展不平衡。

3．调节收入分配，缩小收入差距。

4．抑制通货膨胀。

5．调节国际经济关系，优化投资环境，促进对外开放。

（三）影响社会生活

税收通过对经济利益的调节，可以进一步影响到纳税人的社会行为，从而会影响一个社会的社会生活。英国在北美的税收引发了美国的独立战争，导致了美国的独立；法国用个人所得税缩小贫富差距，在一定程度上体现了社会公平。这从一个侧面表现出税收对社会生活的影响。

第二节 市场经济条件下政府征税的动因

经过多年的改革，我国现在实行的是社会主义的市场经济体制。在市场经济体制下，政府为什么征税、政府征税干什么，从理论上较透彻地弄清楚这些问题，对提高纳税人的纳税意识和转变政府职能是非常重要的。

一、市场经济体制下的市场失灵

市场经济是由市场进行配置资源的经济体制。古典的自由放任市场经济学派认为，自由企业的经济制度，如允许自由行动，其本身的动力能使资源的使用发挥最大的效率，使国民的福利最大化。但在市场经济的实践中，人们逐步认识到并非如此。现代市场经济理论认为，虽然市场机制能有效地调节供给和需求，使社会资源得到合理配置，从而有效地提供商品和劳务，但存在市场失灵的问题。一个突出的表现就是：公共物品与劳务不能通过市场机制来提供。民间企业提供的产品和服务在满足社会公共需要方面存在局限性，在一些具有外部效应的领域也存在市场失效的问题。政府在弥补市场失灵方面，应发挥重要的作用。

二、公共部门和民间部门

市场经济中参加经济活动的主体可分为公共部门和民间部门两类。民间部门是指以非国家所有权为基础的企业、机构和居民，其基本行为准则是利润最大化或效用最大化；公共部门是指以国家所有权为基础的机构或部门，其基本行为准则是社会福利的最大化。从生产的物品性质来看，民间部门主要生产私人物品和一部分准公共物品；公共部门主要生产公共物品，同时也介入一部分准公共物品的生产。在市场经济的运行中，民间部门为追求利润最大化和效用最大化而开展的活动，通过市场机制决定某种"效率优先"的资源配置格局和收入分配格局；公共部门则致力于修正"市场缺陷"，对市场决定的资源配置格局和分配格局进行调节，以求实现全社会的福利最大化。公共部门在政府弥补市场失灵方面，起着重要的作用。

三、公共物品的特性

公共部门主要提供公共物品和劳务。公共物品和劳务是指不能由民间部门通过市场提供的产品和劳务，例如国防、外交、公安、司法、环境保护等。与私人物品和劳务相比，公共物品和劳务具有以下特性：

（一）效用的不可分割性。公共物品和劳务是向整个社会提供的，由整个社会的人们共同享有其效用，而不能将其分割为若干部分来归属于某些个人、家庭或企业。

（二）消费的不排他性。任何个人、家庭或企业对公共物品的享用并不影响、妨碍其他个人、家庭或企业同时享用，也不会减少其他个人、家庭或企业享用的数量或质量。

（三）受益的不可阻止性。即没有办法将任何个人、家庭或企业排除在公共物品和劳务的受益范围之外。不论个人、家庭或企业是否为之支付费用，都能从公共产品和劳务的提供中受益。

公共物品和劳务虽然是人人需要的，但从公共物品和劳务的特性可知，要让每一个人自觉自愿地为此付出报酬几乎不可能。毋庸置疑，公共物品和劳务显然只能由公共部门提供。公共部门必须提供这些物品和劳务，但公共产品和劳务不可能像私人物品和劳务那样通过市场交换来弥补成本，所以，政府向全体享受公共物品和劳务的个人、企业或社会团体按一定标准征集收入，即课税，是完全有必要的。

四、外部效应

外部效应是指在经济生活中，某一经济主体的决策和行为对其他经济主体带来了影响和后果，却没有承受该影响所带来的报酬或惩罚。这种影响分为两类：一类是有益的，称为外部正效应或外部经济。如在市场经济中某高科技企业投入巨资研究和开发，成功地发明了一项生产技术，该技术会被其他高科技企业免费使用，从而带动行业技术升级。而这些"搭便车者"并不会主动给该高科技企业报酬或补偿。另一类则是有害的影响，称为外部负效应或外部成本。如一个化工厂出于私利，任意排污而污染了公共河流，可是该化工厂并没有给该市居民进行补偿。

在市场经济中，当出现外部效应时，就会发生市场失灵，即市场对商品的配置缺乏效率。具有正的外部效应的产品会出现市场供给不足。因为，具有正外部效应的产品，其生产的私人收益低于社会收益，由私人边际收益和边际成本决定的最优私人产量就会低于社会边际收益和边际成本决定的社会最优产量。与此相反，具有负的外部效应的产品则会供给过量。由于厂商只关心自己的私人利益，不考虑给他人带来的损害。具有负外部效应的产品，其生产的私人成本低于社会成本，从而其私人边际成本和边际收益决定的最优私人产量就低于由社会边际收益和边际成本决定的最优社会产品。最后，对社会有益的产品没人生产，而到处充斥着造成水污染、噪音污染的产品。

所以，在存在外部效应的情况下，需要政府来进行调整，从而形成资源的有效配置。对外部正效应的产品以税收优惠、财政补贴等来给予扶植和鼓励，如我国企业所得税中对新技术、新工艺和新产品的研究开发费用以实际发生额加计50%在纳税前扣除。而对外部负效应的产品施以征税、罚款或公共管制（如制定法定的排污标准、法定生产程序等）来进行限制，从而使整个社会经济能够健康、可持续的发展。

五、调节收入分配

市场经济的竞争机制会自发地形成社会成员的收入差别。但是竞争的市场不一定能使资源分配在社会各成员中得到最大程度的满足，社会的弱势群体（残疾人、老人、失业者、遭受各种灾难而生活艰难的人）的收入往往不能满足生存的需要。因此需要政府来影响和调节社会收入分配，税收是政府管理收入分配的重要手段。一方面，政府运用税收来获得财政收入，以转移支付的方式对社会弱势群体给予补贴和资助；另一方面，通过征税也调节贫富差距和收入在各阶层的分配。

六、政府职能的主要内容

在市场经济中，需要政府提供的公共物品和劳务是多种多样的，因而政府的职能范围也是非常广泛的。实现政府的职能是政府征税的基本动因。

（一）提供公用物品和劳务。公用物品和劳务是整个社会的需要，是不可分割且不能由市场来供给的。公共物品有极大的外部经济影响，但又无法向受益者收费。如：国防、外交、消防、公共卫生、防洪等公益事业；地质勘探、农产品改进研究、气象、灯塔、空气和水污染处理等外部效益极广而无法向受益者收费的事业；义务教育（不受父母对教育价值的不同估价的影响）等。这些都是公共消费，是社会集体的需求，很难与市场价格相联系。需要指出的是，由政府来提供公用物品和劳务，并不一定要由政府直接来生产经营，政府可以用钱去购买，其生产和管理仍由民间部门进行。

（二）投资或管理具有独占性和基础设施性的项目。一些风险大、投资多、回收期长的基础设施项目，民间部门不愿投资，但社会又需要这些项目。如：道路、港口、水库、宇航事业、大河流域的开发整治、大规模造林和基础科学研究等，应由政府投资。而原子能的和平利用等不宜由民间企业来经营的独占性项目，还有因为具有独占性使价格提得很高而供给并不增加的项目，即使不是国有，也要受政府的管理，不使其因为垄断性而使消费者受损。

（三）国民收入的再分配。政府可以运用税收和支出来实现收入再分配。税收可以使富人多交税，穷人少交税或者不交税，实现国民收入的再分配。在支出方面，可以对社会上的贫、弱、老、幼、残、灾等弱势群体给予福利支持。

（四）促进充分就业与稳定物价。一是针对经济的走势，逆向调节政府的收入、支出和盈亏水平，以减轻经济的周期波动；二是与金融政策相配合，调节社会的总需求水平。

（五）管理社会经济。为保护社会经济活动的正常运行，政府设定法律以保护财产所有权和契约的执行，并惩罚欺诈、贪腐、盗窃等行为。政府也对经济活动实行行政管理，如银行监管、证券监管、核电的安全监查、航空的安全规则、对通信和信息事业的管理、环境保护等。同时，政府还对垄断行为施以反垄断管理并对有独占性企业的利润水平和收费标准予以限制。

七、税收是政府履行职能的财力保证

政府为了履行上述职能，需要足够的财力支持。这就需要税收提供足够的财政收入。政府可以通过多种形式取得所需的财政收入，但税收是最有效的形式。因为它既可免除增发货币所带来的通货膨胀之害，又可避免举借公债所必需的还本付息拖累，还可保证政府支出有充足、稳定的财力来源。在世界各国，税收已成为政府最重要的财政收入来源。

第三节 税收原则的形成与发展

一、税收原则的意义

税收原则是指在一定的社会政治经济条件下，建立与之相适应的税收法制所遵循的指导思想。具体来说，税收原则就是指导课税对象选择、税制结构布局、税率设计和减免措施等的战略要求。

税收原则受一定经济理论的制约和影响。例如，在资本主义自由竞争时期，自由经济理论占统治地位，主张国家不干预经济。在这种经济理论指导下的税收原则，主张轻税、便利，不以资本为课税对象。而当1929年的经济危机之后，靠市场自发调节自动达到均衡的理论破产，凯恩斯学派的经济理论取而代之，主张国家必须积极干预经济，采取税收措施来刺激消费和投资。在不同的历史时期，由于经济理论的主张各异，因而税收原则也有所不同。税收原则又必然受客观经济条件和经济制度的制约。客观经济条件是经济制度赖以生存的基础，经济条件发生变化必然带来经济制度的变革，因而要求建立与其相适应的税收原则。

研究税收原则，对建立税收理论、完善税收制度，具有重要的理论与实践意义。

首先，税收原则是税收理论的重要组成部分和核心问题。世界上多数国家的税收理论研究，都把对税收原则理论的研究放在首位。因为税收原则体现国家课税的基本思想，体现政府的意志，它制约着其他税收理论的形成。例如，税制建设理论、税收负担理论、税收经济理论、税收政策理论和税收管理等理论的形成，都是以税收原则理论为指导，以税收原则理论为基础。因此，税收原则理论是税收理论体系的重要组成部分和根基。

其次，税收原则是建立科学的税收制度的依据。一国政府在设计税收制度并通过税收取得财政收入时，必须考虑他们所采用的税收制度对社会经济会产生怎样的影响。税收制度的设计和实施是充分发挥税收作用的关键。而税收原则是政府在设计税收制度和实施税收制度方面所应遵循的基本原则。因为离开税收原则建立税收制度，就不能体现一定的经济理论和经济政策的要求，就无法体现政府的目的和意图，就不可能建立科学的税收制度。

最后，税收原则是评价税收制度优劣以及考核税务行政管理状况好坏的基本标准。税务机关应依据税收原则的基本要求进行税务管理，正确解决税收征纳中的各种矛盾，协调政府与纳税人之间的利益关系。

二、税收原则的历史回顾

税收是一个历史范畴。古代税收大多是自发地遵循一定的原则建立税制，随着经济的发展和漫长的税收实践，人们逐渐认识并总结出建立税制应遵循的原则，并转变为自觉的行为。由于历史发展阶段不同，产生的税制原则也有不同。在诸多的税制原则理论中，既有共同点，又有不同点。

（一）威廉·配第的税收原则

税收原则的最早提出者是英国古典政治经济学创始人威廉·配第（Potty Wilian, 1623～1687）。威廉·配第在《赋税论》和《政治算术》两本代表作中，比较深入地研究了税收问题，第一次提出了税收原则理论。

威廉·配第的税收原则是围绕公平负担这一基本观点来论述的。他认为当时的英国税制存在严重的弊端：税制紊乱、复杂，税收负担过重且不公平。由此，威廉·配第提出税收应当贯彻"公平"、"简便"、"节省"三个标准。在他看来，所谓"公平"，就是税收要对任何人、任何东西"无所偏袒"，税负也不能过重；所谓"简便"，就是征税手续不能过于繁琐，方法要简明，应尽量给纳税人便利；所谓"节省"，就是征税费用不能过多，应尽量注意节约。

威廉·配第特别强调税收的经济效应，反对重税负。他认为，过分征收赋税，会使一国资本的生产力相应地减少，因而是国家的损失。他主张，在国民经济的循环过程中把握住税收的经济效应，根据税收经济效应的优劣相应地决定税制结构的取舍。

（二）攸士第的税收原则

继威廉·配第之后，德国新官房学派的代表人物攸士第在其代表作《国家经济论》中就征收赋税提出了六大原则：

1. 促进自发纳税的征税方法。赋税应当自愿缴纳。
2. 不得侵犯臣民的合理自由和增加对产业的压迫。赋税要不危害人民的生活和工商业的发展，也不要不正当地限制人民的自由。
3. 平等课税。赋税的征收要做到公平合理。
4. 具有明确的法律依据，征收迅速，其间没有不正之处。赋税要确实，须对一定的目标征收，征收方式也要确保税收不易避免。
5. 挑选征收费用最低的商品货物征税。赋税的征收费用不能过度，须和国家的政治原则相适应。
6. 纳税手续简便，税款分期缴纳，时间安排得当。赋税应在比较方便的时候，以人民所接受的方式缴纳。

攸士第有关税收原则的许多思想为后来英国的亚当·斯密所吸收，成为亚当·斯密著名的"税收四原则"的重要组成部分。

（三）亚当·斯密的税收原则

英国古典政治经济学家亚当·斯密（Smith Adam，1723～1790）第一次将税收原则提到理论的高度，明确而系统地加以阐述。亚当·斯密所处的时代正是自由资本主义时期。作为新兴资产阶级的代表人物，亚当·斯密极力主张"自由放任和自由竞争"，政府要少干预经济。特别是不能干涉生产自由，要让价值规律这只"看不见的手"自动调节经济的运行。政府的职能应仅限于维护社会秩序和国家安全，充当社会的守夜人。亚当·斯密在其经济学名著《国民财富的性质和原因的研究》中提出了税收的四项原则：

1. 平等原则。国民应根据自己的纳税能力来承担政府的经费开支，按照其在国家保护下所获得收入的多少来确定缴纳税收的额度。亚当·斯密主张取消一切税收特权，即取消贵族僧侣的特权，让他们与普通国民一样依法纳税。税收应"中立"，即征税尽量不使财富分配的原有比例发生变化，尽量不使经济发展受影响。

2. 确实原则。课税必须以法律为依据。人民据以纳税的税收法律，应当是确实的，纳税的时间、地点、手续、数额等都要事先规定清楚，使纳税人明白。

3. 便利原则。税收的征纳手续应尽量从简。在时间上，应在纳税人收入丰裕的时候征收，不使纳税人感到纳税困难；在方法上，应力求简便易行，不让纳税人感到手续繁杂；在地点上，应将征税机构设在交通方便的场所，使纳税人纳税方便；在形式上，应尽量采用货币形式，以免纳税人因运输实物而增加额外负担。

4. 最少征收费用原则。在征税过程中，应尽量减少不必要的费用开支，所征税收尽量归入国库，使国库收入与人民缴纳税收之间的差额最小，即征税费用最少。

亚当·斯密的税收四原则不仅成为当时资本主义各国制定税收制度与法律的理论指导，也对后世税收原则理论的发展有重要的影响。

（四）萨伊的税收原则

让·巴蒂斯特·萨伊是法国庸俗经济学的创始人。他所处的时代是法国资产阶级革命后社会矛盾开始激化的时期。萨伊认为，国家征税就是向私人征收一部分财产，充作公共需要用，课征后不再返还给纳税人。由于政府支出不具生产性，所以最好的财政预算是尽量少花费，最好的税收是税负最轻的税收。他提出了税收的五项原则：

1. 税率最适度原则。由于国家征税事实上是剥夺纳税人用于满足个人需要或用于再生产的财富，所以税率越低，税负越轻，对纳税人的剥夺就越少，对再生产的破坏作用也就越小。

2. 节约征收费用的原则。由于税收征收费用对人民是一种负担，对国家也没有益处，所以应节省征收费用。这样，一方面可以减少纳税人的负担，另一方面也不给国家增加困难。

3. 各阶层人民负担公平的原则。当每个纳税人承受同样的（相对的）税收负担时，每个人的负担必然是最轻的。如果税负不公平，不但损害个人的利益，同时也有损于国家的收入。

4. 最小程度妨碍生产的原则。所有的税都是有害于再生产的，因为它妨碍生产性资本的积累，最终危害生产的发展。对资本的课税应当是最轻的。

5. 有利于国民道德提高的原则。税收除具有取得财政收入的作用外，还可作为改善或败坏人民道德、促进勤劳或懒惰以及鼓励节约或奢侈的有力工具。因此国家征税必须着眼于普及有益的社会习惯和增进国民道德。

（五）瓦格纳的税收原则

德国新历史学派的代表人物阿道夫·瓦格纳（Adolf Wagner, 1835～1917）是前人税收原则理论的集大成者。瓦格纳所处的时代是自由资本主义向垄断资本主义转化和形成的阶段。当时资本日益集中，社会财富分配日益悬殊，社会矛盾十分尖锐。瓦格纳认为，不能把税收理解为单纯的从国民经济产物中的扣除部分。除此之外，它还包括有纠正分配不公平的积极目的。瓦格纳将税收原则归纳为四个方面九点内容：

1. 财政政策原则。它又称为财政收入原则，即税收要以满足国家实现其职能的经费需要为主要目的。其下有两个具体原则：

（1）收入充分原则。它是指在其他非税收入来源不能取得充分的财政收入时，可依靠税收进一步满足国家财政的需要，以避免产生财政赤字。同时由于社会经济的发展，国家职能将不断地扩大，从而论证了国家财政支出持续、不断增长的规律。因此要求税收制度能够充分满足国家财政支出不断增长的资金需要。

（2）收入弹性原则。它是指税收要能随着财政需要的变动而相应增减。特别是在财政需要增加或税收以外的其他收入减少时，可以通过增税或自然增收相应地增加财政收入。

实现收入充分和收入弹性的原则，关键在于税制结构的合理设计。由于间接税能够随着人口增加、国力增加以及课税商品的增多而使税收自动增加，故可作为主要税种，但是间接税可能因社会经济情况的变化，使税收暂时下降，所以还应以所得税或财产税作为辅助税种。

2. 国民经济原则。国家征税不应阻碍国民经济的发展，更不能危及税源。在可能的范围内，还应尽可能有助于资本的形成，从而促进国民经济的发展。其下有两个具体原则：

（1）慎选税源原则。它是指要选择有利于保护税本的税源，以发展国民经济。从发展经济的角度考虑，以国民所得为税源最好，若以资本或财产为税源，则可能伤害税本。但不能以所得作为唯一的税源，也应适当地选择某些资本或财产作为税源。

（2）慎选税种原则。它是指税种的选择要考虑税收负担的转嫁问题，因为它关系到国民收入的分配和税收负担的公平。

3. 社会正义原则。税收可以影响社会财富的分配以至影响个人相互间的社会地位和阶级间的相互地位。应通过国家征税矫正社会财富分配不均、贫富两极分化的弊病，缓和阶级矛盾，达到用税收政策实行社会改革的目的。该原则下又分为两个具体原则：

（1）普遍原则。它是指税收负担应普及到社会上的每个成员，每一国民都应有纳税义务，不可因身份或社会地位特殊而例行免税，要做到不偏不倚。

（2）平等原则。它是指应根据纳税能力大小征税，使纳税人的税收负担与其纳税能力相称。为此，瓦格纳主张采用累进税制，对高收入者税率从高，对低收入者税率从低，对贫困者免税，同时对财产和不劳而获所得加重课税，以符合社会政策的要求。

4. 税务行政原则。这一原则体现着对税务行政管理方面的要求，具体包括三方面内容：

（1）确实原则。税收法令必须简明确实，税务机关和税务官员不得任意行事。纳税的时间、地点、方式、数量等须预先规定清楚，使纳税人有所遵循。

（2）便利原则。纳税手续要简便，纳税时间、地点、方式等要尽量给纳税人以便利。

（3）节省原则。税收征收管理的费用应力求节省，尽量增加国库的实际收入。除此之外，也应减少纳税人因纳税而直接或间接负担的费用开支。

（六）凯恩斯学派的税收原则

当市场经济国家经历1929年的大危机之后，靠市场自发调节自动达到完全均衡的理论已经破产。在这种条件下，凯恩斯学派的经济理论取而代之。凯恩斯认为，经济危机和失业的原因是有效需求不足，完全靠微观的自由竞争是不能解决的。他主张国家必须积极干预经济，采取财政税收措施，刺激消费，刺激投资，提高社会总需求。只有这样，才能达到缓和周期性经济波动和充分就业的目的。凯恩斯学派的税收原则，所强调的主要是税收调节经济的功能，即税收要成为国家实现调节经济的工具。特别应提到的是，后凯恩斯主义者认为税收应是市场经济的"内在稳定器"。可以实行机动税率的税收制度，繁荣时多征税，限制消费和投资；萧条时期少征税，刺激消费，鼓励投资。

（七）供给学派的税收原则

20世纪70年代以来，市场经济国家出现了滞胀的局面。凯恩斯主义的需求管理政策受到严重挑战。由于凯恩斯主义注重国家干预管理需求而忽视劳动、储蓄、投资生产等供给的因素，从而导致经济增长率的降低。以供给学派为代表的新的经济理论应运而生。他们认为要医治滞胀的经济顽症，就要重新肯定萨伊定律，着重于供给管理政策，减税以刺激经济增长，减少国家对经济的干预，以提高私人经济的效率。

要减少国家对经济的干预，表现在税收上，就是强调税收的中性原则，即征税结果不要影响纳税人在生产、投资、消费等方面的决策行为；否则，就会产生税收的"额外负担"。

1. 拉弗曲线。供给学派的代表人物阿瑟·拉弗（Arther. Laffer）主张减税。阿瑟·拉弗把税率和国家税收的关系用一条曲线来表示，被称为"拉弗曲线"。其阐述的主要原理是：在一定限度内，国家提高税率，税收收入增加。但是超过一定限度后，继续增税反而会带来税收的减少。如图1.1所示，当税率由原点O（税收收入为零点）沿着曲线不断提高，税收收入由OA提高到OC，继续提高税率到T，税率与税收收入的交点能提高到E点。在E点，达到了最大的税收收入OF。从图形上看，TE线是税收的临界线。如果税率的提高超过一定程度，就会影响人们劳动、投资和储蓄的积极性，放弃工作，减少投资和储蓄，最终导致社会税基减少的幅度大于税率提高的幅度，全社会的税收收入反而减少。如图1.1，税率T后一直继续提高税率，税收收入则下降。税收收入会从OF降低到OC、OA，当税率提高到100%处，则税收收入完全降为零。因此，拉弗曲线位于TE线以上部分被称为税收的"禁区"，税率水平应该以T为限。但遗憾的是，拉弗曲线由于没有严密的数学推导，不能告诉我们该曲线的最佳税率T的大小（税收收入极大值点）。在拉弗曲线中任一个税收收入水平都能对应找到高低两个税率水平，如图中B点和G点带来相同的税收收入OA，D点和H点带来相同的税收收入OC；而B点和D点对应的税率水平要比G点和H点对应的税率水平高很多。

2. 拉弗曲线的启示。拉弗曲线给我们现代社会的国家税收政策很强的启示和借鉴作用。（1）要遵循税收中性的原则，税征不能破坏经济人的正常决策，影响社会劳动供给、投资和储蓄，最后给社会带来税收的额外负担。（2）高税率并不一定带来高的税收收入，高税收会挫伤企业和个人的劳动积极性，导致

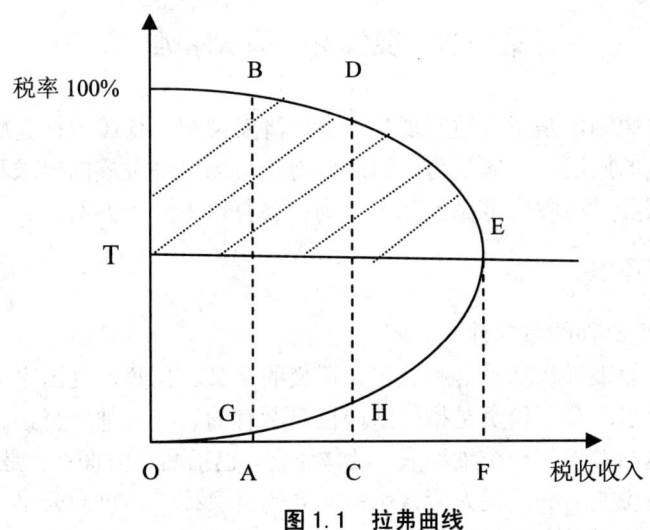

图 1.1 拉弗曲线

经济的萎缩和停滞。(3) 同样的收入水平可以适用高低两种税率,但体现的税收负担却不一样。低税率能刺激劳动、生产要素和资本投入,从而刺激经济发展,扩大税基,形成良性循环。(4) 当一国的税收过重时,减税有可能反而使税收恢复中性,带来更多的税收收入。

供给学派经济理论和思想在 20 世纪 80 年代对美国为代表的发达国家产生了很大的影响。美国总统罗纳德·里根因此实施了美国历史上最大的减税法案,以大幅减税来推行美国的税制改革。近几届美国总统中,乔治·布什也吸收了供给学派的观点,以减税来谋求经济增长。

(八) 美国哈佛大学教授理查·马斯格雷夫提出的税收原则

马斯格雷夫在《美国财政理论与实践》一书中提出税收六原则,是现代市场经济国家税收原则的概括:

1. 税负的分配应是公平的,应使每个人支付他"合理的份额"。

2. 应该对税收进行选择,以便尽量不影响有效市场上的经济决策,税收的"过度负担"应该减少到最低程度。

3. 如果税收政策被用于其他目标(如提供投资刺激),这样做时,必须使对税制公平性的干扰达到最小。

4. 税收结构应有利于财政政策的运用,而这一政策是为了达到稳定与增长的目标。

5. 对税收制度应有有效而不是专断的管理,税制应为纳税人所理解。

6. 和其他目标相适应,管理及征纳费用应该尽可能地减少。

第四节 现代税收基本原则

现代税收原则，是指为适应现代社会经济发展和现代国家社会政策需要，税收所应遵循的原则。一般认为，为适应现代市场经济发展的要求和现代国家社会政策的需要，税收应遵循的基本原则主要有以下两个方面：

一、公平原则

（一）公平原则的重要性

公平，一般来说包括平等、公正、正义的含义。税负，是国家加在纳税人身上的一种负担。公平税负是指国家课税对所有的纳税人都应公正，应该使税收负担公平地归着于每一个纳税人。具体而言，包括两个方面：一是横向公平，指具有相同纳税能力的纳税人应该承担相同的税负；二是纵向公平，指具有不同纳税能力的纳税人应该承担不同的税负，也就是说，对不同等条件的人必须区别对待。税收公平原则的重要性，在很大程度上取决于政府和纳税人对公平的自然愿望。

1. 税收的公平性对于维持税收制度的正常运转是必不可少的。要使纳税人依照法律如实申报纳税，必须让其相信税收是公平的，对每一个纳税人都是公平征收的。如果人们认为税收不公平，比如人们看到与他们富裕程度相同、甚至较他们富裕的邻人比他们少缴很多税或享受免税待遇，有可能刺激逃税或避税。如果人们认为现实税制不完善，存在着逃税或避税的现象，纳税人的纳税信心就要下降，甚至会变本加厉地去逃税与避税，必然会有碍税收制度的正常运转，减少国家的财政收入。

2. 贯彻税收公平原则是市场经济的客观需要。发展市场经济客观上要求每个经济实体作为市场主体的一方，能够公平参与市场竞争、自主开展业务经营。因而要求社会要为企业参与市场竞争创造一个公平的外部环境。税收作为市场要素的一个重要方面，必须为企业参与竞争创造一个公平的税收环境。现代经济学认为，公平原则是市场经济赖以发展的条件。公平竞争是市场经济的本质特征，在市场经济中，如果没有公平的条件，竞争就会失去活力。为促进企业竞争，国家的税制改革和建设就应该向着公平、中性、规范、普遍的税收目标迈进，就要在统一税法公平税负的基础上，使各市场主体在竞争中处于平等地位和拥有平等条件。因此，只有坚持公平这样一个税收原则，才能为市场的所有主体提供尽可能同等的条件，最大限度地避免税收歧视与不公，做到税收负担合理，以利于企业在同一起跑线上展开竞争。同时，还要注意税基的多样性和税收负担的普遍性，以更好地实现公平的原则，促进市场经济的稳定发展与合理增长。

（二）公平税负的评价标准

公平税负就是要使纳税人的税收负担与其纳税能力相称。税收是国家凭借政治权力对纳税人进行的一种强制的、无偿的分配，从某种意义上来说，课税是对现存所有权的一种侵犯。就纳税人而言，纳税无论如何都是其经济上的损失，他的享受与满足会因为纳税而减少。所以，纳税能力可以说是纳税人对政府课税的忍耐能力和承受能力，确定纳税人的纳税能力是实现公平税负的关键。

纳税能力大小可以依据纳税人拥有的财富多少来测定。由于财富一般可以用收入、支出和财产来表示，因此，纳税人的收入、支出和财产可以作为评价其纳税能力大小的标准。

1. 财产标准

财产包括纳税人的动产和不动产，以此作为衡量纳税人的纳税能力的标准，是比较准确的。现在世界各国的房产税、土地税、遗产税和赠与税等，都是以财产作为测度纳税能力强弱的依据。但是，以财产为依据来测度纳税人的纳税能力，也存在着一些难以解决的问题：一是财产相等并不等于能产生相同的收益，课以相同的税负，未免有失公平；二是即使财产相等，负债者与无负债者的纳税能力也不同，而剔除负债因素影响的成本极高甚至难以剔除；三是财产形式多种多样，难以准确计算。所以，财产标准不能适用于大多数税种，只适用于一部分财产税。

2. 支出标准

支出源于收入，支出多者，一般来说表示其购买能力较强；支出较多，也表明其纳税能力较强。以纳税人的消费支出多少作为测度其纳税能力的依据，计算比较简单，并能避免对储蓄重复课税。如果以收入为衡量标准，就可能对用于储蓄的那部分收入征税，并对储蓄的利息再征税，造成重复征税，从而影响储蓄和投资。但是，由于不同纳税人的消费支出结构不相同，以支出为标准也有明显的不妥之处，假如甲、乙两个纳税人的家庭费用都为1万元，但甲的每年所得收入是1.4万元，乙的所得收入为1万元，如果只以他们的消费支出来衡量其纳税能力，显然是不公平的。因此，支出标准也不适用于大多数税种，它只适用于增值税、消费税等一部分货物流转税。

3. 收入标准

用纳税人的收入来衡量其纳税能力，所得收入多者，表示其纳税能力较大，比较合理，计算起来也不困难。不过收入标准也有不妥之处：一是所得收入一般以货币收入计算，但是纳税人除获得货币收入外，还可能得到实物收入，如继承遗产、接受赠与等，这些实物收入也能增强其纳税能力，如不课税，就没有公平可言；二是以收入为标准，可能会造成对储蓄的重复课税，影响储蓄和投资；三是由于纳税人的家庭结构不尽相同，即使所得收入相同，纳税能力也不一定相等。假如，甲、乙两人每年的所得收入虽然均为1万元，但甲是单身，乙已结婚，且要赡养父母及子女，两个人的纳税能力就明显不相等。

总之，确定纳税人的纳税能力是实现公平税负的关键，也是一个十分复杂的问题，没有哪一个衡量标准可以完全适用于各种税种。因此，一个完善的税制，在贯彻公平原则时，是根据各个税种的不同特点，选择适当的标准来衡量纳税人的纳税能力。

（三）普遍课税的含义

公平原则的另一个方面就是要求普遍课税。普遍课税就是要使税网遍及税收管辖权下的一切有纳税能力的法人和自然人。如果对一些有纳税能力的法人和自然人不征税，而对其他人征税，就无公平可言。普遍课税具体来说包含下述含义：

1. 在政治上应排除对特权阶级的免税。在封建国家，骑士、僧侣、贵族都享有免税特权，封建国王更无纳税义务。资产阶级革命以后，废除了封建专制制度和封建特权，实行法制，提倡在法律面前人人平等，现在世界上绝大多数国家，免税特权阶级已不存在。

2. 在经济上应排除对不同经济成分企业的区别对待。因为在市场经济条件下，国有企业和其他经济成分的企业都是整个国民经济的组成部分，它们在同一个市场中，处于彼此竞争的地位。如果税收对不同经济成分的企业采取不同的待遇，就会抑制一部分企业的发展，使它们得不到平等的竞争机会，从而损害整个国民经济的发展。

3. 应排除对企业和个人不应有的减免税。课税的目的在于取得收入，减免税无论如何都意味着税收的损失。减免税的本意在于照顾某些纳税人的特殊困难，或作为一种政策手段，以贯彻国家的某些社会经济政策。但是，如果使用不当，不仅会造成税收损失，还会破坏税负公平。因此，税收减免权限应适当集中，减免税规定必须准确，解释上不容有置疑的余地，不可以任意曲解和随意执行。

4. 应使税收管辖权下的一切有纳税能力的法人和自然人都尽纳税义务。税网不仅要覆盖本国的有纳税能力的法人和自然人，而且要覆盖税收管辖权下的有纳税能力的外国企业与个人；不仅要对本国纳税人在国内取得的收入课税，而且要对其在境外取得的收入课税，这涉及国际税收问题。

二、效率原则

　　效率原则是现代市场经济条件下的重要原则之一。首先，现代市场经济是高效率的经济，以现代市场机制为基础的资源配置方式，其基本要求是资源配置的最优化和经济效益的最大化；其次，企业在现代市场经济中的竞争是效率竞争，通过追求效益最大化的经济活动实现资源的有效利用，从而促进生产和经济的高效率发展；最后，贯彻税收效率原则，能够适应市场经济高效率这一基本特点的需要，通过税收合理引导资源的有效配置和生产要素的合理流动，从而达到提高社会整体经济效率的目的。此外，贯彻效率原则，也是现代经济管理的必然要求，现代经济要求运用现代科学技术手段，进行高效率的管理，税务行政作为国家行政管理的重要组成部分，当然也应贯彻高效率管理的原则。

　　概括地讲，税收效率原则就是要求国家征税要有利于资源的有效配置和经济机制的有效运行，提高税务行政的管理效率。税收效率原则具体可分为税收的经济效率原则和税务行政的效率原则两个方面。

（一）税收的经济效率原则

　　税收的经济效率原则是指税收应有利于资源的有效配置和经济的有效运行。检验税收经济效率原则的标准，是税收的额外负担最小化和额外收益最大化。根据"帕累托效率"的观点，效率的实际含义应理解为：经济活动上的任何措施都应当使"得者的所得多于失者的所失"。表现在税收上，即国家税收不应对经济行为产生干扰。税收在将社会资源从纳税人手中转移到政府部门的过程中，势必会对经济产生影响，如果这种影响仅限于征税数额本身，此乃税收的正常负担；如果除这种正常负担之外，经济活动因此受到干扰和阻碍，社会利益因此而受到削弱，便产生了税收的额外负担；如果除正常负担之外，经济活动还因此受到促进，社会利益得到增加，便产生了税收的额外收益。

　　税收的额外负担一般划分为资源配置方面和经济机制运行方面两大类额外负担：一是资源配置方面的额外负担。国家征税一方面减少企业及私人等部门的利益，另一方面政府得到相应的好处。若因征税而导致私人经济利益的损失大于因征税而增加的社会经济利益，就会发生税收在资源配置方面的额外负担。如果资源因征税处于最佳状态，就会产生额外收益。如果资源配置已达到这样一种状态，即任何重新调整都不可能使其他人境况变坏的情况下而使任何一人的境况更好，那么这种资源配置的效率就是最大的。

　　二是经济机制运行方面的额外负担。若因征税对市场经济的运行产生不良影响，干扰了私人消费和生产的最佳决策，同时相对价格和个人行为方式随之变更，就会发生税收在经济机制运行方面的额外负担。无论是哪一个方面的额外负担，都说明经济处于无效率或低效率状态。税收的额外负担越大，意味着给社会带来的消极影响越大。因此，政府征税必须遵循这样一个原则：征税必须使社会承受的额外负担为最小，以最小的额外负担换取最大的经济效率。

那么，如何使社会承受的额外负担最小呢？一些经济学家认为，降低税收额外负担的根本途径，在于尽可能保持税收对市场机制运行的"中性"。所谓税收中性，包括两个方面的含义：一是国家征税使社会所付出的代价应以征税数额为限，不能让纳税人或社会承受由此招致的其他经济牺牲或额外负担。二是国家征税应当避免对市场机制运行发生不良影响。强调税收中性，只是一种愿望，事实上，没有绝对中性的税收。倡导税收中性，是主张尽可能降低税收对经济的干扰程度，尽量压低因征税而使纳税人或社会承受额外负担的数量。

倡导税收中性原则，并不排斥税收的经济调节作用。当市场机制失灵，即单纯依靠市场机制那只"看不见的手"不能保证经济的稳定发展与增长时，可以运用税收手段来调节。例如，当经济衰退时，可以采取扩张性税收政策，以扩大社会总需求；当通货膨胀时，可以执行紧缩的税收政策，以减少社会总需求，达到供求平衡，促进经济稳定发展。特别是为追求社会效益最大化，增加税收额外收益，其重要的途径之一，就是重视税收的经济杠杆作用，区别不同情况，适时采用灵活、有效的税收措施，使经济保持在充分就业和物价稳定的水平上。

运用税收调节职能，充分发挥税收的调节作用，促进经济稳定发展，这就是税收理论界提出的税收稳定经济原则的基本思想。在经济调整时期，即在经济周期波动的过程中，发挥"伸缩税收"的内在稳定器作用，有效调节经济，是现代市场经济的客观要求。目前，西方国家的政府越来越重视税收对经济的调节作用，如各国纷纷采取降低税率措施，以刺激经济和促进企业发展，并且已经收到成效。

（二）税务行政效率的原则

税务行政的效率，是指能否以最小的税收成本取得最大的税收收入，或者说税收的名义收入（含税收成本）与实际收入（扣除税收成本）的差距是否最小。税务行政效率可用税收成本占税收收入的比重来表示。

税收成本，是指在税收征纳过程中所发生的各类费用支出。它有狭义和广义之分。狭义的税收成本也称税收征收费用，专指税务机关为征税而花费的行政管理费用。具体包括：税务人员的工资、薪金和奖金支出；税务机关办公用具和办公设备支出；税务机关在征税过程中因实施或采取各种方法、措施而支出的费用；税务机关为进行及适应税制改革而付出的费用，等等。广义的税收成本也称税收奉行费用，除税务机关征税的行政管理费用外，还包括纳税人在按照税法规定纳税过程中所支出的费用。具体包括：纳税人因办理纳税申报而雇用会计师、税务顾问或职业报税者所花费的费用；公司企业为个人代缴税款所花费的费用；纳税人花在申报税收方面的时间（机会成本）和交通费用；纳税人为逃税、避税所花费的时间、精力、金钱以及因逃、避税未成功而受的惩罚，等等。

税收征收费用相对来说容易计算，故可用税收征收费用占全部税收收入的比重作为税收效率的衡量指标。税收奉行费用则相对不易计算，特别是纳税人所花费的时间、心理方面的支出，更无法用金钱来计算，故没有精确的指标加以衡量，因而有人将其称为税收隐蔽费用。所以，各国政府对其税收本身效率的考察，基本上是以税收征收费用占全部税收收入的比重为主要依据的。比重越低，说明税收成本越小，以较小的税收成本换取了较多的税收收入；比重越高，说明税收成本越大，已取得的税收收入是以相当多的税收成本为代价的。

税收征收费用占税收收入的比重这一指标的作用是多方面的。除了考察政府税收本身是否具有效率之外，还可用于考察分析许多有关的理论和实际问题。例如，通过计算每一个税种所需花费的征收费用占该税种全部收入的百分比，可有利于比较分析哪个税种的效果最佳；通过计算不同时期税收的征收费用占税收收入的百分比，可有助于反映税收效率的发展变化状况；通过计算不同国家或不同地区税收征收费用占税收收入的百分比，还可比较不同国家的税收征收费用及其税收本身的效率情况，等等。

与征收费用相比较，计算纳税人所支出的费用要困难得多，而纳税人因纳税所花费的时间和心理支出，更是无法用金钱来计算的。这些费用虽然难以计算，但是仍然是影响税务行政效率的一个因素。政府课税时应当使纳税人付出的执行费用最小，这就要求税收制度尽量给纳税人以便利，税制不宜过繁，税务条文应使纳税人容易理解和掌握，不使他们在这方面花费更多的时间、精力和代价；税负应当公平合理，减少和避免刺激纳税人逃税的动机；征税的时间、地点和方式应尽量便利纳税人，应当在纳税人收入充裕的时候征税，征税地点应设在交通便利的地方，纳税方式应采用货币形式。这些措施都有利于减少纳税人的费用。

（三）正确处理税收公平原则与税收效率原则的关系

税收的公平与效率历来是一对难解的矛盾。通常的情况是，要么为了提高效率而牺牲一些公平；要么为了增进公平而牺牲一些效率，难以两全齐美。对效率的追逐，极可能造成不平等。而一味追求平等，很容易损伤人们追求效率的积极性，从而有损于经济的发展。因此，在设计税制时，我们必须在公平与效率之间做出选择，或是公平优先，兼顾效率；或是效率优先，兼顾公平。是以效率优先，还是以公平优先，不仅仅是一个排序问题，而是关系到一个国家税收目标的战略选择问题。税收目标选择的侧重点不同，税制设计和税收政策也不同。

如果一个国家以效率作为优先考虑的税收目标，这个国家就会采取轻税政策，给微观经济活动注入活力。同时在选择主体税时，就可能以商品与服务税作为主体税种，这是因为商品与服务税能够配合一定的国家价格政策，实现经济资源的有效配置。

如果一个国家以公平作为优先考虑的税收目标，这个国家就可能采用较高的税收课征率，将较大部分国民收入集中到国家手中，再通过财政支出，对贫困的社会阶层进行救济，并大力兴办社会福利措施。同时，在选择主体税种时，就可能以所得税为主体税种。

以美国为例，在过去一个多世纪的时间里，往往总是偏向公平一方，并在横向公平和纵向公平中，又更多地注重纵向公平，对累进税制颇为重视，公司和个人所得税都实行累进税制，力求将税收作为矫正国民收入分配悬殊差距的工具来使用；这一政策的后果是，给经济带来了严重后果，危害了经济效率原则，特别是在美国这样的收入水平较高的国家里，极易造成人们以休闲代替劳动，影响储蓄和投资率，使资源配置不能按市场规律的要求进行。因而，1986年美国的税制改革，大幅度降低所得税的税率，简并税级，反映出美国政府以牺牲公平为代价来换取效率提高的意向。实践证明，现代国家在税收公平与效率原则的权衡上，更多地由标榜公平转向突出效率，在所得税税率的选择上，由多级累进税制向平均比例制靠拢。

但是，税收的公平原则与效率原则又是密切相关的，两者是互相促进、互为条件的统一体。首先，效率是公平的前提。如果税收活动扭曲了资源配置的格局，阻碍了国民经济的发展，影响了国民收入的增长，尽管是公平的，也毫无意义。因为税收是国家参与社会产品分配的重要手段，而没有效率的公平则使税收失去了参与分配的物质基础，参与分配便成了无源之水。所以，真正的公平必须是融合了效率的要求，必须是有效率的公平。其次，公平是效率的必要条件，失去了公平的税收不会是高效率的税收。因为税收不公平必然会挫伤企业和个人的积极性，阻碍生产力的发展，从而使社会生产缺少动力和活力，自然也就无效率可言。因此，真正的效率必须体现公平的要求；否则，舍弃公平追求效率，会引起社会矛盾、贫富分化；舍弃效率追求公平，会导致贫穷落后和平均主义。

第二章 税收制度与税制结构

税收制度是指一个国家根据其税收系统的设计原则,适应本国社会经济的发展状况及国家财政需要而颁布的各项税收法律制度和征税办法的总称。一个国家的税收制度一般包括税法、各种具体税收法规、实施细则、政策规定和税收征收管理的法规与制度等。

税收制度是一个国家经济法律制度的重要组成部分。税收制度是政府税务行政行为的依据和标准,政府要以税收制度为标准,依法征税。同时,税收制度又是纳税人纳税行为的准则,既包括对纳税人纳税义务的法律规定,也含有对纳税人权利的相应保障。了解并熟悉税收制度,是企业做好税务管理的基本前提。

在税收制度体系中,还有税制结构问题。所谓税制结构指的是构成税收制度的各税种在整个税收体系中的分布状况和比重关系。它表明了各税种在总的税收制度中的相对地位。一个国家通过主体税种与辅助税种的协调配合、纳税主体与征税对象的合理选择等手段来实现一个优化的税制结构。不同的税制结构,也会给作为纳税人的企业造成不同的影响。

第一节 税收制度的构成要素

一个国家的税收制度体系由不同的税种构成,每一个具体的税种法规都会包括一些共同的主要项目,这些具有一定共性的项目在税收制度中称为税制要素。一般地,税制要素包括总则、纳税人、征税对象、税率、纳税环节、纳税期限、纳税地点、减免规定以及罚则等。其中,纳税义务人、征税对象和税率称为税收制度的三个基本要素。税收三要素回答了向谁征税、对什么征税和征多少税等税收的基本问题,同时也是税收理论分析、政策制定、制度设计的基本工具。

一、总则

税法的总则主要包括立法依据、立法目的、适用原则等。

二、纳税义务人及相关概念

纳税义务人简称纳税人，又称为纳税主体。所谓纳税义务人，指享有法定权利，负有纳税义务，直接缴纳税款的单位和个人。税收制度中纳税人要素主要解决向谁征税的问题。纳税人从性质上可分为自然人和法人两类。

（一）自然人纳税人

在法律上，自然人是指基于出生而依法在民事上享有权利、承担义务的人。自然人包括本国公民和居住在所在国的外国公民。

在税收上，自然人纳税人又分为自然人个人和自然人企业。所谓的自然人个人是指具有生命的生理意义上的自然人。自然人作为纳税人一般具有公民或者居民的身份，也包括被东道国税法认定为具有纳税义务的非居民。而自然人企业是指不具备法人资格的企业。在我国现存的企业组织形式中，个人独资企业和合伙企业就属于自然人企业，不具备法人资格。自然人企业不独立纳税，而是由企业的所有者作为自然人纳税。

（二）法人纳税人

法人是指依法设立并能以自己名义独立参与民事活动，具有民事权利能力和民事行为能力，享有民事权利和承担民事义务的组织。法人包括从事生产经营、以赢利为目的的公司，以及行政机关、事业单位、社团等非营利性的组织。法人纳税人必须独立承担纳税义务。

（三）负税人

负税人是同纳税人既有联系又有区别的一个概念。负税人是指实际或最终承担税收负担的单位和个人。纳税人和负税人有时是一体，有时也可能分离，这取决于税收能否转嫁。一般而言，如果纳税人能将税收负担转嫁出去，纳税人就与负税人相分离。在没有税收转嫁的情况下，纳税人与负税人是合一的。可以这样认为，纳税人是法律意义上的纳税主体，负税人是经济上的负税主体。

（四）代扣代缴义务人和代收代缴义务人

代扣代缴义务人和代收代缴义务人是同纳税人有联系的另外两个概念。

代扣代缴义务人是指有义务从持有的纳税人收入中扣除纳税人应纳税款并代为缴纳的单位和个人，如企业在发工资时代税务机关扣缴职工的个人所得税，企业即为代扣代缴义务人。

代收代缴义务人是指有义务借助经济往来关系向纳税人收取应纳税款并代为缴纳的单位和个人，如在委托加工应税消费品的业务中，受托方代税务机关向委托方收取的消费税，受托方就是代收代缴义务人。在税收制度中规定代扣代缴义务人和代收代缴义务人的目的是为了加强税收的源泉控制，防止税款流失，保证税款的及时收缴，并可降低征税费用。

三、征税对象及相关概念

（一）征税对象

征税对象又称纳税客体，是指税收制度中所规定的征税的标的物或对象，它解决对什么征税的问题。征税对象是区别税种的主要标志之一，征税对象的不同使得各具体税种能够区别开来，各税种的名称常常是根据征税对象来加以规定，如所得税、房产税。作为征税对象主要有以下几类：货物与劳务的流转额、收益额、财产、资源、行为等。

征税对象是税收制度三个最基本的要素之一，是确定其他税制要素的基础。税制要素中的纳税人就是由征税对象来界定的，一个税种的纳税人是拥有该税的征税对象的单位或个人。例如，房产税的纳税人肯定是拥有房产的人。所以，特定的征税对象限定了特定的纳税人。税制要素中的税率，也是针对征税对象来加以确定的。

（二）税目

税目是征税对象的具体化，指征税对象的具体项目。一个征税对象常常包括内容丰富的许多项目，例如，现行营业税有交通运输业、建筑业等九个税目。通过对征税对象划分税目，可以确定具体的征税范围，并按不同的项目设计相应的税率，从而实现政府运用税收调节经济以及实现公平税负的目的。

划分税目的方法可分为两类，一是概括法，二是列举法。所谓概括法，是指将征税对象中某些不便于一一列举的项目，概括为一个税目。概括法适合于不易划分类别的征税对象或是临时出现而不便归类的征税对象。列举法又分正列举法和反列举法。正列举法是对征税对象的项目一一加以列举，每一个类别或项目就是一个税目，而未列举的则不征税。反列举法是只将不征税的项目列举出来，所有未列举的项目均要征税。列举法适用于易于划分类别的征税对象。在税收实践中，两种方法可能在同一税种中同时采用。

（三）计税依据

另一个与征税对象相联系的要素是计税依据，也称作税基。计税依据是用来计算应纳税款的标准或依据。在现代税制中，国家出于政治或经济政策的考虑，并不是对征税对象中所包含的内容全部课税，往往允许纳税人在税前扣除某些项目，计税依据仅为征税对象中的应税部分，如计算个人所得税时扣除生计费用。但有些税种的征税对象和计税依据是一致的，如营业税、消费税、土地使用税等。征税对象和计税依据的关系可概括为：征税对象反映了征税标的物的质的特征，计税依据反映了征税标的物量的特征。

计税依据分从价计征和从量计征两种形式。从价计征，是以征税对象的价格或价值作为计税依据，如增值税、消费税、营业税。从量计征，以征税对象的自然实物量作为计税依据，自然实物分重量、体积和面积等，如资源税和城镇土地使用税。

四、税率

税率是指应纳税额与计税依据之间的比率，是计算应纳税款的尺度。其计算公式为：

税率＝应纳税款/计税依据×100%

税率直接关系到纳税人负担的轻重和政府税收收入的多少，因此税率是税收制度的核心要素，科学合理地设定税率是完善税制的关键问题之一。

（一）税率的种类

税率从形式上可分为比例税率、累进税率和定额税率。这是最基本的税率分类。

1. 比例税率

比例税率是指对同一征税对象，不论其数额大小，均按固定比例征税，税率保持常数不变的税率。比例税率体现了税收的横向公平，具有广泛的适用范围。比例税率又具体分为单一比例税率和差别比例税率。

（1）单一比例税率，是指同一种税只设置一个比例税率，所有纳税人按同一税率计算纳税的税率。

（2）差别比例税率，是指对同一种税设置两个或两个以上的比例税率，不同纳税人要根据不同情况分别按不同税率计算纳税。差别比例税率可按产品、行业或地区设置。差别比例税率常用在征税对象划分为不同税目的税种。对同一征税对象的不同税目实行差别比例税率可以调节不同税目的价格水平或者利润水平，使不同税目的产品实现公平税负，建立合理的产品结构；还可以体现国家的产业调整政策，发挥税收的经济调控作用。

2. 累进税率

累进税率是指对同一征税对象按数额大小设置的递增的等级税率。累进税率是由若干个逐渐增高的一组税率构成的。累进税率一般在所得税的征收中使用。累进税率体现了税收的纵向公平原则，可以调节收入在社会各阶层的收入分配状况，减少贫富差距。累进税可进一步分为以下几种：

（1）全额累进税率。采用这种税率是把征税对象划分为若干级，对每一级制定不同的税率，征税对象的全部数额都要按达到的最高税率征税。由于全额累进税率对征税对象的全部数额都按统一的税率来征税,计算比较简单。但是,该种税率的税收负担不合理,在征税对象数额处于级次分界线上下时,会出现增加的税额超过增加的征税对象数额的现象。我国税收制度中没有采纳全额累进税率。

(2) 超额累进税率。超额累进税率是把征税对象划分为若干等级部分,每个等级部分制定不同的税率。各个等级部分分别按不同的税率计算税款,然后把各等级的税款相加,即等于全部税额。与全额累进税率相比,超额累进税率计算的应纳税额累进程度比较均匀,税收负担较为合理。但超额累进税率计算方法比较复杂,尤其是当应纳税额数目较大时,计算步骤较多。为克服超额累进税率计算复杂的问题,在实际中常常采用速算扣除数的办法来简化计算。

(3) 超率累进税率。超率累进税率是指以征税对象数额的增长比例为依据,按级确定不同的税率,把不同级次的计税数额按各自的税率分别计算,然后把各级次的应纳税额合计为全部应纳税额。例如,土地增值税所使用的税率是超率累进税率。

3. 定额税率

定额税率是按征税对象的计量单位直接规定应纳税额的税率。在定额税率中,征税对象的计量单位可能是重量、数量、面积、体积等自然实物量。定额税率征税,应纳税额只与征税对象的自然实物量有关,只要有征税对象的数量就可以计算出税额,可以简化计税过程。定额税率与征税对象的价格无直接关系。定额税率可分为单一的定额税率和有差别的定额税率。

(1) 单一定额税率。它是指一个税种中,只设置一个统一的定额税率。

(2) 差别定额税率。按这种税率,把征税对象按地区或其他标准分为不同类别,针对每一类别分别设置不同的征税数额。我国现行税制中的资源税、土地使用税等采取的就是这种税率。

(二) 从税收分析角度对税率进行分类

1. 累进税率和累退税率

累进税率是指对同一征税对象按数额大小而设置的递增的等级税率,而累退税率是指随着征税对象数额大小而设置的递减的等级税率。如美国的社会保障税,2002 年雇员承担的税率为 6.02%,但税收限额为 5264 美元,高于此数的不缴纳,实际税率为 0。作为政策工具,累进税率和累退税率两者具有不同的功能:(1) 从公平角度。累进税率使收入高的纳税人上缴的税收占收入比率高于收入低的纳税人,使税后个人之间收入差距比税前缩小;而累退税率则起到相反的效果。(2) 从效率角度。累退税率对个人增加收入起到激励作用,而累进税率则起到相反的效果。

2. 名义税率和实际税率

名义税率即法定税率，是由税法规定的税率。实际税率是指纳税人实际缴纳的税额占征税对象的比例，反映纳税人的实际纳税负担。名义税率与实际税率有一定的差异，因为税收制度里面存在免税额、起征点、税收优惠、税前扣除和超额累进制度等因素，此外还有通货膨胀等原因。两者出现差异主要表现为两种情况：如果税收制度允许税前扣除，那么名义税率就会高于实际税率；而对于累进税制，在经济出现通货膨胀情况下，名义税率则低于实际负担率。

3. 边际税率和平均税率

边际税率是最后一个单位的税基所适用的税率。平均税率是全部税额与收入之间的比率，或称为平均负担率。在累进税制下，平均税率随边际税率的提高而上升，但平均税率低于边际税率；在累退税制下，平均税率随边际税率而下降，但平均税率高于边际税率。在比例税制下，边际税率等于平均税率。从调节方式看，边际税率偏重于分析税率的心理影响。纳税人对边际税率印象最深，而很少关心平均税率，平均税率偏重分析税收负担率。从调节对象看，边际税率偏重于调节的结构分析，常作为分析税收对供给影响的工具。而平均税率偏重于调节的总量分析，作为分析税收对需求影响的工具。从调节效应看，边际税率偏重于分析税收的替代效应，分析税收对人们选择决策的影响。平均税率偏重于分析税收的收入效应，分析税收损失的弥补方式。

五、起征点和免征额

起征点是税法所规定对纳税对象开始计算征税的数量界限，征税对象达不到起征点的不征税，一旦达到起征点则将对征税对象全额征税。起征点的规定使征税对象数额达不到起征点的纳税人享受到税收照顾，也有利于降低征收费用。

免征额是指税法所规定对征税对象中免予征税的数额。免征额不征税，仅就征税对象中超过免征额的部分征税。免征额的规定使每个纳税人都可以按规定扣除等量数额的征税对象，享受一定数量的免税优惠。

六、纳税环节

纳税环节是指纳税人在从生产到消费的流转过程中应当缴纳税款的环节。纳税环节一般有：生产环节、流通环节、分配环节、消费环节、移交环节等。例如，商品与服务税在生产流通环节纳税，所得税在分配环节纳税。正确确定纳税环节对于政府稳妥地取得税收，以及对于纳税人的合理负担非常重要。纳税环节的正确选择对商品生产流通的征税尤为重要，因为其纳税环节可以有多种情况,可以是一个环节课税,也可以是两个环节课税,还可以是多环节课税。对两个以上的环节征税的税种要解决好重复征税的问题。非商品课税、所得课税、财产课税、行为课税等税种的纳税环节较简单,纳税环节一般根据征税对象的来源来设置,在哪个环节取得收入就在哪个环节征税。合理而科学地选择纳税环节是完善税制建设的一项重要内容。

七、纳税期限

纳税期限是税法规定纳税人缴纳税款的时间规定,也是税收的强制性和固定性在征税时间上的表现。纳税期限的规定,要求纳税人在发生纳税义务后及时缴纳税款,超过期限则要缴纳滞纳金。纳税期限对于保证国家稳定、及时取得财政收入具有重要意义。纳税期限的具体规定因税种和纳税人而异,例如,增值税纳税期限较短,企业所得税纳税期限较长。再如,应纳营业税税款数额越大的企业,纳税期限的规定相对越短;而税款数额越小,纳税期越长。

纳税期限可以有以下几种情况:

(一)按日纳税。一般而言,商品与服务税采取按日纳税的形式。

(二)按次纳税。它是指以应税行为的发生次数缴纳。例如,对个人所得税中的非连续性收入或偶然所得,耕地占用税等就是按次征收。

(三)按年计征。例如,我国的企业所得税、房产税、土地使用税等税种均采取此类征收方法。

八、纳税地点

纳税地点是指在税法上所规定的申报纳税的地点。在现代的市场经济中,纳税人的经营活动比较复杂,经营方式灵活多样。为了利于对税款的源泉控制,保证国家税收不流失,同时维护纳税人的利益,避免重复纳税,各种税的税法对纳税地点都做出了明确的规定。例如,我国现行税收制度中规定:固定生产经营者向其机构所在地主管税务机关申报纳税;非固定生产经营者或临时经营者,向经营地主管税务机关申报纳税;进口货物向报关地海关纳税等。

九、减税和免税规定

减免规定是指税法制定的对纳税人或征税对象少征部分税款或全部免征税款的特殊规定。按减免税的目的或意图分类,减免税可分为以下几种情况:

(一)政策性减免。这是在纳税人有能力纳税的情况下,为促进其加快经济发展而实行的减免。例如,对新创办企业的减免,对环保企业的减免等。

(二)灾难性减免。这是在纳税人因自然灾害或重大事故而遭到损失的情况下，对受灾的纳税人给予的减免。它可以帮助纳税人迅速恢复生产力，保持原有的生产力布局和供求关系。

（三）社会性减免。例如，对残疾人企业给予的减免。

税收减免可通过缩小税基的方式实现。例如，企业所得税中允许用本年度利润抵补以前年度亏损，还可以采取降低税率的方式来实现税负的减免。

十、罚则

罚则也称为违章处理，是税务机关对纳税人违反税法的行为采取的处罚性措施。罚则体现了税收的强制性特征。对不缴、少缴、迟缴、拒缴、漏缴及骗取国家税款等情形，将给予纳税人补交税款、加收滞纳金、处以罚款直至刑事处分等惩罚措施。

第二节 税收的立法和税法实施

税收的立法是指拥有立法权的机关依据法定程序、遵循法定原则，制定、公布、修改、补充和废止有关税收法律、法规、规章的活动。税收的立法是税法实施的前提，税法实施要坚持法制和公平，做到有法可依，有法必依，执法必严，违法必究。

一、我国的税法立法

（一）税收立法机关

根据我国《宪法》、《全国人民代表大会组织法》、《国务院组织法》以及《地方各级人民代表大会和各级人民政府组织法》的规定，我国的立法体制是：全国人民代表大会及其常务委员会行使立法权，制定法律；国务院及所属各部委有权根据宪法和法律制定行政法规和规章；地方人民代表大会及其常务委员会，在不与宪法、法律、行政法规抵触的前提下，有权制定地方法规，但需要报全国人大常委会和国务院备案；民族自治地方的人大有权依照当地民族政治、经济和文化的特点，制定自治条例和单行条例。

由于我国的税收法律、法规和规章的制定机关不同，所制定的法律法规级次不同，所以法律效力也不同。

（二）我国不同层级的税收法律、法规和规章

1. 全国人大和全国人大常委会制定的税收法律

《宪法》第五十八条规定确定了我国税收法律的立法权由全国人大及其常委会行使，其他任何机关都没有制定税收法律的权力。在现行税法体系中，《企

业所得税法》、《个人所得税法》、《税收征收管理法》、《车船税法》都是税收法律。除《宪法》外，在税法体系中，税收法律具有最高的法律效力，是其他税收立法机关制定税收法规、规章的法律依据。

2．全国人大或人大常委会授权立法

授权立法是指全国人民代表大会及其常务委员会根据需要授权国务院制定某些具有法律效力的暂行规定或者条例。国务院经授权立法所制定的规定或条例具有国家法律的性质和地位，它的法律效力高于行政法规，在立法程序上还需要报全国人大常委会备案。1984年9月1日，全国人大常委会授权国务院改革工商税制和发布有关税收条例。1985年，全国人大授权国务院在经济体制改革和对外开放方面可以制定暂行的规定或条例。授权立法，是在我国当时经济体制改革急需法律保障和支持的社会背景下进行的，但在条件成熟时，税收暂行条例最终应该通过全国人大及常委会立法，上升到税收法律层面。

3．国务院制定的税收行政法规

国务院是我国最高国家权力机关的执行机构，是国家最高的行政机关，拥有行政法规的制定权，包括税收行政法规。税收行政法规在税收法律的体系中低于税收法律，但高于地方法规、部门规章、地方规章。税收行政法规不得与宪法、税收法律相抵触，否则无效。我国国务院发布的《企业所得税法实施条例》、《税收征收管理法实施细则》等都是税收行政法规。

4．地方人民代表大会及其常委会制定的税收地方性法规

我国在税收立法上坚持"统一税法"原则，在现有税收法律的授权体系下，除了海南省、民族自治地区按照全国人大授权立法规定，在遵循宪法、法律和行政法规的前提下，可以制定相关的地方性税收法规，其他省、市一般无权制定税收地方性法规。

5．国务院税务主管部门制定的税收部门规章

我国宪法第九十条规定，国务院各部委根据法律和国务院的行政法规、决定、命令，在本部门的权限内，发布命令、指示和规章。财政部、国家税务总局和海关总署有权制定我国税收部门规章，包括：对有关税收法律及法规的具体解释、税收征收管理的具体规定及办法等。如财政部颁布的《增值税暂行条例实施细则》、国家税务总局发布的《税务代理试行办法》等都属税收部门规章。

6．地方政府制定的税收地方规章

在"统一税法"的原则指导下，省、自治区、直辖市以及省、自治区的人民政府所在地的市和国务院批准的较大的市的人民政府，只有在税收法律、法规的严格授权下，才能制定地方税收规章，并且不得与税收法律、法规相抵触。如国务院发布实施的城市维护建设税、房产税等地方性税种暂行条例，规定了

省、自治区、直辖市人民政府可根据条例制定实施细则。

（三）税收立法、修订和废止的程序

目前我国税收立法、修订和废止主要包括以下阶段：

1. 提交议案

税收立法或是税法的修订、补充和废止，首先需国务院授权税务主管部门（财政部或国家税务总局）负责立法的相关调研和准备，提交税收立法的提议或草案，上报国务院。

2. 审查议案

根据不同层次的税收法律、法规，有不同的审议部门。税收法规由国务院负责审议。税收法律在经国务院审议通过后，向全国人大常委会相关工作部门提交议案，议案在全面广泛征求意见并进行修改后，提交给全国人民代表大会或其常务委员会审议通过。

3. 通过和公布

不同的税收法律、法规有不同的发布主体。税收行政法规，在国务院审议通过后，以国务院总理名义发布。税收法律，在全国人民代表大会或其常委会召开会议期间，应听取国务院关于制定税收法律的议案说明，经过讨论和投票通过等程序，最后以国家主席名义发布。

二、税法的实施

税法的实施，包括税收执法和税收守法两个方面。我国税法在实施过程中，必须遵循税法多层次的特点。在税收的执法和守法过程中，应该遵循以下原则：（1）层次高的法律优于层次低的法律；（2）同一层次的法律中特别法优于普通法；（3）国际法优于国内法；（4）实体法从旧，程序法从新。

其中，特别法是指对特定主体、事项，或在特定地域、特定时间有效的法律。普通法是指根据税收基本法的原则，对税收基本法规定的事项分别实施的法律，如个人所得税等。一般地，特别法优于普通法。税收实体法是针对确实税种的立法，主要具体规定各税种的纳税人、征税对象、税率、征税范围、纳税地点等税制要素。税收实体法直接影响到国家与纳税人之间权利义务的分配，是税法的核心部分。税收程序法是指以国家税收活动中所发生的程序关系为调整对象的税法，是规定国家征税权行使程序和纳税人纳税义务履行程序的法律规范的总称。其内容主要包括税收确定程序、税收征收程序、税收检查程序和税务争议的解决程序，如《中华人民共和国税收征收管理法》。

第三节 税收的分类

税收的分类是按照一定的标准对税收体系中的各种税种按其性质和特点进行分类，将具有相近或相似特点的税种归并成一。通过税收分类，可从各税种的收入、税源、税负、税收管制权限等角度对各税种进行分析、研究、比较和评价。通过分类对比不同国家或同一国家在不同时期的税收制度，以及各种税收在税制结构中的功能作用及对社会经济运行的影响，可以为建立科学、完善的税收体系提供依据。

一、按征税对象的性质分类

按征税对象的性质为标志对税制进行分类，可将税收分为商品与服务税类、资源税类、所得税类、财产税类和行为税类等。这种分类方式是世界各国普遍采用的一种最基本的分类方式，也是我国常用的一种分类方式。

（一）商品与服务税类

企业在生产经营活动中，向社会销售商品货物或提供劳务，由此产生了商品流转和非商品流转，故商品与服务税也被称为流转税。它一般是指以商品经济作为经济前提，对生产流通过程中的商品的流转额和非商品的营业额征收的税收。商品与服务税类是我国现行税制中最主要的一类税收，是主体税类。我国现行的税制中属于商品与服务税类的税种有增值税、消费税、营业税和关税等。

商品与服务税的特点是以商品货币交换为前提，只要纳税人销售或购进货物、提供了劳务，取得了销售收入、营业收入或发生了支付金额，就应依法纳税。商品与服务税属于间接税和中性税，其主要功能是为政府筹集收入。在商品经济条件下，由于它是对商品课税，具有税源充裕、征管方便的特点，故能较好地实现组织收入的功能，也因此而曾经成为大多数国家的主体税。它既可以保证国家财政收入及时、可靠和稳定增长，又可以配合国家经济政策，灵活发挥调节经济的作用，还可以促进市场的公平竞争，以充分发挥市场的资源配置作用。在现代市场经济条件下，它作为间接税，税负易于转嫁；作为中性税，对经济的调节功能较弱；要赋予这种以商品为课税对象的税种以调节功能，有可能导致价格扭曲，影响公平竞争。因此，完善商品与服务税制度是亟待解决的问题。

认识商品与服务税对企业的效应，对搞好企业的税务管理有重要的作用。

1. 商品与服务税是企业的必纳税收

一般而言,商品与服务税具有普遍征收的特性。企业为了盈利,就要开展销售货物、提供劳务等各种经营活动,经营活动产生的营业额是企业盈利的来源,这些企业的营业额即是商品与服务税征收的对象。在我国,增值税和营业税是两种主要的商品与服务税。根据现行税制,制造业和商业企业的销售收入须缴纳增值税,服务业等行业的营业收入要缴纳营业税。无论何种企业,最少应缴纳这两种税收中的一种。因为商品与服务税是按营业额征收的,不论是盈利企业还是亏损企业,只要有营业额就要纳税。这是国家以社会管理者的身份与企业等组织之间的分配关系,是社会的必要扣除,是企业对国家应尽的一种义务,目的是为了保证政府的必要支出,保证全社会的最大利益。

2. 商品与服务税是中性税收,一般不影响企业之间的竞争

在市场经济条件下,为了保证市场的效率,一般情况下,政府对商品与服务税实行中性原则,因而,商品与服务税具有中性特征。商品与服务税的税率较少,有些国家只有一种,多数国家有2~3种。这样,商品与服务税一般不影响企业的竞争,不影响企业的决策。但在税收制度设计不完善的情况下,商品与服务税的中性性质发生偏移,也会对企业的决策产生一些影响,如采用生产型增值税对资本有机构成高的企业就产生不利的影响。

3. 商品与服务税会影响商品的价格

商品与服务税一般以商品的销售额或者劳务的营业额为征税对象,所以,商品与服务税的征收会影响商品和劳务的价格,增加消费者的支出。企业或者将税收转嫁给消费者,或者在竞争的压力下降低价格,减少自己的收入。即使在中性原则条件下,面对同一税率,高成本企业的收益也会低于低成本的企业,在竞争中处于不利地位。而在政府强调对经济发挥税收的调节作用时,如果对不同的行业或者不同的商品征收不同税率的商品与服务税,则会对市场格局产生很大的影响,商品与服务税就会成为政府调节经济的有力杠杆。

4. 商品与服务税容易转嫁

由于商品与服务税根据销售额和营业额征收,所以企业可以将所纳商品与服务税税额加入价格之中,转嫁给消费者。商品与服务税在设计时,一般就是作为可转嫁的税种设计的,这是由商品与服务税的性质决定的。但是否能够转嫁出去,取决于该商品或劳务的市场供求关系,供给小于需求时容易转嫁,反之较难。此外,能否转嫁也与企业的成本水平有关,在同样市场条件下,商品成本低的企业较容易将商品与服务税转嫁出去,而商品成本高的企业则较难将税收转嫁出去。

（二）所得税类

所得税类又称为收益税类，是以纳税人的所得额或收益额为征税对象征收的税。所得税类一般包括企业所得税（公司所得税）、个人所得税和社会保险税等。

1. 所得税的意义与效应

所得税类是一个重要的税收种类，在世界各国都是财政收入的主要来源之一，也是国家用以调节宏观经济的重要经济杠杆，它对国家的宏观经济及企业的发展有着十分重要的意义。

（1）国家取得财政收入，促进社会、经济和文化的发展

税收是国家财政收入的主要来源，也是社会公共资金的重要来源。国家通过征收所得税可以筹集到一定量的财政收入，再将这些资金投入到国民经济的薄弱环节或者市场失灵的环节，会促进社会、经济和文化的和谐发展。

（2）调节产业结构和区域经济的发展，促进国民经济均衡发展

所得税对经济的调控作用主要体现在：所得税可以对产业结构发挥调节作用。例如，企业所得税税种基本要素的设计和优惠措施，可以促进高新技术、环保等行业的发展；所得税通过减税或者给予其他税收优惠，可以促进经济落后地区的区域经济发展。

（3）优化投资环境，促进对外开放

在改革开放过程中，为引进外资，我国的企业所得税税法对在我国投资的外资企业规定了很多优惠条款，对引进外资发挥了重要的作用。税法还对企业源于中国境外的所得，在境外已经缴纳的所得税，可以在国内所得汇总缴纳时，采用分国不分项抵扣、定率抵扣的方法给予抵扣，避免国际双重征税现象的产生。

（4）调节经济发展，抑制通货膨胀

所得税是国家进行宏观经济调控的重要手段。当经济发展过快时，国家可以采取提高所得税负担，通过降低纳税人的收益水平影响企业的生产规模和个人的消费水平，直接或间接地抑制通货膨胀。而当经济发展停滞时，国家又可以用减税来刺激经济发展。而具有累进税率的所得税制度则被誉为经济发展的"内在稳定器"。

（5）调节社会贫富差距

在很多国家，个人所得税都是作为政府调节贫富差距的手段，根据个人收入情况设置不同的税率，来减少低收入者的税收负担和抑制高收入者的收入，多收入者多交税，把税收收入用于增加社会福利，改善低收入阶层的生活水平。

2．所得税按征收模式可分为以下三种类型

（1）综合所得税制度（也称为一般所得税制度）。综合所得税是指对纳税人各项应税所得先进行汇总，再统一计征所得税的一种制度。

（2）分类所得税制度（也称分项所得税制度）。分类所得税是按照纳税人各种不同性质的所得分别计征的所得税。例如，个人所得税可按工薪所得、劳务所得、利息所得、偶然所得等分别计征。

（3）分类综合所得税（也称混合税制）。分类综合所得税是将分类所得税与综合所得税相结合的一种税制模式。对纳税人的各种应税所得按不同的来源或性质，有的采用分类方式计税，有的采用综合方式计税。分类综合所得税是世界各国普遍采取的一种税制模式。

3．所得税的特点

（1）税源较广，税负有弹性。凡有生产经营所得和其他所得的，一般都要依法缴纳所得税，可以普遍征收。个人所得税一般采用累进税率，对纳税人收入高的多征，收入低的少征或不征，具有一定弹性。

（2）税负转嫁不容易。所得税是对纳税人最终所得的征收，一般不容易转嫁，由纳税人自己承担。因此，所得税可以调节收入在社会中的分配，缩小贫富差距。

（3）所得税的征收和管理较复杂，因而也成为避税、节税等税收筹划的重点。

我国目前税制中属于所得税类的有企业所得税和个人所得税。我国的企业所得税制度，是随着改革开放和经济体制改革的不断推进而逐步建立、完善起来的。我国1994年的税制改革，基本确立了所得税在现行税收体系中的主体地位。随着社会主义市场经济的不断发展，尤其是随着我国加入WTO和全球经济一体化进程的加快，我国的企业所得税制度已经暴露出了一些不适应的问题，如税法不统一、税负不公平，等等。为了顺应变化了的社会经济环境，我国于2008年实施了企业所得税制度的改革，取消了外商投资企业和外国企业所得税，统一了内外资企业所得税；并调整了个人所得税，今后将进一步改革个人所得税制度，最终实行综合与分类相结合的个人所得税制度。

（三）财产税类

财产税是以纳税人所拥有和支配的财产为征税对象的税收。财产税是世界各国普遍开征的一种税。财产税根据征税对象可分为两类：一是对财产持有的课征，即对一定时期中个人、家庭、企业所拥有或支配的财产数量或价值进行课征，如房产税、车船税。二是对财产转让的课征，指在财产所有权发生变更时，对转让财产的数量或价值进行的课征，如遗产税及赠与税。

财产税主要有以下特点：

1．调节财产所有者的收入，减少贫富差距。

2．税负难以转嫁。对财产的课税会直接增加财产拥有人的税收负担。

3．很难对全部财产征收。因为财产的种类繁多，而且一些类型的财产价值难以估算，或是容易转移和隐藏，因此很难做到对全部财产征税，只是对部分财产征税。

4．实行分税制的国家一般把财产税设成地方税，便于征收和管理。

（四）资源税类

资源税是指对以自然资源为征税对象而征的税。自然资源是对人类的生活和发展起着重要作用的生产资料和生活资料，而且多数的自然资源都具有不可再生性。开征资源税能够促进资源的合理开采利用，提高资源使用效率。对资源税的开征一般具有以下特点：

1．根据受益原则征收。资源税的纳税人一般是因开发和使用自然资源而受益的单位和个人。

2．根据公平原则征收。自然资源的分布具有不均衡性，即使同一类自然资源，由于分布不同而导致品质的差异，会造成自然资源的开发者和使用人在收益上的差距，资源税采取差别税率可以调节级差收入，实现公平竞争。

3．根据资源的稀缺性来设立税率和税额，同时配合行政管理措施，可以保护资源，防止乱采滥伐。

（五）行为税类

行为税是指以纳税人的特定行为为征税对象开征的税收。开征行为税，政府在获取财政收入的同时，还可以引导纳税人的行为。行为税一般具有税源较为分散、税种设置灵活的特点。

二、按征收权限分类

按征收权限进行分类，可将税收分为中央税类、地方税类和中央与地方共享税类。按征收权限分类的税收制度也称为分税制，是国家财政、税收管理体制的一项重要内容。

（一）中央税类。它是指以中央政府为征税权主体的税种，税收收入归属中央财政，如我国现行税制中的关税、消费税和车辆购置税等。中央税一般具有税源广泛，征收普遍的特点。

（二）地方税类。以地方各级政府为征税权主体的税收，其税收收入归属地方财政，如土地使用税、契税等。地方税一般具有税源分散的特点。

（三）中央与地方共享税类。它是指由中央政府统一立法，税收收入按照一定比例在中央政府与地方政府之间分配的税种,如我国现行税制中的增值税。中央与地方共享税一般具有税收收入较大,征税将同时有利于中央和地方的特点。

三、按税收负担能否转嫁分类

按纳税人的税收负担是否能够转嫁,可将税收分为直接税类和间接税类。

（一）直接税类

凡是税负不能转嫁的税种,属于直接税类。直接税的纳税人和负税人是同一的。常见的直接税有所得税和财产税。

（二）间接税类

税收负担能够转嫁的税种,则属于间接税类。间接税的纳税人和负税人不是同一主体,二者是分离的。各种商品与服务税由于所征的税款可以附加在商品或劳务的价格上,并通过交易将税负转嫁到购买者身上,因此增值税和营业税属于间接税类。

在西方经济学界,对于直接税和间接税的划分标准存在以下不同的几类:一是以纳税主体为划分标准,纳税人与负税人一致,税负不发生转嫁的税为直接税;纳税人与负税人不一致,税负发生转嫁的税,则为间接税。二是以立法者的主观预期为划分标准,立法者预期税负不会转嫁的税,是直接税;立法者预期税负会转嫁的税,属于间接税。三是以税收来源为划分标准,从收入方面直接测定其负担能力的税为直接税,直接税是依据财富和收入而课征的税种,如所得税;从支出方面间接测定负担能力的税为间接税,间接税是依据支出而课征的税种,如消费税。

四、按计税依据分类

把税收按计税依据分类,可分为从价税类和从量税类。

（一）从价税类

从价税是指以征税对象的价格或价值为计税标准的税。从价税与征税对象的价格有直接关系,即商品或劳务价格的变动,直接影响税收收入。例如,增值税属于从价税。

（二）从量税类

从量税是指以征税对象的数量、体积、面积和数量等自然实物量为计税标准的税。从量税与征税对象的价格没有直接关系,商品或劳务价格的变动不会影响税收收入的变动。例如,土地使用税属于从量税。

五、按税收与价格的关系分类

按税收与价格的关系分类，可将税收分为价内税类和价外税类。

（一）价内税类

价内税是指税金作为商品价格的组成部分的税，即税金包含在价格之内的税收称为价内税，如我国现行的营业税和消费税。

（二）价外税类

价外税是指税金作为商品价格之外的附加部分的税，如我国的现行的增值税。从世界范围看，价外税是普遍的。

六、OECD 的税种分类

OECD 即经济合作与发展组织，由 24 个主要资本主义国家组成。其对税收的分类在世界上有一定的代表性。

（一）商品与服务税类；
（二）所得、利润和资本利得税类；
（三）社会保险税类；
（四）财产税类；
（五）薪金及人员税类；
（六）其他税类。

第四节 税制结构

税制结构是指各税种在整个税收制度中的分布格局，以及各税种间的比重结构关系，表明各类税收在整个税收制度中的相对地位。

税制结构在税收体系建设中居于主导地位，关系到一个国家税收制度的总体结构。税制结构决定税收制度的规模、内容和作用的范围，确定科学合理的税制结构是完善税收制度建设的重要内容。

一、税制结构模式

从征税对象的分类和数量来看，税制结构可以分单一税制和复合税制两个基本类型。单一税制是指以某一种税收或某一类税收作为整个税收体系的基础所构成的税制结构。复合税制是多种税同时并存的税制结构，它是由主体税和辅助税相配合构成的税收体系。单一税制在各国实践中极少采纳，而世界各国的税制结构大都采用复合税制，因为单一税种不可能达到经济增长、收入分配、经济稳定等多方面的目标。

无论一个国家采取何种税制，都存在主体税种的选择问题。主体税种是一国税收中所占比重最大的税种。按主体税种设置的不同，世界各国的税制结构主要有三种模式：一是以所得税（直接税）为主体的税制结构；二是以商品与服务税（间接税）为主体的税制结构；三是以所得税与商品及服务税并重的税制结构。

（一）以所得税为主体的税制结构

以所得税为主体的税制结构，是指在一个国家的税收体系中所得税居于主导地位，比重最大，其他税种均处于辅助地位的税制结构。在世界各国的实践中，绝大多数的发达国家，少数的发展中国家采纳这种税制结构。具体来说，以所得税为主体的税制结构还可以细分为以下不同的类型：

1. 以个人所得税为主体的税制结构。它是指一国把个人所得税作为主体税种的税制结构。以个人所得税为主体税的国家一般都具有以下特征：经济发达，个人收入水平普遍较高，但收入的悬殊较大。个人所得税在这些国家对财政收入贡献很大，并且调节了社会成员的收入分配状况，缩小了贫富差距。

2. 以企业所得税为主体的税制结构。它是指一个国家把对企业收益课征的企业所得税作为主体税。在社会经济较为发达，而且社会经济制度为公有制的国家，常常采纳以企业所得税为主体税。

3. 以社会保险税为主体税的税制结构。它是指一个国家把对个人和企业共同征收的社会保险税作为主体税的税制结构。一些社会福利型国家，将社会保险税作为主体税，从而达到推行社会福利政策的目的。

（二）以商品与服务税为主体税种的税制结构

将商品与服务税作为一个国家居于主导地位的税种，是绝大多数发展中国家在设置税制结构时的首选，少数的发达国家也采纳这种税制结构。

（三）商品与服务税、所得税并重的税制结构

这样的税制结构称为双主体的税制结构模式，指商品与服务税、所得税在一个国家的税制体系中占有相近的结构比重，对经济发展共同起到主导作用。这种税制结构模式通常是在以商品与服务税为主的税制结构向以所得税为主的税制结构转变过程中形成的，或者是在以所得税为主的税制结构向以增值税为代表的商品与服务税转变过程中形成的。

二、税制结构的发展历程

在世界各国税制结构发展演变的历史过程中经历了从古代直接税为主的税制结构，发展到以间接税为主的税制结构，再从间接税发展到以现代直接税

为主体的税制结构。同时，有些国家形成了以直接税和间接税并重的税制结构。

（一）以古代直接税为主体税种的税制结构阶段

在自给自足的奴隶社会后期和封建社会，盛行的是以农业经济为主体的自然经济，农业的收入构成了社会税收的主要源泉。自给自足经济的特点，决定了国家税收主要以土地和人口作为征税对象。这种以土地和人口作为主要征税对象，等额征收的税种在税收史上称作古代直接税。在当时形成了以古代直接税为主体税的税制结构。

（二）以间接税为主体税的税制结构阶段

随着社会生产力的发展，商品生产和交换的规模日益扩大，因而对以商品流转额为征税对象的间接税逐渐成为税收的主要来源，由此开始形成了以间接税为主体税的税制结构。

（三）以现代直接税为主体税种的税制结构

间接税很快表现出其局限性，随着商品交易规模的扩大和交易层次的纵深发展，商品的交易次数增加，间接税的重复征税现象愈发严重，对商品经济的发展起了阻碍作用。与此同时，资本主义经济的高速发展，使国民收入有了很大的提高，企业和个人的所得迅速增加，为以所得税为主体的税制结构创造了条件。而且，所得税的税负具有弹性，能保持社会经济的稳定，并能体现税收的公平原则，因此在20世纪上半叶逐渐成为经济发达国家的主体税种，形成了以所得税为主体税的税制结构。

（四）间接税和直接税并重的税制结构

一些国家形成了间接税和所得税并重的税制结构。1954年法国改造间接税，实行了增值税。增值税消除了一般商品课税重复计税的弱点，税基较宽，对社会资源的配置干预较少，体现了税收中性原则，因此受到了世界上许多国家的欢迎，商品与服务税的地位得到了加强，形成了直接税和间接税并重的税制结构。

三、影响税制结构的因素

在同一时期的不同国家或是在同一国家的不同时期，税制结构可能会有差异。因为一个国家税制结构的形成和发展，会受到该国具体国情和政府特定的政策目标的制约和影响。影响税制结构的因素主要如下：

（一）社会生产力发展水平

生产力水平比较高的经济发达国家，人均国民收入水平较高，为所得税的普遍征收创造了条件，容易形成以所得税为主体税的税制结构。大多数的发展中国家生产力发展水平较低，人均收入水平较低，难以将所得税作为主体税种，为保证财政收入,发展中国家多选择以商品课税为代表的间接税作为主体税的税制结构。

(二) 社会经济制度

社会经济制度对税制结构的影响可从财产制度、经济运行制度、税收征管水平及公民的纳税意识四个方面来分析。

1. 财产制度

财产制度为生产资料私有制的国家,个人拥有生产资料和生活资料,企业也通常为私人所有,因此,政府税收主要来自个人,以所得税的形式加以征收。以生产资料公有制为基础的国家,生产资料属于国家或者集体所有,个人很少拥有生产资料,也自然就很少拥有资本收入。因此,商品与服务税成为主要的税收形式。

2. 经济运行制度

经济运行制度也称经济运行机制。经济运行机制分为计划经济和市场经济。在计划经济条件下,商品价格和工资由国家计划来制定。由于计划价格使不同商品的生产企业利润水平不同,国家运用商品与服务税可以对不同企业的利润悬殊加以调节。在市场经济条件下,商品价格和工资由市场的供求状况来决定,并能有效地反作用于供求关系,因此商品与服务税对价格的调节意义不大,但由于人们的收入由市场决定,会出现收入悬殊的问题,国家有必要通过所得税对收入进行再调节。因此,计划经济国家倾向于商品与服务税,而市场经济国家注重所得税。

3. 税收征管水平

从所得税、商品与服务税的特点来看,所得税的征收管理较复杂,要求国家的税收征管水平较高。而商品与服务税的征纳相对容易,税收的征管成本较低。经济发达国家建立了较为健全的司法体制和先进的税收征管系统,同时以完善的税收稽查制度和行之有效的处罚制度作为保障,为所得税的征收提供了保证。而在发展中国家,会计核算不健全,税收征管水平较低,这些特点决定了发展中国家通常采用征收管理较为容易的商品与服务税。

4. 公民的纳税意识

公民的纳税意识也会影响国家采纳何种税收制度。所得税作为直接税,纳税人难以在征税后进行税负转嫁。发展中国家公民文化素质较低、公民纳税意识淡泊,开征所得税较为困难,常常会遭遇偷税、漏税等。而商品与服务税多可以进行税负转嫁,纳税人可以通过定价或上下游合作企业的转嫁来降低税负,征税的阻力较小。所以,在公民纳税意识较差的发展中国家通常偏重商品与服务税。

四、我国现行税制结构

我国现行税制,按征税对象性质分为五大税类,各类具体内容如下:

(一)商品与服务税类。其主要包括增值税、消费税、营业税和关税等。

(二)所得税类。其主要包括企业所得税和个人所得税等。

(三)资源税类。其主要包括资源税、城镇土地使用税、土地增值税、耕地占用税等。

(四)财产税类。其主要包括房产税、车船税和遗产与赠与税等。

(五)行为税。其主要包括城市维护建设税、车辆购置税、印花税、证券交易税、契税、烟叶税等。

我国的税制结构具有以间接税为主体,但逐渐向间接税和直接税并重的税制结构发展的特征。例如,1996年,我国间接税占税收总收入的比重为71%,直接税占18%,其他税种占11%,是典型的以间接税为主体的税制结构。而到了2011年,间接税收入所占的比重降至63.16%,直接税收入增至28.68%,[①]虽然间接税收入占税收总收入的比重还比较大,但直接税收入所占比重却提升很快,彰显了双主体税制格局的变化趋势。

五、我国税制结构的目标和设想

(一)建立间接税和直接税并重的税制结构

随着国民经济的发展,我国的税制结构也必然要进行相应的调整。税制结构的调整和完善,要考虑我国的生产力发展状况、政府的经济发展政策及国家税收的征管水平等因素。从税制结构的模式来看,我国应选择间接税和直接税并重的双主体结构模式。双主体的税收结构模式,可以发挥两类主体税种的综合优势,即商品与服务税的刚性收入与所得税的弹性收入的优势。在经济调节方面,以增值税为主的商品与服务税以其税收中性实现市场资源的合理配置;所得税可以实现对社会宏观经济的调节作用。在社会收入的公平分配方面,能够利用所得税的累进税的纵向公平调节作用与商品与服务税比例税率补充调节作用。在财政收入方面,商品与服务税的征收面广、税源稳定、收入及时可靠、征管水平要求不高的特点适合我国现有国情。但当我国经济发展到一定阶段,随着国民收入不断提高,所得税对税收总收入的贡献会越来越大,尤其是个人所得税将会成为中国富有潜力的税种。因此,商品与服务税与所得税并重的模式是我国税制结构发展较为合理的目标。

---

① 引自中国统计年鉴2012。

（二）优化中国税制结构

中国加入 WTO 后，政府按世贸组织的要求调整税务政策。在这样的社会经济背景下，需加快我国税制调整的步伐，进一步完善和优化中国税制结构。在未来时期内，我国的税收制度建设将在以下几个方面进行变动和调整：

1. 完善商品与服务税体系

（1）完善增值税制度。我国 1994 年的税制改革，奠定了增值税在我国商品与服务税中的主导地位，增值税成为直接影响我国税收收入的第一税种，对保证财政收入和稳定经济的发展起到了重要的作用。但在具体的实践中，增值税也存在需要完善的地方：第一，增值税的"改型"问题。我国1994年实行的增值税是"生产型"增值税。该类型增值税不允许扣除外购固定资产价款中所含税金，因此对高科技企业和其他资本构成高的企业的发展极为不利，而且征税过程中税款抵扣的链条中断，存在重复征税。而"消费型"增值税是世界各国都在普遍采用的增值税形式。它允许外购固定资产价款中的税金一次性抵扣，利于高新技术产业的发展，消除重复征税。因此，我国的增值税从生产型向消费型转变是完善增值税制度的一个重要举措。我国增值税的转型工作自 2004 年 7 月 1 日起在东北老工业基地进行了三年的试点，取得了成功。国家税务总局从 2007 年 7 月 1 日开始，将试点范围扩大到中部六省的 26 个老工业城市，也取得了好的效果。2009 年，我国在全国实现了增值税的转型工作。第二，增值税的征税范围需要扩大。在我国现行税制体制下，增值税的征税范围只涉及商品流通和极少部分劳务，而对服务业和大部分的劳务征收营业税。随着经济的发展和服务业的兴起，应逐步扩大增值税的范围，实现增值税对全部商品和劳务的征收。

（2）消费税制度的调整。消费税作为特殊调节意义的税种，自 1994 年税制改革以来，增长很快，税收收入已达到 800 亿元左右。为国家的建设和发展做出了贡献。但是近二十年的税收实践表明，消费税也存在一些不太适应经济发展的问题。例如，征税品种不太合理，开征的税目较少，税收增量小，而且随着经济的发展和产业结构、消费结构的发展变化，一些产品不断被淘汰，新兴产业也不断出现，因此，对消费税进行改革是经济发展的需要。我国消费税改革的重点是调整征税品目和税率、加强征管、堵漏增收。通过调整，将一些不利于环境保护的产品和一些高档消费品征收消费税；制定相应措施加强税收征管，完善征税方式，以增强税收对一些消费品的直接调控能力；同时，调整部分产品的税率，并取消某些产品的消费税，以适应经济发展的需要。

我国于2006年对消费税作了初步的调整。

2. 完善所得税制度

（1）统一企业所得税制度。我国原有的两套企业所得税制度，使国内企业和外资企业税法不统一，不能实现公平竞争和国民待遇平等，因此，统一内外资企业所得税，调整外资企业的优惠政策，是完善所得税的一项重要内容。2007年，我国对企业所得税作了重大调整，取消了外商投资企业和外国企业所得税，将两种所得税统一为企业所得税。

（2）完善个人所得税制度。随着我国国民经济的发展，国民收入水平的提高，个人所得税成为最具发展前景的税种，但是由于我国的税收征管水平较低，公民的文化素质和纳税意识都有待提高，这也是个人所得税征收管理的薄弱环节。因此，提高免征额水平，改善个人所得税的征收管理，建立分类与综合相结合的个人所得税制度，将成为个人所得税改革的方向。

3. 完善辅助税种

在改革和完善主体税种的同时，还要建立一套科学合理的辅助税体系。在商品与服务税、所得税无法征收和调节的范围，充分运用辅助税种对经济的特殊调节功能。例如，完善我国财产税，开征遗产与赠与税，促进税费改革，开征社会保障税等，使主体税和辅助税相辅相成，真正完善和发展双主体的税制结构。

第三章　我国税收制度的建设

我国现行的税收制度是于 1994 年随着社会主义市场经济理论的提出而设立的，而后随着对外开放和改革的深入逐步完善。这是一套比较年轻的税收制度。回顾我国税收制度的建设历程，有助于理解现行税收制度。

第一节　改革开放前的中国税制

从 1949 年至 1979 年的 30 年里，我国的税收制度基本上经历了建国初期的税制初建和税收制度遭受削弱的两个阶段。

一、我国税收制度的初步建设阶段

新中国建立之前，革命根据地有一套不太完整的税收制度。随着解放战争的胜利，在陆续解放的城市还存有国民党政府的旧税收制度。解放以后，中央人民政府研究统一全国税政，于 1950 年制定并实行了《全国税政实施要则》，标志着中华人民共和国税收制度的建立。

到了 1952 年，由于国内经济状况的变化，原来的税制出现了一些不适应。为了适应新的形势，全国税务会议提出了税制修正案，于 1953 年施行。

在这个阶段，我国处在建国的初期，税收制度也是处于初步建立时期。适应当时的政治经济状况，税收为提供财政收入，调控经济发展起到了应有的作用。但是，由于处于建设初期，税收制度还不够完善。

二、我国税收制度遭受削弱的阶段

1956 年我国基本完成对私人资本主义的社会主义改造后，公有经济成分已经占到整个国民经济的 93%。在这种情况下，许多人认为税收好像没有必要存在了，加之苏联模式的影响，"非税论"盛行，我国新建立的、还不完善的税收制度开始被削弱。

1958 年，第一次大规模的简化税制方案出台了。将工商税种的四种税合并为一种税，实行将所得税改为上交利润的"税利合一"，削弱了税收制度。

尤其到了 1973 年，本来高度集中的计划经济体制，使税收制度的作用已很微弱。但在"左"的思潮影响下，又进行了一次更大规模的简化税制。这次简化包括以下主要内容：

1. 合并税种，五税合一。把工商统一税及其附加、城市房地产税、车船使用牌照税、盐税和屠宰税合并为工商税。这些税种，征税对象不同，计税依据不同，同商品与服务税没有必然的联系，本来是无法合并的，硬将其合并为一种税，实际上是对这些税种的放弃。

2. 简化税目税率。实行工商税后，税目由过去的 108 个减为 44 个；税率由过去的 141 个减为 82 个，其中不同档次的税率只有 16 个。

3. 简化征收办法。主要是废除了许多在当时被认为是不合理的繁琐的征税办法。

经过 1973 年的简化税制，我国的税种实际上只有工商税和工商所得税，对国营企业只征收一种工商税，对集体企业只征收工商税和工商所得税。此外，对农村只征收农（牧）业税，其余税种名存实亡。可见，经过 1973 年的税制简化，我国的税制已被削弱得不成体系。只是考虑到税收在筹集财政收入方面的优点，才留下了一席之地。

第二节 改革开放中的税制改革

1978 年党中央召开了具有伟大历史意义的十一届三中全会，会议提出了对外开放、对内搞活的政治经济工作的指导方针，并提出对经济体制进行全面改革。十一届三中全会以后，全党工作的重点开始转入到社会主义经济建设上来。在新的形势下，我国经济领域发生了许多前所未有的深刻变化。

一、改革开放迫切需要税制改革

改革开放给我国的经济环境带来了深刻的变化，这些变化对当时的税收制度提出了迫切的改革要求。

（一）经济结构向多种经济成分和多种经营方式发展，形成了以公有制经济为主体的多种经济成分并存的局面。在所有制结构方面，开始改变公有制企业一统天下的状况，恢复和发展了大量的城乡个体经济和私营企业；同时，在对外开放政策的指引下，建立了中外合资经营、合作经营、外商独资经营的外商投资企业。所有制结构的变化给当时带来经营方式和流通渠道的变化。

（二）国有企业向独立经营实体的方向发展。为搞活企业，我国采取了一系列重大改革措施，努力扩大企业自主权。如何规范国家和国有企业之间的分配关系，使企业逐步成为相对独立的自主经营、自负盈亏的经济实体，成为改革中的热点问题。

（三）个人收入增加，收入差距加大。在改变收入分配平均主义的前提下，社会成员收入差距逐渐拉大；在城乡居民生活水平普遍提高的前提下，一部分人已率先富裕起来。

（四）国家对经济的管理由直接行政管理逐渐地向以经济手段管理转化。十一届三中全会以后，国家对经济的宏观管理、控制和调节的观念和做法发生了深刻变化，提出应按经济规律办事，重视价值规律的作用，把运用经济手段和经济杠杆管理经济提到了重要位置。税收作为重要的经济杠杆，如何发挥其作用引起广泛的重视。

（五）对外开放，引进外资。为落实对外开放的政策，国家采取了一系列措施，如发布了《中华人民共和国中外合资经营企业法》，建立了经济特区和沿海经济开发区等。这些措施的实施，打开了对外开放的新局面，吸引了大批外商来我国投资。如何解决对外商及其外商投资企业的税收问题，立即摆在了我国政府面前。

面对经济领域的深刻变化，我国的税收制度已经不适应客观经济发展的要求。尽快改革原有的税制，已成为我国面临的最紧迫的任务之一。

二、税收制度的初步改革

从1980年开始，根据国务院批转的改革税制的设想，逐步对原有税制进行了一系列的改革。由于当时缺乏改革目标的整体设计，改革是在"摸着石头过河"的状态下进行的，虽然这些改革对当时的体制冲击很大，但还只是初步的改革。改革的主要内容可归纳为以下几个方面：

（一）建立涉外税收制度

1980年9月，全国人民代表大会公布了《中外合资经营企业所得税法》和《个人所得税法》，1981年12月又公布了《外国企业所得税法》，初步建立起我国的涉外税收制度。随着涉外税收制度的建立，我国还陆续同有关国家签订了关于避免双重征税的协定，以维护投资者的利益。

同时，对涉外企业流转额的征税暂时沿用1958年颁布的《工商统一税条例（草案）》；对外商使用的房屋、车船，则沿用1951年公布的《城市房地产税暂行条例》和《车船使用牌照税暂行条例》的规定征税。

（二）对国营企业实行利改税

为了改变国家与国营企业（当时对国有企业的称谓）之间"统收统支，统负盈亏"的财务体制，自1978年起，在国家与国营企业的分配关系上采取了一系列改革措施，其中最主要的是实行利润留成制度。但实践证明，利润留成存在种种弊端。为克服这些弊端，决定把国营企业上交利润改为上缴所得税，税后利润完全归企业自己支配,从而把国家与国营企业的分配关系用税收形式固定下来,这就是所谓的国营企业利改税。

1．第一步利改税

1983年4月,国务院批转了《财政部关于国营企业利改税试行办法》,决定利改税分两步进行:第一步利改税对有盈利的国营大中型企业(包括金融保险组织),均按55%的税率征收所得税,税后的利润,除按国家核定的留利水平留给企业外,其余部分再根据情况,分别采取递增包干上交、固定比例上交、定额包干上交和缴纳调节税办法上交国家;而有盈利的国营小型企业,均按八级超额累进税率缴纳所得税,税后利润归企业自行支配,自负盈亏。

2．第二步利改税

第一步利改税对国营企业开征所得税,在理论上和形式上是一个重大突破。但是,第一步利改税基本是形式上的改革,从国家和企业间的具体分配上,还没有实质的变化,这就决定了第一步利改税只是过渡。于是,1984年10月1日在全国范围内进行了第二步利改税。第二步利改税是与工商税制的全面改革结合进行的,包括以下基本内容:

(1)将原来实行的工商税按性质划分为产品税、增值税、营业税、盐税。同时,把产品税税目划细,并适当调整税率。

(2)对某些资源开征资源税,以调节由于自然资源和开发条件的差异而形成的级差收入,有效地管理和利用国家资源。

(3)恢复和开征房产税、土地使用税、车船使用牌照税和城市维护建设税四个地方性税种,以利于合理节约使用土地、房产,适当解决城市维护建设的资金来源。

(4)对国营大中型企业按55%的比例税率缴纳所得税,税后利润超过合理留利水平的还要征收调节税;国营小型企业按新八级超额累进税率缴纳所得税,并适当放宽小型企业的划分标准,使更多的企业按八级超额累进税率缴税。

3．对利改税的评价

利改税确立了以所得税形式处理国家与国营企业的分配关系,使国家与国营企业的分配关系步入规范化的法制轨道。这在国家与国营企业的分配关系上,是一个重大突破,为今后的改革奠定了基础。在利改税的同时,对工商税制进行了全面改革,从而使我国税制逐步转化为多税种、多环节、多层次的复合税制,初步建立起了一套税收体系。

但是,由于当时缺乏改革目标的整体设计,改革是在"摸着石头过河"的状态下进行的,利改税后形成的税收体系在理论上和一些具体做法上还存在许多问题。一是利改税企图用单一的税收形式完全取代企业的利润分配形式,在理论上混淆了国家作为社会管理者征税,以及作为国有企业的所有者参与国营企业的利润分配这两种不同性质的分配关系。二是利改税保留了税前还贷的做法,使企业和银行都不承担投资的风险,这样既会降低投资的效率和效益,也影响了所得税的调节功能。三是建立国营企业所得税后,又陆续建立了集体企业所得税、城乡个体工商业户所得税和私营企业所得税,这种按所有制分别制定不同所得税的所得税体系,导致各种企业的税负不平衡,既影响了企业间的横向经济联合,又影响了各类企业的平等竞争。

(三)为加强税收宏观调控作用,设立了其他税种

面对改革中出现的各种新情况,为了发挥税收的经济杠杆作用,加强宏观调节,自1982年起还陆续新开征和恢复了一些税种。

1. 1982年,对用于锅炉以及工业窑炉燃烧用的原油、重油,开征了烧油特别税;恢复了牲畜交易税。

2. 1983年,对利用预算外资金、地方机动财力、自筹资金、银行贷款以及其他自筹资金安排的自筹基本建设投资额、更新改造项目中的建筑工程投资额,开征了建筑税。

3. 1984年,为控制消费基金增长过快,国务院决定对国营企业征收奖金税。1985年,对实行工资总额随经济效益挂钩浮动的国营企业,开征了工资调节税;对集体企业和事业单位也开征了奖金税。

4. 1985年,将1958年的工商所得税改名为集体企业所得税。

5. 1985年,开征了城市维护建设税。

6. 1986年,对城乡个体工商业户开征了所得税。

7. 1986年,决定恢复征收车船使用税和房产税。对涉外企业、单位及外籍人员仍按原车船使用牌照税和城市房地产税的规定征税。

8. 1987年,为保护农用土地资源,开征了耕地占用税。

9. 1988年,开征了筵席税、个人收入调节税、私营企业所得税,并恢复征收城镇土地使用税和重新开征印花税。

10. 1991年,为适应对外开放政策的需要,将《中外合资经营企业所得税法》和《外国企业所得税法》合并为《外商投资企业和外国企业所得税法》。

11. 1991年,将建筑税改为固定资产投资方向调节税。

12. 为适应对外开放的需要,1985年对关税制度进行了全面改革。

13. 为适应农村经济改革发生的重大变化,对农业税做了相应改革。1983年起对农林特产收入征收农业税,1985年起将农业税由征收实物为主改为以折征代金为主。

这一时期我国的税收制度在保证财政收入和调节经济方面,比过去发挥了

更积极的作用。但也存在诸多不足：一是缺乏完整性。为了发挥税收的作用，基本采取了"打补丁"式的改革与修订。二是系统性差。税制显得繁琐、复杂、不规范。造成这种状况的原因很多，但最根本的是当时我国经济体制改革的总体目标不明确，导致税制改革的总体目标也不明确。

第三节　建立市场经济的税收制度

1992年，我国确立了经济体制改革的目标是建立社会主义市场经济体制，这一目标的确立是对我国经济理论的重大突破。根据这一目标，1993年对我国税制进行了系统的改革，并于1994年开始实施。这次改革力度大、内容深刻、涉及面广，基本上重建了一套全新的税收制度。

一、市场经济对税收制度的要求

市场经济要求具有一个统一的、开放的、公平竞争的、有序的、按照经济规律要求运行的市场。与这种市场相适应，必须建立起一个统一、公平、高效、规范的税收制度。市场经济的规则和特点对税制提出了以下要求：

（一）市场经济的统一性要求税收制度的统一性

市场经济需要建立全国统一的大市场并与国际市场接轨。统一的市场要求建立统一的税制，因为税制不统一会对生产要素产生不良的作用，阻碍生产要素的自由流动。

（二）市场经济的开放性要求建立与国际经济接轨的税制

市场经济本身具有开放性，它把国内经济与国际经济联系在一起，建立起统一的国际市场经济。与此相适应，税收制度也要与国际惯例接轨。

（三）市场经济的竞争性要求建立公平的税收环境

从一定意义讲，市场经济的本质是竞争经济，通过竞争实现资源的最佳配置。而竞争需要有平等的竞争环境，税收是重要的环境因素之一。公平合理是市场经济对税收制度的基本要求。

（四）市场经济的有序性要求建立简明、高效、规范的税收制度

从另一角度讲，市场经济是法制经济，是在一定的法律规范的保护和约束下按照一定的规则运行的经济制度。要保证市场经济的有序运行，必须健全税收制度，要让每一个纳税人都能明白自己在纳税方面的权利和义务，并使税务机关依法征税。

二、建立市场经济新税制的指导思想和原则

1993年的税制改革是在我国确立了市场经济体制总目标的前提下进行的，因此，税制改革的指导思想就是要建立符合社会主义市场经济要求的税制体系。按照这个指导思想，税制改革遵循了以下几个原则：

（一）税收制度应与市场经济体制相适应

在市场经济条件下，税收制度除了保证财政收入以外，应提供一个让企业平等竞争的外部环境。这要求在税收制度的设计中，贯彻公平的原则，注意税收中性的选择。

（二）新的税收制度应注意与国际接轨

在市场经济条件下，经济活动具有很强的国际性。新的税收制度参考国际惯例，与国际接轨，是非常重要的原则。

（三）新的税收制度应与财政体制改革相适应

为了处理好中央和地方的财政关系，学习国外经验，我国要实行分税制。据此，税收制度的设计要在税种、税率等方面作充分的考虑。

（四）新税制要有利于发挥税收经济杠杆功能

税收应发挥调节个人收入相差悬殊的作用，促进经济协调发展，实现共同富裕。

（五）应简化和规范税制，优化税制结构

取消与市场经济不相适应的税种，开征一些确有必要的税种，实现税制的系统性。在税制建设的具体内容上，要参照国际惯例，尽量采用较规范的方式，维护税制的严肃性。

三、1993年税收制度改革的基本内容

（一）商品与服务税方面的改革

商品与服务税制改革的内容是建立以增值税为主体，并实行增值税与消费税、营业税相配套的税制格局，即在生产环节、商品批发和零售环节全面实行增值税，加工和修理、修配也实行增值税；在征收增值税的基础上选择部分消费品开征消费税；对不实行增值税的劳务、转让无形资产和销售不动产征收营业税；取消对外商投资企业征收的工商统一税，对内外资企业实行统一的商品与服务税制。

（二）所得税制度方面的改革

所得税制度的改革包括企业所得税和个人所得税两部分。

1. 企业所得税的改革。改革的目标是统一企业所得税制度，公平税负，

促进竞争。企业所得税的改革分两步走，第一步是统一内资企业所得税；第二步是建立内外资企业统一的所得税制度。1993年改革将原国营企业所得税、集体企业所得税和私营企业所得税合并为一个企业所得税；取消国营企业调节税和税后上交的国家能源交通重点建设基金和国家预算调节基金。在将来适宜的时候，再选择适当的时机统一内外资企业所得税，建立全国统一的企业所得税。

2. 个人所得税的改革。将原来的个人所得税、个人收入调节税和城乡个体工商业户所得税合并为统一的个人所得税。

（三）其他工商税收的改革

1. 完善资源税。恢复并扩大征税范围，将盐税并入资源税，使资源税成为对矿产资源普遍征收的税种。

2. 增设土地增值税、证券交易税和遗产与赠予税。在这三个新税种中，只有土地增值税于1994年公布实施，证券交易税、遗产与赠予税尚未开征。

3. 取消集市交易税、牲畜交易税、国营企业奖金税、集体企业奖金税、行政事业单位奖金税、国营企业工资调节税和烧油特别税。

4. 将屠宰税和筵席税保留税种，下放管理权限。

5. 拟将原来涉外企业和外籍人员缴纳的城市房地产税、车船使用牌照税与国内企业和人员缴纳的房产税、城镇土地使用税、车船使用税合并，建立新的内外统一的房产税、城乡土地使用税和车船税。但1994年未公布新条例，仍执行原税制。

6. 农业税方面的改革。将农业税中的原农林特产税部分与原产品税中对农林牧水产品征税的部分，合并为农业特产税。该税仍属于农业税的组成部分。

根据上述改革方案，我国1994年新的税收制度由24种税组成：增值税、消费税、营业税、企业所得税、外商投资企业与外国企业所得税、个人所得税、资源税、土地增值税、印花税、城乡维护建设税、土地使用税、房产税、车船税、车船使用牌照税、固定资产投资方向调节税、耕地占用税、契税、证券交易税、遗产与赠予税、屠宰税、筵席税、农业税、牧业税和关税。在1994年新税制实施时，上述24个税种中，证券交易税和遗产与赠予税尚未开征，几个地方税的改革也未到位，屠宰税、筵席税属于完全下放给地方的税种。1999年停止征收固定资产投资方向调节税。

1993年12月，全国人民代表大会、国务院和财政部分别发布了《中华人民共和国增值税暂行条例》等一系列税收法律和法规，从1994年起实施。

四、2004年开始的新一轮税制改革

自1994年税制建立以来，国内国际经济形势发生了翻天覆地的变化，我国国民经济迅速增长，加入 WTO 后对外开放程度进一步增强，人民生活水平得到很大提高。高速发展的社会经济使 1994 年的税制出现许多不适应的问题。第一，税收总体负担过重，多年来税收增长总是远远高于 GDP 的增长，而居民收入占 GDP 的比重在降低，导致需求不足；第二，生产性增值税存在着重复征税缺陷；第三，利用外资进入新阶段，但中外企业税制不同，对外企存在超国民待遇；第四，在 1994 年时我国税收征收率只有 50%，现在大幅度提高，这意味着纳税人的实际税负在增加；第五，分类个人所得税制度不合理；等等。

从 1998 年税收增长首次超过 GDP 增长速度后，人们就开始质疑"税收超常增长是否加重企业负担"，许多专家学者就此展开研究。2003 年 3 月，"两会"期间，全国工商联以团体提案的形式，提出了"改革我国现行税制的建议案"。2003 年 10 月，党的十六届三中全会通过《中共中央关于完善社会主义市场经济体制的决定》，提出要按照"简税制、宽税基、低税率、严征管"的原则，稳步推进税收改革，拉开了我国新一轮税制改革的序幕。

2008 年的国际金融危机，导致全球经济衰退，给我国经济也带来很大影响。为了应对这次危机，拉内需、保增长，我国的财税政策由"稳健"转为"积极"，税改的政策也随之调整。这种调整使税改逐步演变出"结构性减税"的主旋律。

（一）全面取消农业税

2004 年，在黑龙江、吉林两省进行免征农业税试点，另外 11 个粮食主产省（区）农业税税率降低三个百分点，其余省区农业税税率总体上降低一个百分点，取消除烟叶外的农业特产税。2005 年，全国有 28 个省（区）免征了农业税。2006 年，我国废止了《中华人民共和国农业税条例》，在全国范围内全面取消农业税。在我国具有两千六百年历史的农业税"寿终正寝"。

（二）增值税转型

增值税的转型即是将我国实行的生产型增值税向消费型增值税转变，允许企业抵扣当年新增固定资产所含的进项税金。当今世界，除印尼以外，各国普遍采用消费型增值税，而我国 1994 年之所以采用生产型增值税，一是基于财政的压力，二是为了抑制当时投资过热的行为。很显然这一初衷和十年后的情况已不尽相符，增值税的转型也就显得十分必要。

由于增值税收入占我国整个税收收入的比例达 40%之多，为避免给国家财政带来过大冲击，2004 年首先在东北老工业基地的八个行业试行消费型增值税。经过三年的试点，取得了成功。税务总局决定从 2007 年 7 月 1 日开始，将试点范围扩大到中部六省的 26 个老工业城市。2008 年，国务院决定全面实施增值税转型改革，修订了《中华人民共和国增值税暂行条例》，从 2009 年 1 月 1 日起开始实施。

（三）统一企业所得税

依照国民待遇原则，我国于 2008 年实施了企业所得税制的改革，取消了外商投资企业和外国企业所得税，将内外资企业所得税两法合一，统一了企业所得税制度。在新修订的企业所得税中，完善了企业所得税优惠政策，除保留特定区域（如我国西部地区）优惠政策外，逐步取消其他地区性优惠政策，为不同地区和各类企业创造公平的竞争环境。同时，根据国家产业政策导向，对高新技术产业、新兴产业实行税收优惠，推动产业的优化和升级。

（四）调整消费税

消费税作为选择性税种，其作用应体现在调节经济的功能方面，具有明显的非中性特点。随着我国的经济发展、国家政策及居民消费结构等方面的变化，1994 年所制定的消费税政策已不符合发展的形势需要，2006 年，消费税做了结构性调整：

1. 新增加了高尔夫球及球具、高档手表、游艇、木制一次性筷子、实木地板、成品油税目，并将原来的汽油、柴油两个税目和新增加的石脑油、溶剂油、润滑油、燃料油、航空煤油等油品作为成品油的子目。

2. 取消了"护肤护发品"税目，并将原属于护肤护发品征税范围的高档护肤类化妆品列入化妆品税目。

3. 对原有税目的税率进行有高有低的调整，例如，白酒、小汽车、摩托车、汽车轮胎等税目。

经过调整后，消费税的税目由原来的 11 个增至 14 个。

（五）调整个人所得税的费用扣除标准

2005 年 10 月 27 日，第十届全国人大常委会第十八次会议通过《关于修改〈中华人民共和国个人所得税法〉的决定》，将工薪所得费用扣除标准由每月 800 元提高至每月 1 600 元，从 2006 年 1 月 1 日开始施行。2007 年 12 月 29 日第十届人大常委会第三十一次会议通过了《关于修改《中华人民共和国个人所得税法〉的决定》，将工薪所得费用减除标准由每月 1 600 元提高到每月 2 000 元，自 2008 年 3 月 1 日起施行。同时，又改革和完善了相关制度：一是在现行自行申报范围基础上适当扩大了自行申报面，建立扣缴义务人全员全额扣缴申报制度，为税务部门加强对高收入者征收管理提供了法律依据；二是重新明确对"四金"（基本养老保险费、基本医疗保险费、失业保险费和住房公积金）免征个人所得税政策；三是比照工薪所得费用扣除标准，在全国范围内将个体工商户业主、个人独资企业和合伙企业投资者本人的费用扣除标准统一确定为 24 000 元/年（2 000 元/月）。2011 年 6 月 30 日，由第十一届全国人民代表大会常务委员会第二十一次会议通过修改《个人所得税法》的决定，自 2011 年 9

月 1 日起施行。规定将工薪所得费用减除标准由每月 2 000 元提高到 3 500 元，同时将工薪所得原适用的九级超额累进税率改为七级超额累进税率，最低适用税率为 3%。同时提高了个体工商户生产、经营所得和承包承租经营所得个人所得税税级的划分标准。同时将个体工商户业主、个人独资企业和合伙企业投资者本人的费用扣除标准统一确定为 42 000 元/年（3 500 元/月）

（六）完善车船税

2006 年 12 月 29 日，国务院公布《中华人民共和国车船税暂行条例》，自 2007 年 1 月 1 日起施行。此条例是将外商投资企业适用的《车船使用牌照税暂行条例》和内资企业适用的《中华人民共和国车船使用税暂行条例》合并统一形成的，简化了税制，实现了中外企业、个人平等纳税，调整了税目，提高了税额标准（如载客汽车的最高税额标准从每辆每年 320 元提高到 660 元，船舶的最高税额标准从每吨每年 5 元提高到 6 元），清理了减免税项目，加大了征管力度。2007 年 2 月 1 日，财政部、国家税务总局公布了《中华人民共和国车船税暂行条例实施细则》，即日起施行。2011 年 2 月 25 日，由中华人民共和国第十一届全国人民代表大会常务委员会第十九次会议通过了《中华人民共和国车船税法》，自 2012 年 1 月 1 日起施行。该次车船税改革，以全国人大立法的形式推出，对乘用车等年基准税额按排气量分档进行了调整，对高排放量的乘用车较大地提高了应纳税额。例如：乘用车的最高税额标准（排气量 4.0 升以上）每辆每年提高到 5 400 元。同时，增加了游艇等新税目。

（七）颁布实施烟叶税条例

为贯彻落实"在全国范围内全面取消农业特产税，烟叶农业特产税适时并入工商税种"的中央决策精神，促进烟叶产区可持续发展，充分考虑地方财政利益，财政部会同有关部门认真研究替代烟叶农业特产税的办法。2006 年 4 月 28 日，国务院颁布了《中华人民共和国烟叶税暂行条例》。为贯彻落实新烟叶税条例，财政部、国家税务总局在对河南、湖南、云南和贵州等烟叶主产省调研的基础上，制定了《关于烟叶税若干具体问题的规定》，对烟叶税条例中的具体问题进行了明确和解释。

（八）其他税收改革

1. 城镇土地使用税。2006 年 12 月 31 日，国务院公布《关于修改〈中华人民共和国城镇土地使用税暂行条例〉的决定》和修改以后的《中华人民共和国城镇土地使用税暂行条例》，自 2007 年 1 月 1 日起施行。此条例的修改，一是扩大了纳税人的范围，开始对外商投资企业、外国企业和外国人征税；二是大幅度地提高了税额标准，每平方米的最高税额从每年 10 元提高到 30 元。

2. 耕地占用税。2007 年 12 月 1 日，国务院公布修改的《中华人民共和国耕地占用税暂行条例》，从 2008 年 1 月 1 日起施行。此次修改扩大了纳税人的范围，开始对外商投资企业、外国企业和外国人征税，并大幅度地提高了税额标准，每平方米土地的最高税额标准从 10 元提高到 50 元，还有加征的规定。2008 年 2 月 26 日，财政部、国家税务总局公布《中华人民共和国耕地占用税暂行条例实施细则》，即日起实施。

3. 资源税。资源税的改革主要是调整了煤炭、原油、天然气等能源产品的税额标准。例如，自 2007 年 2 月 1 日起，将焦煤资源税的税额标准确定为每吨 8 元。自 2005 年 7 月 1 日起，将原油资源税的税额标准从每吨 8 元至 24 元不等提高到每吨 14 元至 30 元不等，将天然气资源税的税额标准从每千立方米 2 元至 13 元不等提高到每千立方米 7 元至 15 元不等。2011 年 9 月 30 日国务院公布《中华人民共和国资源税暂行条例》及 2011 年公布《中华人民共和国资源税暂行条例实施细则》，从 2011 年 11 月 1 日正式施行。在该次资源税的改革中对原油和天然气的征税方法和税率做了改变，从原来的从量定额征收改为从价定率征收。例如，原油从过去的每吨 14 元至 30 元，改为按销售额的 5%~10%征收。天然气也从原来的定额征收改为按销售额的 5%~10%征收。同时增加了稀土矿的税率为每吨 0.4 元~60 元。此次资源税改革较大地提高了原油和天然气的税负，改变了过去较长时间原油和天然气高涨的市场价格和轻微的资源税负的失衡状况。

4. 印花税。2006 年 11 月 27 日，财政部、国家税务总局规定：对纳税人以电子形式签订的各类应税凭证按照规定征收印花税，对土地使用权出让合同、土地使用权转让合同按照产权转移书据征收印花税，对商品房销售合同按照产权转移书据征收印花税。自 2005 年 1 月 24 日起，证券（股票）交易印花税的税率从 2‰降低到 1‰；自 2007 年 5 月 30 日起，证券（股票）交易印花税的税率从 1‰提高到 3‰；自 2008 年 4 月 24 日起，证券（股票）交易印花税的税率从 3‰降低到 1‰；自 2008 年 9 月 19 日起，证券（股票）交易印花税的纳税人从出让方和受让方双方改为出让方单方。

第四节 税收制度改革方向

我国现行税收制度是一套比较年轻的制度，是在社会主义市场经济的建设过程中建立的，还存在着不完善之处。随着改革开放的深入，一方面该税收制度逐渐表现出诸多不完善之处，另一方面也会逐步为完善该制度提供各种条件。我国的现行税收制度应在以下方面进行改革和完善。

一、扩大增值税征税范围

1994 年增值税改革将增值税的征税范围拓展到所有货物的销售和部分工业性劳务领域，但与国外规范的增值税制度比较，没有将与货物交易密切相关的交通运输业、建筑安装业、邮电通信业等行业纳入其中，而是另行征收营业税。增值税的课税原理告诉我们，增值税的征收范围越宽，覆盖面越广，就越能充分发挥增值税的作用，增值税的运行机制就越畅通无阻。而我国现行的增值税征税范围偏窄，就可能导致增值税货物销售和营业税应税劳务之间税款抵扣链条的中断，削弱了增值税的内部制约作用，也存在一定程度的重复征税。

因此，为保证增值税税款抵扣链条的连续性，促进增值税的规范化管理，避免重复征税，有必要进一步拓宽增值税的课税范围。目前亟需将那些与货物交易密切相关的建筑安装业、交通运输业和电讯业先行改征增值税，循序渐进，分步实施，逐步推进其他劳务行业的增值税改革，最终在整个流转领域全面实行增值税。

2011 年底国务院决定首先以上海为试点，实现增值税的扩容改革，在上海市交通运输业和部分现代服务业率先开展营业税改增值税。根据经国务院同意的《营业税改征增值税试点方案》，财政部和国家税务总局印发了《交通运输业和部分现代服务业营业税改征增值税试点实施办法》、《交通运输业和部分现代服务业营业税改征增值税试点有关事项的规定》和《交通运输业和部分现代服务业营业税改征增值税试点过渡政策的规定》等文件，自 2012 年 1 月 1 日起施行试点。

2012 年 7 月国务院常务会议决定扩大"营改增"试点范围。从 2012 年 8 月 1 日起到 2012 年底，将交通运输业和部分现代服务业"营改增"试点范围，由上海市分批扩大至北京、天津、江苏、浙江、安徽、福建、湖北、广东和厦门、深圳十个省市。

2013 年 5 月 27 日财政部和国家税务总局联合印发《关于在全国开展交通运输业和部分现代服务业营业税改征增值税试点税收政策的通知》（下称《通知》)，明确 2013 年 8 月 1 日起，将交通运输业和部分现代服务业"营改增"试点在全国范围内推开，适当扩大部分现代服务业范围，将广播影视作品的制作、播映、发行等纳入试点。

2013 年 8 月 1 日扩容后的"营改增"试点涉及的应税服务将包括陆路运输服务、水路运输服务、航空运输服务、管道运输服务、研发和技术服务、信息技术服务、文化创意服务、物流辅助服务、有形动产租赁服务、鉴证咨询服务、广播影视服务等。

"营改增"试点税率规定，提供有形动产租赁服务，税率为17%；提供交通运输业服务，税率为11%；提供有形动产租赁服务之外的现代服务业服务，税率为6%；此外，财政部和国家税务总局规定的应税服务税率为零。

按照国务院规划，最快有望在"十二五"（2011年～2015年）期间在全国范围完成"营改增"。

"营改增"改革的推行有利于完善增值税制度，消除重复征税，降低企业的税收负担。例如，在增值税与营业税并存情况下，重复征税严重（从事营业税劳务企业购进材料、固定资产不能抵扣；制造企业购进营业税劳务不能抵扣；从事营业税劳务企业之间相互提供劳务不能抵扣等造成重复征税）。

"营改增"有利于社会专业化分工，促进三次产业融合；有利于优化投资、消费和出口结构，促进国民经济健康协调发展。

二、改革个人所得税

（一）进一步改革个人所得税制度，实行综合与分类相结合的个人所得税制度

这一模式的具体做法是在进一步规范目前分类所得的基础上，先以源泉预扣的办法预征分类所得税，在纳税年度终了时，由纳税人申报其全年综合的各项所得，由税务机关核定其应税毛所得额，调整所得额和应税净所得额，并据以计算出年度应纳税额，对年度内已纳的税额作结算调整，多退少补。这样做更利于调节收入分配差距，做到公平税收。

（二）扩大征税范围，严格控制减免税

现行个人所得税的课税范围过窄，仅列举11项，应适时扩展。例如，对国债利息收入、股票转让收入等应考虑纳入计税范围。

（三）合理确定费用扣除项目和扣除标准

扣除项目应包括纳税人为取得纳税所得发生的支出、基本生计费用和特别扣除费用，扣除标准要考虑纳税人的婚姻状况、赡养人口、年龄和健康状况、医疗、教育费用等因素，并根据国民收入、物价水平等因素适时调整，以体现公平原则。

（四）继续提高个人所得税的免征额

我国近几年已将个人所得税工薪所得项的免征额分次从800元提高到1 600元、2 000元和3 500元，但与发展的社会经济水平及提高的物价水平仍不相适应，应适时提高免征额。

三、建设财产税制度

在 1994 年税制改革时，由于社会经济水平还不高，人民的财富还很少，所以，税制中基本没有真正意义上的财产税的税种。随着我国经济的发展，人民财富的增加，贫富差距的加大，财产税制度的不完善成为我国税制中一个较大的缺陷。建设我国的财产税制度，已经成为我国税制建设的一个重要课题。

（一）开征遗产与赠予税

目前，社会上对开征遗产与赠予税的呼声很高。遗产与赠予税是对财产无偿转让征收的一种财产税，可以调节社会财富的分配。我国目前财富分配的两极分化较为严重，已成为影响经济发展和社会安定的一个重要因素。开征遗产与赠予税，对调节和缩小个人之间财富差距，缓解贫富两极分化带来的社会动荡，催生社会慈善事业和公益事业，打造和谐社会具有重要作用。但遗产与赠予税的开征需要财产实名制、财产登记和资产评估等综合制度的配合，具有较大难度。

（二）改革房产税，开征物业税

自 2003 年以来，物业税作为一个新概念成为人们激烈讨论的问题之一，实际上，物业税只是房产税的另一个称谓。之所以对物业税出现了激烈的争论，是因为我国的房地产与其他国家不同，土地所有权属于国家，房产的业主只拥有 70 年的土地使用权，而 70 年的土地使用费作为房子价格的组成部分，在购买房产时已经一次付清。因此，既要开征物业税以抑制对房产的购买与占有的需求，调节贫富差距，又不能对纳税人重复征收税费，引起人们的不满，所以成为争论的焦点。应系统考虑改革我国现行的房地产制度和房产税，可考虑实行老房老办法，新房新办法，逐步开征物业税，实行房产税的改革。即对已一次性交完 70 年土地使用费的房产不征物业税；对新房不再收取土地使用费，而把土地使用费改为物业税采取逐年缴纳的方法。这需要系统改革现行房地产制度和房产税制度，并考虑和遗产与赠予税的相关性，实施难度较大。

四、建设环境保护税制度

鉴于全球污染已经威胁着人们的健康和人类的未来，对碳、硫等污染物的排放开征环境保护税已经成为世界各国共同面对的课题，一些国家已经开征了此类税收。随着我国经济总量的增长，我国的排放量迅速增加，已经成为世界主要排放国之一。对我国现行税制进行"绿化"，建立环境保护税制度，尽快开征环境保护税，已经成为当务之急。目前，我国在开征环境保护税方面还存在着技术上的难题。例如，对污染物排放的监测计量还没有高效且成本低廉的手段。

参考文献

1. 王珺,"对我国商品与服务税制的改革构想",《铜陵学院学报》,2004年,第二期。
2. 田清正,"关于商品与服务税改革的几点思考",《财务与金融》,2003年,第四期。
3. 娄爱花,"论我国所得课税制度的改革",《经济管理》,2004年,第二期。
4. 林晓维,"改革我国财产税制的建议",《税务研究》,2004年,第七期。
5. 陈大明、孙先胜、刘红云,"论我国资源税税制的完善",《辽宁财专学报》,2000年,第五期。
6. 张平竺,"完善我国资源税的设想",《福建税务》,2000年,第十一期。
7. 财政部注册会计师考试委员会办公室,《税法》,经济科学出版社,2012年。
8. 高培勇,"开征物业税基本理由",《经济》,2006年8月。
9. 厉征,"2009年税改",《中国税务报》,2009年2月8日。
10. 财政部和国家税务总局,《交通运输业和部分现代服务业营业税改征增值税试点实施办法》、《交通运输业和部分现代服务业营业税改征增值税试点有关事项的规定》和《交通运输业和部分现代服务业营业税改征增值税试点过渡政策的规定》,财税[2011]111号,2011年12月。
11. 财政部和国家税务总局,《关于在全国开展交通运输业和部分现代服务业营业税改征增值税试点税收政策的通知》,(财税[2013]37号),2013年5月。

第四章 税收对企业的影响与税负转嫁

第一节 税收对企业决策的影响

企业作为社会的重要成员，是我国纳税人的主体部分，与整个国家税收有着不可分割的关系。企业无论是生产还是经营，是对外投资还是融资筹资，是并购还是分离，是增资还是分配等，无一不受税收的影响。自1994年税制改革之后，税收已成为企业生存、运营与成长的不可忽视的重要环境因素之一。就某种意义而言，税收是企业无法回避的费用，在企业的决策中，是一个重要的变量参数。所以，从企业角度出发，企业的各种决策、生产经营和管理等活动，都应充分考虑税收因素，正确认识税收对企业的影响，以采取相应对策。

一、税收对企业组织形式的影响

对不同的组织形态，税收制度的安排会有差异。例如，在企业所得税方面，对个人独资与合伙企业等自然人企业的征税和对公司是不同的，前者作为自然人仅缴纳个人所得税，而公司则缴纳企业所得税，个人投资者在收到分红后还要缴纳个人所得税。再如，在子公司与分公司两种形式中，子公司由于其独立法人的地位，被要求独立缴纳企业所得税，而分公司与总公司的所得则合并纳税，税负是不同的。因而在设计企业组织形式时，需要考虑税收制度的影响。

二、税收对企业选址的影响

（一）对选择注册地的影响

税收管辖权是各国的主权之一，各国有权制定本国的税收制度，所以，不同国家的税收制度是不相同的。即使在同一个国家内，由于分税制的税收制度或者出于某些政策的考虑，各地区的税收也会有所不同。这样，就出现了一些避税地和低税区。在实行注册地标准或者根据总机构原则征收所得税的情况下，企业在选择注册地时，必然会考虑税收对注册地的影响。在我国为了合理配置社会资源、鼓励某些地区的经济发展，对某些地区实行了一些税收优惠政策，这些都应该是企业选择注册地时应该考虑的问题。

（二）对选择生产经营地的影响

一般来说，企业选择生产经营地址会牵涉到级差地租问题。若级差地租在税收中不能得到充分考虑和对待，那么势必形成企业间因级差地租而产生的获利机会及竞争的不平等。因此，企业在决策中，经营地址选择应是企业对级差收入及相应利润予以重视的一个重要方面。

一个新企业在选择经营地时应考虑税收因素，进行税种分析，如土地使用税、资源税、城市维护建设税、房产税等税种，与经营地有着密切的联系。当然，除税收以外还应考虑距市场的远近、交通等诸多条件，综合考虑，从而制定最佳方案。

三、税收对企业融资决策的影响

企业的融资方式分为债务性融资、股权性融资和混合性融资。债务性融资包括发行债券和向银行贷款，由于债务性融资的利息一般在所得税前列支，可获得较低的融资成本和利息抵税的税蔽效应；而股票的分红是由企业从所得税后的净利润中支付，会相应增加企业的税负。进而，个人对所得的股息和红利也要缴纳个人所得税，证券市场所需缴纳的证券交易税、印花税也间接影响企业的融资成本。这样，税收会对企业的融资方式产生一定的影响。不同的融资方式将会影响企业的资本结构和经营风险，企业应该权衡利弊，选择既能确保企业获得最大投资收益又能达到最大限度节税的方案。

租赁作为企业融资的一种特殊方式，也是企业税收筹划时应该考虑的问题。租赁按性质和形式的不同分为经营性租赁和融资性租赁。而税法规定，经营性租赁资产的租赁费用可以据实一次性税前扣除，而融资性租赁资产的租赁费用则计入资产价值，以折旧形式分期扣除。不同的租赁方式对企业税负和效益的影响是不同的。

四、税收对企业投资的影响

在市场经济条件下，企业投资是为了获取更大的经济效益或更好的发展前景。企业投资是在市场环境中进行的，因而离不开市场机制的诱导和约束。税收作为重要的经济杠杆，体现国家的经济政策和行业引导。比如，我国目前对高科技和节能方面的投资实行优惠税率，而对影响环境的行业或产品则课以重税。

市场对投资行为的诱导和约束主要是通过供求关系的变化和价格变动实现的。一般来说，在健全的市场体系和竞争性市场机制下，企业根据市场供求关系变化和价格机制的作用，能够自主地做出投资决策。而税收会对企业的投资通过给投资报酬率一个附加值来施加影响。如果税收对不同投资者选择统一的税收政策制度，那么税收只影响投资者的投资水平，而不影响投资方向，投资方向的选择由市场决定。如果税收对不同的投资项目在税基、税率、税收优惠方面区别对待，那么不但影响投资报酬率和投资盈利水平，也影响投资报酬率和投资能力的结构，从而影响投资者投资方向的选择。因此，投资的资本成本明显提高。我国的企业所得税、消费税以及固定资产投资方向调节税（已停征）等税种，无疑给企业的投资带来一定的影响。

此外，税收也对企业承担投资风险的能力有一定的影响。企业的投资可能取得收益，也可能发生亏损。因此，投资是有风险的，并且投资收益也与风险密切联系。对投资报酬征税，降低了原先的风险报酬率，可能会挫伤风险投资者的积极性。但是国家一般会规定一些税后抵扣项目，来鼓励风险投资和高科技投资，如对从事软件开发销售的高科技企业，对其实际税负较高的部分实行即征即退的政策。

五、税收对商品定价决策的影响

商品与服务税是以商品销售额和非商品销售额为对象征收的，往往作为价格的附加转嫁给消费者。毫无疑问，不同水平的税负影响商品的价格和市场竞争力，进而影响到企业对产品的定价决策。对既缴纳增值税又缴纳消费税的商品，企业在定价时，不能仅仅考虑增值税的因素。

即使经营同种商品，税收也可能对企业定价产生影响。例如，增值税将纳税人划分为一般纳税人和小规模纳税人。假如它们经营的商品相同，售价也相同，由于小规模纳税人的企业不得抵扣进项税额，而一般纳税人的企业可以扣除进项税额，它们的税负肯定是有差别的。这样，若想取得同样的收益水平，在定价决策时就要受到税收的影响。

六、税收对企业销售决策的影响

税收对企业销售决策有着一定的影响。例如，由于小规模纳税人不能直接方便地向客户提供增值税专用发票，给客户带来不便，客户可能转向一般纳税人购买。所以，小规模纳税人可能会考虑对销售策略、销售方式等做出相应的调整。

具体到单个企业来说，企业销售产品可能会有商品折扣、销售折让、还本销售甚至直接返还现金等促销方式，这些在税法中都有不同的规定。例如，企业赊销中的现金折扣被看作是企业的融资费用，不能作为销售收入的减项处理，不能少交增值税。

七、税收对企业投入要素选择的影响

企业生产经营需要投入的生产要素包括劳动力、劳动对象和劳动手段。企业为劳动要素需支付一定的税收，如许多国家开征的工资税或社会保障税。社会保障税一般包括社会救助、社会保险和社会福利三部分。它发展的基础是福利经济学、福利国家理论以及新古典综合派的市场失灵理论。随着我国市场经济的发展和社会保障体系的建立，目前我国实行的社保基金制度有可能改革为社会保障税制度。

社会保障税会对企业用工或者使用机器的决策产生影响。如果降低企业保障税负担，则会促使企业采用劳动密集型的技术，即减少机器设备投资，增加职工人数；反之，如果政府提高社会保障税，企业则倾向于增加机器设备投资而少雇工人。

同理，如果对固定资产征税，就会影响到企业对资产投资的选择。例如，生产型增值税不准对购入固定资产的进项税予以抵扣，由企业承担了固定资产购入价17%的增值税，就会影响企业对固定资产的投资；而消费型增值税对购入的固定资产一次性全部扣除进项税额，相当于给予企业一定的税收优惠，就会刺激企业对固定资产的投资，引导企业重视长期发展。

八、税收对企业生产规模或产量的影响

政府对企业的产品征收增值税或消费税，如果不考虑税负转嫁因素，税款不论是由企业负担还是由消费者负担，也不论是采用从量计税还是从价计税，税收都会在商品价格中打进一个楔子，其结果是同一商品出现两种不同价格：即消费者支付的含税价格与企业实际得到的不含税价格。

企业实际得到的不含税价格的高低，直接决定着企业的收益水平，企业通常对某种商品是否生产以及生产多少的决策，是以生产该商品实际得到的不含税价格为依据的，而不是以消费者支付的含税价格为依据。因此，由于税收减少了企业的收益，可能会影响企业的产量，甚至会使企业选择不生产的决策。

企业规模影响税收。我国增值税纳税人分为一般纳税人和小规模纳税人，从而实行17%的税率和3%的征收率。在企业所得税方面，对普通企业和微利小企业实行不同的税率。这导致同一行业不同企业的税负不同。但是也正是由于税收的这些影响，企业在建立之初就要仔细考虑企业规模的设置。

九、税收对企业产品结构的影响

税收对企业生产规模的影响往往会同时反映到对产品结构的影响上。在市

场经济条件下，生产要素在行业之间、地区之间、企业之间和产品之间是自由流动的，如果税收负担分布不平均，将会造成企业减少纳税商品或重税商品的生产量，而增加无税或轻税商品的生产量，即以无税或轻税商品来替代纳税或重税商品。

从资源的角度来看，这也是税收对资源配置的影响。

十、税收对会计核算的影响

核算企业经营的财务成果是会计工作的重要内容。由于税收是企业的一种费用，所以，税收毫无疑问对企业的会计核算有着重大影响。

税收影响净利润。由于净利润是企业交纳所得税后最终属于企业的利润，因此，所得税对净利润影响较大。在企业利润水平一定的情况下，提高所得税率将减少企业的净利润；反之，则增加净利润。除了所得税税率外，税基对企业的净利润也有很大影响。如果税前扣除比较多，税基较小，则有利于增加企业的净利润；反之，如果税前扣除比较少，将减少净利润。

税收影响企业折旧方法。企业的固定资产有多种折旧方法，如果税收不论企业的折旧方法如何，只按一种折旧方法将折旧在税前扣除，税收对企业的折旧方法就不产生影响。但是，如果允许用不同折旧方法计提的折旧额在税前扣除，加速折旧的方法会使企业推迟纳税，有利于企业增加投资，税收对企业的折旧方法就会产生影响，促使企业采用加速折旧方法。同样道理，税收对企业会计核算中的计提减值准备、存货的流动计价等方法也存在类似的影响。

第二节 企业的税收负担

一、税收负担的概念

税收负担简称税负，是指由于国家征税而给纳税人带来的经济利益损失。税收是国家参与国民收入分配的重要途径之一，纳税是企业的义务，但如果税收超出了企业的承受能力，税收负担过重就会阻碍企业的生存和发展，进而危及整个社会经济生活。如果税负过低，国家的财政收入就会减少，将会降低政府的行政效率和社会管理水平。税收负担是税收政策的核心，了解和分析企业的税收负担有助于政府制定切实可行的税收制度，确定合理的税率水平和计税依据，保证国家和企业双方的利益和税收调控作用的正常发挥。因此，国家在制定税收制度与政策时，必须考虑税收负担水平的合理性，既要考虑满足政府的财政需要，又要考虑企业的负担能力。

税收负担按税收与国民经济的影响可以分为宏观税收负担和微观税收负担。微观税收负担是整个税收负担的基础，也是制定税收政策时要考虑的最基本的因素之一。企业微观税收负担是指对企业个体而言在一定时期内实纳税额与某相应的可支配收入的比率，它反映国民经济运行中作为纳税人的企业的税收负担情况。宏观税负是指在一定时期内一国税收总额与国内生产总值之间的比率关系。

二、影响企业税收负担的主要因素

（一）税收制度

税收制度确定税收分配关系的具体形式，它由各种税收法律法规构成，构成要素主要包括：税种、税目、税率、纳税人、征收管理办法以及税务机构等。税收负担作为税收分配的核心，无论是税负水平与税负结构的确定还是调整，都是通过税收制度以法律形式具体加以规范的。税收制度对企业税负水平的制约作用主要体现在以下几方面：

1. 税种结构。税种设置决定税收参与分配的广度和深度，从而决定企业的微观税收负担水平。一般情况下，一个企业往往要同时缴纳多种税，而各个税种在税制体系和税种结构中的地位和作用是不一样的。因此，税种结构的变化即税种的增加或减少，以及商品与服务税类与所得税类各自内部税种之间的课税对象的调整，都会引起企业之间微观税负水平的变化。我国近几次的税制改革，大都是在总体税负不变的条件下进行的，但规范和调整税种也会引起企业税负变化，有些企业与改革前的税负大体持平，有些企业的税负有所下降，而有些企业的税负则有所增加。

2. 税率设计。税率水平高低在一定程度上决定企业的税负水平，在计税依据等因素不变的情况下，税率同企业的税负是正比例关系，即税率越高，税负越重；反之，则越轻。同时，不同形式的税率对企业税收负担水平的影响不尽相同。在实行比例税率的情况下，如果不考虑其他因素，税率就等于实际税负；在实行超额累进税率的情况下，实际税负水平低于名义税率。

3. 计税依据。在税率一定的条件下，计税依据直接决定税负的轻重，并导致名义税负率与实际税负率的背离。例如，增值税是中性色彩较浓的税种，我国的基本税率为17%，计税依据是增值额。但由于我国原来采用的是生产型增值税，购进固定资产的进项税额不准抵扣，事实上加大了增值税的计税依据，从而使那些资本有机构成比较高的企业的税负大大重于劳动密集型的企业，实际税负水平高于名义税负水平。而改为消费型增值税后，使计税依据减小，降低了企业税负。

4. 税收优惠与加成征收。税收优惠的具体形式包括减税、免税、起征点、免征额、税额扣除、出口退税等。由于享受各种税收优惠措施的企业在一定时期内可以依法少交、免交税款或获得退还税款等，所以，纳税人的实际税负低于名义税负。加成征收与税收优惠恰好相反，它实际上是对税率的延伸，属于加重税收负担的措施，企业按同一税率计纳税款后，还要再缴纳一部分加征税款。因此，企业缴纳税款要比依照同一税率计算缴纳的税款多一些，税负相对也要重一些。

（二）宏观税负水平

一国的宏观税负水平是由一国的经济发展水平、政治制度和经济制度综合决定的。宏观税负是指在一定时期内一国税收总额与国内生产总值之间的比率关系。宏观税负与企业微观税负是整体与局部的关系。宏观税负是企业微观税负的抽象与概括，企业微观税负是宏观税负的分解与具体化。在一定的税制体系下，宏观税负水平的升降必然对整个企业微观税负水平产生重要影响。具体而言，在生产力水平、税基和税制结构等因素不变的条件下，提高或降低宏观税负水平必然会提高或降低企业等所有纳税人的微观税负水平。如果企业的税收负担比例相同，则宏观税负水平的提高或降低，将导致企业的微观税负率按同一比例提高或降低；若分担比例不同（如有的行业税负重而有的行业税负轻），则宏观税负率的提高或降低，将导致企业的微观税负率按不同比例提高或降低。

总之，宏观税负水平的变动，必然要引起企业微观税负水平的变动，但是由于宏观税负水平并不是每一个企业微观税负水平的简单加总，因此，宏观税负水平的提高或降低并不必然导致每一个企业的微观税负都按同一方向和同一比例变化。企业除了税收负担之外，还有很多非税收负担。例如，随着我国改革开放的深入发展，我国的宏观税收负担持续下降，但是企业方面并没有感觉到税负减少，这就是因为非税收负担的存在。由此可见，宏观税负水平是影响企业税负水平的重要因素，但不是唯一因素。

（三）企业的组织形态与经济性质

企业的组织形态是多样的，如有个人独资企业、合伙企业、有限责任公司和股份有限公司等。不同形态的企业所适用的税种是有差异的，例如，我国的个人独资企业和合伙企业属于自然人企业，适用个人所得税的五级超额累进税率而不适用企业所得税；有限责任公司和股份有限公司则适用企业所得税。毫无疑问，这些企业间的税负水平是有差异的。

此外，我国过去不同性质的企业适用不同的所得税，例如，国营企业适用国营企业所得税，集体企业适用集体企业所得税等。1994年实行新税制使情况有所改变。但一般国内企业与外商投资企业、乡镇企业等不同经济性质的企业相比，税收负担水平仍然不同。2008年实施的新企业所得税，才基本解决了这个问题。

（四）税负转嫁

税负转嫁使纳税人与负税人产生背离，一些纳税人的税收负担转由负税人承担。在现行税收制度下，一个企业要同时缴纳几种税，有些税种能转嫁，有些税种则不能转嫁，在能够转嫁的税种中还存在能转嫁多少的问题。同时，每个企业往往既是税收负担的转嫁者，又是税收负担的被转嫁者。税收的转嫁程度影响着企业的实际税收负担。

三、对企业税负水平的评价

对企业税负水平的评价，是为了具体反映出各类纳税人的税负状况，从而为国家制定税收制度提供依据。评价企业税负水平的具体指标有企业综合税负率、企业商品与服务税负担率以及企业所得税负担率。

（一）企业综合税负率

企业综合税负率是指在一定时期内企业实际缴纳的各种税收总额占同期企业收入总额的比例。但是这种方法，没有考虑到企业可能会转嫁出去的商品与服务税额，所以会比企业实际的税负率要高。其公式为：

企业综合税负率＝企业缴纳的税收总额/同期企业收入总额×100%

1. 企业缴纳的税收总额

这是指企业在一定时期内按照税收法律制度实际缴纳的商品与服务税、所得税、资源税和其他各税之和。我国实行的是多税种、多环节的复合税制体系，企业生产经营活动的内容也是复杂多样的，因此，一个企业往往要同时缴纳多种税收。在评价某一企业综合税收税负率时，应将企业在一定时期内按税制缴纳的各种税收加总起来，然后再与同期的收入进行比较。

2. 企业收入总额

它是指企业在一定时期内通过经营活动取得的各项收入的总和。这一指标的意义在于：它表明了税收参与企业收入分配并占有和支配收入的规模与程度；能反映企业对国家的贡献程度；可以来比较不同企业的总体税收负担水平；可以通过具体分析各税在企业上交财政收入的不同比例，为进一步完善国家税收制度和税收政策提供重要依据。

企业综合税负率是衡量企业税收负担水平的基本指标，在此基础上，还可以派生出企业所得税负担率、企业商品与服务税负担率等指标。

（二）企业商品与服务税负担率

企业商品与服务税负担率是指企业在一定时期内缴纳的各种商品与服务税税额占同期企业销售收入额的比率。其公式为：

企业商品与服务税负担率＝一定时期内企业缴纳的商品与服务税税额/同期销售收入额（或营业收入额）×100%

企业商品与服务税负担率是分析商品与服务税负担的重要标志。虽然商品与服务税具有转嫁的特性，企业可能通过各种方式将所纳税款的全部或部分转嫁给他人负担，但是，商品与服务税作为价格的附加，必然给企业的销售带来影响。因此，评价企业的商品与服务税负担，对评价企业的税负水平仍然有重要意义。

（三）企业所得税负担率

企业所得税负担率是指企业在一定时期缴纳的所得税税额占该企业同期实现利润总额的比例。

企业所得税负担率＝一定时期内企业缴纳的所得税税额/同期利润总额×100%

由于所得税是对企业所得的征税，税负的轻重决定企业净利润（税后利润）的多寡，而所得税属于直接税，一般不能转嫁。所以，企业所得税负担率就成为衡量企业税收负担状况，合理处理企业与税收关系的一个最为直接、最为重要的指标。一般来说，在其他因素不变的情况下，企业所得税负担率越低，企业税收负担越轻；反之，税收负担就越重。

企业的税收负担水平体现企业和国家之间的分配关系。企业税负过轻，表明国民收入分配向企业倾斜，国家集中的财力份额少，不利于国家及其机构的正常运转，也不利于国家对经济的宏观调控。企业税负过重，表明国家财力过分集中，会影响企业自我积累、自我改造和自我发展的能力，也会减少投资者的收益，影响投资者的投资积极性。因此，使企业税收负担保持一个合理的界限是非常重要的。

随着我国整体经济发展水平的提高，企业经营效益提高，人民收入增长，使税收来源大大增加。同时，由于加强税收征管，综合税收征收率约从30%提高到50%。这样，我国的税收收入近20年来增长很快，尤其从1997年起，我国税收收入的年增长率远远高于GDP的增长率，反映出企业税收负担加重的问题。

2004年启动的我国新一轮税改，是在我国加入WTO后启动的，关税税负下降；2007 年的企业所得税两法合一改革，为了内资企业和外资企业税负统一而统一了税率，从而每年约降低了内资企业的税负 1 300 亿元，外资企业增加税负 400 亿元，总体减轻企业税负 900 亿元；尤其是 2008 年增值税的改革，恰逢世界金融危机，各国纷纷采取减税等积极的财政政策，致使我国的新一轮税制改革一改过去维持原税负不变的一贯原则，实行结构性减税政策，在全国实施生产型增值税转型为消费型增值税的改革，约每年减轻税负 1 200 亿元。2012 年 1 月 1 日起，上海作为第一个试点城市，拉开了营业税改增值税（营改增）的改革尝试序幕，旨在减轻我国以运输业和服务业为代表的第三产业的税负，可见，我国企业税负过重的问题已经在我国引起重视，并开始实施减轻税负的政策。

第三节　企业的税收转嫁

税负转嫁是指纳税人将其所交纳的税额通过各种途径全部或部分地转由他人负担的过程。也就是说，最初交纳税款的法定纳税人不一定是该项税收的最后负担者，只要某种税收的纳税人和负担人非同一人，便发生了税负转嫁。商品经济条件下由于厂商各自物质利益最大化的驱动，是发生税收转嫁的内在动因；就税收制度而言，税负转嫁体现政府的间接经济调控，是市场经济条件下税收制度中的一种机制，体现政府的宏观管理意志；同时，也是提高征税效率、降低征税成本的制度设计。

对税收转嫁的研究形成了许多不同的观点和学派，大致可分为绝对转嫁论和相对转嫁论。前者认为一切税收都可以转嫁，或认为只有某些税种可以转嫁，其他税种无论什么场合都不能转嫁。后者认为税收是否转嫁及转嫁程度怎样，要因税种、课税商品性质、供求关系以及其他条件的不同而异，有时可以转嫁，甚至完全转嫁出去，有时则不能转嫁，或只能部分转嫁，也就是认为税收的转嫁是相对的，而不是绝对的。相对转嫁论目前在税收学界广为流行并占统治地位。

税负转嫁不会引起国家税收总量的减少，而只是引起交换双方利益关系的变化；税负转嫁也不违背市场竞争的公平原则，而是市场竞争的必然结果；税负转嫁不违背国家的税收政策和法律，有利于调节供求关系，贯彻国家的宏观经济政策。但税负转嫁也给经济带来一定的影响。研究税负转嫁，弄清它的经济影响，对政府和企业都有比较重要的意义。

一、市场经济中税负转嫁的形式

在市场经济条件下,按照经济交易过程中税负转嫁的不同途径,可以归纳为以下三种基本类型:

(一)税负前转

税负前转也称顺转或向前转嫁,即企业在进行商品和劳务形式的经济交易时,将其所缴纳的税款附加于商品和劳务的价格中,通过提价的办法向前转嫁给购买者或消费者负担,这是税负转嫁的基本类型。现实生活中,前转往往不是一次完成的,两次以上的前转就成为辗转前转。前转过程如图4-1所示。

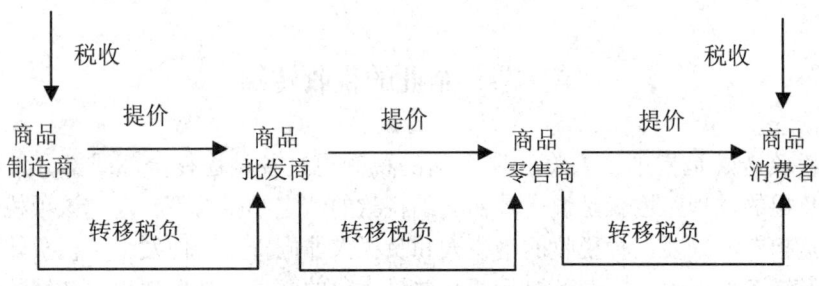

图4-1 税负前转示意图

当商品的价格高于价值时,税负就发生前转。从图4-1中也可以看出来,税收前转的真正负担者是最终的消费者。在我国的增值税、消费税和营业税三大商品与服务税中,增值税作为唯一的价外税,由最终的消费者承担税负,消费税、营业税作为价内税,也是由最终消费者承担,可见商品与服务税通过生产、流通环节,将税负转嫁给了最终的消费者。

(二)税负后转

税负后转也称逆转或向后转嫁,是指企业通过压低商品和劳务的购进价格,将其所缴纳的税款向后转嫁给供应商负担。税负后转主要分为两种情况,一种是生产者通过低于价值的价格购买商品,把税负转嫁给供应商;另一种是生产者通过压低工资使之低于劳动力价值把税负转嫁给劳动力的供应者。后转与前转一样,有时会发生多次,这主要取决于课税对象进入流通过程的次数,后转两次以上成为辗转后转。后转过程如图4-2所示。

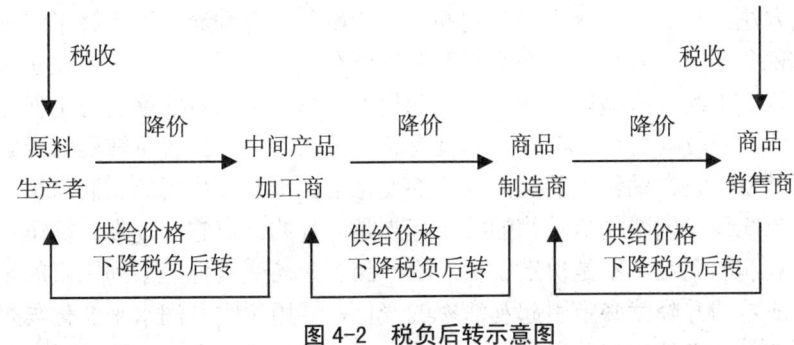

图 4-2 税负后转示意图

在商品经济尤其是在社会大分工日益细分的条件下,厂商多采取压低生产要素购进价格的办法来转嫁其所缴纳的税款,将负担的税收转移给供应商。

(三) 税负混转

税负混转也称散转和混合转嫁。这是将前转与后转结合并用的税负转嫁方式。当国家向企业征税后,该企业既可采用前转方式将一部分税款转嫁给前端的客户,也可采用后转方式将另一部分税款转嫁给供应商。混转过程如图 4-3 所示。

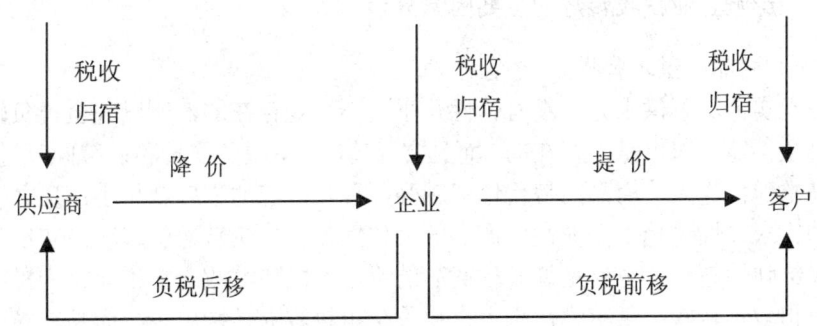

图 4-3 税负混转示意图

二、税负转嫁的判断标准

判断税负转嫁与否,一般从税负转嫁的归宿来分析,从纳税人与负税人是否一致来判断。若纳税人与负税人为同一人,则没有发生税负转嫁;如果纳税人与负税人非同一人,则发生了税负转嫁。然而,这一判断在现实中存在很大的缺陷,难以把握。同一批商品可能存在成千上万个买家,不可能逐个核实这成千上万个买家到底负担了多少转嫁而来的税收。

在西方国家的税收理论中,是通过考察税后利润水平的变化判断是否发生了税负转嫁的,即纳税人税后是否保持原有利润水平以及保持原有利润水平采取什么方法作为标准。如果税后利润水平比税前原有利润水平下降了，则说明发生了税负转嫁；若税后利润水平不低于原有利润水平则没有发生税负转嫁。税负转嫁源于纳税人追逐利润动机。纳税人转嫁税负的目的就是为了保住原有利润。而且税收与税后利润在量上具有相互消长的关系。税负转嫁与否的最终结果必然要反映在纳税人的利润水平的变化上。因此，将税后利润水平的变化与否作为衡量和判断税负转嫁的一个标志是可行的。但它不是唯一标志。因为纳税人利润的变化，不是决定税负的唯一因素，还受其他一系列因素的影响。例如，成本的升降就必定引起利润率的变化，要用税收利润水平变化与否作为唯一标准，就必须假定纳税人只在财政年度一次纳税，而这一假设显然不符合客观现实。

由于税负转嫁是在商品交易过程中，纳税人通过提高或降低商品价格实现的，税收转嫁必定要反映为价格的升降变化。因此，税后价格的升降变化可作为判断和衡量税负转嫁的第二标志，也应该是最重要的一个标志。凡税后价格提高（前转的情形）或价格降低（后转的情形），则必定发生了税负转嫁，如果税后价格不变，则没有发生税负转嫁。

三、影响企业税收转嫁的主要因素分析

（一）商品的供求弹性

在现实情况下供求完全没有弹性几乎是不可能存在的，所以完全税负转嫁或者完全不能转嫁也是不存在的，而且实际情况下，税负前转和后转同时进行。商品需求弹性越大，商品的替代性就越强，税负转嫁的程度就越小；反之，当商品的需求弹性越趋于无弹性，商品的替代性差，税负转嫁就越容易实现。商品的供给弹性越小，也就是说某种商品的价格不能随着政府征税而相应提高，税收负担较难转嫁；供给弹性越大，税收负担较容易转嫁出去。商品需求弹性决定税负转嫁的程度。

（二）税种

一般来说，商品与服务税类的税负容易转嫁出去，而所得税税类一般不容易转嫁出去。商品与服务税一般通过抬高售价或者压低进价把税负前转或者后转，而所得税类一般是社会的最终分配，很难转嫁出去。

（三）市场类型

市场类型可以分成四种：完全竞争、垄断竞争、寡头竞争和完全垄断。不同的市场类型，税负转嫁也不同。

在完全竞争的情况下，各家企业都没有能力控制市场价格，价格由市场竞争形成，政府征税后，行业内难以及时提高价格转嫁税负。在垄断竞争下，强

势企业可能通过税负前转或后转转嫁税负，但是弱势企业也难以转嫁税负。在寡头垄断下，几家大型企业控制某个行业的大多数商品的供应，这时它们就可以结成定价团体，一旦政府征税，它们可以及时把税负转嫁给最终的消费者。在完全垄断下，市场仅由一家企业完全控制，这家企业自己定价，一旦政府征税，它会相应调整售价，及时转嫁税负，保持自己的超额垄断利润。

四、税负转嫁的影响

（一）有利于减轻企业税收负担

税收对于企业来说，是一种成本。企业利用税负转嫁机制，将所承担的税收全部和部分转嫁出去，减轻了本企业税负，从而增加收益。从社会角度看，税收转嫁会推动价格上涨。因此，可以说税收是成本推动型通货膨胀的一个因素。如果政府要从成本方面控制通货膨胀，就必须尽可能减少企业的税收负担。

（二）会限制某些商品的消费

税负转嫁改变了交换双方的利益分配关系，由于税负转嫁提高了商品价格，增加了购买者的支出，同时也就补偿了纳税人支付的税款。由于税负转嫁具有这种利益调节的功能，国家就可以通过税收限制某些商品的消费，实现政府宏观调控的政策目标。

（三）可以调节供求关系

税负转嫁通过它自己的途径方式，自发地使市场供求达到均衡。税负转嫁引起市场供求关系的变化。由于税负转嫁提高了商品价格，必然减少市场需求，这种影响表现在两个方面：一是在短期内，由于供给量既定，需求减少必然抑制销售，降低市场供求总量，造成商品积压，企业利润减少。二是在长期中，企业为适应征税后市场需求的变化，必然减少高税负产品的生产，扩大低税负产品的生产，即进行所谓的税收筹划，从而导致商品供给结构的变化。简单地说，税负转嫁既能影响供求总量，又能影响供求结构。这种影响还会因为税负水平的地区差异，导致地区间供求关系的变化。企业应该及时洞悉这种变化，调整产品数量和产品结构。

同时，市场经济的一个特征就是配置的无效性，但是通过税负转嫁对商品价格、社会供求和收入分配的影响，引导资源向高效率企业倾斜，使得有限的资源得到优化配置和最佳的使用，从而弥补了市场经济这一先天不足。

参考文献

1. 钱晟，《税收负担的经济分析》，中国人民大学出版社，2000年。
2. 许善达，《中国税收负担研究》，中国财政经济出版社，1999年。

3．高培勇，"新一轮税制改革评述：内容、进程与前途"，《财贸经济》，2009年3月。

4．岳树民、安体富，"加入WTO后的中国税收负担与经济增长"，《税务研究》，2003年6月。

第五章 增值税

第一节 增值税概述

一、增值税的定义

增值税是以生产经营过程中发生的增值额作为征税对象的一种货物税。在我国,增值税对在我国境内从事销售货物、进口货物和提供加工、修理修配劳务的单位和个人取得的增值额为征税对象。

增值税的前身是传统营业税,是对商品流转额征收的税种,具有道道征收、全额征税的特点。这种流转税造成了严重的重复征税,流转环节越多,税负越重,对于专业化协作生产十分不利。1952年,法国为了改革当时的营业税创立了增值税。由于增值税解决了重复征税的问题,备受各国青睐。60年代到70年代,欧洲经济共同体国家普遍实行了增值税。到1998年,已有一百二十多个国家和地区实行增值税。这表明增值税是一个具有生命力的税种。

我国在1994年实施的税制改革方案中,颁布了增值税暂行条例。但当时采取的是生产型增值税,存在着一些问题。为解决这些问题,我国于2004年1月在东北地区的部分行业开展消费型增值税的试点工作。由于在东北地区的试点获得成功,从2007年7月1日起,将试点范围扩大到我国中部的26个老工业基地城市。2008年,国务院决定全面实施增值税转型改革,修订了《中华人民共和国增值税暂行条例》,从2009年1月1日起开始实施。

2011年年底,国务院决定在上海试点营业税改征增值税,率先在上海市交通运输业和部分现代服务业开展改革试点,自2012年1月1日起施行。从2013年8月1日起,交通运输业和部分现代服务业"营改增"试点在全国范围内推开,并扩大部分现代服务业范围,将广播影视作品的制作、播映、发行等纳入试点。

目前,增值税已成为我国最主要的税种,2008年增值税收入占全部税收收入的42.5%。依现行财政体制,增值税由各级国家税务局负责征收,其中75%作为中央财政收入,25%作为地方收入,进口环节的增值税由海关征收,全部作为中央财政收入。

二、增值额

增值额是指纳税人在其生产经营活动过程中给商品新增加的价值额。从理论上讲,增值额是商品价值 C+V+M=W 中,扣除生产、流通过程中消耗的生产资料(C)后的余额,即 V+M 部分。就一个企业来说,增值额是用该企业产品的销售收入额(W),扣除外购的原材料、零部件、商品等进价(C)后的余额,即 W−C=V+M。就一件商品而言,该商品的增值额是其最终的销售价格,相当于该商品从生产到消费的各个流转环节的增值额之和。

【例 5-1】A 商品经过从生产、批发、零售三个环节到达消费者手中,最终销售价格为 1 000 元。假设在生产环节没有物质消耗(即 C 的部分),该商品的最终销售价格 1 000 元就是三个环节创造的增值额之和(见表 5-1)。

表 5-1 A 商品在各环节的销售价格与增值额　　　　单位:元

项　目	生产环节	批发环节	零售环节	合　计
销售价格	500	700	1 000	
增值额	500	200	300	1 000

A 商品在生产、批发和零售三个环节的增值额合计为 1 000 元,与最终销售价格相同。这说明一种商品从生产到流通的各个流转环节的增值额之和,相当于该种商品进入消费环节时的最终销售价格。

上述增值额是理论上的增值额。在税务实践中,各国在增值税税法中对增值额的计算加以规定,在纳税人购进的各种生产资料中,规定了允许扣除的项目和不允许扣除的项目。按各国税法计算的增值额被称为法定增值额,即法定增值额就是商品销售收入额减去允许扣除的项目金额之后的余额。由于各国税法对扣除项目的规定范围不同,使法定增值额可能等于理论增值额,也可能大于或小于理论增值额。造成二者不一致的主要原因是对外购固定资产的处理方法不同,有的国家允许全额扣除,有的国家只允许扣除其当期折旧的部分,而有的国家则不允许扣除。这就导致了理论增值额与法定增值额的差异。

【例 5-2】A 公司的销售额为 100 万元,同期购入的原材料等流动资产 30 万元,购入机器设备等固定资产 60 万元,当期计提的固定资产折旧为 10 万元。根据上述资料,计算该公司的理论增值额和采用不同扣除范围的国家的法定增值额(见表 5-2)。

表 5-2　不同扣除范围计算的不同增值额　　　　　　　　　单位：万元

国别	销售收入	允许扣除的外购流动资产	允许扣除的外购固定资产	法定增值额	理论增值额	差额
A 国	100	30	60	10	60	-50
B 国	100	30	10	60	60	0
C 国	100	30	0	70	60	10

从表中可以看出，对外购固定资产价款扣除不同的国家，计算出的法定增值额不同。一般而言，允许扣除的数额越多，法定增值额越少。

应该指出，真正作为增值税计税依据的增值额是法定增值额而不是理论上的增值额。因此，增值税是以法定增值额为计税依据而征收的一种货物税。

三、增值税的类型

根据对外购固定资产扣除范围的不同，增值税被划分为生产型增值税、收入型增值税和消费型增值税三种类型。各类增值税都允许扣除外购流动资产的价款，但对外购固定资产价款的扣除则有所不同。

（一）生产型增值税

生产型增值税是指计算增值税时，不允许扣除外购固定资产价款的增值税。这样，作为计税依据的法定增值额除包括纳税人新创造的价值外，还包括当期计入成本的固定资产折旧部分，即法定增值额相当于当期工资、奖金、利息、租金、利润等理论增值额和折旧额之和，大体相当于国民生产总值的统计口径，因此称之为生产型增值税。生产型增值税的法定增值额大于理论增值额。由于在计算增值税时，不允许扣除外购固定资产的价款，也不允许扣除当期固定资产的折旧，所以，生产型增值税存在着对固定资产的重复征税，对固定资产投资有阻碍作用，尤其是对资本有机构成较高的行业不利。但有利于政府的税收收入。

（二）收入型增值税

收入型增值税是指计税时，允许将固定资产当期提取的折旧额予以扣除的增值税。这样，作为计税依据的法定增值额等于当期工资、奖金、利息、租金和利润等项目之和，大体相当于国民收入部分，故称为收入型增值税。收入型增值税的法定增值额与理论增值额是一致的，从理论上讲，它是一种理想的增值税。但由于固定资产的折旧部分没有合法的外购凭证，使增值税凭发票扣税的计征方法产生困难。

（三）消费型增值税

消费型增值税是指计税时，允许将购置固定资产的价款一次性全部扣除的增值税。消费型增值税的法定增值额相当于纳税人当期的全部销售额扣除外购的全部生产资料价款后的余额。由于计税基数仅限于消费资料价值的部分，所以被称为消费型增值税。采用消费型增值税，在固定资产购进时就将价款全部扣除，未消耗的生产资料也提前得到了价值补偿，使得法定增值额小于理论增值额，当期纳税数额较小。此类增值税能刺激企业投资固定资产，有利于企业技术进步。但会在当期减少政府的税收收入。

在三种类型的增值税中，收入型增值税可以说最符合增值税的原理，但是难以按增值税常用的发票扣税法计税，而要准确核定当期折旧则过于复杂，征管难度大，所以在实际运用中基本没有国家采用它。而消费型增值税则不同，由于它既能够避免重复征税，又可采用发票扣税法计税，所以成为各国普遍选择的类型。由于生产型增值税的扣除范围中不包括固定资产，在一定程度上存在重复征税的弊端，很少有国家采用。

我国在 1994 年税制改革时，由于种种因素，选择了极少数发展中国家采用的生产型增值税。由于生产型增值税增加了企业的税收负担，不利于企业固定资产的更新改造，在一定程度上阻碍着我国赶超世界技术革命的步伐，削弱我国产品在国际市场的竞争力。因此，从 2004 年 1 月开始，我国在东北三省推行了增值税转型的试点改革，即由生产型增值税向消费型增值税转变。试点办法允许企业将新购进或者新自制的机器设备所含的增值税税金在交纳增值税时予以抵扣。2007 年 7 月 1 日起，我国把增值税转型试点扩大到我国中部 6 省的 26 个老工业基地城市，并进一步扩大到内蒙东部。2008 年，国务院修订了《中华人民共和国增值税暂行条例》，从 2009 年 1 月 1 日起在全国全面实施消费型增值税。

四、增值税的特点

（一）不重复计税，促进公平竞争

由于增值税只对商品或劳务销售额中的增值额征税，对销售额中属于转移过来那部分价值则不再征税，从而有效地排除了重叠征税。

增值税不重复征税的特点，能够解决传统营业税对同一种商品征税时，致使全能厂生产和由专业化协作生产所产生的税负不平衡问题。一种商品无论是由很多个企业协作生产，还是完全由一个企业生产，该种商品只要销售价格相同，所负担的增值税都是一样的。这样，增值税既有利于促进发展专业化协作生产，同时也不妨碍企业的联合，为企业竞争提供了平等的外部条件，有利于

第五章 增值税

促进公平竞争。这是增值税优越性的根本所在。

(二) 全环节计税

流转税的纳税环节一般有两种情况：一种是全环节计税，即在商品流转的各个环节都要计税；另一种是在特定环节计税。传统的全环节征收的流转税由于按销售额全额征收，存在严重的重复征税。增值税采取全环节计税，但由于只对增值额计税，避免了重复征税的弊病。

(三) 逐环节抵扣

作为一种新型的流转税，增值税实行税款抵扣制度，即在商品流转的各个环节计税时，分别抵扣上一环节已纳的税额。在征税的设计上，各环节的经营者作为纳税人，首先把增值税附加在价格上，从买方收取税款；然后将收取的税款与进货时已交给供应商的税款相抵，其余额为应交纳的税款；然后将应纳税款再缴给政府。这样，实际上，经营者本身并没有承担增值税税款。每个经营者都是如此，在出售商品的同时也转移了该商品所承担的增值税税款，环环转移，直到商品卖给最终消费者时，商品及其在以前环节已纳的税款连同本环节的税款也一并转给了最终消费者。可见，增值税税负具有逐环节向前推移的特点，最终消费者是全部税款的负担者。

(四) 有利于促进商品出口

各国为了促进出口，对出口商品普遍实行退税政策，使出口商品以不含税价格进入国际市场，以增强竞争力。在实行传统营业税时，由于存在重复征税，出口商品在退税时很难计算应退税额。如果退税不足，会影响商品在国际市场的竞争力；如果退税过多，则形成国家对出口商品的补贴。

但增值税可以准确地计算出出口商品应退税额，使出口商品以不含税价格进入国际市场，促进商品的出口。

(五) 有利于国家的财政收入

增值税征收范围的广泛性和征收的及时性，有利于国家及时、足额得到财政收入。

(六) 征收管理难度较大

由于增值税的抵扣方法和专用发票的管理制度，使增值税的管理比较复杂，征收成本也比较高。

第二节 增值税的纳税人

增值税的纳税人是在我国境内销售货物、进口货物或提供加工、修理修配劳务的单位和个人。其中单位是指企业和行政、事业、军事和社会团体及其他单位；个人是指个体经营者和其他个人。

为了简化增值税的征收管理，我国将增值税的纳税人按其经营规模及会计核算是否健全划分为一般纳税人和小规模纳税人。

一、小规模纳税人

增值税暂行条例将一些经营规模小并且会计核算不健全的纳税人划为小规模纳税人。对小规模纳税人计算和缴纳增值税采取简易的方法，适用的税率也与一般纳税人不同。小规模纳税人的认定标准是：

（1）从事货物生产或提供应税劳务，以及从事货物生产或提供应税劳务为主、兼营货物批发或零售，年应税销售额在50万元以下的纳税人。所谓以从事货物生产或者提供应税劳务为主，是指纳税人的年货物生产或者提供应税劳务的销售额占年应税销售额的比重在50%以上。

（2）上述规定以外的纳税人，年应税销售额在80万元以下。

（3）年应税销售额超过小规模纳税人标准的自然人个人视同为小规模纳税人纳税；非企业性单位、不经常发生应税行为的企业可选择按小规模纳税人纳税。

对小规模纳税人的确认，由主管税务机关依税法规定的标准认定。

二、一般纳税人

增值税的一般纳税人是指年应税销售额超过小规模纳税人标准的企业或企业性单位。一般纳税人须向税务机关办理认定手续，以取得法定资格。

小规模纳税人会计核算健全，能准确核算并提供销项税额、进项税额的，可申请办理一般纳税人认定手续。纳税人总分支机构实行统一核算，其总机构年应税销售额超过小规模纳税人标准，但分支机构年应税销售额未超过小规模纳税人标准的，其分支机构可申请办理一般纳税人认定手续。纳税人被认定为一般纳税人后，一般不得转为小规模纳税人。

经税务机关审核认定的一般纳税人，可按增值税的规定抵扣进项税额，并使用增值税专用发票。但符合一般纳税人条件却不申请办理一般纳税人认定手续的纳税人，则不得抵扣进项税额，也不得使用增值税专用发票。

下列纳税人不属于一般纳税人：

1. 年应税销售额未超过小规模纳税人标准的企业；
2. 非企业性单位；
3. 不经常发生增值税应税行为的企业；
4. 自然人个人。

第三节 增值税的征税范围

现行增值税的征税范围包括:

一、销售货物

在我国境内销售货物。货物是指除土地及其附着物以外的有形动产,也包括电力、热力、气体在内。

二、进口货物

从我国境外进口货物。

三、提供加工、修理修配劳务

加工是指受托加工货物,即委托方提供原料及主要材料,受托方按照委托方的要求制造货物并收取加工费的业务;修理修配是指受托对损伤和丧失功能的货物进行修复,使其恢复原状和功能的业务。

总体而言,增值税的征税范围包括上述三个方面的内容。但对某些特殊项目或行为是否属于增值税的征税范围,需要具体确定。

(一)属于征税范围的特殊项目

1．货物期货(包括商品期货和贵金属期货),在实物交割环节纳税;

2．银行销售金银;

3．典当业的死当物品销售业务和寄售业代委托人销售寄售物品的业务;

4．集邮商品(如邮票、首日封、邮折等)的生产、调拨,以及邮政部门以外的其他单位和个人销售集邮商品。

(二)属于征税范围的特殊行为

1．视同销售货物的行为

(1)将货物交付他人代销;

(2)销售代销货物;

(3)设有两个以上机构并实行统一核算的纳税人,将货物从一个机构移送其他机构用于销售,但相关机构设在同一县(市)的除外;

(4)将自产或委托加工的货物用于非应税项目;

(5)将自产、委托加工或购买的货物作为投资,提供给其他单位或个体经营者;

(6)将自产、委托加工或购买的货物分配给股东或投资者;

（7）将自产、委托加工的货物用于集体福利或个人消费；

（8）将自产、委托加工或购买的货物无偿赠送他人。

2. 混合销售行为

既涉及货物又涉及非增值税应税劳务的经营行为，是混合销售行为。从事货物的生产、批发或者零售的企业、企业性单位和个体工商户的混合销售行为，视为销售货物，应当缴纳增值税；其他单位和个人的混合销售行为，被视为非增值税应税劳务，不缴纳增值税；销售自产货物并同时提供建筑业劳务的行为，应分别核算增值税应税销售额和非增值税应税项目的营业额，并相应分别计税。

3. 兼营非增值税应税项目

增值税的纳税人兼营非增值税应税项目的，应分别核算增值税应税销售额和非增值税应税项目的营业额，并相应分别计税；未分别核算的，由主管税务机关核定货物或者应税劳务的销售额。

4. 特殊产品与特殊行业

电力产品属于特殊产品，油气田企业属于特殊企业。为了适应其增值税的征收管理，制定了《电力产品增值税征收管理办法》和《油气田企业增值税管理办法》。

第四节 增值税的税率

一、基本税率

增值税一般纳税人销售货物或者进口货物，以及提供加工、修理修配劳务，除低税率适用范围和销售个别旧货适用征收率外，一律按基本税率计算纳税，基本税率为17%。

二、低税率

增值税一般纳税人销售或者进口下列货物，按低税率计征增值税，低税率为13%：

（一）粮食、食用植物油、鲜奶；

（二）自来水、暖气、冷气、热水、煤气、石油液化气、天然气、沼气、居民用煤炭制品；

（三）图书、报纸、杂志；

（四）饲料、化肥、农药、农机、农膜；

（五）国务院规定的其他货物，例如，农产品、音像制品、电子出版物、

第五章　增值税

二甲醚、密集型烤房设备等。

三、零税率

纳税人出口货物，税率为零，但国务院另有规定的除外。

四、征收率

由于小规模纳税人的增值税计征方法采取简易办法，其税率称为征收率，以示区别。小规模纳税人增值税征收率由过去商业企业的4%和其他企业的6%一律调整为3%。

五、其他优惠税率

对下列业务按简易办法和优惠税率计征增值税，但不得抵扣进项税额：

（一）纳税人销售自己使用过的物品。一般纳税人销售自己使用过的固定资产，按4%征收率减半征收增值税。

小规模纳税人（除其他个人外）销售自己使用过的固定资产，按2%征收率征收增值税。

小规模纳税人销售自己使用过的固定资产以外的物品，按3%的征收率征收增值税。

（二）纳税人销售旧货，按4%征收率减半征收增值税。

（三）一般纳税人销售自产的下列货物，可以选择简易办法按6%征收率征收。具体包括：小型发电站的电力；建筑用或生产建材用的砂、土、石料；用自采的砂、土、石生产的砖、瓦和石灰；用微生物、微生物代谢产物、动物毒素、人或动物的血液或组织制成的生物制品；自来水；商品混凝土；等等。

一般纳税人选择简易办法计算缴纳增值税后，36个月内不得变更。

（四）一般纳税人销售如下货物，采取简易办法暂按4%征收率纳税，具体包括：寄售商店代销寄售物品、典当业销售死当物品、免税商店零售的免税品。

第五节　应纳增值税的计算

增值税应纳税额的计算方法有直接计算法和间接计算法两种。直接计算法是先计算出增值额，再根据增值额和税率计算应纳税额的方法。从增值税的原理分析，增值税是对商品销售额中的增值额征税，直接计算法与原理相一致，但理论上的增值额在具体税收实务中难以计算。所以，世界上实行增值税的国家一般不采用直接计算法，基本上采用间接计算法——扣税法来计算应纳税额。

一、计算增值税的基本方法——扣税法

扣税法是普遍采用的间接计算法。扣税法是从当期的销项税额中扣除购进商品和劳务已交纳的税额,从而计算出应纳增值税税额的方法。我国的增值税也采用扣税法,具体而言是利用增值税专用发票作为计算工具计算应交税额。

增值额应纳税额的计算公式:

增值税应纳税额＝增值税销项税额－增值税进项税额

公式中的销项税额和进项税额都是有特定的概念,有着特定的内容。

二、增值税销项税额

销项税额是指纳税人销售货物或者提供应税劳务,按照销售额或应税劳务收入和规定的税率计算并向购买方收取的增值税税额。销项税额的计算公式为:

销项税额＝销售额×适用税率

销项税额是由购买方支付的税额,对于一般纳税人的销售方来讲,在没有抵扣其进项税额前,销售方收取的销项税额还不是其应纳增值税税额。需要指出的是,增值税是价外税,销售额或营业额的计税价格是不含税价,即价格中不包括向购买方收取的销项税额。

(一)一般销售方式下的销售额

正确计算应纳增值税额,需要首先核算作为增值税计税依据的销售额。销售额或营业额是纳税人销售货物或提供应税劳务而向购买方收取的全部价款和价外费用。价外费用包括价外向购买方收取的手续费、补贴、基金、集资费、返还利润、奖励费、违约金、包装物租金、储备费、优质费、运输装卸费、代收款项、代垫款项及其他各种性质的价外收费。但下列项目不包括在内:

1. 向购买方收取的销项税额。
2. 受托加工应征消费税的商品代收代缴的消费税。
3. 承运部门运费发票开具给购买方并将该项发票转交给购买方的代垫运费。
4. 同时符合以下条件的代垫运输费用:

(1)由国务院或者财政部批准设立的政府性基金,由国务院或者省级人民政府及其财政、价格主管部门批准设立的行政事业性收费;

(2)收取时开据省级以上财政部门印制的财政票据;

(3)所收款项全额上缴财政。

5. 销售货物的同时代办保险等而向购买方收取的保险费，以及向购买方收取的代购买方缴纳的车辆购置税、车辆牌照费。

凡随同销售货物或提供应税劳务向购买方收取的价外费用，无论其会计制度如何核算，均应并入销售额计算应纳税额。此外，由于消费税属于价内税，凡征收消费税的货物在计征增值税时，其销售额应包括消费税税金。

应当注意，根据国家税务总局的规定：对增值税一般纳税人向购买方收取的价外费用和逾期包装物押金，应视为含税收入，在征收时换算成不含税收入再并入销售额。

增值税的计税销售额以人民币计算。纳税人以外汇结算销售额的，其增值额的销售额应当按外汇的市场价格折合成人民币计算。

（二）特殊销售方式下的销售额

在销售活动中，为了达到促销的目的，企业往往采取多种销售方式。不同销售方式下，销售者取得的销售额会有所不同。对不同销售方式如何确定其计征增值税的销售额，税法给予了明确的规定。

1．采取折扣方式销售。根据税法规定，纳税人销售货物并向购买方开具增值税专用发票后，由于购货方在一定时期内累计购买的货物达到一定数量，或者由于市场价格下降等原因，销售方给予购货方一定的价格优惠或者补偿等折扣、折让行为，销货方可按有关规定开具红字增值税专用发票。

2．采取以旧换新方式销售。以旧换新是指纳税人在销售自己的货物时，有偿收回旧货物的行为。纳税人采取以旧换新方式销售货物，应按新货物的同期销售价格确定销售额，不得扣减旧货物的收购价格。考虑到金银首饰以旧换新业务的特殊情况，对金银首饰以旧换新业务，可以按销售方实际收取的不含增值税的全部价款征收增值税。

3．采取还本销售方式销售。还本销售是指纳税人在销售货物后，到一定期限由销售方一次或分次退还给购货方全部或部分价款。这种方式实际上是一种筹集资金，是以货物换取资金的使用价值，到期还本不付息的方法。纳税人采取还本销售方式销售货物，其销售额就是货物的销售价格，不得从销售额中减除还本支出。

4．采取以物易物方式销售。纳税人采取以物易物方式销售货物，双方都应作购销处理，以各自发出的货物核算销售额并计算销项税额，以各自收到的货物按规定核算购货额并计算进项税额。在以物易物活动中，应分别开具合法的票据，如收到的货物不能取得相应的增值税专用发票或其他合法票据，不能抵扣进项税额。

5．包装物押金。纳税人为销售货物而出租出借包装物收到的押金，单独记账核算并且时间在一年以内的，不并入销售额征税。但对逾期（指时间超过一年或合同约定的时间）未收回包装物不再退还的押金，应按所包装货物的适用税率计算销项税额。对销售除啤酒、黄酒外的其他酒类产品而收取的包装物押金，无论是否返还以及会计上如何核算，均应计入当期销售额征税。

6. 纳税人销售货物或者应税劳务的价格明显偏低并无正当理由的，或者视同销售货物。行为而无销售额者，按下列顺序确定销售额：

（1）按纳税人最近时期同类货物的平均销售价格确定；

（2）按其他纳税人最近时期同类货物的平均销售价格确定；

（3）按组成计税价格确定。

如果对该货物不同时征收消费税，则计算组成计税价格的公式为：

组成计税价格＝成本×（1＋成本利润率）

如果对该货物还同时征收消费税，则其组成计税价格中应加计消费税，计算公式为：

组成计税价格＝成本×（1＋成本利润率）＋消费税税额

在以上两个公式中，成本是指销售自产货物的实际成本或销售外购货物的实际采购成本；成本利润率由国家税务总局规定，但对从价定率征收销售税的货物而言，成本利润率则为消费税有关法规确定的成本利润率。

（三）应税销售额的换算

为了符合增值税作为价外税的要求，纳税人在填写进销货及纳税凭证并进行账务处理时，应分项记录不含税销售额、销项税额和进项税额，以正确计算应纳增值税额。但有些企业将销售货物或者应税劳务采用销售额与增值税税额合并定价收取的方法（如一般纳税人提供商品和劳务给消费者），这样就会形成含税销售额。在计算应纳税额时，税法规定应将含税销售额换算为不含税销售额，这就避免了增值税计税环节出现重复纳税的现象。

将含税销售额换算为不含税销售额的计算公式为：

不含税销售额＝含税销售额÷（1＋税率或征收率）

【例5-3】某商场为增值税一般纳税人，适用税率17%，当月销售彩电200台，每台零售价为3 000元，则：

每台彩电不含税单价＝3 000÷（1＋17%）＝2 564.1（元）

销售额＝2 564.1×200＝521 820（元）

三、增值税的进项税额

纳税人购进货物或者接受应税劳务所支付的增值税额为进项税额。进项税额是与销项税额相对应的另一个概念。在开具增值税专用发票的情况下,销售方收取的销项税额,就是购买方支付的进项税额。增值税的核心就是用纳税人收取的销项税额抵扣其支付的进项税额,其余额为纳税人实际应缴纳的增值税额。需要注意的是,并非纳税人支付的所有进项税额都可以从销项税额中抵扣。当纳税人购进的货物或接受的应税劳务不是用于增值税应税项目,其支付的进项税额就不能从销项税额中抵扣。

（一）准予抵扣的进项税额

按税法规定,准予从销项税额中抵扣的进项税额,限于下列增值税扣税凭证上注明的增值税税额和按规定的扣除率计算的进项税额。

1．从销售方取得的增值税专用发票上注明的增值税额。

2．从海关取得的海关进口增值税专用缴款书上注明的增值额。

3．购进农产品,除取得增值税专用发票或者海关进口增值税专用缴款书外,按照农产品收购发票或者销售发票上注明的农产品的买价和13%的扣除率计算的进项税额。进项税额的计算公式为:

准予抵扣的进项税额＝买价×扣除率

对烟叶税纳税人按规定缴纳的烟叶税,准予并入烟叶产品的买价计算增值税的进项税额,并在计算缴纳增值税时予以抵扣。具体计算方法如下:

烟叶收购金额＝烟叶收购价款×（1＋10%）

烟叶税应纳税额＝烟叶收购金额×税率（20%）

准予抵扣的进项税额＝（烟叶收购金额＋烟叶税应纳税额）×扣除率

4．一般纳税人外购货物所支付的运输费用,以及一般纳税人销售货物所支付的运输费用,根据运费金额依7%的扣除率计算进项税额准予抵扣,但随同运费支付的装卸费、保险费、其他杂费不得计算扣除进项税额。具体计算公式为:

准予抵扣的进项税额＝运费×扣除率

5．自2010年10月1日起,项目运营方利用信托资金筹资进行项目建设开发,在项目建设期内取得的增值税专用发票和其他抵扣凭证,允许其按现行增值税有关规定予以抵扣。此种经营模式为项目运营方和经批准成立的信托公司合作进行项目建设开发,信托公司负责融通资金并建立信托计划,项目运营方负责项目的建设与运营。待项目建设完成后,项目资产归属项目运营方所有。

(二)不得从销项税额中抵扣的进项税额

按《增值税暂行条例》规定,下列项目的进项税额不得从销项税额中抵扣:

1. 用于非增值税应税项目、免征增值税项目、集体福利或者个人消费的购进货物或者应税劳务。

2. 非正常损失的购进货物及相关的应税劳务。所称非正常损失,是指因管理不善造成被盗、丢失、霉烂变质的损失。

3. 非正常损失的在产品、产成品所耗用的购进货物或者应税劳务。

4. 国务院财政、税务主管部门规定的纳税人自用消费品。纳税人自用的应征消费税的摩托车、汽车、游艇,其进项税额不得从销项税额中抵扣。

5. 上述第1项至第4项规定的货物的运输费用和销售免税货物的运输费用。

上述1项所指的免税项目是:(1)农业生产者销售的自产农产品;(2)避孕药品和用具;(3)古旧图书;(4)直接用于科学研究、科学试验和教学的进口仪器、设备;(5)外国政府、国际组织无偿援助的进口物资和设备;(6)由残疾人组织直接进口供残疾人专用的物品;(7)销售的自己使用过的物品。

免税项目的范围,界定如下:

(1)项所指的农业,是指种植业、养殖业、林业、牧业、水产业。农产品是指初级农产品,具体范围由财政部、国家税务总局确定。(3)项所指古旧图书,是指向社会收购的古书和旧书。(7)项所指自己使用过的物品,是指其他个人自己使用过的物品。

6. 一般纳税人兼营免税项目或者非增值税应税劳务而无法划分不得抵扣的进项税额,按下列公式计算不得抵扣的进项税额:

不得抵扣的进项税额=当月无法划分的全部进项税额×当月免税项目销售额、非增值税应税劳务营业额合计÷当月全部销售额、营业额合计

四、应纳税额的计算

一般纳税人计算缴纳增值税,是按照规定的纳税期限,把纳税期内发生的应税销售收入额汇总起来,按汇总的应税销售额乘以适用税率计算出销项税额,再减去允许抵扣的进项税额,最终计算出应纳增值税税额。计算公式为:

应纳税额=当期销项税额—当期进项税额

（一）计算应纳税额的时间限定

为保证计算应纳税额的合理性与准确性，纳税人必须严格把握当期进项税额从当期销项税额中抵扣这个要点。"当期"具体是指税务机关依照税法规定对纳税人确定的纳税期限；只有在纳税期限内实际发生的销项税额、进项税额，才是法定的当期销项税额或当期进项税额。增值税一般纳税人申请抵扣的防伪税控系统开具的增值税专用发票，必须自该专用发票开具之日起180日内到税务机关认证，并在认证通过的次月申报期内，向主管税务机关申报抵扣，否则不予抵扣进项税额。

（二）计算应纳税额时进项税额不足抵扣的处理

计算应纳税额出现当期销项税额小于当期进项税额不足抵扣的情况时，根据税法规定，当期进项税额不抵扣的部分可以结转下期继续抵扣。

（三）扣减发生期进项税额的规定

已抵扣进项税额的购进货物或应税劳务如果事后改变用途，发生下列行为：用于非应税项目、用于免税项目、用于集体福利或者个人消费、购进货物发生非正常损失、在产品或产成品发生非正常损失的，应将该进项货物或应税劳务的进项税额从当期发生的进项税额中扣减，无法确定该进项税额的，按当期实际成本计算应扣减的进项税额。

（四）销货退回或折让的税务处理

一般纳税人因销货退回或折让而退还给购买方的增值税额，应从发生销货退回或折让当期的销项税额中扣减；因进货退出或折让而收回的增值税额，应从发生进货退出或折让当期的进项税额中扣减。

（五）向供货方取得返还收入的税务处理

自2004年1月1日起，对商业企业向供货方收取的各种返还收入，均应按照平销返利的有关规定冲减当期增值税进项税金。应冲减进项税金的计算公式调整为：

当期应冲减进项税金＝当期返还收入÷（1＋所购货物适用税率）×所购货物适用税率

（六）一般纳税人应纳税额计算的实例

【例5-4】 环亚灯具制造公司2003年6月将生产出来的灯具销售给批发商埃森商业公司一批，取得销售收入100 000元；当月环亚公司购进原材料的进货发票上注明的增值税税额为8 000元。环亚公司6月份应纳增值税为：

应纳增值税税额＝100 000×17%－8 000

＝17 000－8 000

$$=9\,000\,(元)$$

【例5-5】埃森商业公司6月份从环亚公司购进一批灯具，价款为10万元，进货发票上注明增值税税额为17 000元；当月的销售收入为7万元。埃森公司6月应纳的增值税税额为：

$$应纳增值税税额 = 70\,000 \times 17\% - 17\,000$$
$$= 11\,900 - 17\,000$$
$$= -5\,100\,(元)$$

在该例中，埃森公司当月的销售税额小于进项税额，计算出的应纳增值税税额为-5 100元。一般而言，如果当期的销项税额小于进项税额时，其不足部分结转下期继续抵扣。所以埃森公司当月不缴增值税，5 100元未抵扣的进项税额转到以后月份继续抵扣。

【例5-6】吉美商厦6月份从埃森公司购进一批灯具，价款为4万元，进货发票上注明的增值税税额是6 800元；当月商品零售额为6万元（含增值税销项税额）。吉美商厦当月的应纳增值税的计算过程为：

首先，将含税的销售额换算为不含税的营业额：

$$不含税营业额 = 60\,000 \div (1+17\%) = 51\,282\,(元)$$

然后，计算应纳增值税税额：

$$应纳增值税税额 = 51\,282 \times 17\% - 6\,800$$
$$= 8\,717.94 - 6\,800$$
$$= 1\,917.94\,(元)$$

五、小规模纳税人应纳税额的计算

（一）应纳税额的计算公式

小规模纳税人销售货物或者应税劳务，按照销售额和3%的征收率计算应纳税额，不得抵扣进项税额。应纳税额的计算公式为：

$$应纳税额 = 销售额 \times 征收率$$

（二）含税销售额的换算

由于小规模纳税人在销售货物或者应税劳务时，只能开具普通发票，取得的销售收入均为含税销售额。为了符合增值税作为价外税的要求，小规模纳税人在计算应纳税额时，必须将含税销售额换算为不含税的销售额后才能计算应纳税额。小规模纳税人不含税销售额的换算公式为：

$$不含税销售额 = 含税销售额 \div (1+征收率)$$

（三）销售特定货物应纳税额的计算

现行增值税法规规定，对一些特定货物的销售行为，无论其从事者是一般纳税人还是小规模纳税人，一律按简易办法，即按小规模纳税人应纳税额计算办法计算应纳税额。

（四）小规模纳税人应纳税额计算的实例

【例 5-7】梅江百货店是小规模纳税人，7 月份的含税销售额为 9 000 元。当月应纳增值税税额的计算过程如下：

首先，计算应税销售额：

应税销售额＝9 000÷（1＋3%）＝8 737.86（元）

然后，计算应纳增值税税额

应纳增值税税额＝8 737.86×3%＝262.14（元）

六、进口货物应纳税额的计算

进口货物的应纳税额，不管纳税人是一般纳税人还是小规模纳税人，均按进口货物的组成计税价格和规定的税率计算，并且不能抵扣任何进项税额。进口货物的组成计税价格为进口货物所支付的全部金额（但不包括支付的增值税），其具体内容依进口货物是否同时缴纳消费税而定。

如果进口货物同时缴纳消费税，其组成计税价格的计算公式为：

组成计税价格＝关税完税价格＋关税＋消费税税额

如果进口货物不同时缴纳消费税，其组成计税价格的计算公式为：

组成计税价格＝关税完税价格＋关税

确定进口货物的计税组成价格后，按下式计算进口货物的应纳税额：

应纳税额＝组成计税价格×适用税率

【例 5-8】新力进出口公司本月进口彩色电视机一批，关税完税价格（到岸价格）为 500 万元，在海关应缴纳的关税为 150 万元。其应纳增值税税额计算如下：

（1）组成计税价格为：

500＋150＝650（万元）

（2）应纳增值税税额为：

650×17%＝110.5（万元）

【例 5-9】利维进出口公司进口卷烟一批，到岸价格为 80 000 元，应纳关税为160 000元，应纳消费税为221 538.46元。其应纳增值税税额计算如下：

（1）组成计税价格为：

80 000+160 000+221 538.46=461 538.46（元）

（2）应纳增值税税额为：

461 538.46×17%=78 461.54（元）

第六节 出口货物退（免）税

我国的出口货物退（免）税是指在国际贸易实务中，对我国报关出口的货物退还或免征其在国内各生产和流转环节按税法规定缴纳的增值税和消费税，即对增值税出口货物实现零税率，对消费税出口货物免税。为了提高出口货物在国际市场上的竞争能力，鼓励和扩大本国产品出口，我国现行增值税制度规定，对出口货物实行退税或零税率。

应注意的是，增值税的出口退税不同于出口免税。出口免税是指对纳税人在出口环节的纳税义务予以免除，但并不像出口退税那样退还以前环节已经承担的增值税，因此免税的出口货物可能仍含有国内已经征收的流转税或劳务税。

我国对出口产品实行退税的政策始于1950年，当时主要是退还已纳的货物税。1958年我国将商品流通税、货物税、营业税合并为工商统一税后，对出口商品不再实行退税，出口退税制度也就此中止，直到实行改革开放后的1983年才予以恢复。自1994年1月1日推行增值税时，规定对出口货物实行退税或零税率，其政策意图也在于增强我国出口产品的价格竞争优势。2002年1月23日，财政部、国家税务总局发出《关于进一步推进出口货物实行免抵退办法的通知》；2002年2月6日，国家税务总局又印发了《生产企业出口货物"免、抵、退"税管理操作规程（试行）》。至此，我国出口退（免）税得到进一步完善。

一、出口货物退税的适用范围

凡属我国增值税的应税商品出口（除国务院另有规定外），均属于征税的范围。但是，对出口企业所出口的货物退税必须符合以下三个条件：

1. 出口企业必须是经过商务部或商务部成立前的对外贸易与经济合作部及其授权单位批准享有对外贸易经营权的企业。

2. 出口的货物必须报关离境，并在财务上做销售处理。对于已经报关但未离境的商品，不论出口企业是以外汇还是以人民币结算，也不论企业在财务和其他管理上作何处理，均不得作为出口货物予以退（免）税。

3. 出口的货物属于增值税的征收范围。

4. 必须是出口收汇并已核销的货物。

此外,根据国家的政策规定,对国内严重短缺的货物,严格禁止出口,出口后不予退税。

二、出口货物的退税率

我国增值税的出口退税实行的是对出口货物"征多少退多少、不征不退"的基本原则。根据这一原则,出口货物增值税的退税率应与17%或13%的增值税法定税率一致。但是,由于1994年我国在实行税制改革时,为保证新税制平稳过渡,保留了一些原有的减免税规定,加之税收征管以及防范出口骗税的手段落后,一度出现严重的少征多退现象,使得国家财政蒙受损失。因此,我国于1995年7月1日降低了出口货物退税率,1996年1月1日又再次降低了出口货物增值税的退税率,开始对出口货物实行3%、6%和9%的退税率办法。从1997年开始,为简化手续,解决企业自营出口中的困难,我国对自营出口的生产性企业施行"免、抵、退"的管理办法。1998年以后,为了减弱东南亚金融危机对我国国民经济发展的影响,鼓励和增强我国产品在国际市场上的竞争力,缓解国内重点行业和重点企业的生产经营困难,国家根据出口产品的实际税负状况,又先后分5次提高了部分出口商品的退税率。

出口货物的退税率,是出口货物的实际退税额与退税计税依据的比例。现行出口货物的增值税退税率有17%、15%、14%、13%、11%、9%、8%、6%、5%。

三、出口货物退税的计算方法

我国现行增值税的出口退税制度是根据纳税人和出口贸易方式的不同,实行不同的退税办法,其退税额的计算方法也不相同,具体有以下三种方法:

1. "免、抵、退"法

即对出口商品流通所经过的国内最后环节所产生的增值额免征增值税,对出口商品中所含前期购进的增值税进项税款准予抵扣国内销售所发生的增值税应纳税额,对不足以抵扣的部分予以退税。这一办法适用于有进出口经营权的生产企业自营或委托出口的自产商品。

2. 先征后退法

外贸企业收购货物出口,其出口销售环节免征增值税;其收购货物的成本部分,因外贸企业在支付收购货款的同时也支付了生产经营该类商品的企业已纳的增值税款,因此,在货物出口后按收购成本与退税税率计算退税退还给外贸企业,征、退税之差计入企业成本。

3. 不征不退法

不征不退法也称免税办法，即对出口商品流通所经过的国内最后环节所产生的增值额免征增值税，而对出口商品中所含前期购进的增值税进项税款，包括耗用的购进原材料、零部件、燃料和动力等发生的全部进项税额，以及运输费用，不能从内销货物的销项税额中抵扣，而应计入产品成本处理。适用这一办法的主要是免税货物和国务院规定出口免税的货物，具体包括：

（1）来料加工复出口的货物；
（2）避孕药品和用具；
（3）古旧图书；
（4）有卷烟出口经营权的企业出口国家出口计划内的卷烟；
（5）军用品以及军队系统企业出口军需工厂生产或军需部门调拨的货物；
（6）小规模纳税人自营和委托出口的货物。

第七节 增值税的税收优惠

一、《增值税暂行条例》规定的免税项目

（一）农业生产者销售的自产农产品。

农业，是指种植业、养殖业、林业、牧业、水产业。

农产品，是指初级农产品，即直接从事植物的种植、收割和动物的饲养、捕捞的单位和个人销售的自产农产品，具体范围由财政部、国家税务总局确定。对上述单位和个人销售的外购农产品以及外购农产品生产、加工后销售的仍然属于规定范围的农产品，不予免税。

（二）避孕药品和用具；
（三）古旧图书，指向社会收购的古书和旧书。
（四）直接用于科学研究、科学试验和教学的进口仪器、设备；
（五）外国政府、国际组织无偿援助的进口物资和设备；
（六）由残疾人的组织直接进口供残疾人专用的物品；
（七）销售的自己使用过的物品，是指其他个人自己使用过的物品。

二、财政部、国家税务总局规定的主要免税项目

（一）资源综合利用及其他产品

1. 对销售下列自产货物实行免征增值税

再生水、以废旧轮胎为全部生产原料生产的胶粉、翻新轮胎、生产原料中

掺兑废渣比例不低于30%的特定建材产品等货物。

2．对污水处理劳务免征增值税。

3．对销售下列自产货物实行增值税即征即退的政策

（1）以工业废气为原料生产的高纯度二氧化碳产品。

（2）以垃圾为燃料生产的电力或者热力。

（3）为煤炭开采过程中伴生的舍弃物油母岩为原料生产的页岩油。

（4）以废旧沥青混凝土为原料生产的再生沥青混凝土。废旧沥青混凝土用量不低于30%。

4．销售下列自产货物实现的增值税即征即退50%：

（1）以退役军用发射药为原料生产的涂料硝化棉粉。

（2）对燃烧发电厂及各类工业企业产生的烟气、高硫天然气进行脱硫生产的副产品。

（3）以废弃酒糟和酿酒底锅水为原料生产的蒸汽、活性炭、白炭黑、乳酸、乳酸钙、沼气。废弃酒糟和酿酒底锅水在生产原料中所占的比重不低于80%。

（4）以煤矸石、煤泥、石煤、油母岩为燃料生产的电力和热力。煤矸石、煤泥、石煤、油母岩占发电燃料的比重低于60%。

（5）利用风力生产的电力。

5．对销售自产的综合利用生物柴油实行增值税先征后退政策。

6．对增值税一般纳税人生产的黏土实心砖、瓦，一律按适用税率征收增值税，不得采用简易办法征收增值税。2008年7月起，以立窑法工艺生产的水泥（包括水泥熟料）不得享受增值税即征即退政策。

（二）调整资源综合利用产品及劳务增值税

1．对销售自产的以建（构）筑废物、煤矸石为原料生产的建筑砂石骨料免征增值税。

2．对垃圾处理、污泥处理劳务免征增值税。

3．对销售下列自产货物实行增值税即征即退100%：

（1）利用工业生产过程中产生的余热、余压生产的电力或热力。发电（热）原料中100%利用上述资源。污水处理后产生的污泥。

（2）以餐厨垃圾、畜禽粪便、稻壳、花生壳、玉米芯、油茶壳、三剩物、次小薪材、含油污水、有机废水、油田采油过程中产生的油污泥（浮渣）等，包括利用上述资源发酵产生的沼气为原料生产的电力、热力、燃料。"三剩物"是指采伐剩余物、造材剩余物和加工剩余物。"次小薪材"是指材质低于针、阔叶加工用原木最低等级但具有一定利用价值的次加工原木。

（3）以污水处理后产生的污泥为原料生产的干化污泥、燃料。生产原料中

上述资源的比重不低于90%。

（4）以废弃的动物油、植物油为原料生产的饲料级混合油。生产原料中上述资源的比重不低于90%。

（5）以回收的废矿物油为原料生产的润滑油基础油、汽油、柴油等工业油料。生产企业必须取得《危险废物综合经营许可证》，生产原料中上述资源的比重不低于90%。

（6）以油田采油过程中产生的油污泥（浮渣）为原料生产的乳化油调和剂及防水卷料辅料产品。生产企业生产原料中上述资源的比重不低于70%。

（7）以人发为原料生产的假发。

4. 销售下列自产货物实行增值税即征即退80%：

以三剩物、次小薪材和农作物秸秆等三类农林剩余物为原料生产的木（竹、秸秆）纤维板、木（竹、秸秆）刨花板、细木工板、活性炭、栲胶、水解酒精、炭棒；以沙柳为原料生产的箱板纸。

（三）支持文化企业发展的税收支持

1. 广播电影电视行政主管部门（包括中央、省、地市及县级）按照各自职能权限批准从事电影制片、发行、放映的电影集团公司（含成员企业）、电影制片及其他电影企业取得的销售电影拷贝收入、转让电影版权收入、电影发行收入以及在农村取得的电影放映收入免征增值税和营业税。

2. 出口图书、报纸、期刊、音像制品、电子出版物、电影和电视完成片按规定享受增值税出口退税。

3. 党报、党刊将发行、印刷业务及相应的经营性资产剥离组建的文化企业，自注册之日起所取得的党报、党刊发行收入和印刷收入免征增值税。

（四）飞机维修业务增值税规定

1. 对承接国内、国外航空公司飞机维修业务的企业所从事的国外航空公司飞机维修业务，实行免征本环节增值税应纳税额、直接退还相应增值税进项税额的办法。

2. 飞机维修企业应分别核算国内、国外飞机维修业务的进项税额；未分别核算或者未准确核算进项税的，由主管税务机关核定。多退税款的，予以追回；涉及违法犯罪的，依法处理。

（五）扶持动漫产业发展税收支持

增值税一般纳税人动漫企业销售自主开发生产的动漫软件，按17%的税率征收增值税后，对其实际税负超过3%部分，实行即征即退。动漫软件出口免征增值税。

（六）蔬菜和部分鲜活肉蛋产品流通环节增值税免征

自 2012 年 1 月 1 日起，免征蔬菜流通环节增值税，自 2012 年 10 月 1 日起免征部分鲜活肉蛋产品流通环节增值税。

（七）软件产品税收支持

1．增值税一般纳税人销售其自行开发生产的软件产品，按 17%税率征收增值税后，对其增值税实际税负超过 3%的部分实行即征即退。

2．增值税一般纳税人将进口软件产品进行本地化改造后对外销售，其销售的软件产品可享受 1 项规定的增值税即征即退政策。

（八）除豆粕以外的其他粕类饮料产品，均免征增值税。

（九）有机肥产品免征增值税。从 2008 年 6 月 1 日起，纳税人生产销售和批发、零售有机肥产品免征增值税。

（十）债转股原企业免征增值税政策

债转股企业与金融资产管理公司签订的债转股协议，债转股原企业将货物资产作为投资提供给债转股新公司的，免征增值税。

（十一）进口重大技术装备免征增值税

从 2010 年 6 月 1 日起，符合规定条件的国内企业为生产国家支持发展的大型环保和资源综合利用设备、应急柴油发电机组、机场行李自动分拣系统、重型模锻液压机而确有必要进口部分关键零部件、原材料，免征关税和进口环节增值税。

（十二）节能服务公司免征增值税

节能服务公司实施符合条件的合同能源管理项目，将项目中的增值税应税货物转让给用能企业，暂免征收增值税。

（十三）增值税即征即退优惠政策的征管调整

将增值税即征即退优惠的管理措施由"先评估后退"改为"先退后评估"。

三、其他有关减免税规定

（一）纳税人兼营免税、减税项目的，应当分别核算免税、减税项目的销售额；未分别核算销售额的，不得免税、减税。

（二）纳税人适用免税规定的，可以放弃免税。放弃免税后，36 个月内不得再申请免税。

（三）安置残疾人单位既符合促进残疾人就业增值税优惠政策条件，又符合其他增值税优惠条件的，可同时享受多项增值税优惠，但年度申请退还增值税总额不得超过本年度内应纳增值税总额。

第八节 增值税的纳税管理

一、增值税的纳税义务发生时间

《增值税暂行条例》明确规定了增值税纳税义务的发生时间。纳税义务发生时间，是纳税人发生应税行为应当承担纳税义务的起始时间。销售货物或者应税劳务的纳税义务发生时间，按销售结算方式的不同，具体确定为：

（一）采取直接收款方式销售货物的，不论货物是否发出，均为收到销售额或取得索取销售额的凭据、并将提货单交给买方的当天。先开具发票的，为开具发票的当天。

（二）采取托收承付和委托银行收款方式销售货物的，为发出货物并办妥托收手续的当天。

（三）采取赊销和分期付款方式销售货物的，为按合同约定的收款日期的当天。无书面合同或者书面合同没有约定收款日期的，为货物发出的当天。

（四）采取预收货款方式销售货物的，为货物发出的当天；但生产销售生产工期超过12个月的大型机械设备、船舶、飞机等货物，为收到预收款或者书面合同约定的收款日期的当天。

（五）委托其他纳税人代销货物的，为收到代销单位销售的代销清单的当天；未收到代销清单及货款的，为发出代销货物满180天的当天。

（六）销售应税劳务的，为提供劳务同时收讫销售额或取得索取销售额的凭据的当天。

（七）纳税人发生本章第三节中提到的视同销售行为第（3）～（8）项的，为货物移送的当天。

（八）进口货物，为报关进口的当天。

上述销售货物或应税劳务纳税义务发生时间的确定，明确了企业在计算应纳税额时，对"当期销项税额"时间的限定，是增值税计税和征收管理中重要的规定。企业必须按上述规定的时限及时、准确地记录销售额和计算当期销项税额。

二、增值税的纳税期限

在明确了增值税纳税义务发生时间后，还需要掌握具体纳税期限以保证按期缴纳税款。根据规定，增值税的纳税期限分别为1日、3日、5日、10日、15日、一个月或者一个季度。纳税人的具体纳税期限，由主管税务机关根据纳税人应纳税额的大小分别核定；不能按照固定期限纳税的，可以按次纳税。

纳税人以一个月或者一个季度为纳税期的，自期满之日起10日内申报纳税；以1日、3日、5日、10日或者15日为纳税期的，自期满之日起5日内预缴税款，于次月1日至15日内申报纳税并结清上月应纳税款。

纳税人进口货物，应当自海关填发税款缴纳书之日起15日内缴纳税款。

纳税人出口适用税率为零的货物，可以按月向税务机关申报办理该项出口货物的退税。

三、增值税的纳税地点

为了保证纳税人按期申报纳税，根据企业跨地区经营和搞活商品流通的特点及不同情况，税法还具体规定了增值税的纳税地点：

（一）固定业户应当向其机构所在地主管税务机关申报纳税。总机构和分支机构不在同一县（市）的，应当分别向各自所在地主管税务机关申报纳税；经国家税务总局或其授权的税务机关批准，也可由总机构汇总向总机构所在地主管税务机关申报纳税。

（二）固定业户到外县（市）销售货物的，应当向其机构所在地主管税务机关申请开具外出经营活动税收管理证明，向其机构所在地主管税务机关申报纳税。未持有其机构所在地主管税务机关核发的外出经营活动税收管理证明，到外县（市）销售货物或者应税劳务的，应当向销售地主管税务机关申报纳税；未向销售地主管税务机关申报纳税的，由其机构所在地主管税务机关补征税款。

（三）非固定业户销售货物或者应税劳务，应当向销售地主管税务机关申报纳税。

（四）进口货物，应当由进口人或其代理人向报关地海关申报纳税。

（五）非固定业户到外县（市）销售货物或者应税劳务，未向销售地主管税务机关申报纳税的，由其机构所在地或者居住地主管税务机关补征税款。

四、增值税的起征点

增值税起征点的适用范围限于个人。增值税起征点的幅度规定如下：

（一）销售货物的，为月销售额5 000~20 000元；

（二）销售应税劳务的，为月销售额5 000~20 000元；

（三）按次纳税的，为每次（日）销售额300~500元。

上述所称的销售额，为小规模纳税人的销售额。各省级国家税务局应在规定的幅度内，根据实际情况确定本地区适用的起征点，并报财政部、国家税务总局备案。

五、增值税专用发票管理

增值税专用发票是指专用于销售或提供增值税应税项目的一种发票。增值税专用发票与普通发票不同，它不仅具有一般商事凭证的作用，而且由于增值税实现凭发票注明的税款扣税，购货方要向销货方据以支付增值税，从而使它成为计算征收增值税的直接凭据。更重要的是，增值税专用发票将一个产品的最初生产到最终消费之间的各环节联系起来，既体现了增值税征收的连续性，又保持了增值税税负的完整性，同时也可以实现增值税的交叉审计，有效堵塞税收漏洞。

增值税专用发票领购使用范围只限于增值税一般纳税人，小规模纳税人及非增值税纳税人不得领购使用。一般纳税人如果是会计核算不健全的，不能向税务机关准确提供增值税的销项税额、进项税额、应纳税额数据及其他有关增值税税务资料的，销售的货物全部用于免税项目的，当月购买专用发票而未申报纳税的，均不得领购使用专用发票。

一般纳税人销售货物（包括视同销售）、应税劳务、应当征收增值税的非应税劳务，必须向购买方开具专用发票。但下列情形不得开具专用发票：

一般纳税人有下列情形之一者，不得领购使用专用发票：

1. 会计核算不健全，不能按会计制度和税务机关的要求准确核算增值税的销项税额、进项税额和应纳税额者。

2. 不能向税务机关准确提供增值税销项税额、进项税额、应纳税额数据及其他有关增值税税务资料者。

上述其他有关增值税税务资料的内容，由国家税务总局直属分局确定。

3. 有以下行为，经税务机关责令限期改正而仍未改正者：

（1）私自印制专用发票；

（2）向个人或税务机关以外的单位买取专用发票；

（3）借用他人专用发票；

（4）向他人提供专用发票；

（5）未按规定的要求开具专用发票；

（6）未按规定保管专用发票；

（7）未按规定申报专用发票的购、用、存情况；

（8）未按规定接受税务机关检查。

国家税务总局规定，自 2003 年 8 月 1 日起，全国所有增值税一般纳税人将停止开具手写版增值税专用发票，全部通过增值税防伪税控系统开具增值税专用发票；从 2005 年 1 月 1 日起，凡税务机关代开增值税专用发票必须通过防伪税控系统开具。因此，从 2005 年 1 月 1 日起，我国所有的增值税专用发票都纳入了防伪税控系统管理。

参考文献

1. 财政部注册会计师考试委员会办公室，《税法》，经济科学出版社，2009 年 3 月。
2. 陈共，《财政学》，中国人民大学出版社，2000 年。
3. 丁一琳，"关于我国现行增值税制的思考"，《农业经济》，2004 年 1 月。
4. 黄立新，"加入 WTO 后我国税收政策的战略调整"，《税务纵横》，2003 年 9 月。
5. 霍玉俊，"流转税改革问题探析"，《工作研究》，2003 年第 18 期。
6. 李国淮、邓文勇，《国家税收实务》，大连理工大学出版社，2000 年 9 月。
7. 马海涛，《中国税制》，中国人民大学出版社，2001 年。
8. 庞凤喜，"论增值税效应"，《当代财经》，1994 年第 7 期。
9. 王全喜，《企业税务管理》，天津社会科学院出版社，2001 年 2 月。
10. 许建国，《中国税制》，中国财政经济出版社，1999 年。
11. 曾国祥，《税收学》，中国税务出版社，2000 年。
12. 朱顺贤，"我国增值税改革问题探讨"，《商业研究》，2003 年 12 月，总 272 期。
13.《中华人民共和国增值税暂行条例》，2008 年 11 月 10 日，财税[2008]138 号。
14.《财政部、国家税务总局关于资源综合利用及其他产品增值税政策的通知》，2008 年 12 月 9 日，财税[2008]156 号。
15.《国家税务总局关于增值税简易征收政策有关管理问题的通知》，2009 年 2 月 25 日，国税函[2009]90 号。
16.《国家税务总局关于加强白酒消费税征收管理的通知》，2009 年 7 月 17 日，国税函[2009]380 号。
17.《财政部、国家税务总局关于油气田企业增值税问题的补充通知》，2009 年 7 月 19 日，财税[2009]97 号。
18.《财政部、国家税务总局关于固定资产进项税额抵扣问题的通知》，2009 年 9 月 9 日，财税[2009]113 号。
19.《财政部、国家税务总局关于软件产品增值税政策的通知》，2011 年 1 月 28 日，财税[2011]100 号。
20.《财政部、国家税务总局关于在上海市开展交通运输业和部分现代服务业营业税改征增值税试点的通知》2011 年 11 月 16 日，财税[2011]111 号。

第六章 营业税

第一节 营业税概述

营业税是许多国家普遍开征的一种商品与服务税,一般对工商企业的营业额征收,但各国的营业税的征税范围不尽相同。我国现行的营业税和增值税、消费税共同构成商品与服务税制度,是商品与服务税的一种。

我国的营业税是对在中国境内提供应税劳务、转让无形资产和销售不动产取得营业收入的单位和个人征收的一种商品与服务税。现行的营业税具有税源较普遍、征税面较广、税收收入稳定可靠、计算手续简便、征收成本较低等特点。

开征营业税的意义主要有以下三个方面:

1. 有利于筹集财政收入

营业税税源普遍,征税范围广,决定了它在组织财政收入方面具有十分重要的意义。现行营业税的征收范围包括第三产业的大部分行业,其征税领域比较广泛。按照税法的规定,凡有偿提供应税劳务、转让无形资产和销售不动产的单位和个人,都要就其取得的营业收入额纳税,可见营业税较充分地体现了一切有营业收入的单位和个人都要纳税的原则。特别是随着我国第三产业的进一步发展,营业税的税源也会不断扩大和增长。同时,由于营业税主要以非商品销售额为税基,其计税依据不受纳税人的成本、费用水平升降的影响,因此,政府通过征收营业税就可以较为及时、稳定和可靠地取得财政收入。

2. 有利于平衡税收负担,促进各个行业协调发展

营业税按行业设计税目、税率,对不同行业实行差别税率,在一定程度上调节不同行业的盈利水平,平衡了行业间的税收负担。

3. 有利于企业间的公平竞争,优胜劣汰

由于现行营业税以纳税人的营业收入全额为计税依据,并按照行业设计税目和税率,即对盈利水平不同的行业实行差别税率,对同一个行业采用同一税率,使同一行业的纳税人取得的营业额中所含的税款比重较为一致。因此,在商品经营取得的营业收入相同的条件下,如果经营者加强和改善经营管理、降低成本与费用水平,其利润就会相应增加;如果经营者不注重经营管理,导致

成本与费用水平较高,其利润水平就会下降。这种课税制度与政策,能促进企业间的公平竞争,使企业优胜劣汰。

第二节 营业税的纳税义务人和扣缴义务人

一、纳税义务人

(一)纳税义务人的一般规定

在中华人民共和国境内提供应税劳务、转让无形资产和销售不动产的单位和个人,为营业税的纳税义务人。

1. 在中华人民共和国境内

此处国境是指税收行政管辖权的区域。具体情况为:

(1)提供或者接受应税劳务的单位或者个人在境内;

(2)所转让的无形资产(不含土地使用权)的接收单位或者个人在境内;

(3)所转让或者出租土地使用权的土地在境内;

(4)所销售或者出租的不动产在境内。

2. 应税劳务

应税劳务是指属于交通运输业、建筑业、金融保险业、邮电通信业、文化体育业、娱乐业、服务业税目征收范围的劳务。加工和修理修配劳务属于增值税征税范围,不属于营业税的应税劳务。单位或个体经营者聘用的员工为本单位或雇主提供的劳务,也不属于营业税的应税劳务。

3. 单位和个人

单位是指企业、行政单位、事业单位、军事单位、社会团体及其他单位。个人是指个体工商户以及其他有经营行为的个人。

(二)纳税义务人的特殊规定

由于某些行业的经营具有特殊性,给纳税人缴纳税款和税务机关进行征收管理带来了不便,因此税法对这些行业的纳税人做出了以下具体规定:

1. 铁路运输的纳税义务人包括:

(1)中央铁路运营业务的纳税人为铁道部;

(2)合资铁路运营业务的纳税人为合资铁路公司;

(3)地方铁路运营业务的纳税人为地方铁路管理机构;

(4)铁路专用线运营业务的纳税人为企业或其指定的管理机构;

(5)基建临管线铁路运营业务的纳税人为基建临管线管理机构。

2. 从事水路运输、航空运输、管道运输或其他陆路运输业务并负有营业税纳税义务的单位,为从事运输业务并计算盈亏的单位。在铁路运输单位以外的其他运输行业中,只要运输单位从运输业务中取得了营业收入,并在银行中开设了账户,有能力计算盈亏,就成为营业税的纳税人,有义务缴纳营业税。

3. 单位以承包方式经营的,承包人发生应税行为,承包人以发包人名义对外经营并由发包人承担相应法律责任的,以发包人为纳税人;否则以承包人为纳税人。

4. 建筑安装业务实行分包或转包的,分包或转包者为纳税人。

5. 金融保险业纳税人包括:

(1) 银行,包括人民银行、商业银行、政策性银行;

(2) 信用合作社;

(3) 证券公司;

(4) 金融租赁公司、证券基金管理公司、财务公司、信托投资公司、证券投资基金;

(5) 保险公司;

(6) 其他经中国人民银行、中国证监会、中国保监会批准成立且经营金融保险业务的机构等。

二、扣缴义务人

虽然税法对营业税的纳税人做出了具体规定,但由于采用源泉扣税可以简化税收征管的难度,防止偷税漏税行为的发生,因此,我国税法又对以下几种行为规定了扣缴义务人,由其代扣代缴营业税。如果扣缴义务人不履行扣缴义务,将承担补缴税款或缴纳罚款的法律责任。营业税的扣缴义务人主要有以下几种:

(一) 境外单位或个人在境内发生应税行为而在境内未设有经营机构的,其应纳税款以代理人为扣缴义务人;没有代理人的,以受让者或者购买者为扣缴义务人。

(二) 国务院财政、税务主管部门规定的其他扣缴义务人。

第三节 营业税的税目和税率

一、营业税的税目

现行营业税的课税对象是在我国境内有偿提供应税劳务、转让无形资产或者销售不动产所取得的营业收入,其征收范围是通过税法列举税目的方式加以规定的。营业税按照行业、类别的不同,共设置了以下九个税目,即交通运输业、建筑业、金融保险业、邮电通信业、文化体育业、娱乐业、服务业、转让无形资产和销售不动产。

(一)交通运输业

交通运输业是指使用运输工具或人力、畜力将货物或旅客送达目的地,使其在空间位置上得到转移的行业。该税目的征税范围包括陆路运输、水路运输、航空运输、管道运输和装卸搬运。此外,凡与运营业务有关的各项劳务活动,均属于该税目的征税范围。

1. 陆路运输。陆路运输是指通过陆路(地上或地下)运送货物或旅客的运输业务,包括铁路运输、公路运输、缆车运输、索道运输及其他陆路运输。

2. 水路运输。水路运输是指通过江、河、湖、川等天然、人工水道或海洋航道运送货物或旅客的运输业务。打捞业务比照水路运输交税。

3. 航空运输。航空运输是指通过空中航线运送货物或旅客的运输业务。与航空运输密切相关的通用航空运输、航空地面服务,比照航空运输交税。

4. 管道运输。管道运输是指通过管道设施输送气体、液体、固体物资的运输业务。

5. 装卸搬运。装卸搬运是指使用装卸搬运工具或人力、畜力将货物在运输工具之间、装卸现场之间或运输工具与装卸现场之间进行装卸和搬运的业务。

6. 凡与运营业务有关的各项劳务活动,均属交通运输业的税目征收范围。具体包括:通用航空业务,航空地面服务,打捞,理货,港务局提供的引航、系解缆、停泊、移泊等劳务及引水员交通费、过闸费、货物港务费、高速公路车辆通行费等。

7. 远洋运输企业从事程租、期租业务和航空运输企业从事湿租业务取得的收入,按"交通运输业"税目缴纳营业税。

程租业务是指远洋运输企业为租船人完成某一特定航次的运输任务并收取租赁费的业务。期租业务是指远洋运输企业将配备有操作人员的船舶承租给他人使用一定期限,承租期内听候承租方调遣,不论是否经营,均按天向承租方收取租赁费,发生的固定费用(如人员工资、维修费用等)均由船东负担的业务。湿租业务,是指航空运输企业将配备有机组人员的飞机承租给他人使用一定期限,承租期内听候承租方调遣,不论是否经营,均按一定标准向承租方收取租赁费,发生的固定费用(如人员工资、维修费用等)均由承租方负担的业务。

(二)建筑业

建筑业是指从事建筑安装工程作业的行业。该税目包括建筑、安装、修缮、装饰和其他工程作业等项内容。

1. 建筑是指新建、改建、扩建各种建筑物、构筑物的工程作业，包括与建筑物相连的各种设备或支柱、操作平台的安装或装设工程作业以及各种窑炉和金属结构工程作业在内。但自建自用建筑物，其自建行为不是建筑业税目的征税范围。出租或投资入股的自建建筑物，也不是建筑业的征税范围。

2. 安装是指生产设备、动力设备、起重设备、运输设备、传动设备、医疗实验设备及其他各种设备的装配、安装工程作业，包括与设备相连的工作台、梯子、栏杆的装设工程作业和被安装设备的绝缘、防腐、保温、油漆等工程作业。

3. 修缮是指对建筑物、构筑物进行修补、加固、养护、改善，使之恢复原来的使用价值或延长使用期限的工程作业。

4. 装饰是指对建筑物、构筑物进行修饰，使之美观或具有特定用途的工程作业。

5. 其他工程作业是指除上列工程作业以外的各种工程作业，如代办电信工程、水利工程、道路修建、疏浚、钻井（打井）、拆除建筑物、平整土地、搭脚手架、爆破等工程作业。

6. 管道煤气集资费（初装费）业务。管道煤气集资费（初装费）是指用于管道煤气工程建设和技术改造，在报装环节一次性向用户收取的费用。

（三）金融保险业务

金融保险业是指经营金融、保险的业务，包括金融业和保险业的各项业务。其中，金融业务是指经营货币资金融通活动的业务，具体包括贷款业务、融资租赁、金融商品转让、金融经纪和其他金融业务；保险是指将通过契约形式集中起来的资金，用以补偿被保险人的经济利益的业务。

对我国境内外资金融机构从事离岸银行业务、属于在我国境内提供应税劳务的，征收营业税。离岸银行业务是指银行吸收非居民的资金，服务于非居民的金融活动，包括外汇存款、外汇贷款、同业外汇拆借、国际结算、发行大额可转让存款证、外汇担保、咨询、鉴证业务、国家外汇管理局批准的其他业务。

（四）邮电通信业

邮电通信业是指专门办理信息传递的业务，包括邮政、电信。其中，邮政是指传递实物信息的业务，包括传递函件或包件（含快递业务）、邮汇、报刊发行、邮政物品销售、邮政储蓄及其他邮政业务；电信是指用各种电传设备传输电信号来传递信息的业务，包括电报、电传、电话、电话机安装、电信物品销售及其他电信业务。

（五）文化体育业

文化体育业是指经营文化、体育活动的业务，包括文化业和体育业。文化业是指经营文化活动的业务，具体包括表演、播映及其他文化业。体育业是指举办各种体育比赛和为体育比赛或体育活动提供场所的业务。以租赁方式为文化活动和体育比赛提供场所的业务活动，不属于该税目的征税范围。

（六）娱乐业

娱乐业是指为娱乐活动提供场所和服务的业务，包括经营歌厅、舞厅、卡拉OK歌舞厅、音乐茶座、台球、高尔夫球、保龄球场、游艺场等娱乐场所，以及娱乐场所为顾客进行娱乐活动提供服务的业务。娱乐场所为顾客提供的饮食服务及其他各种服务也按照娱乐业交税。

（七）服务业

服务业是指利用设备、工具、场所、信息或技能为社会提供服务的业务，包括代理业、旅店业、饮食业、旅游业、仓储业、租赁业、广告业和其他服务业。

1．远洋运输企业从事光租业务和航空运输企业从事干租业务取得的收入，按"服务业"税目中的"租赁业"项目缴纳营业税。光租业务是指远洋运输企业将船舶在约定的时间内出租给他人使用，不配备操作人员，不承担运输过程中发生的各种费用，只收取固定租赁费的业务。干租业务是指航空运输企业将飞机在约定的时间内出租给他人使用，不配备机组人员，不承担运输过程中发生的各种费用，只收取固定租赁费的业务。

2．社保基金投资管理人、社保基金托管人从事社保基金管理活动取得的收入，依照税法的规定缴纳营业税。

3．双方签订承包、租赁合同（协议，下同），将企业或企业部分资产出包、租赁，出包、出租者向承包、承租者收取的承包费、租赁费（承租费，下同）按"服务业"税目缴纳营业税。出包方收取的承包费凡同时符合以下三个条件的，属于企业内部分配行为，不缴纳营业税：

（1）承包方以出包方名义对外经营，由出包方承担相关的法律责任；

（2）承包方的经营收支全部纳入出包方的财务会计核算；

（3）出包方与承包方的利益分配是以出包方的利润为基础的。

4．单位和个人在旅游景点经营索道取得的收入按"服务业"税目下"旅游业"项目缴纳营业税。

5．福利彩票机构发行销售福利彩票的收入不缴纳营业税，其他代销单位取得的手续费收入应缴纳营业税。

6．交通部门有偿转让高速公路收费权的行为，应按照"服务业—租赁业"

项目缴纳营业税。

7. 无船承运业务按照"服务业－代理业"税目缴纳营业税。

8. 单位和个人受托种植植物、饲养动物的行为，应按照"服务业"税目征收营业税，不征增值税。上述单位和个人受托种植植物、饲养动物的行为是指，委托方向受托方提供其拥有的植物或动物，受托方提供种植饲养服务并最终将植物或动物归还给委托方的行为。

9. 对港口设施经营人收取的港口设施保安费，应按照"服务业"税目全额缴纳营业税。

10. 酒店产权式经营业主在约定的时间内提供房产使用权与酒店进行合作经营，如房产产权并未归属新的经济实体，业主取得收入应按"服务业－租赁业"缴纳营业税。

11. 对港口设施经营人收取的港口设备保安费，应按照"服务业"全额征收营业税。

12. 自2012年1月1日起，旅店业和饮食业纳税人销售非现场消费的食品应当缴纳增值税，不缴纳营业税。

（八）转让无形资产

转让无形资产是指有偿转让无形资产的所有权或使用权的行为。所谓无形资产是指不具有实物形态，但具有价值和使用价值，在一定时期内能够带来经济利益的专利、技术等资产。该税目的征税范围包括：转让土地使用权、转让商标权、转让专利权、转让非专利技术、转让著作权、出租电影拷贝和转让商誉。

以无形资产投资入股，参与接受投资方的利润分配、共同承担投资风险的行为不缴纳营业税。在投资后转让其股权的不缴纳营业税。无偿转让无形资产（除土地使用权）不缴纳营业税。

无偿转让土地使用权视同为发生应税行为，缴纳营业税。

（九）销售不动产

销售不动产是指有偿转让不动产所有权的行为。所谓不动产是指不能移动，或者移动后会引起性质、形态与功能发生改变的财产。这一税目的征税范围包括销售建筑物或构筑物和销售其他土地附着物。销售不动产时连同不动产所占土地的使用权一并转让的行为，比照销售不动产缴纳营业税。

以不动产投资入股，参与接受投资方的利润分配、共同承担投资风险的行为，不缴纳营业税。在投资后转让其股权的也不缴纳营业税。

单位或个人将不动产无偿赠与他人，视同销售不动产缴纳营业税。单位或个人自己新建的（简称自建）建筑物后销售，其所发生的自建行为，视同发生应税行为按规定征收营业税。

二、营业税的税率

营业税按照行业、类别的不同分别采用了不同的比例税率，具体规定为：

（一）交通运输业、建筑业、邮电通信业、文化体育业，税率为3%。

（二）服务业、金融保险业、销售不动产、转让不动产，税率为5%。

（三）娱乐业执行5%~20%的幅度税率，具体适用的税率，由各省、自治区、直辖市人民政府根据当地的实际情况在税法规定的幅度内决定。夜总会、歌厅、舞厅、射击、狩猎、跑马、游戏、高尔夫球、游艺、电子游戏厅等娱乐行为一律按20%的税率征收营业税；保龄球、台球减按5%的税率征收营业税。

第四节　营业税的计税依据

一、营业税计税依据的一般规定

营业税的计税依据是纳税人从事应税劳务所实际取得的营业额、转让额和销售额（以下统称为营业额）。应税营业额，是指纳税人提供应税劳务、转让无形资产或者销售不动产而向对方收取的全部价款和价外费用。价外费用包括向对方收取的手续费、基金、集资费、代收款项、代垫款项及其他各种性质的价外费用。凡价外费用，无论会计制度规定如何核算，都应并入应税营业额中计算应纳税额。

二、营业税计税依据的具体规定

除了上述一般规定外，由于各个行业的经营活动具有各自的特殊性，我国现行营业税制度还对各应税项目的计税依据以及相关税务调整做出了如下具体规定。

（一）交通运输业

1. 运输企业将境内的货物或旅客运送出境，在境外改由其他运输企业运输的，则境内的运输企业应将收取的运费减去付给境外运输企业的余额作为自己的应税营业额。

2010年1月1日起，对中华人民共和国境内（简称境内）单位或个人提供的国际运输劳务免征营业税。国际运输劳务是指：（1）在境内载运旅客或者货物出境。（2）在境外载运旅客或者货物入境。（3）在境外发生载运旅客或货物的行为。

2. 运输企业从事联运业务，以实际取得的营业额为计税依据。联运业务是指两个以上运输企业完成旅客或货物从发送地点至到达地点所进行的运输业务，联运的特点是一次购买、一次收费、一票到底。

3. 纳税人将承揽的运输业务分给其他单位和个人的，以取得全部收入和价外费用减去支付给其他单位或者个人的运输费用后的余额为营业额。

4. 中国国际航空股份有限公司（简称国航）与中国国际货运航空有限公司（简称货航）开展客运飞机腹舱联运业务时，国航以收到的腹舱收入为营业额，货航以收到的货运收入减去支付给国航的腹舱收入的余额为营业额。

5. 2011年9月26日起，合资铁路运输公司、股改铁路运输企业和其他铁路运输企业相互间合作完成运输业务，承运人应以取得的全部价款和价外费用扣除支付给其他合作运输方的运输费后的余额为营业额，以《铁路运输企业人提供服务清算票据》为营业额扣除凭证，计算缴纳营业税。

其中，合资铁路运输公司是指由铁道部及其所属铁路运输企业与地方政府、企业或其他投资者共同出资成立的铁路运输企业；股改铁路运输企业是指国务院批准进行股份制改革成立的铁路运输企业。

(二) 建筑业

1. 建筑业的总承包人将工程分包或者转包给他人，以工程的全部承包额减去付给分包人或转包人的价款后的余额为营业额。

2. 纳税人提供建筑业劳务（不含装饰劳务）的，其营业额应当包括工程所用原材料、设备及其他物资和动力的价款，但不包括建设方提供的设备价款。从事安装工程作业，凡所安装的设备的价值作为安装工程产值的，营业额包括设备的价款。

3. 纳税人自建自用的房屋不纳税；如果将自建的房屋对外销售，其自建行为应按照建筑业缴纳营业税，再按销售不动产征收营业税。

4. 纳税人采用清包工形式提供的装饰服务，按照其向客户实际收取的人工费、管理费和辅助材料费等收入确认计入营业税。

(三) 金融保险业

1. 一般贷款业务的营业额为贷款利息收入（包括各种加息、罚息等）。

2. 转贷业务以放贷取得的利息收入与借款付出的利息支出之间的差额作为应税营业额。

3. 经中国人民银行、商务部（或原外经贸部）和国家发改委（或原国家经贸委）批准经营融资租赁业务的单位，融资租赁以其向承租者收取的全部价款和价外费用（包括残值）减去出租方承担的出租货物的实际成本后的余额，以直线法折算出本期的营业额。计算方法为：

本期营业额＝（应收取的全部价款和价外费用—实际成本）×（本期天数÷总天数）

实际成本＝货物购入原价＋关税＋增值税＋消费税＋运杂费＋安装费＋保险费＋支付给境外的外汇借款利息支出和人民币借款利息

4. 金融企业从事股票、债券买卖业务以股票、债券的卖出价减去买入价后的余额为营业额。金融企业买卖金融商品，可在同一会计年度末，将不同纳税期出现的正差和负差按同一会计年度汇总的方式计算并缴纳营业税。如果汇总计算应缴的营业税税额小于本年已缴纳的营业税税额，可以向税务机关申请办理退税，但不得将一个会计年度内汇总后仍为负差的部分结转下一会计年度。

5. 金融经纪业务和其他金融业务（中间业务）营业额为手续费（佣金）类的全部收入。金融企业从事受托收款业务，以全部收入减去支付给委托方价款后的余额为营业额。

6. 保险业务营业额包括：

（1）办理初保业务。营业额为纳税人经营保险业务向对方收取的全部价款，即向被保险人收取的全部保险费。

（2）储金业务。保险公司如采用收取储金方式取得经济利益的，其"储金义务"的营业额，为纳税人在纳税期内的储金平均余额乘以人民银行公布的一年期存款的月利率。

（3）保险企业已征收过营业税的应收未收保费，凡在财务会计制度规定的核算期限内未收回的，允许从营业额中减除。在会计核算期限以后收回的已冲减的应收未收保费，再并入当期营业额中。

（4）保险企业开展无赔偿奖励业务的，以向投保人实际收取的保费为营业额。

（5）境内的保险人将其承保的以境内标的物为保险标的的保险业务向境外再保险人办理分保的，以全部保费收入减去分保保费后的余额为营业额。境外再保险人应就其分保收入承担营业税纳税义务，并由境内保险人扣缴境外再保险人应缴纳的营业税税款。

7. 金融企业贷款利息征收营业税的具体规定。自 2003 年 1 月 1 日起，对金融企业按下列规定征收营业税：

（1）金融企业发放贷款（包括自营贷款和委托贷款，下同）后，凡在规定的应收未收利息核算期内发生的应收利息，均应按规定申报交纳营业税；贷款应收利息自结息之日起，超过应收未收利息核算期限或贷款本金到期（含展期）超过 90 天后尚未收回的，按照实际收到利息申报交纳营业税。

(2) 税务机关对金融企业营业税征收管理时，负责核对从营业额中减除的应收未收利息是否已征收过营业税，该项从营业额中减除的应收未收利息是否符合财政部或国家税务总局的财务会计制度以及税法的规定。

8. 金融保险业以外汇结算营业额的，应按税法规定的汇价折合成人民币营业额。

（四）邮电通信业

邮电通信业可分为邮政业务和电信业务两类。其中，邮政业务的应税营业额是指从事传递函件或者包件、邮汇、报刊发行、邮政物品销售、邮政储蓄或其他邮政业务所取得的营业收入额；电信业务的应税营业额则是指提供电报、电话、电传、电话机安装、电信物品销售或其他电信业务所取得的营业收入额。

1. 电信部门以集中受理方式为集团客户提供跨省出租电路业务，由受理地区的电信部门按取得的全部价款减去分割给参与人提供跨省业务的电信部门价款后的余额为营业额。对参与提供跨省电信业务的电信部门，按各自取得的全部价款为营业额。

2. 邮政电信单位与其他单位合作，共同为用户提供邮政电信业务及其服务并由邮政电信单位统一收到价款的，以全部收入减去支付给合作方价款后的余额为营业额。

（五）文化体育业

单位或个人进行演出，以全部票价收入或者包场收入减去付给提供演出场所的单位、演出公司或者经纪人的费用后的余额为营业额。

（六）娱乐业

经营娱乐业向顾客收取的各项费用，包括门票收费、台位费、点歌费、烟酒和饮料收费及其他收费为营业额。

（七）服务业

1. 代理业以纳税人从事代理业务向委托方实际收取的报酬为营业额。

2. 广告代理业以代理者向委托方收取的全部价款和价外费用减去付给广告发布者的广告发布费后的余额为应税营业额。

3. 拍卖行为收取的手续费应征收营业税。

4. 旅游企业组织旅游团在我国境内旅游的，以收取的旅游费减去替旅游者支付给其他单位的房费、餐费、交通费、门票费和其他代付费用后的余额为应税营业额。

5. 旅游企业组织旅游团到我国境外旅游，在境外改由其他旅游企业接团的，以全程旅游费减去付给该接团企业的旅游费后的余额为应税营业额。

6. 对单位和个人在旅游景区经营旅游游船、观光电梯、观光电车、景区环保客运车所取得的收入应按"服务业－旅游业"征收营业税。

7．对经过国家版权局注册登记，在销售时一并转让著作权、所有权的计算机软件征收营业税。

8．从事物业管理的单位，以其与物业管理有关的收入扣除代业主支付的价款后的余额为营业额。

9．纳税人从事无船承运业务，以其向委托人收取的全部价款和价外费用扣除其支付的海运费以及报关、港杂、装卸费用后的余额为计税营业额。

（八）销售不动产或受让土地使用权

1．单位和个人销售或转让其购置的不动产或受让的土地使用权，以全部收入减去不动产或土地使用权的购置或受让原价后的余额为营业额。

2．销售或转让抵债所得的不动产或土地使用权的，以全部收入减去抵债时该项不动产或土地使用权作价后的余额为营业额。

3．2011年1月28日起，个人将购买不足5年的住房对外销售，全额征收营业税；个人将购买超过5年（含5年）的非普通住房对外销售的，按照其销售收入减去购买房屋的价款后的差额征收营业税；个人将购买超过5年（含5年）的普通住房对外销售，免征营业税。

4．2011年9月1日起，纳税人转让土地使用权或者销售不动产的同时一并销售的附着于土地或者不动产上的固定资产中，属于增值税应税货物的按照《财政部、国家税务总局关于部分货物适用增值税低税率和简易办法征收增值税政策的通知》（财税字2009年9号）征收增值税；属于不动产的，按销售不动产征收营业税；

凡纳税人未分别核算或核算不清增值税应税货物和不动产的销售额，由主管税务机关核定。

（九）对于纳税人提供业务、转让无形资产或销售不动产价格明显偏低而无正当理由的，税务机关应按顺序核定其营业额

顺序如下：

1．按纳税人当月提供的同类应税劳务或者销售的同类不动产的平均价格核定。

2．按纳税人最近时期提供的应税劳务或者销售不动产的平均价格核定。

3．按公式核定计税价格：

组成计税价格＝计税营业成本或工程成本×（1＋成本利润率）÷（1－营业税税率）

成本利润率由省、自治区、直辖市人民政府所属地方税务机关确定。

（十）营业额的其他规定

1. 单位和个人提供营业税应税劳务、转让无形资产和销售不动产发生退款，凡该项退款已征收过营业税的，允许退还已征税款，也可以从纳税人以后的营业额中减除。

2. 纳税人发生应税行为，如果将价款与折扣额在一张发票上注明的，以折扣后的价款为营业额；如果将折扣另开发票的，不论其在财务上如何处理，均不得从营业额中扣除。

3. 单位和个人提供营业税应税劳务、转让无形资产和销售不动产时，因受让方违约而从受让方取得的赔偿金收入，应并入营业额中征收营业税。

4. 单位和个人因财务会计核算方法改变，将已缴纳过营业税的预收性质的价款逐期转为营业收入时，允许从营业额中减除。

5. 劳务公司接受用工单位的委托，为其安排劳动力，凡用工单位将其支付给劳动力的工资和"五险一金"交给劳务公司代为发放或者办理的，以劳务公司从用工单位收取的全部价款减去代收转付给劳动力的工资和为劳动力办理的"五险一金"后的余额为营业额。

6. 通信线路公司、输送管道工程和其他建筑安装公司的计税营业额不应包括设备价值，具体设备名单可由省级地方税务机关根据各自的实际情况列举。

7. 营业税纳税人购进税控收款机，经主管税务机关审核批准后，可凭购进税控收款机取得的增值税专用发票，按照发票上注明的增值税额，抵免当期营业额。当期不足抵免的，未抵免部分可在下期继续抵免。

8. 纳税人在缴纳营业税时，按相关规定可以扣除部分金额后确定营业额的，其扣除的金额应提供下列相关的合法有效凭证。

（1）支付给境内单位或者个人的款项，且该单位或者个人发生的行为属于营业税或者增值税征收范围的，以该单位或者个人开具的发票为合法有效凭证；

（2）支付的行政事业性收费或者政府性基金，以开具的财政票据为合法有效凭证；

（3）支付给境外单位或者个人的款项，以该单位或者个人的签收单据为合法有效凭证，税收机关对签收单据有疑义的，可以要求其提供境外公证机构的确认证明；

（4）国家税务总局的其他合法有效凭证。

第五节 应纳税额的计算

由于营业税实行比例税率且大多以营业收入全额为计税依据，因此，营业

税应纳税额的计算方法较为简单,即通常可以直接将计税依据和适用税率两者相乘,计算出应纳税额。计算公式为:

应纳税额＝营业额×税率

【例6-1】迅达运输公司某月运营售票收入总额为600万元,从中支付联运业务的金额为100万元。计算该运输公司应缴纳的营业税税额。

应纳税额＝(售票收入总额－联运业务支出)×适用税率
　　　　＝(600－100)×3%＝15(万元)

【例6-2】雅漫卡拉OK歌舞厅某月门票收入为60万元,台位费收入30万元,相关的烟酒和饮料费收入20万元,适用的税率为20%。计算该歌舞厅应缴纳的营业税税额。

应纳税额＝营业额×适用税率＝(60+30+20)×20%
　　　　＝22(万元)

【例6-3】宜城建筑安装公司自建一栋商住办公楼并已全部销售,取得销售额1 500万元,建筑安装工程成本为1 000万元。该公司发生自建建筑物和销售不动产两项应税行为,应分别按3%和5%的适用税率计算应纳额,已知当地主管税务机关规定的建筑工程成本利润率为15%,计算该建筑安装公司的营业税应纳税额。

$$应纳税额 = \frac{1\,000 \times (1+15\%)}{(1-3\%)} \times 3\% + 1\,500 \times 5\% = 110.57 (万元)$$

按现行税法规定,纳税人以外汇结算营业额的,应按外汇市场价格折合成人民币计算。其营业额的人民币折合率可以选择营业额发生的当天或当月1日的国家外汇牌价(原则上为中间价)。但金融保险企业以外汇结算营业额的,金融业按其收到外汇的当天或当季季末中国人民银行公布的基准汇价折合营业额,保险业按其收到外汇的当天或当月月末中国人民银行公布的基准汇价折合营业额。纳税人应事先确定选择何种折合率,确定后一年内不得变更。

第六节　特殊经营行为的税务处理

营业税属于商品与服务税类的税种,与增值税一样在商品生产、流通过程中发挥作用。尽管税法已经明确划分了营业税和增值税的征收范围,但是,在实际经营活动中有时很难分清。纳税人可以同时从事多项应税活动,正确处理不同经营活动的税收问题,是维护税法严肃性的需要,也是保护纳税人合法权益的客观要求。

一、兼营不同税目的应税行为

纳税人兼营不同税目应税行为的，应当分别核算不同税目的营业额、转让额、销售额，然后按其各自的适用税率计算应纳税额；未分别核算的，将从高适用税率计算应纳税额。营业额是指从事交通运输业、建筑业、金融保险业、邮电通信业、文化体育业、娱乐业和服务业取得的营业收入；转让额是指转让无形资产取得的收入；销售额是指销售不动产取得的收入。

二、混合销售行为

一项销售行为如果既涉及应税劳务又涉及货物的，为混合销售行为。从事货物的生产、批发或零售的企业、企业性单位及个体经营者的混合销售行为，视为销售货物，不征营业税；其他单位或个人的混合销售行为，视为提供应税劳务，应当征收营业税。

以上所述的货物是指有形动产，包括电力、热力、气体在内。从事货物的生产、批发或零售的企业、企业性单位及个体经营者，包括以从事货物的生产、批发或零售为主，并兼营应税劳务的企业、企业性单位及个体经营者在内。

纳税人的销售行为是否属于混合销售行为，由国家税务总局所属征收机关确定。

三、兼营应税劳务与货物或非应税劳务行为

纳税人兼营非应税劳务与货物或非应税劳务行为的，应分别核算应税劳务的营业额与货物或非应税劳务的销售额。不分别核算或者不能准确核算的，其应税劳务与货物或非应税劳务一并征收增值税，不征收营业税。

纳税人兼营的应税劳务是否应当一并征收增值税，由国家税务总局所属征收机关确定。纳税人兼营免税、减税项目的，应当单独核算免税、减税项目的营业额；未单独核算营业额的，不得免税、减税。

第七节　营业税的优惠

我国现行营业税的税收优惠包括起征点和减免税两类。对营业税实行起征点政策，主要是为了贯彻合理负担的原则，照顾低收入的纳税人，同时也考虑到降低征税成本的需要。实行减免税政策，则主要是为了体现国家鼓励与人民生活密切相关的行业发展的政策。现行营业税的减免规定，按照其来源可以区

分为法定免税项目和补充优惠项目。应注意的是,营业税虽然属于地方税种,但除了税法规定的以外,其税收减免决定权由国务院集中掌握,任何地区和部门都不得规定免税、减税项目。另外,税法规定,纳税人兼营免税、减税项目的,应当单独核算免税、减税项目的营业额;未单独核算的,不得免税、减税。

一、起征点

对于经营营业税应税项目的个人,营业税规定了起征点。营业额达到或超过起征点即照章全额计算纳税,营业额低于起征点则免于征收营业税。现行营业税起征点为:

(一)按期纳税的起征点为月营业额 5 000 元～20 000 元;

(二)按次纳税的起征点为每次(日)营业额 300～500 元。

省、自治区、直辖市人民政府所属税务机关应在规定的幅度内,根据实际情况确定本地区适用的起征点,并报国家税务总局备案。

二、税收优惠规定

营业税的减免权限集中在国务院,此外,任何地区与部门均无权决定减免。现行营业税的免税项目主要有以下内容:

(一)托儿所、幼儿园、养老院、残疾人福利机构提供的养育服务以及婚姻介绍服务、殡葬服务。

(二)残疾人员个人为社会提供的劳务。

(三)学校和其他教育机构提供的教育劳务、学生勤工俭学所提供的劳务。学校和其他教育机构,是指普通学校以及经地、市级以上人民政府或者同级政府的教育行政主管部门批准成立,国家承认其学员学历的各类学校。

(四)农业机耕、排灌、病虫害防治、植保、农牧保险以及相关技术培训业务,家禽、牲畜、水生动物的配种和疾病防治项目。

(五)纪念馆、博物馆、文化馆、美术馆、书画院、图书馆、文物保护单位举办文化活动的门票收入,以及宗教场所(包括寺庙、道观、清真寺和教堂)举办文化、宗教活动的门票收入。

三、营业税的补充优惠规定

根据国家的其他规定,下列项目减交或免交营业税:

(一)保险公司开展的一年期以上返还性人身保险业务的保费收入免交营业税。返还性人身保险业务是指保期一年以上(含一年期),到期返还本息的普通人寿保险、养老金保险、健康保险。

（二）对单位和个人从事技术转让、技术开发业务和与之相关的技术咨询、技术服务业务取得的收入，免交营业税。

（三）个人转让著作权免交营业税。

（四）将土地使用权转让给农业生产者用于农业生产，免交营业税。

（五）经中央及省级财政部门批准纳入预算管理或财政专户管理的行政事业性收费、基金免交营业税。

（六）社会团体按财政部门或民政部门规定标准收取的会费收入，不交税。这里的"社会团体"是指在中华人民共和国境内经国家社团主管部门批准成立的非营利性的协会、学会、联合会、研究会、基金会、联谊会、促进会、商会等民间群众社会组织。社会团体会费是指社会团体在国家法规、政策许可的范围内，依照社团章程的规定，收取的个人会员和团体会员的款项。

对于各党派、共青团、工会、妇联、中科协、青联、侨联收取的党费、会费，比照上述规定办理。

（七）2011年1月至2012年12月31日，按照国家规定的标准向学生收取的高校学生公寓住宿费收入，免征营业税。对高校学生食堂为高校师生提供餐饮服务取得的收入，免征营业税。

但利用学生公寓向社会人员提供住宿服务而取得的租金收入，应按现行规定计征营业税。向社会提供餐饮服务获得的收入，应按现行规定计征营业税。

（八）住房公积金管理中心用住房公积金在指定的委托银行发放个人住房贷款取得的收入，免交营业税。

（九）按政府规定价格出租的公有住房和廉租住房暂免缴纳营业税，对个人按市场价格出租的居民住房，在3%的税率基础上减半缴纳营业税。

（十）对经营公租房取得的租金收入，免征营业税。但公租房租金收入与其他住房经营收入应单独核算，未单独核算的，不得免征营业税。

（十一）中国人民银行对金融机构的贷款业务免征营业税，但人民银行对企业贷款或委托金融机构贷款的业务应当征收营业税。

（十二）金融机构之间的往来业务免交营业税。金融机构往来指金融企业联行、金融企业与人民银行及同业间的资金往来业务取得的利息收入，不包括相互间提供的服务。

（十三）金融机构的出纳长款收入，不缴纳营业税。

（十四）保险公司收回的分保费用不缴纳营业税。

（十五）企业集团或集团核心企业委托集团所属财务公司代理统借统还贷款业务，从财务公司收取的用于归还金融机构的利息不缴纳营业税。财务公司承担此项统借统还贷款业务，从贷款企业收取贷款利息不代扣代缴营业税。

（十六）地方商业银行转贷用于清偿农村合作基金会的债务的专项贷款利息免交营业税。

（十七）对信达、华融、长城和东方资产管理公司接受相关国有银行的不良债权，销售转让不动产、无形资产以及利用不动产从事融资租赁业务免征营业税；对资产公司接受相关国有银行的不良债权取得的利息收入免征营业税。

（十八）对纳入全国试点范围的非营利性中小企业信用担保、再担保机构，可由地方政府确定，对其从事担保业务的收入，三年内免征营业税。

（十九）纳税人资产重组过程中，通过合并、分立、出售、置换等方式将全部或部分实物资产及其相关联的债权、债务和劳动力一并转让给其他单位和个人的行为，与企业销售不动产、转让无形资产的行为完全不同，不属营业税征收范围，其中涉及的不动产、土地使用权转让，不征营业税。

（二十）社保基金理事会、社保基金投资管理人运用社保基金买卖证券投资基金、股票、债权的差价收入，暂免缴纳营业税。

（二十一）住房专项维修基金免征营业税。住房专项维修基金是属全体业主共同所有的一项代管基金，专项用于物业保修期满后物业公共部位、共用设施的维修、更新和改造。

（二十二）对中国电信集团将江苏、浙江、广东、上海等四省（市）和其他地区电信业务资产重组上市时已缴过营业税的预收性质的收入，从递延收入中转出并确认为营业收入时，不再征收营业税。

（二十三）保险企业取得的追偿款不缴纳营业税。追偿款是指发生保险事故后，保险公司按照保险合同的约定向被保险人支付赔款，并从被保险人处收取对保险标的价款进行追偿的权利而追回的价款。

（二十四）军队空余房产租赁收入暂免缴纳营业税、房产税，此前已缴纳的不予退还，未交税款不再补征。

（二十五）从事个体经营的军队转业干部、城镇退役士兵和随军家属，自取得税务登记证之日起，三年免征营业税。个体经营是指雇工七人（含）以下的个体经营行为，凡从事个体经营，雇工八人（含）以上的，无论其领取的营业执照是否注明为个体工商户，军队转业干部和随军家属均按新开办的企业，城镇退役士兵按新的服务型企业的规定享受有关营业税优惠政策。

（二十六）单位和个人提供的垃圾处置劳务而收取的劳务费，不缴纳营业税。

（二十七）QFII委托境内公司在我国从事证券买卖业务取得的差价收入，免交营业税。

（二十八）在京外国商会按财政部门或民政部门规定标准收取会费，不缴纳营业税。

（二十九）公司从事金融资产处置业务时，出售、转让股权不征收营业税；出售、转让债权或将其持有债权转为股权不征营业税；销售、转让不动产或土地使用权，征收营业税。

（三十）台湾航运公司从事海峡两岸海上直航业务在大陆取得的运输收入，免交营业税。

（三十一）境外单位或个人在境外向境内单位或个人提供国际通讯服务，不属于营业税征税范围，不征营业税。

（三十二）个人向他人无偿赠与不动产，包括继承、遗产处分及无偿赠与不动产等三种情况免征营业税。但在办理免税申请手续时，应分别向税务机关提交下列相关证明和《个人无偿赠与不动产登记表》：

1. 继承不动产的，继承人应提交公证机关出具的"继承权公证书"、房产所有权证和《个人无偿赠与不动产登记表》。

2. 属于遗嘱人处分不动产的，遗嘱继承人或受赠人须提交公证机关出具的"遗嘱公证书"和"遗嘱继承权公证书"或"接受遗赠公证书"、房产所有权证书和《个人无偿赠与不动产登记表》。

3. 属于其他情况无偿赠与不动产的，受赠人应当提交房产所有人"赠与公证书"和受赠人"接受赠与公证书"或持双方共同办理的"赠与合同公证书"，以及房产所有权证和《个人无偿赠与不动产登记表》。

（三十三）自2011年1月起，对符合条件的节能服务公司实施合同能源管理项目取得的营业税范围内的收入，暂免征收营业税。项目中的增值税应税货物转让给用能企业，不属于营业税征税范围，不征营业税。

符合条件是指同时满足以下两个条件：

1. 所实施的合同能源管理项目相关技术应符合国家发布的《合同能源管理技术通则》（GB/T24915-2010）规定的技术要求；

2. 节能服务公司与有能企业签订《节能效益分享型》合同，其格式和内容符合国家发布的《合同能源管理技术通则》（GB/T24915-2010）等规定。

（三十四）纳税人将土地使用权归还给土地所有者时，只要出具县级（含）以上地方政府收回土地使用权的正式文件，无论支付征地补偿费的资金来源是否为政府财政，均不征营业税。

（三十五）自2011年8月起，对注册在天津东疆保税港区内的航运企业从事海上国际航运业务取得的收入，免征营业税；对注册在东疆保税港区内的仓储、物流等服务企业从事货物运输、仓储、装卸搬运业务取得的收入免征营业税；对注册在天津的保险企业从事国际航运保险业务取得的收入，免征营业税。

（三十六）对境外单位或个人执行跨境设备租赁老合同（包括融资租赁和经

营性租赁老合同)取得的收入,自2010年1月1日起到合同到期日免征营业税。

(三十七)自2011年10月起到2014年9月30日,对家政服务企业由员工制家政服务员提供的家政服务取得的收入免征营业税。

(三十八)2009年1月1日起至2015年12月31日对农村信用社、村镇银行、农村资金互助社、由银行机构全资设立的贷款公司、法人机构所在地在县及县以下地区的农村合作银行和农村商业银行的金融保险业收入减按3%的税率征收营业税。

(三十九)中国邮政集团公司邮政速递物流业务重组改制,中国邮政集团向中国速递物流股份有限公司、各省邮政公司向各省邮政速递物流有限公司转移资产应交的营业税免征。

(四十)自2009年6月25日起,对台湾航空公司从事海峡两岸空中直航业务在大陆取得的运输收入,免征营业税。

(四十一)对中国境内单位提供下列劳务,免征营业税:
1. 标的物在境外的建设工程监理;
2. 外派海员劳务;
3. 对外劳务合作方式,向境外单位提供的完全发生在境外的人员管理劳务。

(四十二)保险保障基金公司根据《保险保障基金管理办法》取得的境内保险公司依法缴纳的保险保障基金以及依法从撤销或破产保险公司清算财产中获得的受偿收入和向有关责任方追偿所得,免征营业税。

第八节 营业税的纳税管理

纳税人取得营业收入的同时就产生了纳税义务,就应按规定向国家申报纳税。营业税的纳税管理包括确定纳税义务发生时间、纳税期限和纳税地点。

一、营业税的纳税义务发生时间

一般而言,纳税人收讫企业收入款项或者取得索取营业收入款项凭据的当天为纳税义务发生时间。此外,现行税制对一些具体项目的纳税义务发生时间做了规定。

(一)纳税人转让土地使用权或者销售不动产,采用预收款方式的,其纳税义务发生时间为收到预收款项的当天。

纳税人提供建筑业务或租赁业务,采取预收款方式的,其纳税义务发生时间为收到预收款的当天。

（二）单位或者个人自己新建建筑物后销售，其自建行为的纳税义务发生时间，为其销售自建建筑物并收讫营业额或者取得索取营业额凭据的当天。

（三）将不动产无偿赠送给他人，其纳税义务发生时间为不动产所有权转移的当天。

（四）会员费、席位费和资格保证金的纳税义务发生时间为会员组织收讫会费、席位费、资格保证金和其他类似费用款项或者取得索取这些款项凭据的当天。

（五）扣缴义务发生时间为扣缴义务人代纳税人收讫营业收入款项或者取得索取营业收入款项凭据的当天。

（六）融资租赁业务，纳税义务发生时间为取得租金收入或取得索取租金收入价款凭据的当天。

（七）金融商品转让业务，纳税义务发生时间为金融商品所有权转移之日。

（八）金融经纪业务和其他金融业务，纳税义务发生时间为取得营业收入或取得索取营业收入价款凭据的当天。

（九）金融企业委托贷款业务营业税的扣缴义务发生时间，为受托发放贷款的金融机构代委托人收讫贷款利息的当天。

（十）保险业务的纳税义务发生时间为取得租金或取得索取租金收入价款凭据的当天。

（十一）电信部门销售有价电话卡的纳税义务发生时间，为售出电话卡并取得收入或取得索取售卡收入凭据的当天。

（十二）单位和个人提供应税劳务，转让专利权、非专利技术、商标权、著作权和商誉时，向对方收取的预收性质的价款（包括预收款、预付款、预存费用、预收定金等，下同），其营业纳税义务发生时间以按照财务会计制度的规定，该项预收性质的价款被确认为收入的时间为准。

二、纳税期限

（一）营业税采取按期纳税的办法。一般而言，营业额小的纳税人纳税期限较长，营业额大的纳税人纳税期限较短。现行税法规定，营业税的纳税期限分别为5日、10日、15日或者一个月、一个季度。纳税人的具体纳税期限，由主管税务机关根据纳税人应纳税额的大小分别核定；不能按照固定期限纳税的，可以按次纳税。

（二）纳税人以一个月或者一个季度为期纳税的，自期满之日起15日内申报纳税；纳税人以5日、10日或者15日为一期纳税的，自期满之日起5日内预缴税款，于次月1日起15日内申报纳税并结清上月应纳税款。

（三）银行、财务公司、信托投资公司、信用社、外国企业常驻代表机构的纳税期限为一个季度。自纳税期满之日起15日之内申报纳税。

（四）保险业的纳税期限为一个月。

三、纳税地点

为方便纳税人纳税和税务机关征收管理，保证税款安全入库，营业税采取属地原则，在纳税人经营行为发生地缴纳税款，并按各项业务活动的内容确定纳税地点。税法根据不同的情况，对营业税的纳税地点作出了如下具体规定：

（一）纳税人提供应税劳务，应当向机构所在地或居住地的主管税务机关申报纳税。

（二）纳税人转让土地使用权，应当向土地所在地的主管税务机关申报纳税。纳税人转让其他无形资产，应当向其机构所在地或居住地的主管税务机关申报纳税。

（三）单位和个人出租土地使用权，不动产的营业税纳税地点为土地、不动产所在地；单位和个人出租物品、设备等动产的营业税纳税地点为出租单位机构所在地或个人居住地。

（四）纳税人销售不动产，应当向不动产所在地的主管税务机关申报纳税。

（五）在中国境内的电信单位提供电信业务的营业税纳税地点为电信单位机构所在地。

（六）在中国境内的单位提供的设计（包括在开展设计时进行的勘探、测量等业务，下同）、工程监理、调试和咨询等应税劳务的，其营业税纳税地点为单位机构所在地。

（七）在中国境内的单位通过网络为其他单位和个人提供培训、信息和远程调试、检测等服务的，其营业税纳税地点为单位机构所在地。

参考文献

1.《中华人民共和国营业税暂行条例》，2008年11月10日，国务院令第540号。

2.《中华人民共和国营业税暂行条例实施细则》，2008年12月18日，国家税务总局52号令。

3.《财政部、国家税务总局关于股权转让有关营业税问题的通知》，2002年12月10日，财税[2002]191号。

4.《财政部、国家税务总局关于营业税若干政策问题的通知》，2003年1月15日，财税[2003]16号。

5.《财政部、国家税务总局关于民航系统 8 项行政事业性收费不征收营业税的通知》,2003 年 8 月 8 日,财税[2003]170 号。

6.王全喜、张晓农,《企业税务管理——面向企业,面向决策》,天津社会科学院出版社,2008 年 10 月。

7.《财政部、国家税务总局关于海峡两岸空中直航营业税和企业所得税政策的通知》,财税[2010]63 号。

8.《财政部、国家税务总局关于跨境租赁合同继续实行过渡性营业税免税政策的通知》,财税[2011]48 号。

9.《财政部、国家税务总局关于员工制家政服务免征营业税的通知》,财税[2011]51 号。

10.《财政部、国家税务总局关于经营高校学生公寓和食堂有关税收政策的通知》,财税[2011]78 号。

11.《财政部、国家税务总局关于延长农村金融机构营业税政策执行期限的通知》,财税[2011]101 号。

第七章 消费税

消费税是以消费品和消费行为的流转额为课税对象的一种税,是世界各国普遍开征的税种。按征税范围划分,消费税可分为一般消费税和特别消费税。一般消费税是对所有消费品普遍征收的一种税,通常又称为销售税或商品税等;特别消费税则是对某些特定的消费品和消费行为征收的税。许多国家开征的消费税多是特别消费税,我国现行的消费税也是特别消费税。

我国的消费税政策,是在对货物普遍征收增值税的基础上,有选择地对部分的应税消费品在生产、委托加工和进口环节再加征一道消费税。目的是为了影响消费行为,调节消费结构,以发挥税收调节经济和社会生活的作用,同时增加国家的财政收入。

第一节 消费税概述

一、消费税的特点

消费税是我国新税制的主要税种之一,与其他税种相比。具有以下几个特点:

(一)征税范围具有选择性

开征消费税是为了发挥其特殊的调节作用。所以,在征税范围上不可能像增值税那样,对所有的消费品都实行普遍课征,只能是有选择地对部分消费品征税。在我国,应税消费品采取列举品目的方式课征,课征范围具有选择性。

(二)征税环节具有单一性

我国的消费税实行单一环节课税,一般在生产、委托加工和进口环节征收消费税(金银首饰在零售环节征收),应税消费品进入下一环节不再征收消费税。这样,有利于税收的源泉控制,可以减少重复征税,并保证国家的财政收入。

(三)税率具有差别性

征收消费税,有其特殊的调节作用。因而在税率设计上也实行差别税率,对不同类别的应税消费品分别设计不同的税率,且税率的高低,还可根据经济发展水平进行调整,具有灵活性,便于税收更好地发挥调节经济和社会生活的作用。

（四）征税方法具有灵活性

消费税在征税方法上，实行从价定率征收和从量定额征收等两种征收方式，形式灵活，使税制易于发挥调节作用，也便于税收征收管理。

（五）税收具有价内性

我国消费税实行的是价内税，即消费税的税金包含在商品价格之内。作为价内税，消费税具有重复征税、易转嫁的特点，最终消费者在不知不觉中承担了税收负担。

二、开征消费税的意义

（一）可以使国家稳定地取得财政收入

消费税虽然只是对某些特定的消费品征收，但由于选定的消费品一般具有数量大、价格高、利润多的特点，加之消费税的税率较高，因而能给国家的财政收入做较大的贡献。

（二）引导企业生产，开展公平竞争

国家对某些消费品征收消费税，能调节经营利润，限制这些消费品盲目扩大生产，从而引导企业发展生产，促进产业结构合理调整，按照市场要求合理配置资源。这个作用对发展中国家比较明显。

（三）调节收入差距，缓解社会矛盾

社会各阶层的收入存在有一定的差距，在一定的社会条件下，居民的收入差距悬殊，可能导致社会矛盾加剧。由于消费税可对某些高档消费品、奢侈品及非生活必需品征收，可以在一定程度上调节居民间的收入差距，缓解社会矛盾。

（四）引导消费方向，抑制某些消费

对某些消费品征收消费税，会提高这些消费品的价格，进而在一定程度上抑制这些消费品的消费，可以起到引导消费的作用。例如，对影响身体健康的烟、酒，对污染环境的鞭炮、烟火，对不可再生的汽油、柴油，对消耗森林的一次性木筷、实木地板征税以及对大排量的小汽车征较高消费税等，就是要发挥引导消费、保护环境的作用。

第二节　消费税的征税范围与税率

一、消费税的纳税义务人

消费税的纳税义务人指在我国境内生产、委托加工和进口应税消费品的单

第七章 消费税

位和个人。此外，根据现行消费税制度，对委托加工的应税消费品，以委托方为纳税人，受托方为代收代缴义务人；对进口的应税消费品，以进口人或其代理人为纳税人。

二、消费税的征税范围

现行消费税根据我国现阶段经济发展状况、居民消费水平和消费结构，以及社会发展的需要，借鉴其他国家的消费税经验，主要在以下范围征收消费税：

（一）过度消费会对人身健康、社会秩序、生态环境造成危害的特殊消费品，例如，烟、酒、鞭炮、烟火、实木地板、一次性筷子等；

（二）非生活必需品中的某些奢侈品，例如，化妆品、贵重首饰、珠宝玉石、高档手表、游艇等；

（三）高能耗及高档消费品，例如，摩托车和小汽车等；

（四）不可再生的稀缺资源消费品，例如，汽油、柴油等；

（五）消费多、税源广，能提供较多财政收入的消费品，例如，汽车轮胎等。

三、消费税的税目与税率

现行消费税的税目采取列举的方式，凡列入税目税率表的消费品才征税，未列入税目税率表的不征税。消费税目前有 14 个税目，有些税目下又设置了细目，如烟、酒及酒精、小汽车等都设有细目。

消费税的税率采取比例税率和定额税率两种形式，以适应不同应税消费品的实际情况和便于发挥调节作用。详细情况见表 7-1。

表 7-1　消费税税目税率表

税　目	征收范围	计税单位	税率（税额）
一、烟			
1. 卷烟			
甲类卷烟（生产环节）	每标准条（200 支，下同）调拨价格在 70 元（不含增值税）以上（含 70 元）的卷烟	每标准条（200 支）	56%加 0.003 元/支
乙类卷烟（生产环节）	每标准条调拨价格在 70 元（不含增值税）以下的卷烟	每标准条（200 支）	36%加 0.003 元/支
卷烟批发环节	纳税人批发销售的所有牌号规格的卷烟	每标准条（200 支）	5%
2. 雪茄烟	生产环节		36%
3. 烟丝	生产环节		30%

续表

税　目	征收范围	计税单位	税率（税额）
二、酒及酒精			
1．白酒			
定额税率		每斤（500克）	0.5元
比例税率			20%
2．黄酒		吨	240元
3．啤酒	每吨出厂价格（含包装物及包装物押金）在3 000元（含3 000元，不含增值税）以上的	吨	250元
	每吨价格在3 000元以下的	吨	220元
	娱乐业和饮食业自制的	吨	250元
4．其他酒			10%
5．酒精			5%
三、化妆品	含成套化妆品		30%
四、贵重首饰及珠宝玉石	各种珠宝首饰及珠宝玉石		10%
	金、银、钻石及首饰		5%
五、鞭炮、焰火			15%
六、成品油			
汽油（无铅）		升	1.0元
汽油（含铅）		升	1.4元
柴油		升	0.8元
石脑油		升	1.0元
溶剂油		升	1.0元
润滑油		升	1.0元
燃料油		升	0.8元
航空煤油		升	0.8元
七、汽车轮胎	子午线轮胎免征		3%
八、摩托车			
气缸容量在250毫升以上的			10%
气缸容量在250毫升以下的			3%
九、小汽车			
1．乘用车			
气缸容量在4000毫升以上的			40%

续表

税　目	征收范围	计税单位	税率（税额）
气缸容量在 3000～4000 毫升的			25%
气缸容量在 2500～3000 毫升的			12%
气缸容量在 2000～2500 毫升的			9%
气缸容量为 1500～2000 毫升的			5%
气缸容量在 1000～1500 毫升的			3%
气缸容量在 1000 毫升以下的			1%
2．中轻型商用客车			5%
十、高尔夫球及球具			10%
十一、高档手表			20%
十二、游艇			10%
十三、木制一次性筷子			5%
十四、实木地板			5%

资料来源：作者根据财政部注册会计师考试委员会办公室在经济科学出版社出版的《税法》、《财政部、国家税务总局关于调整和完善消费税政策的通知》（财税[2006]33 号）、2008 年 8 月《调整汽车消费税政策的通知》、《国家税务总局关于调整成品油进口环节消费税的通知》、《国家税务总局关于调整烟产品消费税政策的通知》、《国家税务总局关于加强白酒消费税征收管理的通知》编制，供参考。

近两年来，国家对烟产品、白酒以及成品油进口环节的消费税进行了调整（具体政策见本章附录）。其中，从 2009 年 5 月 1 日起，国家税务总局对烟产品的消费税政策进行了调整，规定卷烟消费税在生产和批发两个环节征收，在生产环节的征收标准如下：

1．甲类卷烟，即每标准条（200 支，下同）调拨价格在 70 元（不含增值税）以上（含 70 元）的卷烟，税率调整为 56%；从量定额税率不变，即 0.003/支。

2．乙类卷烟，即每标准条调拨价格在 70 元（不含增值税）以下的卷烟，税率调整为 36%；卷烟的从量定额税率不变，即 0.003/支。

3．雪茄烟生产环节的税率调整为 36%。

4．在卷烟批发环节加征一道从价税，税率为 5%。卷烟消费税在生产和批发两个环节征收后，批发企业在计算纳税时不得扣除已含的生产环节的消费税税款。

2009 年 7 月，国家税务总局发布了关于加强白酒消费税征收管理通知，该通知于 8 月 1 日开始执行。通知规定：白酒生产企业销售给销售单位的白酒，生产企业消费税计税价格低于销售单位对外销售价格（不含增值税，下同）70%以下的，税务机关应核定消费税最低计税价格。尽管税率不变，但税基改变将使白酒纳税额大幅增加。

此外，为进一步完善消费税政策，促进税收统一、公平，经国务院批准，对部分成品油消费税政策进行调整。调整后的税目和税率参见表 7-1。

四、兼营的税率选择

（一）纳税人兼营不同税率的两种或两种以上的应税消费品时，应当根据各自适用的税率分别核算销售额或销售数量，再按各自适用的税率计算纳税。而对于未分别核算的，按最高税率征税。

（二）纳税人将应税消费品与非应税消费品以及适用税率不同的应税消费品组成成套消费品销售的，应根据组合消费品的销售全额按应税消费品的最高税率征税。例如，某化妆公司既生产化妆品又生产护肤护发品，如果不分别核算销售额和销售数量，则应按化妆品 30%的最高税率征税。如果企业将化妆品、护肤护发品和小工艺品等组成成套化妆品套盒销售，则应按该套盒的全额和 30%的最高税率征税。

第三节 应纳税额的计算

一、消费税应纳税额的计算公式

现行消费税对有些税目从价定率计征，使用比例税率；对有些税目从量定额计征，使用定额税率；还有些税目采用从价定率和从量定额混合的计算方法。

（一）从价定率征收消费税税额的计算公式

应纳消费税税额＝应税销售额×适用税率

【例 7-1】津成汽车制造公司 12 月份销售 1 600 毫升排量的小汽车 700 万元，适用消费税税率为 5%。计算该公司当月应纳消费税税额为：

应纳消费税税额＝700×5%＝35（万元）

（二）从量定额征收消费税税额的计算公式

应纳消费税税额＝适用的单位税额×应税销售数量

【例 7-2】某石油公司 10 月份销售汽油 90 000 升，每升应纳消费税 1.0 元。该公司当月应纳消费税为：

应纳消费税税额＝1.0×90 000＝90 000（元）

(三) 从价定率和从量定额混合的计算方法

在现行消费税的征税范围中，只有卷烟、粮食白酒、薯类白酒采用混合计算方法。其基本计算公式为：

应纳税额＝应税销售数量×定额税率＋应税销售额×比例税率

生产销售卷烟、粮食白酒、薯类白酒从量定额计税依据为实际销售量。进口、委托加工、自产自有卷烟、粮食白酒、薯类白酒从量定额计税依据分别为海关核定的进口征税数量、委托方收回数量、移送使用数量。

二、消费税应纳销售额或销售量的确定

(一) 一般应税销售额的确定

首先需要明确，属于消费税征税范围的消费品，同时也是增值税的征收对象。对这些消费品，增值税和消费税实行重叠征收。而我国的增值税实行价外税，消费税实行价内税，这决定了作为消费税计税依据的销售额与增值税的计税依据是相同的，即都是以含消费税而不含增值税的销售额为应税销售额。如果纳税人应税消费品的销售额中未扣除增值税税款或者因不得开具增值税专用发票而发生价款和增值税税款合并收取的，在计算消费税时，应将含增值税的销售额换算为不含增值税税款的销售额。其换算公式为：

应税消费品的销售额＝含增值税的销售额÷（1＋增值税税率或征税率）

根据现行消费税条例规定，应税销售额为纳税人销售应税消费品向购买方收取的全部价款和价外费用。价外费用是指价外收取的基金、集资费、储存费、优质费、运输装卸费、代收款项、代垫款项以及其他各种性质的价外收费。但下列款项不包括在内：

1. 承运部门的运费发票开具给购货方的；
2. 纳税人将该项发票转交给购货方的。

其他价外费用无论是否计入纳税人的收入，均应并入应税销售额计算纳税。

实行从价定率办法计算应纳税额的应税消费品连同包装销售的，无论包装是否单独计价，也不论在会计上如何核算，均应并入应税消费品的销售额中征收消费税。如果包装物不作价随同产品销售，而是收取押金（酒类产品的包装物押金除外），且单独核算又未过期，此项押金不应并入应税消费品的销售额中征税。但对逾期未收回的包装物不再退还的和已收取一年以上的押金，应并入应税消费品的销售额，按照应税消费品的适用税率征收消费税。

对既作价随同应税消费品销售，又另外收取的包装物押金，凡纳税人在规定的期限内不予退还的，均应并入应税消费品的销售额，按照应税消费品的适用税率征收消费税。

对酒类产品生产企业销售酒类产品（黄酒、啤酒除外）而收取的包装物押金，无论押金是否返还与会计上如何核算，均需并入酒类产品的销售额中，依酒类产品的适用税率征收消费税。

纳税人销售的应税消费品，以外汇结算销售额的，其销售额的人民币折合率可以选择结算的当天或者当月1日的国家外汇牌价（原则是为中间价）。纳税人应在事先确定采取何种折合率，确定后一年内不得变更。

（二）一般应税销售数量的确定

应税销售数量是指纳税人生产、加工和进口应税消费品的数量。具体内容包括：

1. 销售应税消费品的，为应税消费品的销售数量。
2. 自产自用应税消费品的，为应税消费品的移送使用数量。
3. 委托加工应税消费品的，为纳税人收回的应税消费品数量。
4. 进口的应税消费品，为海关核定的应税消费品进口征税数量。

三、计税依据的特殊规定

（一）卷烟从价定率计税办法的计税依据为调拨价格或核定价格。调拨价格是指卷烟生产企业通过卷烟交易市场与购货方签订的卷烟交易价格。核定价格是指由税务机关按其零售价倒算一定比例的办法核定计税价格。核定价格的计算公式为：

核定价格＝该牌号规格市场零售价格÷（1＋45%）

不进入省和省以上烟草交易场所交易、没有调拨价格的卷烟，消费税计税价格由省级国家税务机关按照下列公式核定：

没有调拨价格的核定价格＝该牌号规格卷烟市场零售价格÷（1＋35%）

实际销售价格高于计税价格和核定价格的卷烟，按实际销售价格征收消费税；实际销售价格低于计税价格和核定价格的卷烟，按计税价格或核定价格征收消费税。

（二）纳税人通过自设非独立核算门市部销售的自产应税消费品，应当按照门市部对外销售额或者销售数量征收消费税。

（三）纳税人用于换取生产资料和消费资料，投资入股和抵偿债务等方面的应税消费品,应当以纳税人同类应税消费品的最高销售价格作为计税依据计算消费税。

四、外购应税消费品已纳税款的扣除

用外购已缴纳消费税的应税消费品连续生产出的应税消费品,在计征消费税时,应按当期生产领用数量计算准予扣除外购的应税消费品已缴纳的消费税税款。扣除范围包括:

(一)外购已税烟丝生产的卷烟。

(二)外购已税化妆品生产的化妆品。

(三)外购已税珠宝玉石生产的贵重首饰及珠宝玉石。

(四)外购已税鞭炮焰火生产的鞭炮焰火。

(五)外购已税汽车轮胎(内胎和外胎)生产的汽车轮胎。

(六)外购已税摩托车生产的摩托车。

(七)外购已税杆头、杆身和握把为原料生产的高尔夫球杆。

(八)外购已税木制一次性筷子为原料生产的一次性筷子。

(九)外购已税实木地板为原料生产的实木地板。

(十)外购已税石脑油为原料生产的应税消费品。

(十一)外购已税润滑油为原料生产的润滑油。

第四节 特殊税务处理

一、自产自用应税消费品的规定

自产自用应税消费品,是指纳税人已生产的应税消费品不对外销售,而是继续用其加工生产其他应税消费品,或者用于其他方面的应税消费品。现行税法规定,自产自用的应税消费品应根据不同用途决定是否纳税。

(一)用于连续生产应税消费品的含义

纳税人自产自用的应税消费品,用于连续生产应税消费品的,不纳税。用于连续生产的应税消费品是指作为生产最终消费品的直接材料、并构成最终产品实体的应税消费品。有些企业用自己生产的某种应税消费品作为原材料继续生产另一种应税消费品,例如用自己生产的酒精生产白酒。在这种情况下,对用于连续生产的应税消费品(如酒精)不再征税,只对最终应税消费品(白酒)征税。

（二）用于其他方面的规定

纳税人自产自用的应税消费品，除用于连续生产应税消费品外，凡用于其他方面的，于移送使用时纳税。用于其他方面的应税消费品是指纳税人用于生产非应税消费品和在建工程，管理部门、非生产机构提供的劳务，以及用于馈赠、赞助、集资、广告、样品、职工福利、奖励等方面的应税消费品。

（三）组成计税价格及税额的计算

纳税人自产自用的应税消费品，凡用于其他方面，应当纳税的，按照纳税人生产的同类消费品的销售价格计算纳税。根据现行税法规定，此种情况的应纳消费税额可按下列顺序进行：

1. 按照纳税人生产的同类消费品当月的销售价格计算。
2. 如果当月同类消费品的各期销售价格高低不同，应按销售数量加权平均计算；但对销售价格明显偏低又无正当理由和无销售价格的，不得列入加权计算。
3. 没有同类消费品销售价格的，按照组成计税价格计算纳税。组成计税价格的计算公式为：

实行从价定率办法计算纳税的组成计税价格计算公式：

组成计税价格＝成本×（1＋利润率）÷（1－消费税比例税率）

应纳税额＝组成计税价格×适用税率

实行复合计税办法计算纳税的组成计税价格计算公式：

组成计税价格＝（成本＋利润＋自产自用数量×定额税率）÷（1－消费税比例税率）

应纳税额＝组成计税价格×适用税率＋自产自用数量×定额税率

公式中的"成本"，是指应税消费品的产品生产成本；"利润"是指根据应税消费品的全国平均成本利润率计算的利润。应税消费品全国平均成本利润率由国家税务总局确定，如表 7-2 所示。

表 7-2　平均成本利润率

应税消费品	成本利润率
甲类卷烟	10%
乙类卷烟	5%
雪茄烟、烟丝	5%
粮食白酒	10%

续表

应税消费品	成本利润率
薯类白酒（酒精及其他）	5%
化妆品、护肤护发品	5%
鞭炮、焰火	5%
贵重首饰及珠宝玉石	6%
汽车轮胎、小客车	5%
摩托车、越野车	6%
小轿车	8%

二、委托加工消费品应纳税额的规定

委托加工的应税消费品是指由委托方提供原料和主要材料，受托方只收取加工费和代垫部分辅助材料加工的应税消费品。由此可见，税法规定的委托加工业务必须同时符合两个条件：一是由委托方提供原料和主要材料；二是受托方只收取加工费和代垫部分辅助材料。因此，对于由受托方提供原材料生产的应税消费品，或者受托方先将原材料卖给委托方，然后再接受加工的应税消费品，以及由受托方以委托方名义购进原材料生产的应税消费品，不论纳税人在财务上是否作销售处理，都不得作为委托加工应税消费品，而应视为受托方销售自制应税消费品。

对于实行从价定率征收的委托加工应税消费品，应区分以下情况分别确定计税销售额：

1. 受托方有同类消费品销售价格的委托加工应税消费品。在这种情况下，一般应按受托方当月销售的同类消费品销售价格为计税销售额。

2. 如果受托方当月同类消费品各期销售价格高低不同的，应按销售数量加权平均计算计税销售额，但受托方销售的应税消费品无销售价格或销售价格明显偏低而又无正当理由的，不得列入加权平均计算；如果受托方当月无销售或当月未完结，应按照同类消费品上月或最近月份的销售价格为计税销售额。

3. 受托方没有同类消费品销售价格的委托加工应税消费品。在这种情况下，应以组成计税价格为计税销售额。组成计税价格的计算公式为：

实行从价定率办法计算纳税的组成计税价格计算公式：

组成计税价格＝（材料费＋加工费）÷（1－比例税率）

实行复合计税办法计算纳税的组成计税价格计算公式：

组成计税价格＝（材料费＋加工费＋委托加工数量×定额税率）÷（1—比例税率）

在上式中，"材料费"是指委托方供加工材料的实际成本。委托加工应税消费品的纳税人，必须在委托加工合同上如实注明（或以其他方式提供）材料成本，凡未提供材料成本的，受托方所在地主管税务机关有权核定其材料成本。而"加工费"是指受托方加工应税消费品向委托方收取的全部费用，包括代垫的辅助材料的实际成本。

委托加工应税消费品，对于确实属于委托方提供原料和主要材料，受托方只收取加工费和代垫部分辅助材料加工的应税消费品，受托方应在向委托方交货时代收代缴税款。委托加工的应税消费品，在委托方收回货物后用于连续生产的，其已纳消费税款准予按照规定从连续生产的应税消费品应纳消费税税额中抵扣。准予抵扣的范围如下：

1. 以委托加工收回的已税烟丝生产的卷烟。
2. 以委托加工收回的已税化妆品生产的化妆品。
3. 以委托加工收回的已税珠宝玉石生产的贵重首饰及珠宝玉石。
4. 以委托加工收回的已税鞭炮焰火生产的鞭炮焰火。
5. 以委托加工收回的已税汽车轮胎（内胎和外胎）生产的汽车轮胎。
6. 以委托加工收回的已税摩托车生产的摩托车。
7. 以委托加工收回的已税杆头、杆身和握把为原料生产的高尔夫球杆。
8. 以委托加工收回的已税木制一次性筷子为原料生产的一次性筷子。
9. 以委托加工收回的已税实木地板为原料生产的实木地板。
10. 以委托加工收回的已税石脑油为原料生产的应税消费品。
11. 以委托加工收回的已税润滑油为原料生产的润滑油。

上述当期准予扣除委托加工收回的应税消费品已纳消费税税款的计算公式是：

当期准予扣除的委托加工应税消费品已纳税款＝期初库存的委托加工应税消费品已纳税款＋当期收回的委托加工应税消费品已纳税款—期末库存的委托加工应税消费品已纳税款

纳税人用委托加工收回的已税珠宝玉石生产的改在零售环节征收消费税的金银首饰，在计税时一律不得扣除委托加工收回的珠宝玉石的已纳消费税税款。

三、进口应税消费品应纳税额的计算

纳税人进口应税消费品,按照组成计税价格和规定的税率计算应纳税额。其计算公式如下:

(一) 实行从价定率办法的应税消费品的应纳税额的计算

组成计税价格=(关税完税价格+关税)÷(1-适用消费税税率)

应纳税额=组成计税价格×消费税税率

式中的"关税完税价格"是指海关核定的关税计税价格。

(二) 实行从量定额办法的应税消费品的应纳税额的计算

应纳税额=应税消费品销售数量×适用单位税额

(三) 实行从价定率和从量定额混合征收办法的应税消费品的应纳税额的计算

应纳税额=组成计税价格×消费税税率+应税消费品销售数量×适用单位税额

进口环节消费税除国务院另有规定者外,一律不得给予减税、免税。

第五节 消费税的出口退税

消费税的出口退税是指将对应税消费品在国内征收的消费税在消费品出口时退还给应税消费品的出口企业。对出口货物退还在国内征收的消费税(及增值税),也是我国调节出口贸易的一个重要手段,有利于避免对出口货物双重征税,增强出口货物的国际竞争力,扩大出口,增加创汇。

一、出口应税消费品退税的范围

按照我国现行制度规定,出口货物退还消费税的优惠政策只适用于有出口经营权的外贸企业购进并直接出口的应税消费品,以及外贸企业受其他外贸企业委托代理出口的应税消费品。出口应税消费品退税的具体条件有四项:

1. 必须是属于消费税征收范围内的货物。
2. 必须是报关离境的货物,即输出海关的货物。
3. 必须是已经办理结汇的货物,所谓结汇是指按照我国现行外汇管理制度的规定,外汇收入的所有者将其外汇收入出售给外汇指定银行,外汇指定银行按一定汇率付给等值的本币的行为。

4. 必须是在财务上作出口销售处理的货物,即已实现销售收入并按规定入账的出口货物。出口货物销售价一律以离岸价格折算为人民币入账。

依据规定,外贸企业受其他非外贸企业(包括非生产性的商贸企业和生产性企业)委托代理出口的应税消费品,则不予退税。因为消费税只在生产环节征收,对有出口经营权的生产性企业自营出口或委托外贸企业代理出口自产的应税消费品已实行免税,就使该应税消费品在出口时已不再含有消费税,所以无需退还消费税。

二、出口应税消费品的退税率

出口应税消费品退税的基本原则是"征多少、退多少"以及按照规定的退税率计算应退税货物在出口前已缴纳的消费税税款。具体地说,出口应税消费品应退消费税的税率或单位税额,就是税法规定的征税率或单位税额。出口企业应将出口的不同税率的应税消费品实行分别核算,并分别申报退税。凡划分不清适用税率的,一律从低适用税率计算应退消费税税额。

三、出口应税消费品退税额的计算

外贸企业购进应税消费品并直接出口或受其他外贸企业委托代理出口应税消费品应退的消费税税款,属于从价定率征收消费税的应税消费品,应依据外贸企业从工厂购进货物时征收消费税的价格计算。其公式为:

应退消费税税款＝出口货物的工厂销售额×税率

上式中,出口货物的工厂销售额是指不包含增值税的收购金额。对含增值税的价格,应换算为不含增值税的销售额或收购金额。

属于从量定额征收消费税的应税消费品,应以货物购进和报关出口的数量计算应退消费税税款。其公式为:

应退消费税税款＝出口数量×单位税额

四、出口应税消费品办理出口退税后的管理

出口的应税消费品办理退税后,发生退关,或者国外退货进口时予以免税的,报关出口者必须及时向其所在地主管税务机关申报补缴已退的消费税税款。

第六节　消费税的纳税管理

一、消费税纳税义务的发生时间

纳税人生产的应税消费品应于销售时纳税，进口消费品应当于应税消费品报关进口环节纳税，但金银首饰、钻石及钻石饰品在零售环节纳税。消费税纳税义务发生的时间，以货款结算方式或行为发生时间分别确定。

（一）纳税人销售的应税消费品，其纳税义务的发生时间为：

1．纳税人采取赊销和分期收款结算方式的，其纳税义务的发生时间为销售合同规定的收款日期的当天。

2．纳税人采取预收货款结算方式的，其纳税义务的发生时间为发出应税消费品的当天。

3．纳税人采取托收承付和委托银行收款方式销售的应税消费品，其纳税义务的发生时间为发出应税消费品并办妥托收手续的当天。

4．纳税人采取其他结算方式的，其纳税义务的发生时间为收讫销售款或者取得索取销售款凭据的当天。

（二）纳税人自产自用的应税消费品，其纳税义务的发生时间为移送使用的当天。

（三）纳税人委托加工的应税消费品，其纳税义务的发生时间为纳税人提货的当天。

（四）纳税人进口的应税消费品，其纳税义务的发生时间为报关进口的当天。

二、消费税纳税期限

按照《消费税暂行条例》规定，消费税的纳税期限分别为 1 日、3 日、5 日、10 日、15 日、一个月或者一个季度。纳税人的具体纳税期限，由主管税务机关根据纳税人应纳税额的大小分别核定；不能按照固定期限纳税的，可以按次纳税。

纳税人以一个月或者一个季度为纳税期限的，自期满之日起 15 日内申报纳税；以 1 日、3 日、5 日、10 日、15 日为纳税期限的，应在纳税期满之日起 5 日内预缴税款，于次月 1 日起 15 日内申报纳税并结清上月应纳税款。进口应税消费品的纳税人，应当自海关填发税款缴纳证之日起 15 日内缴纳税款。

三、消费税的纳税地点

消费税的纳税地点具体有：

（一）纳税人销售的应税消费品，以及自产自用的应税消费品，除国家另有规定的外，应当向纳税人机构所在地或居住地主管税务机关申报纳税。

（二）委托加工的应税消费品，除受托方为个人外，由受托方向机构所在地或居住地主管税务机关代收代缴消费税税款。

（三）进口的应税消费品，由进口人或者其代理人向报关地海关申报纳税。

（四）纳税人到外县（市）销售或委托外县（市）代销自产应税消费品的，于应税消费品销售后，回纳税人核算地或所在地缴纳消费税。

（五）纳税人的总机构与分支机构不在同一县（市）的，应在生产应税消费品的分支机构所在地缴纳消费税。但经国家税务总局及所属省级国家税务局批准，纳税人分支机构应纳消费税税款也可由总机构汇总向总机构所在地主管税务机关缴纳。

（六）纳税人销售的应税消费品，如因质量等原因由购买者退回时，经所在地主管税务机关审核批准后，可退还已征收的消费税税款。但不能自行直接抵减应纳税款。

附录一　消费税新增和调整税目征收范围注释

一、高尔夫球及球具

高尔夫球及球具是指从事高尔夫球运动所需的各种专用装备，包括高尔夫球、高尔夫球杆及高尔夫球包（袋）等。

高尔夫球是指重量不超过 45.93 克、直径不超过 42.67 毫米的高尔夫球运动比赛、练习用球；高尔夫球杆是指被设计用来打高尔夫球的工具，由杆头、杆身和握把三部分组成；高尔夫球包（袋）是指专用于盛装高尔夫球及球杆的包（袋）。

本税目征收范围包括高尔夫球、高尔夫球杆、高尔夫球包（袋）。高尔夫球杆的杆头、杆身和握把属于本税目的征收范围。

二、高档手表

高档手表是指销售价格（不含增值税）每只在 10 000 元（含）以上的各类手表。

第七章　消费税　　　　　　　　　　　　　　　　　　　　　　　143

本税目征收范围包括符合以上标准的各类手表。

三、游艇

游艇是指长度大于 8 米小于 90 米，船体由玻璃钢、钢、铝合金、塑料等多种材料制作，可以在水上移动的水上浮载体。按照动力划分，游艇分为无动力艇、帆艇和机动艇。

本税目征收范围包括艇身长度大于 8 米（含）小于 90 米（含），内置发动机，可以在水上移动，一般为私人或团体购置，主要用于水上运动和休闲娱乐等非牟利活动的各类机动艇。

四、木制一次性筷子

木制一次性筷子，又称卫生筷子，是指以木材为原料经过锯段、浸泡、旋切、刨切、烘干、筛选、打磨、倒角、包装等环节加工而成的各类一次性使用的筷子。

本税目征收范围包括各种规格的木制一次性筷子。未经打磨、倒角的木制一次性筷子属于本税目征税范围。

五、实木地板

实木地板是指以木材为原料，经锯割、干燥、刨光、截断、开榫、涂漆等工序加工而成的块状或条状的地面装饰材料。实木地板按生产工艺不同，可分为独板（块）实木地板、实木指接地板、实木复合地板三类；按表面处理状态不同，可分为未涂饰地板（白坯板、素板）和漆饰地板两类。

本税目征收范围包括各类规格的实木地板、实木指接地板、实木复合地板及用于装饰墙壁、天棚的侧端面为榫、槽的实木装饰板。未经涂饰的素板属于本税目征税范围。

六、成品油

本税目包括汽油、柴油、石脑油、溶剂油、航空煤油、润滑油、燃料油七个子目。

汽油、柴油的征收范围仍按原规定执行。

（一）石脑油

石脑油又叫轻汽油、化工轻油，是以石油加工生产的或二次加工汽油经加氢精制而得的用于化工原料的轻质油。

石脑油的征收范围包括除汽油、柴油、煤油、溶剂油以外的各种轻质油。

（二）溶剂油

溶剂油是以石油加工生产的用于涂料和油漆生产、食用油加工、印刷油墨、皮革、农药、橡胶、化妆品生产的轻质油。

溶剂油的征收范围包括各种溶剂油。

（三）航空煤油

航空煤油也叫喷气燃料，是以石油加工生产的用于喷气发动机和喷气推进系统中作为能源的石油燃料。

航空煤油的征收范围包括各种航空煤油。

（四）润滑油

润滑油是用于内燃机、机械加工过程的润滑产品。润滑油分为矿物性润滑油、植物性润滑油、动物性润滑油和化工原料合成润滑油。

润滑油的征收范围包括以石油为原料加工的矿物性润滑油、矿物性润滑油基础油。植物性润滑油、动物性润滑油和化工原料合成润滑油不属于润滑油的征收范围。

（五）燃料油

燃料油也称重油、渣油。

燃料油征收范围包括用于电厂发电、船舶锅炉燃料、加热炉燃料、冶金和其他工业炉燃料的各类燃料油。

七、小汽车

汽车是指由动力驱动，具有四个或四个以上车轮的非轨道承载的车辆。

本税目征收范围包括含驾驶员座位在内最多不超过 9 个座位（含）的，在设计和技术特性上用于载运乘客和货物的各类乘用车和含驾驶员座位在内的座位数在 10 至 23 座（含 23 座）的、在设计和技术特性上用于载运乘客和货物的各类中轻型商用客车。

用排气量小于 1.5 升（含）的乘用车底盘（车架）改装、改制的车辆属于乘用车征收范围。用排气量大于 1.5 升的乘用车底盘（车架）或用中轻型商用客车底盘（车架）改装、改制的车辆属于中轻型商用客车征收范围。

含驾驶员人数（额定载客）为区间值的（如 8~10 人，17~26 人）小汽车，按其区间值下限人数确定征收范围。

电动汽车不属于本税目征收范围。

八、化妆品

本税目征收范围包括各类美容和修饰类化妆品、高档护肤类化妆品以及成套化妆品。

美容、修饰类化妆品是指香水、香水精、香粉、口红、指甲油、胭脂、眉笔、唇笔、蓝眼油、眼睫毛以及成套化妆品。

舞台、戏剧、影视演员化妆用的上妆油、卸装油、油彩不属于本税目的征收范围。高档护肤类化妆品征收范围另行制定。

附录二　财政部、国家税务总局
关于调整烟产品消费税政策的通知

财税[2009]84号

各省、自治区、直辖市、计划单列市财政厅（局）、国家税务局、新疆生产建设兵团财务局：为了适当增加财政收入，完善烟产品消费税制度，经国务院批准，现将调整烟产品消费税政策问题通知如下：

一、调整烟产品生产环节消费税政策

（一）调整卷烟生产环节消费税计税价格，新的卷烟生产环节消费税最低计税价格由国家税务总局核定并下达。

（二）调整卷烟生产环节（含进口）消费税的从价税税率。

1. 甲类卷烟，即每标准条（200支，下同）调拨价格在70元（不含增值税）以上（含70元）的卷烟，税率调整为56%。

2. 乙类卷烟，即每标准条调拨价格在70元（不含增值税）以下的卷烟，税率调整为36%。卷烟的从量定额税率不变，即0.003/支。

（三）调整雪茄烟生产环节（含进口）消费税的从价税税率。

将雪茄烟生产环节的税率调整为36%。

二、在卷烟批发环节加征一道从价税

（一）纳税义务人：在中华人民共和国境内从事卷烟批发业务的单位和个人。

（二）征收范围：纳税人批发销售的所有牌号规格的卷烟。

（三）计税依据：纳税人批发卷烟的销售额（不含增值税）。

（四）纳税人应将卷烟销售额与其他商品销售额分开核算，未分开核算的，一并征收消费税。

（五）适用税率：5%。

（六）纳税人销售给纳税人以外的单位和个人的卷烟于销售时纳税。纳税人之间销售的卷烟不缴纳消费税。

（七）纳税义务发生时间：纳税人收讫销售款或者取得索取销售款凭据的当天。

（八）纳税地点：卷烟批发企业的机构所在地，总机构与分支机构不在同一地区的，由总机构申报纳税。

（九）卷烟消费税在生产和批发两个环节征收后，批发企业在计算纳税时不得扣除已含的生产环节的消费税税款。

本通知自 2009 年 5 月 1 日起执行。此前有关文件规定与本通知相抵触的，以本通知为准。

二〇〇九年五月二十六日

参考文献

1.《中华人民共和国消费税暂行条例》，1993 年 12 月 13 日，国务院令第 135 号发布。

2.《中华人民共和国消费税暂行条例实施细则》，1994 年 12 月 25 日，（93）财法字[1993]第 039 号。

3.《财政部、国家税务总局关于调整护肤护发品消费税税率的通知》，1999 年 3 月 16 日，财税字[1999]163 号。

4.《财政部、国家税务总局关于调整酒类产品消费税政策的通知》，2001 年 5 月 11 日，财税[2000]84 号。

5.《财政部、国家税务总局关于调整烟类产品消费税政策的通知》，2001 年 6 月 4 日，财税[2000]91 号。

6.《国家税务总局关于酒类产品消费税政策的通知》，2002 年 8 月 26 日，财税[2002]109 号。

7.《财政部、国家税务总局关于调整和完善消费税政策的通知》，财税[2006]33 号。

8.《财政部、国家税务总局关于调整汽车消费税政策的通知》，2008 年 8 月。

9.《财政部、海关总署、国家税务总局关于进口石脑油消费税先征后返有关问题的通知》，2009 年 7 月 31，财预[2009]347 号。

10.《国家税务总局关于加强白酒消费税征收管理的通知》，2009 年 7 月 17 日，国税函[2009]380 号。

11.《财政部、国家税务总局关于调整烟产品消费税政策的通知》，财税[2009]84 号。

第八章 关税

第一节 关税概述

一、关税的含义

关税是海关依法对进出境货物、物品征收的一种税。所谓"境"指关境，是国家《海关法》全面实施的领域。在通常情况下，一国关境与国境是一致的，包括国家全部领土、领海和领空。但当某一国家在国境内设立了自由港、自由贸易区等，这些区域就进出口关税而言处在关境之外，这时，该国家的关境小于国境，如我国。当存在关税同盟时，几个国家组成一个共同的关境，实施统一的关税法令和海关进出口税则，成员国之间的商品和物品进出国境时免征关税，而只对来自和运往非成员国的商品和物品进出同盟国的共同关境时，才征收关税。此种条件下，关境已超出一个主权国家的领土范围，关境必然大于同盟国成员各自的国境，如欧洲联盟。

关税是随着商品流通和国际贸易的发展而产生和逐步发展的。自新中国成立以来，我国建立了完全独立自主的关税制度，从此关税成为贯彻执行国家对外经济贸易政策，维护国家主权的重要手段。关税对保护我国工农业生产的发展，在平等互利的基础上发展对外经济贸易和技术交流，增加国家财政收入，都起到了重要的作用。

二、关税的作用

（一）保护民族经济

进口关税可提高进口商品成本，出口征税可抑制本国紧缺资源外流。一个国家采取什么样的关税政策，是实行自由贸易，还是采用保护关税政策，是由该国的经济发展水平、产业结构状况、国际贸易收支状况以及参与国际经济竞争的能力等多种因素决定的。国际上许多发展经济学家认为，自由贸易政策不适合发展中国家的情况。相反，这些国家为了顺利地发展民族经济，实现工业化，必须实行保护关税政策。我国作为发展中国家，一直十分重视利用关税保护本国的"幼稚工业"，促进进口替代工业发展，关税在保护和促进本国工农业生产的发展方面发挥了重要作用。

（二）维护国家权益，有利于贯彻国家对外政策

对进出口货物征收关税，表面上看似乎只是一个与对外贸易相联系的税收问题，其实一国采取什么样的关税政策直接关系到国与国之间的主权和经济利益。历史发展到今天，关税已成为各国政府维护本国政治、经济权益，乃至进行国际经济斗争的一个重要武器。我国根据平等互利和对等原则，通过关税复式税则的运用等方式，争取国际间的关税互惠并反对他国对我国进行关税歧视，促进对外经济技术交往，扩大对外经济合作。

（三）增加财政收入

从世界大多数国家尤其是发达国家的税制结构分析，关税收入在整个财政收入中的比重不大，并呈下降趋势。但是，一些发展中国家，其中主要是那些国内工业不发达、工商税源有限、国民经济主要依赖于某种或某几种初级资源产品出口，以及国内许多消费品主要依赖于进口的国家，征收进出口关税仍然是他们取得财政收入的重要渠道之一。我国关税收入是财政收入的重要组成部分，自新中国成立以来，关税为经济建设提供了可观的财政资金。目前，发挥关税在筹集建设资金方面的作用，仍然是我国关税政策的一项重要内容。

（四）调节国民经济和对外贸易

关税是国家的重要经济杠杆，通过税率的高低和关税的减免，可以影响进出口规模，调节国民经济活动。如调节出口产品和出口产品生产企业的利润水平，有意识地引导各类产品的生产，调节进出口商品数量和结构，可促进国内市场商品的供需平衡，保护国内市场的物价稳定等。

三、关税的分类

关税根据不同的标志，可对关税进行分类。

（一）以流通渠道分类

1. 进口关税

进口关税即海关对输入本国的货物或物品征收的关税。世界各国无论采用国境还是关境征税，都以进口关税作为关税的主体。通常所说的关税一般指进口关税，在各种国际性贸易条约、协定中所说的关税一般也是指进口关税。进口关税是执行关税政策的主要手段，一国的关税税款主要来源于进口关税。

2. 出口关税

出口关税即海关对输出本国的货物或物品征收的关税。征收出口关税可以增加一国的财政收入，调节本国稀缺资源的流向。有时，为了政治、经济或军事上的特殊需要，国家也会对其出口产品征收关税。

3. 过境关税

过境关税是对外国运经本国关境到达另一国的货物征收的税。因过境货物不进入本国市场，也不影响本国的生产。所以，目前绝大多数国家都不征收过境关税，只有伊朗、委内瑞拉等少数国家有过境关税。

（二）以关税计征方式分类

1. 从量关税

从量关税以征税对象的数量为计税依据，按每单位数量预先制定的应税额计征。

2. 从价关税

从价关税以征税对象的价格为计税依据，根据一定比例的税率进行计征。

3. 复合关税

复合关税是指对一种进口货物同时订出从价、从量两种方式，分别计算出税额，以两个税额之和作为该货物的应征税额的一种征收关税标准。

4. 选择性关税

选择性关税是指对同一种货物在税则中规定从价、从量两种税率，在征税时选择其中征收税额较多的一种，以免因物价波动影响财政收入。也可以选择税额较少的一种标准计算关税。

5. 滑动关税

滑动关税是指对某种货物在税则中预先按该商品的价格规定几档税率。价格高的该物品适用较低税率，价格低的该物品适用较高税率，目的是使该物品的价格在国内市场上保持稳定。

（三）按税率的高低分类

关税按税率的高低分为普通关税、优惠关税和加重关税。

1. 普通关税

普通关税是指对征税对象无任何歧视或优惠的关税，即正常关税。

2. 优惠关税

（1）互惠关税。在国与国之间的贸易中，双方协商签订协议，对进出口货物征收较低的关税直至免税。可见，互惠关税有利于发展两国之间良好的经贸关系，促进双方经济的增长。

（2）特惠关税。一个国家或某一经济集团对某些特定国家的全部进口货物或部分货物单方面给予低于关税或免税待遇的特殊优惠。英国实行这种非互惠的特惠关税，对英联邦国家给予照顾。

（3）最惠国待遇关税。两国缔结贸易条约时，缔约国一方承诺现在或将来给予任何第三方的优惠、特权或豁免等待遇，必须无条件地、自动地适用于缔约国对方的一种优惠待遇。

（4）普惠制关税。发达国家单方面给予发展国家的制成品和半制成品的普遍优惠待遇的关税制度，具有普遍性、非歧视性和非互惠性。

3．加重关税（歧视性关税）

（1）反倾销税。对外国以低价向本国倾销的进口货物按较高的税率征收的一种进口附加税，目的在于增加进口货物成本。

（2）反补贴税。进口国对接受过补贴的外国货物在进口到本国时所征收的一种进口附加税，目的在于抵消他国出口补贴，保护国内生产。

（3）报复关税。对他国对本国输出的货物有不利待遇或歧视时，而对从该国输入的货物予以报复、加重征税的一种临时附加税，属于惩罚性加重关税。

第二节　关税的征税对象和纳税义务人

一、征税对象

关税的征税对象是准许出境的货物和物品。货物是指贸易性商品；物品是指入境旅客携带的行李物品、个人邮递物品、各种运输工具上的服务人员携带的自用物品、馈赠物品以及其他方式进境的个人物品。

二、纳税义务人

（一）进口货物的收货人。

（二）出口货物的发货人。

（三）进出境物品的所有人。

以上是关税的纳税义务人。进出口货物的收、发货人是依法取得对外贸易经营权，并进口或者出口货物的法人或者其他社会团体。进出境物品的所有人包括该物品的所有人和推定为所有人的人。一般情况下，对于携带进境的物品，推定其携带人为所有人；对分离运输的行李，推定相应的进出境旅客为所有人；对以邮递方式进境的物品，推定其收件人为所有人；以邮递方式或其他运输方式出境的物品，推定其寄件人或托运人为所有人。

第三节 关税的税则及税率

一、关税税则

海关进出口税则，简称关税税则，是指一个国家通过立法程序公布实施的、安装一定的标志对进出境货物进行的归类，并根据货物归类制定的税目税率表以及对归类总规则和税目税率表的运用所作的规定和说明。关税税则是一个国家关税制度的重要组成部分。

税率表是税则的主体，包括税则商品分类目录和税率栏两大部分。税则商品分类目录是把种类繁多的商品加以整合，按照其不同的特点分门别类简化成数量有限的商品类目，分别编号按序排列，称为税则号列，并逐号列出该号中应列入的商品名称。税率栏是按商品分类目录逐项订出的税率栏目。我国现行进口税则为四栏税率，出口税则为一栏税率。

二、税率

（一）进口关税税率

在我国加入世界贸易组织（WTO）之前，我国进口税则设有两栏税率，即普通税率和优惠税率。普通税率适用于原产于与我国未签订关税互惠协议的国家或地区的进口货物；优惠税率适用于原产于与我国签订关税互惠的国家和地区的进口货物。在我国加入 WTO 后，为履行我国在加入 WTO 关税减让谈判中承诺的有关义务，享有 WTO 成员应有的权利，自 2002 年 1 月 1 日起，我国进口税则设有最惠国税率、协定税率、特惠税率、普通税率、关税配额税率等税率。对进口货物在一定期限内可以实行暂定税率。按照普通税率征税的进口货物，经国务院关税税则委员会特别批准，可以适用最惠国税率。适用最惠国税率、协定税率、特惠税率的国家和地区名单，由国务院关税税则委员会决定。

2002 年，我国关税总水平（最惠国税率的算术平均水平）由 15.3%降低到 12%，平均降幅达 73%。普通税率总体平均约为 57%。今后，我国关税水平将进一步降低，关税税率结构将进一步完善。进口商品的税率结构主要体现为产品加工程度越深，关税税率越高，即在不可再生资源、一般资源性产品及原材料、半成品、制成品中，不可再生性资源税率较低，制成品税率较高。

（二）出口关税税率

我国出口税则为一栏税率，即出口税率。国家仅对少数资源性产品及需要规范出口秩序的半制成品征收出口关税。目前，我国真正征收出口关税的商品只有20种，税率也较低。

（三）暂定税率

根据我国进出口关税条例的规定，关税税则委员会可以根据国家对外经济贸易政策的需要制定关税暂定税率，即在《进出口税则》规定的进口优惠税率和出口税率的基础上，对某些进口货物（只限于从与我国订有关税互惠协议的国家和地区进口的货物）和出口货物实施更为优惠的关税税率。这种税率一般按照年度制定，并且随时可以根据需要恢复按照法定税率征收。

第四节 关税的完税价格

一、原产地规定

原产地规定可以对产自不同国家或地区的进口货物适用不同的关税税率。我国原产地规定采用"全部产地生产标准"和"实质性加工标准"两种国际通行的原产地标准。

（一）全部产地生产标准

全部产地生产标准含义是进口货物"完全在一个国家内生产或制造"。该货物的原产地就是生产国或制造国。完全在一国生产或制造的进口货物包括：

1. 该国领土或领海内开采的矿产品。
2. 该国领土上收获或采集的植物产品。
3. 该国领土上出生或饲养的活动物及从其所得产品。
4. 该国领土上狩猎或捕捞所得的产品。
5. 该国的船只卸下的海洋捕捞物及在海上取得的其他产品。
6. 该国加工船加工上述第5项所列物品所得的产品；
7. 该国收集的只适用于作再加工制造的废料和废旧物品。
8. 该国完全用上述7项所列产品加工成的制成品。

（二）实质性加工标准

实质性加工标准适用于两个或以上国家参与生产产品的原产地的确认。其实质性内容包括：几个国家加工制造的进口货物，以最后一个对货物进行经济上可以视为实质性加工的国家作为有关货物的原产国。所谓"实质性加工"则指产品经过加工后，在进出口税则中税则归类发生改变，或者加工增值部分占产品总值比例超过30%及以上。

（三）其他规定

对机器、仪器、器材或车辆所用零件、部件、配件、备件及工具、如与主件同时进口且数量合理,其原产地按主件的原产地确定,分别进口的则按各自的原产地确定。

二、一般进口货物的完税价格

《海关法》规定,进出口货物的完税价格,由海关以该货物的成交价格为基础审查确定。成交价格不能确定时,完税价格由海关依法估定。自我国加入世界贸易组织后,我国海关已全面实施《世界贸易组织估价协定》,遵循客观、公平、统一的估价原则,并根据2002年1月1日起实施的《中华人民共和国海关审定进出口货物完税价格办法》(以下简称《完税价格办法》),审定进出口货物的完税价格。

(一)以成交价格为基础的完税价格

进口货物的完税价格包括货价、货物运抵境内输入地点起卸前的运输及相关费用、保险费。我国境内输入地为入境海关地,包括内陆河、江口岸,一般为第一口岸。货物的货价以成交价格为基础。进口货物的成交价格是指买方为购买货物,并按《完税价格办法》有关规定调整后的实付或应付价格。

(二)海关估价方法

进口货物价格不符合成交价格或成交价格不能确定,海关应依次按相同或类似货物成交价格法、倒扣价格法、计算价格法及其他合理方法确定完税价格。如果进口货物的收货人提出要求,并提供相关资料,经海关同意,可以选择倒扣价格方法和计算价格方法的适用次序。

1. 相同或类似货物成交价格法。以被估的进口货物大约同时(申报日前后各45天)进口的相同或类似货物的成交价格为基础,确定完税价格。

2. 倒扣价格法。以被估进口货物、相同或类似货物在境内销售的价格为基础来估定,该完税价格应在售价上扣除境内利润、相关费用和关税等。

3. 计算价格法。按生产货物的原料和加工费、向境内出口销售同类货物的利润、费用和货物抵境内起卸前的运费、保险费等各项计算出的价格估定。

4. 其他合理方法。使用其他合理方法时,应当根据《关税价格办法》规定的估价原则,以在境内获得的数据资料为基础估定完税价格。

三、出口货物的完税价格

(一)以成交价格为基础的完税价格

出口货物的完税价格,应以海关审定的成交价格为基础,包括货物离岸装卸前的运输及其相关费用、保险费,但其中包含的出口关税税额应当扣除。

出口成交价如包含支付给境外的佣金,若单独列明,应当扣除。

（二）出口货物海关估价方法

出口货物的成交价格不能确定时，完税价格由海关依次使用下列方法估定：

1．同时或大约同时向同一国家或地区出口相同货物的成交价。
2．同时或大约同时向同一国家或地区出口类似货物的成交价。
3．根据境内生产相同或类似货物的成本、利润和一般费用、境内发生的运输及相关费用、保险费计算所得的价格。
4．其他合理方法估定的价格。

四、进出口货物完税价格中的运输及相关费用和保险费

（一）一般陆运、空运、海运方式进口的货物

陆运、空运和海运进口货物的运费和保险费，应当按实际支付的费用计算。如果运费无法确定，海关应当按照该货物进口同期运输行业公布的运费率计算，按"货价加运费"两者总额的3‰计算保险费。

（二）以其他方式进口的货物

1．邮运的进口货物，以邮费作为运输及其相关费用、保险费；
2．以境外边境口岸价格作为成交条件的铁路或公路运输进口货物，应当按货价的1%计算运输及其相关费用、保险费；
3．作为进口货物的自驾进口的运输工具，在审定完税价格时，可不另行计入运费；

（三）出口货物

出口货物的销售价格如果包括离境口岸至境外口岸之间的运输、保险费的，该运费及保险费应当扣除。

第五节　应纳税额的计算

关税有从价计税、从量定额计税、复合税和滑准税的计税方法。

一、从价计税

从价计税的计算公式为：

应纳关税＝应税进出口货物数量×单位完税价格×税率

二、从量定额

从量定额的计算公式为:

应纳关税＝应税进出口货物数量×单位税额

三、复合税

我国目前的复合税都是先计征从量税,再计征从价税。计算公式为:

应纳关税＝应税进出口货物数量×单位税额＋应税进出口货物数量×单位关税价格×税率

四、滑准税

滑准税的计算公式为:

应纳关税＝应税进出口货物数量×单位完税价格×滑准税率

【例8-1】假设某企业进口微机100台,每台完税价格折合人民币为12 000元,普通税率为70%,优惠税率为20%,该企业应纳关税税额的计算方法为:

1. 若该批微机原产于与我国订有关税互惠协议的国家或地区,则应按照优惠税率计算:

应纳税额＝12 000×100×20%＝240 000（元）

2. 若该批微机原产于与我国未订有关税互惠协议的国家或地区,则应按照普通税率计算:

应纳税额＝12 000×100×70%＝840 000（元）

【例8-2】假设某公司从美国进口某种货物,正常成交价为768 100元,运达我国目的地共支付包装费8 000元,运费67 000元,保险费7 700元,进口货物关税税率为70%,消费税率为5%,增值税率为17%。试计算应纳关税、消费税、增值税。

1. 完税价格和应纳关税为:

完税价格＝768 100＋8 000＋67 000＋7 700＝850 800（元）

应纳关税税额＝850 800×70%＝595 560（元）

2. 计算应纳消费税为:

组成计税价格＝(850 800＋595 560)÷(1－5%)＝1 522 484（元）

应纳消费税额＝1 522 484×5%＝76 124.2（元）

3. 计算应纳增值税为：

组成计税价格＝850 800＋595 560＋76 124.2＝1 522 484（元）

应纳增值税＝1 522 484×17%＝258 822.30（元）

第六节　关税的减免

关税减免是对某些纳税人和征税对象给予照顾和鼓励的一种特殊调节手段。关税减免分为法定减免税、特定减免税和临时减免税。根据《海关法》规定，除法定减免税外的其他减免税均由国务院决定。减征关税在我国加入世界贸易组织之前以税则规定税率为基准，在我国加入世界贸易组织之后以最惠国税率或者普通税率为基准。

一、法定减免税

法定减免税是税法中明确列明的减税或免税。符合税法规定可予减免税的进出口货物，纳税义务人无须提出申请，海关可按规定直接予以减免税。海关对法定减免税货物一般不进行后续管理。我国《海关法》和《进出口条例》明确规定，下列货物、物品可免征关税：

（一）关税税额在人民币 50 元以下的一票货物，可免征关税。

（二）无商业价值的广告品和货样。

（三）外国政府、国际组织无偿赠送的物资。

（四）进出境运输工具装载的途中必需的燃料、物料和饮食用品。

（五）经海关核准暂时进境或者暂时出境并在 6 个月内复运出境或者复运进境的货样、展览品、施工机械、工程车辆、工程船舶、供安装设备时使用的仪器和工具、电视或者电影摄制器械、盛装货物的容器以及剧团服装道具等，在货物收发货人向海关缴纳相当于税款的保证金或者提供担保后，准予暂时免纳关税。

（六）为境外厂商加工、装配成品和为制造外销产品而进口的原材料、辅料、零件、部件、配套件和包装料，海关按照实际加工出口的成品数量免征进口关税；或者对进口料、件先征进口关税，再按照实际加工出口的成品数量予以退税。

（七）因故退还的中国出口货物，经海关审查属实，可免征进口关税，但已征收的出口关税不予退还。

（八）因故退还的境外进口货物，经海关审查属实，可免征出口关税，但已征收的进口关税不予退还。

（九）有下列情形之一的进口货物，海关可以酌情减免关税：

1. 在境外运输途中或者起卸时，遭受损坏或者损失的；
2. 起卸后海关放行前，因不可抗力遭受损坏或者损失的；
3. 海关验查时已经破漏、损坏或者腐烂，经证明不是保管不慎造成的。

（十）无代价抵偿货物，即进口货物在征税放行后，发现货物残损、短少或品质不良，而由国外承运人、发货人或保险公司免费补偿或更换的同类货物，可以免税。但有残损或质量问题的原进口货物如未退运国外，其进口的无代价抵偿货物应照章征税。

（十一）我国缔结或者参加的国际条约规定减征、免征关税的货物、物品。

（十二）法律规定减征、免征的其他货物。

二、特定减免税

特定减免税也称政策性减免税。特定减免是指在关税基本法规确定的法定减免以外，由国务院授权的机关颁布法规、规章特别规定的减免。特定减免税货物一般有地区、企业和用途的限制，海关需要进行后续管理，也需要进行减免税统计。

特定减免税主要包括进口科技教育用品、残疾人专用物品、扶贫、慈善性捐赠物资、加工贸易产品、边境贸易进口物资、保税区和进出口加工区的进出口货物、进口设备以及国家政策规定有特定用途商品等。

三、临时减免税

临时减免是指在法定减免和特定减免以外，对某个纳税人由于特殊原因临时给予的减免。临时减免一般必须在货物进出口前，向所在地海关提出书面申请，并随附必要的证明资料，经所在地海关审核后，转报海关总署或海关总署会同国家税务总局、财政部审核批准。

我国已经加入世界贸易组织，为遵循统一、规范、公平、公开的原则，有利于统一税法、公平税赋、平等竞争，国家严格控制减免税，一般不办理个案临时性减免税，对特定减免税也在逐步规范、清理，对不符合国际惯例的税收优惠政策将逐步予以废止。

第七节　关税的纳税管理

一、关税缴纳

进口货物自运输工具申报进境之日起 14 日内，出口货物在货物运抵海关监管区后装货的 24 小时以前，应由进出口货物的纳税义务人向货物进（出）境地海关申报，海关根据税则归类和完税价格计算应缴纳的关税和进口环节代征税，并填发税款缴款书。纳税义务人应当自海关填发税款缴款书之日起 15 日内，向指定银行缴纳税款。如关税缴纳期限的最后 1 日是周末或法定节假日，则关税缴纳期限顺延至周末或法定节假日过后的第一个工作日。为方便纳税义务人，经申请且海关同意，进出口货物的纳税义务人可以在设有海关的指运地（启运地）办理海关申报、纳税手续。逾期不交的，除依法追缴外，由海关自到期的次日起至缴清税款之日止，按日征收欠缴税款额万分之五的滞纳金。征收的关税和滞纳金等，除海关总署另有规定外，应当按人民币计征。进口货物在缴纳完关税以后，才可以进入国内市场流通，出口货物完税后方可出口。

关税纳税义务人因不可抗力或者在国家税收政策调整的情形下，不能按期缴纳税款的，经海关总署批准，可以延期缴纳税款，但最长不得超过 6 个月。

二、关税的补征和追征

补征和追征是海关在纳税人按海关核定的税额缴纳关税后，发现核定征收税额少于征税额时，责令纳税义务人补缴所差税款的规定。根据短征关税原因的不同分为关税的补征和追征。由于纳税义务人违反海关规定的，称为关税的追征；非因纳税义务人违反海关规定的，称为关税的补征。按中国海关现行规定，进出口货物完税后，如发现少征或者漏征税款，海关应当自缴纳税款或者货物放行之日起一年内，向纳税义务人补征。因收发货人或者他们的代理人违反规定造成的少征或漏征，海关在三年内可以追征，并从缴纳税款之日起按日加收少征或漏征税款万分之五的滞纳金。

三、关税退还

关税退还是关税纳税人按海关核定的税额缴纳关税后，因某种原因的出现，海关将已缴税款的部分或全部退还给关税纳税义务人的一种规定。根据《海关法》规定，海关多征的税款，海关发现后应当立即退还。

按规定有下列情形之一的，进出口货物的纳税义务人可以自缴纳税款之日

起一年内,提出书面申请理由,连同原纳税收据向海关申请退税,逾期不予受理:

1. 因海关误征,多纳税款的;
2. 海关核准免验进口的货物,在免税后,发现有短缺情况,经海关审查认可的;
3. 已征出口关税的货物,因故未装运出口,申报退关,经海关查验属实的。

对已征出口关税的出口货物和已征进口关税的进口货物,因货物品种或规格原因(非其他原因)原状复运进境或出境的,经海关查验属实的,也应退还已征税款。海关应当自受理退税申请之日起30日内,作出书面答复并通知退税申请人。

四、关税的强制执行

纳税义务人逾期缴纳而又未经批准缓交的,即构成关税滞纳。为保证海关征收关税决定的有效执行和国家财政收入的及时入库,《海关法》赋予海关对滞纳关税的纳税义务人强制执行的权利。强制措施主要有两种:

(一)征收一定比例的滞纳金

关税滞纳金的计算是,自缴纳期限已满之日的次日起,至缴清税款之日止,按滞纳税款万分之五的比例按日征收,周末或法定假日不予扣除。其计算公式为:

$$关税滞纳金 = 滞纳关税税额 \times 滞纳金征收比率 \times 滞纳天数$$

当税款分期缴清时,则分期计算应纳税款和滞纳天数。

(二)强制征收

如纳税义务人自海关填发缴款书之日起三个月仍未缴纳税款,经海关关长批准,海关可以采取强制扣缴、变价抵缴等强制措施。强制扣缴即海关从纳税义务人在开户银行或者其他金融机构的存款中直接扣缴税款。变价抵缴即海关将应税货物依法变卖,以变卖所得抵缴税款。

参考文献

1. 财政部注册会计师考试委员会办公室,《税法》,经济科学出版社,2009年3月。
2. 陈共,《财政学》,中国人民大学出版社,2000年。
3. 李国淮、邓文勇,《国家税收实务》,大连理工大学出版社,2000年9

月。

4．曾国祥，《税收学》，中国税务出版社，2000年。

5．邓卫卫，"加入WTO对我国关税的冲击与对策思考"，《理论界》，2004年02期。

6．《中华人民共和国进出口关税条例》，2003年11月23日，国务院令第392号发布。

第九章　企业所得税

改革开放以来，我国的企业所得税在很长的一段时期内采取内外资企业分设的制度，内资企业按《企业所得税暂行条例》缴税，外资企业按《外商投资企业和外国企业所得税法》纳税，这在改革开放的初期，基本适应了我国引进外资和企业改革的需要，发挥了重要作用。2001年我国加入了WTO，经营环境发生了重大变化，人们普遍认识到分设的企业所得税制度不符合市场经济的规则。2007年，全国人民代表大会通过了新的《企业所得税法》，统一了内外资企业所得税。

第一节　纳税义务人、征税对象与税率

一、纳税义务人

根据2008年1月1日实施的《中华人民共和国企业所得税法》，在中华人民共和国境内，企业和其他取得收入的组织为企业所得税的纳税人（以下统称企业）。个人独资企业、合伙企业除外。

按照纳税义务范围的不同，企业所得税的纳税人分为居民企业和非居民企业。

（一）居民企业

居民企业是指依照中国法律、行政法规在中国境内成立的企业、事业单位、社会团体以及其他取得收入的组织，或者依照外国（或地区）法律成立，但实际管理机构在中国境内的企业和其他取得收入的组织（实际管理机构是指对企业的生产经营、人员、账务、财产等实施实质性全面管理和控制的机构）。

（二）非居民企业

非居民企业是指依照外国（或地区）法律成立且实际管理机构不在中国境内，但在中国境内设立机构、场所，或者在中国境内未设立机构、场所，但有来源于中国境内所得的企业和组织。上述所称机构、场所是指在中国境内从事生产经营活动的机构、场所，包括：

1. 管理机构、营业机构、办事机构；
2. 工厂、农场、开采自然资源的场所；

3. 提供劳务的场所；

4. 从事建筑、安装、装配、修理、勘探等工程作业的场所；

5. 其他从事生产经营活动的机构、场所。

非居民企业委托营业代理人在中国境内从事生产经营活动的，包括委托单位或者个人经常代其签订合同，或者储存、交付货物等，该营业代理人被视为非居民企业在中国境内设立的机构、场所。

二、征税对象——应纳税所得额

企业所得税的征税对象是指企业的所得额，包括生产经营所得、其他所得和清算所得。这与许多人认为所得税是对利润征收的概念是不同的。

（一）居民企业的征税对象

居民企业来源于中国境内、境外的所得作为征税对象。所得，包括销售货物所得、提供劳务所得、转让财产所得、股息红利等权益性投资所得，以及利息所得、租金所得、特许权使用费所得、接收捐赠所得和其他所得。

（二）非居民企业的征税对象

非居民企业在中国境内设立机构、场所的，其所设机构、场所取得的来源于中国境内的所得，以及发生在中国境外但与其所设机构、场所有实际联系的所得为征税对象。非居民企业在中国境内未设立机构、场所的，或者虽设立但取得的所得与其所设机构、场所没有实际联系的，其来源于中国境内的所得为企业所得税的征税对象。

上述所称实际联系，是指非居民企业在中国境内设立的机构、场所拥有的据以取得所得的股权、债权，以及拥有、管理、控制据以取得所得的财产。

三、税率

企业所得税的税率是指对纳税人应纳税所得额征税的比率，按照我国企业所得税法的规定，企业所得税实行比例税率。

（一）基本税率为 25%。适用于居民企业和在中国境内设有机构、场所且所得与机构、场所有关联的非居民企业。

（二）低税率为 20%。适用于在中国境内未设立机构、场所的，或虽设立但取得的所得与其没有实际联系的非居民企业。实际征税时，按 10%税率征收，详见第五节税收优惠。

第二节 应纳税所得额的计算

应纳税所得额是指企业每一个纳税年度的收入总额，减除不征税收入、免税收入、各项扣除，以及允许弥补的以前年度亏损后的余额。基本公式为：

应纳税所得额＝收入总额－不征税收入－免税收入－各项扣除－以前年度亏损

应纳税所得额的计算，以权责发生制为原则，属于当期的收入和费用，不论款项是否收付，均作为当期的收入和费用；不属于当期的收入和费用，即使款项已经在当期收付，均不作为当期的收入和费用。

一、收入总额

收入总额包括以货币形式和非货币形式从各种来源取得的收入。

（一）一般收入的确认

1．销售货物收入。销售货物收入是指企业销售商品、产品、原材料、包装物、低值易耗品以及其他存货取得的收入。

2．劳务收入。劳务收入是指企业从事建筑安装、修理装配、交通运输、仓储租赁、金融保险、邮电通信、咨询经纪等劳务服务活动取得的收入。

3．转让财产收入。转让财产收入是指企业转让固定资产、生物资产、无形资产、股权、债权等财产取得的收入。

4．股息、红利等权益性投资收益。它是指企业因权益性投资从被投资方取得的收入。

5．利息收入。利息收入是指企业将资金提供他人使用但不构成权益性投资，或者因他人占用本企业资金取得的收入，包括存款利息、贷款利息、债券利息等。

6．租金收入。租金收入是指企业提供固定资产、包装物或者其他有形资产的使用权取得的收入。

7．特许权使用费收入。特许权使用费收入是指企业提供专利权、非专利技术、商标权、著作权，以及其他特许权的使用权取得的收入。

8．接收捐赠收入。接收捐赠收入是指企业接受的来自其他企业、组织或者个人无偿给予的货币性资产、非货币性资产。

9．其他收入。其他收入是指企业取得的除以上收入外的其他收入，包括企业资产溢余收入、逾期未退包装物押金收入等。

（二）特殊收入的确认

1. 以分期收款方式销售货物的，按照合同约定的收款日期确认收入的实现。

2. 企业受托加工制造大型机械设备、船舶、飞机，以及从事建筑、安装、装配工程业务或者提供其他劳务等，持续时间超过 12 个月的，按照纳税年度内完工进度或者完成的工作量确认收入的实现。

3. 采取产品分成方式取得收入的，按照企业分得产品的日期确认收入的实现，其收入额按照产品的公允价值确定。

4. 企业发生非货币性资产交换，以及将货物、财产、劳务用于捐赠、偿债、赞助、集资、广告、样品、职工福利或者利润分配等用途的，应当视同销售货物、转让财产或者提供劳务，但国务院财政、税务主管部门另有规定的除外。

（三）处置资产收入的确认

根据《中华人民共和国企业所得税法实施条例》第二十五条规定，企业处置资产的所得税处理按以下规定执行：该规定自 2008 年 1 月 1 日起执行，对 2008 年 1 月 1 日以前发生的处置资产，2008 年 1 月 1 日以后还未进行税务处理的，也按该规定执行。

1. 除将资产转移至境外以外，企业发生下列情形的处置资产，由于资产所有权属在形式上和实质上均不发生改变，可作为内部处置资产，不视同销售确认收入，相关资产的计税基础延续计算：

（1）将资产用于生产、制造、加工另一产品。

（2）改变资产形状、结构或性能。

（3）改变资产用途（如自建商品房转为自用或经营）。

（4）将资产在总机构及其分支机构之间转移。

（5）上述两种或两种以上情形的混合。

（6）其他不改变资产所有权属的用途。

2. 企业将资产移送他人的下列情形，因资产所有权属已经发生改变而不属于内部处置资产，应按规定视同销售确定收入：

（1）用于市场推广销售。

（2）用于交际应酬。

（3）用于职工奖励或福利。

（4）用于股息分配。

（5）用于对外捐赠。

（6）其他改变资产所有权属的用途。

3. 企业发生第 2 条规定情形时，属于企业自制的资产，应按企业同类资产同期对外销售价格确定销售收入；属于外购的资产，可按购入时的价格确定销售收入。

二、不征税收入和免税收入

（一）不征税收入

1. 财政拨款。财政拨款是指各级人民政府对纳入预算管理的事业单位、社会团体等组织拨付的财政资金，但国务院及其财政、税务主管部门另有规定的除外。

2. 依法收取并纳入财政管理的行政事业性收费、政府性基金。它是指依照法律法规等有关规定，按照国务院规定程序批准，在实施社会公共管理，以及在向公民、法人或者其他组织提供特定公共服务过程中，向特定对象收取并纳入财政管理的费用。

3. 国务院规定的其他不征税收入。

（二）免税收入

1. 国债利息收入。

2. 符合条件的居民企业间的股息、红利等权益性收益。它是指居民企业直接投资于其他居民企业取得的投资收益。

3. 在中国境内设立机构、场所的非居民企业从居民企业取得与该机构、场所有实际联系的股息、红利等权益性投资收益。

4. 符合条件的非营利组织的收入。

三、扣除原则和范围

（一）税前扣除项目的原则

企业申报的扣除项目和金额要真实、合法。税前扣除一般应遵循以下原则：

1. 权责发生制原则。权责发生制原则是指企业发生的费用应当与收入配比扣除，而不是在实际支付时确认扣除。

2. 配比原则。配比原则是指企业发生的费用应当与收入配比扣除。除特殊规定外，企业发生的费用不得提前或滞后申报扣除。

3. 相关性原则。企业可扣除的费用从性质和根源上必须与取得应税收入直接相关。

4. 确定性原则。企业可扣除的费用不论何时支付，其金额必须是确定的。

5. 合理性原则。符合生产经营活动常规，应当计入当期损益或者有关资产成本的必要和正常的支出。

（二）扣除项目的范围

企业实际发生的与取得收入有关的、合理的支出，包括成本、费用、税金、损失和其他支出，准予在计算应纳税所得额时扣除。

企业在生产经营活动中发生的支出应当区分收益性支出和资本性支出。收益性支出在发生当期直接扣除；资本性支出应当分期扣除或者计入有关资产成本，不得在发生当期直接扣除。企业的不征税收入用于支出所形成的费用或者财产，不得扣除或者计算对应的折旧、摊销扣除。

1. 成本。成本是指企业在生产经营活动中发生的销售商品、提供劳务、转让固定资产、无形资产的成本。企业必须将经营活动中发生的成本合理划分为直接成本和间接成本。直接成本是可直接计入有关成本计算对象或劳务的经营成本中的直接材料、直接人工等。间接成本是指多个部门为同一成本对象提供服务的共同成本，或者同一种投入可以制造、提供两种或两种以上的产品或劳务的联合成本。

2. 费用。费用是指企业每一个纳税年度为生产、经营商品和提供劳务等所发生的销售费用、管理费用和财务费用。已经计入成本的有关费用除外。

3. 税金。税金是指企业发生的除企业所得税和允许抵扣的增值税以外的企业缴纳的各项税金及其附加。已纳税金准予税前扣除，扣除方式一是在发生当期扣除，二是在发生当期计入相关资产的成本，在以后各期分摊扣除。

4. 损失。损失是指企业在生产经营活动中发生的固定资产和存货的盘亏、毁损、报废损失、转让财产损失、呆账损失、坏账损失、自然灾害等不可抗力因素造成的损失以及其他损失。

5. 扣除的其他支出。扣除的其他支出是指除成本、费用、税金、损失外，企业在生产经营活动中发生的与生产经营活动有关的、合理的支出。

（三）扣除项目的标准

1. 工资、薪金支出

企业发生的合理的工资、薪金支出准予据实扣除，工资、薪金支出是企业每一纳税年度支付给本企业任职或与其有雇佣关系的员工的所有现金或非现金形式的劳动报酬，包括基本工资、资金、津贴、补贴、年终加薪、加班工资，以及与任职或者是受雇有关的其他支出。

2. 职工福利费、工会经费、职工教育经费

企业发生的职工福利费、工会经费、职工教育经费按标准扣除，未超过标准的按实际数扣除，超过标准的只能按标准扣除。

（1）企业发生的职工福利费支出，不超过工资薪金总额14%的部分准予扣除。

（2）企业拨缴的工会经费，不超过工资薪金总额2%的部分准予扣除。

（3）除国务院财政、税务主管部门另有规定外，企业发生的职工教育经费支出，不超过工资薪金总额2.5%的部分准予扣除，超过部分准予结转以后纳税年度扣除。

3. 社会保险费

（1）企业依照国务院有关主管部门或者省级人民政府规定的范围和标准为职工缴纳的"五险一金"，即基本养老保险费、基本医疗保险费、失业保险费、工伤保险费、生育保险费等基本社会保险费和住房公积金，准予扣除。

（2）企业为投资者或者职工支付的补充养老保险费、补充医疗保险费，在国务院财政、税务主管部门规定的范围和标准内，准予扣除。企业依照国家有关规定为特殊工种职工支付的人身安全保险费和符合国务院财政、税务主管部门规定可以扣除的商业保险费，准予扣除。

（3）企业参加财产保险，按照规定缴纳的保险费，准予扣除。企业为投资者或者职工支付的商业保险费，不得扣除。

4. 利息费用

企业在生产、经营活动中发生的利息费用，按下列规定扣除：

（1）非金融企业向金融企业借款的利息支出、金融企业的各项存款利息支出和同业拆借利息支出、企业经批准发行债券的利息支出可据实扣除。

（2）非金融企业向非金融企业借款的利息支出，不超过按照金融企业同期同类贷款利息计算的数额的部分可据实扣除，超过部分不许扣除。

其中，所谓金融企业，是指各类银行、保险公司及经中国人民银行批准从事金融业务的非银行金融机构，包括各种综合性银行、专业性保险企业以及专业和综合性非银行金融机构。非金融机构，是指除上述金融机构以外的所有企业、事业单位以及社会团体等企业或组织。

（3）关联企业利息费用的扣除。企业从其关联方接受的债权性投资与权益性投资的比例超过标准而发生的利息支出，不得在计算应纳税所得额时扣除。

①企业实际支付给关联企业的利息支出，在超过接受关联方债权性投资与权益性投资比例为：金融企业5:1，其他企业2:1时，不得在计算应纳税所得额时扣除。

②企业如果能按照规定提供相关资料，并证明相关交易活动符合独立交易原则的；或者该企业的实际税负不高于境内关联方，其实际支付给境内关联方的利息支出，在计算应纳税所得额时准予扣除。

③企业同时从事金融和非金融业务，其实际支付给关联方的利息支出，应该分开核算，如不能分开核算，则一律按第①条中的其他企业比例计算。

④企业从关联企业取得的不符合规定的利息收入应按规定缴纳企业所得税。

企业所得税关于关联企业利息费用的扣除的相关规定实质是政府防止企业资本弱化的一项政策规定。所谓资本弱化（Thin Capitalization）又称资本隐藏、股份隐藏或收益抽取，是指企业为了减少税额，采用贷款方式替代股权方式进行的投资或者融资。

（4）企业向自然人借款的利息支出在企业所得税税前的扣除。

①企业向股东或其他与企业有关联关系的自然人借款的利息支出，应根据企业所得税关于关联企业利息费用扣除的相关规定，计算企业所得额扣除额。

② 企业向除①以外的内部职工或其他人员借款的利息支出，若实际情况符合以下条件的，其利息支出在不超过金融企业同期同类利率计算的数额的部分，准予扣除。

条件一：企业与个人的借贷关系是真实、合法、有效，且不具有非法集资目的或其他违法行为；

条件二：企业与个人间签订了借款合同。

5．借款费用

（1）企业在生产经营活动中发生的合理的不需要资本化的借款费用，准予扣除。

（2）企业为购置、建造固定资产、无形资产和经过 12 个月以上的建造才能达到预定可销售状态的存货发生借款的，在有关资产购置、建造期间发生的合理的借款费用，应予以资本化，作为资本性支出计入有关资产的成本；有关资产交付使用后发生的借款利息，可在发生当期扣除。

6．汇兑损失

企业在货币交易中，以及纳税年度终了时将人民币以外的货币性资产、负债按照期末及其人民币汇率中间价折算为人民币时产生的汇兑损失，除已经计入有关资产成本以及与向所有者进行利润分配相关的部分外，准予扣除。

7．业务招待费

企业发生的与生产经营活动有关的业务招待费支出，按照发生额的60%扣除，但最高不得超过当年销售（营业）收入的5‰。

从事股权投资业务的企业（包括集团公司总部、创投企业等），从被投资企业所分配股息、红利及股权转让收入，可按规定的比例计算业务招待费扣除限额。

8．广告费和业务宣传费

企业发生的符合条件的广告费和业务宣传费支出，除国务院财政、税务主管部门另有规定外,不超过当年销售(营业)收入15%的部分,准予扣除;超过部分,准予结转以后纳税年度扣除。

9. 环境保护专项资金

企业依照法律、行政法规有关规定提取的用于环境保护、生态恢复等方面的专项资金,准予扣除。上述专项资金提取后改变用途的,不得扣除。

10. 保险费

企业参加财产保险,按照规定缴纳的保险费,准予扣除。

11. 租赁费

企业根据生产经营活动的需要租入固定资产支付的租赁费,按照以下方法扣除:

(1)以经营租赁方式租入固定资产发生的租赁费支出,按照租赁期限均匀扣除。

(2)以融资租赁方式租入固定资产发生的租赁费支出,按照规定构成融资租入固定资产价值的部分应当提取折旧费用,分期扣除。

12. 劳动保护费

企业发生的合理的劳动保护支出,准予扣除。

13. 公益性捐赠支出

公益性捐赠,是指企业通过公益性社会团体或者县级以上人民政府及其部门,用于《中华人民共和国公益事业捐赠法》规定的公益事业的捐赠。

企业发生的公益性捐赠支出,不超过年度利润总额12%的部分,准予扣除。

14. 有关资产的费用

企业转让各类资产发生的费用,允许扣除。企业按规定计算的固定资产折旧费、无形资产和递延资产的摊销费,准予扣除。

15. 总机构分摊的费用

非居民企业在中国境内设立的机构、场所,就其中国境外总机构发生的与该机构、场所生产经营有关的费用,能够提供总机构出具的费用汇集范围、定额、分配依据和方法等证明文件,并合理分摊的,准予扣除。

16. 资产损失

企业当期发生的固定资产和流动资产盘亏、毁损净损失,有其提供清查盘存资料经主管税务机关审核后,准予扣除;企业因存货盘亏、毁损、报废等原因不得从销项税金中抵扣的进项税金,应视同企业财产损失,准予与存货损失一起在所得税前按规定扣除。

17. 依照有关法律、行政法规和国家有关税法规定准予扣除的其他项目

会员费、合理的会议费、差旅费、违约金、诉讼费用等,准予扣除。

四、不得扣除的项目

在计算应纳税所得额时，下列支出不得扣除：

（一）向投资者支付的股息、红利等权益性投资收益款项。

（二）企业所得税税款。

（三）税收滞纳金，是指纳税人违反税法被税务机关处以的滞纳金。

（四）罚金、罚款和被没收财物的损失，是指纳税人违反国家有关法律、法规规定，被有关部门处以的罚款，以及被司法机关处以的罚金和被没收财物。

（五）超过规定标准的捐赠支出。

（六）赞助支出，是指企业发生的与生产经营活动无关的各种非广告性质支出。

（七）未经核定的准备金支出，是指不符合国务院财政、税务主管部门规定的各项资产减值准备、风险准备等准备金支出。

（八）企业之间支付的管理费、企业内营业机构之间支付的租金和特许权使用费，以及非银行企业内营业机构之间支付的利息，不得扣除。

（九）与取得收入无关的其他支出。

五、亏损弥补

亏损是指企业依照企业所得税法和暂行条例的规定，将每一纳税年度的收入总额减除不征税收入、免税收入和各项扣除后小于零的数额。税法规定，企业某一纳税年度发生的亏损可以用下一年度的所得弥补，下一年度的所得不足以弥补的，可以逐年延续弥补，但最长不得超过5年。而且，企业在汇总计算缴纳企业所得税时，其境外营业机构的亏损不得抵减境内营业机构的盈利。

第三节 资产的税务处理

资产的税务处理范围的资产形式主要包括固定资产、生物资产、无形资产、长期待摊费用、投资资产、存货等。

一、固定资产的税务处理

固定资产是指企业为生产产品、提供劳务、出租或者经营管理而持有的、使用时间超过12个月的非货币性资产，包括房屋、建筑物、机器、机械、运输工具，以及其他与生产经营活动有关的设备、器具、工具等。

第九章　企业所得税

（一）固定资产计税基础

1. 外购的固定资产，以购买价款和支付的相关税费及直接归属于使该资产达到预定用途发生的其他支出为计税基础。

2. 自行建造的固定资产，以竣工结算前发生的支出为计税基础。

3. 融资租入的固定资产，以租赁合同约定的付款总额和承租人在签订租赁合同过程中发生的相关费用为计税基础，租赁合同未决定付款总额的，以该资产的公允价值和承租人在签订租赁合同过程中发生的相关费用为计税基础。

4. 盘盈的固定资产，以同类固定资产的重置完全价值为计税基础。

5. 通过捐赠、投资、非货币性资产交换、债务重组等方式取得的固定资产，以该资产的公允价值和支付的相关税费为计税基础。

6. 改建的固定资产，除已足额提取折旧的固定资产和租入的固定资产以外的其他固定资产，以改建过程中发生的改建支出为计税基础。

（二）固定资产折旧的范围

在计算应纳税所得额时，企业按照规定计算的固定资产折旧，准予扣除。下列固定资产不得计算折旧扣除：

1. 房屋、建筑物以外未投入使用的固定资产。

2. 以经营租赁方式租入的固定资产。

3. 以融资租赁方式租出的固定资产。

4. 已足额提取折旧仍继续使用的固定资产。

5. 与经营活动无关的固定资产。

6. 单独估价作为固定资产入账的土地。

7. 其他不得计算折旧扣除的固定资产。

（三）固定资产折旧的计提方法

1. 企业应当自固定资产投入使用月份的次月起计算折旧；停止使用的固定资产，应当自停止使用月份的次月起停止计算折旧。

2. 企业应当根据固定资产的性质和使用情况，合理确定固定资产的预计净残值。固定资产的预计净残值一经确定，不得变更。

3. 固定资产按照直线法计算的折旧，准予扣除。

（四）固定资产折旧的计提年限

除国务院财政、税务主管部门另有规定外，固定资产计算折旧的最低年限如下：

1. 房屋、建筑物，为20年。

2. 飞机、火车、轮船、机器、机械和其他生产设备，为10年。

3. 与生产经营活动有关的器具、工具、家具等，为5年。

4. 飞机、火车、轮船以外的运输工具，为4年。

5. 电子设备，为3年。

从事开采石油、天然气等矿产资源的企业，在开始商业性生产前发生的费用和有关固定资产的折耗、折旧方法，由国务院财政、税务主管部门另行规定。

二、生物资产的税务处理

生物资产是指有生命的动物和植物。生物资产分为消耗性生物资产、生产性生物资产和公益性生物资产。消耗性生物资产，是指为出售而持有的或在将来收获为农产品的生物资产，包括生长中的农田作物、蔬菜、用材林以及存栏待售的牲畜等。生产性生物资产，是指为产出农产品、提供劳务或出租等目的而持有的生物资产，包括经济林、薪炭林、产畜和役畜等。公益性生物资产，是指以防护、环境保护为目的的生物资产，包括防风固沙林、水土保持林和水源涵养林等。

（一）生物资产的计税基础

1. 外购的生产性生物资产，以购买价款和支付的相关税费为计税基础。

2. 通过捐赠、投资、非货币性资产交换、债务重组等方式取得的生产性生物资产，以该资产的公允价值和支付的相关税费为计税基础。

（二）生物资产的折旧方法和折旧年限

生产性生物资产按照直线法计算的折旧，准予扣除。企业应当自生产性生物资产投入使用月份的次月起计算折旧；停止使用的生产性生物资产，应当自停止使用月份的次月起停止计算折旧。

企业应当根据生产性生物资产的性质和使用情况，合理确定生产性生物资产的预计净残值。生产性生物资产的预计净残值一经确定，不得变更。

生产性生物资产计算折旧的最低年限如下：

1. 林木类生产性生物资产，为10年。

2. 畜类生产性生物资产，为3年。

三、无形资产的税务处理

无形资产是指企业长期使用、但没有实物形态的资产，包括专利权、商标权、著作权、土地使用权、非专利技术、商誉等。

（一）无形资产的计税基础

1. 外购的无形资产，以购买价款和支付的相关税费，以及直接归属于使该资产达到预定用途发生的其他支出为计税基础。

2. 自行开发的无形资产，以开发过程中该资产符合资本化条件后至达到预定用途前发生的支出为计税基础。

3．通过捐赠、投资、非货币性资产交换、债务重组等方式取得的无形资产，以该资产的公允价值和支付的相关税费为计税基础。

（二）无形资产摊销的范围

在计算应纳税所得额时，企业按照规定计算的无形资产摊销费用，准予扣除。

下列无形资产不得计算摊销费用扣除：

1．自行开发的支出已在计算应纳税所得额时扣除的无形资产。
2．自创商誉。
3．与经营活动无关的无形资产。
4．其他不得计算摊销费用扣除的无形资产。

（三）无形资产的摊销方法及年限

无形资产的摊销采取直线法计算，其摊销年限不得低于 10 年。作为投资或者受让的无形资产，有关法律规定或者合同约定了使用年限的，可以按照规定或者约定的使用年限分期摊销。外购商誉的支出，在企业整体转让或者清算时准予扣除。

四、长期待摊费用的税务处理

长期待摊费用，是指企业发生的应在一个年度以上或几个年度进行摊销的费用。在计算应纳税所得额时，企业发生的下列支出作为长期待摊费用，按照规定摊销的，准予扣除：

（一）以足额提取折旧的固定资产的改建支出。
（二）租入固定资产的改建支出。
（三）固定资产的大修理支出。
（四）其他应当作为长期待摊费用的支出。

企业的固定资产修理支出可在发生当月直接扣除。其改良支出，如果有关固定资产尚未提足折旧，可增加固定资产价值；如有关固定资产已提足折旧，可作为长期待摊费用，在规定的期间内平均摊销。

固定资产的改建支出，是指改变房屋或者建筑物结构、延长使用年限等发生的支出。已足额提取折旧的固定资产的改建支出，按照固定资产预计尚可使用年限分期摊销；租入固定资产的改建支出，按照合同约定的剩余租赁期限分期摊销；改建的固定资产延长使用年限的，除已足额提取折旧的固定资产、租入固定资产的改建支出外，其他的固定资产发生改建支出，应当适当延长折旧年限。

大修理支出,按照固定资产尚可使用年限分期摊销。

企业所得税法所指固定资产的大修理支出,是指同时符合下列条件的支出:

(1)修理支出达到取得固定资产时的计税基础50%以上。

(2)修理后固定资产的使用年限延长两年以上。

其他应当作为长期待摊费用的支出,自支出发生月份的次月起,分期摊销,摊销年限不得低于三年。

五、存货的税务处理

存货是指企业持有已备出售的产品或者商品、处于生产过程中的在产品、在生产或者提供劳务过程中耗用的材料和物料。

(一)存货的计税基础

1. 通过支付现金方式取得的存货,以购买价款和支付的相关税费为成本。

2. 通过支付现金以外的方式取得的存货,以该存货的公允价值和支付的相关税费为成本。

3. 生产性生物资产收获的农产品,以产出或者采收过程中发生的材料费、人工费和分摊的间接费用等必要支出为成本。

(二)存货的成本计算方法

企业使用或者销售的存货的成本计算方法,可以在先进先出法、加权平均法、个别计价法中选用一种。计价方法一经选用,不得随意变更。

企业转让以上资产,在计算企业应纳税所得额时,资产的净值允许扣除。其中,资产的净值是指有关资产、财产的计税基础减除已经按照规定扣除的折旧、折耗、摊销、准备金等后的余额。

除国务院财政、税务主管部门另有规定外,企业在重组过程中,应当在交易发生时确认有关资产的转让所得或损失,相关资产应当按照交易价格重新确定计税基础。

六、投资资产的税务处理

投资资产是指企业对外进行权益性投资和债权性投资而形成的资产。

(一)投资资产的成本

1. 通过支付现金方式取得的投资资产,以购买价款为成本。

2. 通过支付现金以外的方式取得的投资资产,以该资产的公允价值和支付的相关税费为成本。

（二）投资资产成本的扣除方法

企业对外投资期间，投资资产的成本在计算应纳税所得额时不得扣除，企业在转让或者处置投资资产时，投资资产的成本准予扣除。

第四节　应纳税额的计算

一、居民企业应纳税额的计算

居民企业应纳税额等于应纳税所得额乘以适用税率，基本公式为：

居民企业应纳税额＝应纳税所得额×适用税率－减免税额－抵免税额

在实际工作中，应纳税所得额的计算一般有两种方法。

（一）直接计算法

在直接计算法下，居民企业每一纳税年度的收入总额减除不征税收入、免税收入、各项扣除以及允许弥补的以前年度亏损后的余额为应纳税所得额。

计算公式为：

应纳税所得额＝收入总额－不征税收入－免税收入－各项扣除金额－弥补亏损

（二）间接计算法

在间接计算法下，在会计利润总额的基础上加或减按照税法规定调整的项目金额后，即为应纳税所得额。

计算公式为：

应纳税所得额＝会计利润总额±纳税调整项目金额

税收调整项目金额包括两方面的内容：一是企业的财务会计处理和税收规定不一致的应予以调整的金额；二是企业按税法规定准予扣除的税收金额。

二、境外所得抵扣税额的计算

企业取得的下列所得已在境外缴纳的所得税税额，可以从其当期应纳税额中抵免，抵免限额为该项所得依照中国税法规定计算的应纳税额；超过抵免限额的部分，可以在以后五个年度内，用每年度抵免限额抵免当年应抵税额后的余额进行抵补：

1. 居民企业来源于中国境外的应税所得。

2. 非居民企业在中国境内设立机构、场所，取得发生在中国境外但与该机构、场所有实际联系的应税所得。

居民企业从其直接或者间接控制的外国企业分得的来源于中国境外的股息、红利等权益性投资收益，外国企业在境外实际缴纳的所得税税额中属于该项所得负担的部分，可以作为该居民企业的可抵免境外所得税税额，在中国的企业所得税税法规定的抵免限额内抵免。

直接控制，是指居民企业直接持有外国企业 20%以上股份。

间接控制，是指居民企业以间接持股方式持有外国企业 20%以上股份，具体认定办法由国务院财政、税务主管部门另行制定。

已在境外缴纳的所得税税额，是指企业来源于中国境外的所得依照中国境外税收法律以及相关规定应当缴纳并已经实际缴纳的企业所得税性质的税款。企业依照税法的规定抵免企业所得税税额时，应当提供中国境外税务机关出具的税款所属年度的有关纳税凭证。

抵免限额，是指企业来源于中国境外的所得，依照中国的企业所得税法计算的应纳税额。除另有规定外，该抵免限额应当分国（或地区）不分项计算，计算公式为：

抵免限额＝中国境内外所得的应纳税总额×来源于某国（或地区）的应纳税所得额÷中国境外应纳税所得总额

五个年度是指从企业取得的来源于中国境外的所得，已经在中国境外缴纳的企业所得税性质的税额超过抵免限额的当年的次年起连续五个纳税年度。

三、非居民企业应纳税额的计算

对于在中国境内未设立机构、场所的，或者虽设立机构、场所但取得的所得与其所设机构、场所没有实际联系的非居民企业的所得，按照下列方法计算应纳税所得额：

（一）股息、红利等权益性投资收益和利息、租金、特许权使用费所得，以收入全额为应纳税所得额。

（二）转让财产所得，以收入全额减除财产净值后的余额为应纳税所得额。

（三）其他所得，参照前两项规定的方法计算应纳税所得额。

财产净值是指财产的计税基础减除已经按照规定扣除的折旧、折耗、摊销、准备金等后的余额。

四、核定缴纳所得税的方式

(一) 适合核定缴纳方式的范围

企业具有下列情形之一的,应采取核定方式缴纳企业所得税:

1. 依照法律、行政法规的规定可以不设置账簿的。
2. 依照法律、行政法规的规定应当设置但未设置账簿的。
3. 擅自销毁账簿或者拒不提供纳税资料的。
4. 虽设置账簿,但账目混乱或者成本资料、收入凭证、费用凭证残缺不全,难以查账的。
5. 发生纳税义务,未按照规定的期限办理纳税申报,经税务机关责令限期申报,逾期仍不申报的。
6. 申报的计税依据明显偏低,又无正当理由的。

特殊行业、特殊类型的纳税人和一定规模以上的纳税人不适用本办法。上述特定纳税人由国家税务总局另行明确。

(二) 核定缴纳方式的办法

核定缴纳方式主要有定额缴纳和核定应税所得率征收两种办法。

1. 定额缴纳。定额缴纳是指税务机关按照一定的标准、程序和方法,直接核定企业年度应纳所得税额,由企业按规定进行申报缴纳的办法。

2. 核定应税所得率征收。这是指由税务机关按照一定的标准、程序和方法,预先核定企业的应税所得率,由企业根据纳税年度内的收入总额或成本费用等项目的实际发生额,按预先核定的应税所得率计算所得税额的办法。实行核定应税所得率征收办法的,应纳所得税额的计算公式如下:

应纳所得税额 = 应纳税所得额 × 适用税率

应纳税所得额 = 应税收入总额 × 应税所得率

或:

应纳税所得额 = 成本费用支出额 ÷ (1 — 应税所得率) × 应税所得率

根据国家税务总局 2007 年 8 月调整的应税所得率,我国各行业的应税所得率如表 9-1 所示。同时,国家税务总局通知各地可在规定的应税所得率范围内确定本地区的具体应税所得率。

企业经营多行业的,无论其经营项目是否单独核算,均由主管税务机关根据其主营项目,核定其适用某一行业的应税所得率。

纳税人的生产经营范围、主营业务发生重大变化,或者应纳税所得额或应纳税额增减变化达到20%的,应及时向税务机关申报调整已确定的应纳税额或应税所得率。

表 9-1 应税所得率表

行　业	应税所得率（％）
农、林、牧、渔业	3～10
制造业	5～15
批发和零售贸易业	4～15
交通运输业	7～15
建筑业	8～20
饮食业	8～25
娱乐业	15～30
其他行业	10～30

第五节　税收优惠

税收优惠是指国家运用税收政策在税收法律、行政法规中规定对某一部分特定企业和课税对象给予减轻或免除税收负担的一种措施。税法规定的企业所得税的税收优惠方式包括免税、减税、加计扣除、加速折旧、减计收入、税额抵免等。

一、免征与减征优惠

企业的下列所得，可以免征、减征企业所得税。企业如果从事国家限制和禁止发展的项目，不得享受企业所得税优惠。

（一）从事农、林、牧、渔业项目的所得

1．企业从事下列项目的所得，免征企业所得税：

（1）蔬菜、谷物、薯类、油料、豆类、棉花、麻类、糖料、水果、坚果的种植。

（2）农作物新品种的选育。

（3）中药材的种植。

（4）林木的培育和种植。

（5）牲畜、家禽的饲养。

（6）林产品的采集。

（7）灌溉、农产品初加工、兽医、农技推广、农机作业和维修等农、林、牧、渔服务业项目。

（8）远洋捕捞。

2. 从事下列项目的所得，减半征收企业所得税：
（1）花卉、茶以及其他饮料作物和香料作物的种植。
（2）海水养殖、内陆养殖。
（二）从事国家重点扶持的公共基础设施项目投资经营的所得

国家重点扶持的公共基础设施项目，是指《公共基础设施项目企业所得税优惠目录》规定的港口码头、机场、铁路、公路、电力、水利等项目。

企业从事国家重点扶持的公共基础设施项目的投资经营的所得，自项目取得第一笔生产经营收入所属纳税年度起，第一年至第三年免征企业所得税，第四年至第六年减半征收企业所得税。

企业承包经营、承包建设和内部自建上述项目，不得享受企业所得税优惠。
（三）从事符合条件的环境保护、节能节水项目的所得

环境保护、节能节水项目的所得，自项目取得第一笔生产经营收入所属纳税年度起，第一年至第三年免征企业所得税，第四年至第六年减半征收企业所得税。

符合条件的环境保护、节能节水项目，包括公共污水处理、公共垃圾处理、沼气综合开发利用、节能减排技术改造、海水淡化等。

但是，以上规定享受减免税优惠的项目，在减免税期限被转让的，受让方自受让之日起，可以在剩余期限内享受规定的减免税优惠；减免税期限届满后转让的，受让方不得就该项目重复享受减免税优惠。
（四）符合条件的技术转让所得

所谓符合条件的技术转让所得免征、减征企业所得税，是指一个纳税年度内，居民企业转让技术所有权所得不超过500万元的部分，免征企业所得税；超过500万元的部分，减半征收所得税。

二、高新技术企业优惠

（一）国家重点扶持的高新技术企业减按15%的所得税税率征收企业所得税

国家重点扶持的高新技术企业，是指拥有核心自主知识产权，并同时符合下列六方面条件的企业：

1. 拥有核心自主知识产权，是指在中国境内（不含港、澳、台地区）注册的企业，近3年内通过自主研发、受让、受赠、并购等方式，或通过5年以上的独占许可方式，对其主要产品（服务）的核心技术拥有自主知识产权。

2. 产品（服务）属于《国家重点支持的高新技术领域》规定的范围。

3. 研究开发费用占销售收入的比例不低于规定比例。这是指企业为获得

科学技术（不包括人文、社会科学）新知识，创造性运用科学技术新知识，或实质性改进技术、产品（服务）而持续进行了研究开发活动，且近三个会计年度的研究开发费用总额占销售收入总额的比例符合如下要求：

（1）最近一年销售收入小于 5 000 万元的企业，比例不低于 6%；

（2）最近一年销售收入在 5 000 万元至 20 000 万元的企业，比例不低于 4%；

（3）最近一年销售收入在 20 000 万元以上的企业，比例不低于 3%。

其中，企业在中国境内发生的研究开发费用总额占全部研究开发费用总额的比例不低于 60%。企业注册成立时间不足 3 年的，按实际经营年限计算。

4. 高新技术产品（服务）收入占企业总收入的比例不低于规定比例。这是指高新技术产品（服务）收入占企业当年总收入的 60%以上。

5. 科技人员占企业职工总数的比例不低于规定比例。这是指具有大学专科以上学历的科技人员占企业当年职工总人数的 30%以上，其中研发人员占企业当年职工总数的 10%以上。

6. 高新技术企业认定管理办法规定的其他条件。《国家重点支持的高新技术领域》和高新技术企业认定管理办法由国务院科技、财政、税务主管部门制定，报国务院批准后公布施行。

（二）高新技术企业境外所得适用税率及税收抵免

自 2010 年 1 月 1 日起，高新技术企业以境内、境外全部生产经营活动有关的研究开发费用、总收入、销售收入总额、高新技术产品（服务）收入等指标申请并获认定的高新技术企业，其来源于境外的所得可以按照 15%的优惠税率缴纳企业所得税，在计算境外抵免限额时，可按照 15%优惠税率计算境内外应纳税总额。

（三）经济特区和上海浦东新区新设立高新技术企业过渡性税收优惠

1. 对经济特区和上海浦东新区内在 2008 年 1 月 1 日（含）之后完成登记注册的国家需要重点扶持的高新技术企业（以下简称新设高新技术企业），在经济特区和浦东新区内取得的所得，自取得第一笔生产经营收入所属纳税年度起，第一年至第二年免征企业所得税，第三年至第五年按照 25%的法定税率减半征收企业所得税。

国家需要重点扶持的高新技术企业，是指拥有核心自主知识产权，同时符合《中华人民共和国企业所得税法实施条例》第九十三条规定的条件，并按照《高新技术企业认定管理办法》认定的高新技术企业。

2. 经济特区和上海浦东新区内新设高新技术企业同时在经济特区和上海浦东新区以外的地区从事生产经营的，应当单独计算其在经济特区和上海浦东新区内取得的所得，并合理分摊企业的期间费用；没有单独计算的，不得享受

第九章 企业所得税

企业所得税优惠。

3．经济特区和上海浦东新区内新设高新技术企业在按照本通知的规定享受过渡性税收优惠期间，由于复审或抽查不合格而不再具有高新技术企业资格的，从其不再具有高新技术企业资格年度起，停止享受过渡性税收优惠；以后再次被认定为高新技术企业的，不得继续享受或者重新享受过渡性税收优惠。

三、小型微利企业优惠

小型微利企业减按 20% 的所得税税率征收企业所得税，但非居民企业不适用小型微利企业优惠。

小型微利企业的条件如下：

（一）工业企业，年度应纳税所得额不超过 30 万元，从业人数不超过 100 人，资产总额不超过 3 000 万元。

（二）其他企业，年度应纳税所得额不超过 30 万元，从业人数不超过 80 人，资产总额不超过 1 000 万元。

（三）自 2010 年 1 月至 2012 年 12 月 31 日，对年应纳税所得额低于 3 万元（含）的小型微利企业，其年得减按 50% 计入应纳税所得额，按 20% 税率缴纳企业所得税。

自 2012 年 1 月至 2015 年 12 月 31 日，享受上述税收优惠的小型微利企业年应纳税所得额低于 3 万元（含）调整为 6 万元（含）。

四、加计扣除优惠

（一）研究开发费，是指企业为开发新技术、新产品、新工艺发生的研究开发费用，未形成无形资产计入当期损益的，在按照规定据实扣除的基础上，按照研究开发费用的 50% 加计扣除；形成无形资产的，按照无形资产成本的 150% 摊销。

（二）企业安置残疾人员所支付的工资，是指企业在按照支付给残疾职工工资据实扣除的基础上，按照支付给其工资的 100% 加计扣除。

五、创投企业优惠

创投企业优惠，是指创业投资企业采取股份投资方式投资于未上市的中小高新技术企业 2 年以上的，可以按照其投资额的 70% 在股权持有满 2 年的当年抵扣该创业投资企业的应纳税所得额，当年不足抵扣的，可以在以后纳税年度结转抵扣。

六、加速折旧优惠

企业的固定资产由于技术进步等原因，确需加速折旧的，也可缩短折旧年限或者采取加速折旧的方法。采用以上折旧方法的固定资产是指：

（一）由于技术进步，产品更新换代较快的固定资产。

（二）常年处于强震动、高腐蚀状态的固定资产。

采取缩短折旧年限方法的，最低折旧年限不得低于规定折旧年限的60%；采取加速折旧方法的，可以采取双倍余额递减法或年数总和法。

七、减计收入优惠

减计收入优惠，是指企业综合利用资源，生产符合国家产业政策规定的产品所取得的收入，可以在计算应纳税所得额时减计收入。

综合利用资源，是指企业以《资源综合利用企业所得税优惠目录》规定的资源作为主要原料，生产国家非限制和非禁止并符合国家和行业相关标准产品取得的收入，减按90%计入收入总额。

八、税额抵免优惠

税额抵免，是指企业购置并实际使用《环境保护专用设备企业所得税优惠目录》、《节能节水专用设备企业所得税优惠目录》和《安全生产专用设备企业所得税优惠目录》规定的环境保护、节能节水、安全生产等专用设备的，该专用设备的投资额的10%可以从企业当年的应纳税额中抵免；当年不足抵免的，可以在以后五个纳税年度结转抵免。

享受规定的企业所得税优惠的企业，应当实际购置并自身实际投入使用规定的专用设备；企业购置上述专用设备在5年内转让、出租的，应当停止享受企业所得税优惠，并补交已经抵免的企业所得税税款。转让的受让方可以按照该专用设备投资额的10%抵免当年企业所得税应纳税额；当年应纳税额不足抵免的，可以在以后五个纳税年度结转抵免。

企业同时从事适用不同企业所得税待遇的项目的，其优惠项目应当单独计算所得，并合理分摊企业的期间费用；没有单独计算的，不得享受企业所得税优惠。

九、民族自治地方的优惠

民族自治地方的自治机关对本民族自治地方的企业应缴纳的企业所得税中属于地方分享的部分，可以决定减征或者免征。自治州、自治县决定减征或

第九章 企业所得税

者免征的,须报省、自治区、直辖市人民政府批准。

对民族自治地方内国家限制和禁止行业的企业,不得减征或者免征企业所得税。

十、非居民企业优惠

非居民企业的所得税减按 10% 的税率征收企业所得税。

该类非居民企业取得下列所得免征企业所得税:

(一) 外国政府向中国政府提供贷款取得的利息所得。

(二) 国际金融组织向中国政府和居民企业提供优惠贷款取得的利息所得。

(三) 经国务院批准的其他所得。

十一、其他有关行业的优惠

(一) 关于鼓励软件产业和集成电路产业发展的优惠政策

1．软件生产企业实行增值税即征即退政策所退还的税款,由企业用于研究开发软件产品和扩大再生产,不作为企业所得税应税收入,不予征收企业所得税。

2．我国境内新办软件生产企业经认定后,自获利年度起,第一年和第二年免征企业所得税,第三年至第五年减半征收企业所得税。

3．国家规划布局内的重点软件生产企业,如当年未享受免税优惠的,减按 10% 的税率征收企业所得税。

4．软件生产企业的职工培训费用,可按实际发生额在计算应纳税所得额时扣除。

5．企事业单位购进软件,凡符合固定资产或无形资产确认条件的,可以按照固定资产或无形资产进行核算,经主管税务机关核准,其折旧或摊销年限可以适当缩短,最短可为 2 年。

6．集成电路设计企业视同软件企业,享受上述软件企业的有关企业所得税政策。

7．集成电路生产企业的生产性设备,经主管税务机关核准,其折旧年限可以适当缩短,最短可为 3 年。

8．投资额超过 80 亿元人民币或集成电路线宽小于 0.25 微米的集成电路生产企业,可以减按 15% 的税率缴纳企业所得税,其中,经营期在 15 年以上的,从开始获利的年度起,第一年至第五年免征企业所得税,第六年至第十年减半征收企业所得税。

9．对生产线宽小于 0.8 微米(含)集成电路产品的生产企业,经认定后,自获利年度起,第一年和第二年免征企业所得税,第三年至第五年减半征收企业所得税。已经享受自获利年度起企业所得税"两免三减半"政策的企业,不再重复执行本条规定。

10. 自2008年1月1日起至2010年底,对集成电路生产企业、封装企业的投资者,以其取得的缴纳企业所得税后的利润,直接投资于本企业增加注册资本,或作为资本投资开办其他集成电路生产企业、封装企业,经营期不少于5年的,按40%的比例退还其再投资部分已缴纳的企业所得税税款。再投资不满5年撤出该项目投资的,追缴已退的企业所得税税款。

自2008年1月1日起至2010年底,对国内外经济组织作为投资者,以其在境内取得的缴纳企业所得税后的利润,作为资本投资于西部地区开办集成电路生产企业、封装企业或软件产品生产企业,经营期不少于5年的,按40%的比例退还其再投资部分已缴纳的企业所得税税款。再投资不满5年撤出该项目投资的,追缴已退的企业所得税税款。

(二)关于鼓励证券投资基金发展的优惠政策

1. 对证券投资基金从证券市场中取得的收入,包括买卖股票、债券的差价收入,股权的股息、红利收入,债券的利息收入及其他收入,暂不征收企业所得税。

2. 对投资者从证券投资基金分配中取得的收入,暂不征收企业所得税。

3. 对证券投资基金管理人运用基金买卖股票、债券的差价收入,暂不征收企业所得税。

(三)节能服务公司的优惠政策

自2011年1月1日起,对符合条件的节能服务公司实施合同能源管理项目,符合企业所得税税法有关规定的,自项目取得第一笔生产经营收入所属纳税年度起,第一年至第三年免征企业所得税,第四年至第六年按照25%的法定税率减半征收企业所得税。

节能服务企业享受税收优惠应具备以下条件:

(1)独立法人资格,注册资金不低于100万元,且能够单独提供用能状况诊断、节能项目设计、融资、改造(包括施工、设备安装、调试、验收等)、运行管理、人员培训等服务的专业化节能服务公司。

(2)节能服务公司实施合同能源管理项目相关技术应符合国家质量监督检验检疫总局和国家标准化管理委员会发布的《合同能源管理技术通则》(GB/T24915-2010)规定的技术要求。

(3)节能服务公司与用能企业签订《节能效益分享型》合同,其合同格式和内容,符合《合同法》和《合同能源管理技术通则》(GB/T24915-2010)等规定。

（4）节能服务公司实施合同能源管理的项目符合《财政部、国家发展改革委关于公布环境保护节能水项目企业所得税优惠目录（试行）的通知》（财税[2009]166号"4.节能减排技术改造"类中第一项至第八项规定的项目和条件。

（5）节能服务公司投资额不低于实施合同能源管理项目投资总额的70%。

（6）节能服务公司拥有匹配的专职技术人员和合同能源管理人才，具有保障项目顺利实施和稳定运行的能力。

节能服务公司与用能企业的业务往来，应当按独立企业间的业务往来收取或支付价款及费用，而减少其应纳税所得额的，税务机关有权进行合理调整。

十二、其他优惠

为了新、旧企业所得税法规的顺利衔接，新企业所得税法规作了明确的过渡规定：企业所得税法公布前（2007年3月16日）已经批准设立（已经完成工商登记注册）的企业，依照当时的税收法律、行政法规规定，享受低税率优惠的，可以在新企业所得税法施行后5年内，逐步过渡到新企业所得税法规定的税率；享受定期减免税优惠的，可以在新企业所得税法实行后继续享受到期满为止，但因未获利而尚未享受优惠的，优惠期限从新企业所得税法实行年度起计算。具体规定如下：

（一）低税率优惠过渡政策

自2008年1月1日起，原享受低税率优惠政策的企业，在新税法实行后5年被逐步过渡到法定税率。其中：享受企业所得税15%税率的企业，2008年按18%税率执行，2009年按20%税率执行，2010年按22%税率执行，2011年按24%税率执行，2012年按25%税率执行。原执行24%税率的企业，2008年起按25%税率执行。

（二）"两免三减半"、"五免五减半"过渡政策

自2008年1月1日起，原享受企业所得税"两免三减半"、"五免五减半"等定期减免税优惠的企业，新税法实行后继续按原税收法律、行政法规及相关文件规定的优惠办法及年限享受至期满为止。

但因未获利而尚未享受税收优惠的，其优惠期限从2008年度起计算。

（三）原外商投资企业税收优惠的处理

1. 2008年1月1日之前外商投资企业形成的累积未分配利润，在2008年以后分配给外国投资者的，免征企业所得税；2008年及以后年度外商投资企业新增利润分配给外国投资者的，依法缴纳企业所得税。

2. 外国投资者从外商投资企业取得的税后利润直接再投资本企业增加注

册资本，或者作为资本投资开办其他外商投资企业，凡在2007年底以前完成再投资事项，并在国家工商管理部门完成变更或注册登记的，可以按照《中华人民共和国外商投资企业和外国企业所得税法》及其有关规定，给予办理再投资退税。对在2007年底以前用2007年度未分配利润进行再投资的，不给予退税。

3. 外国企业向我国转让专有技术或提供贷款等取得所得，凡上述事项所涉及的合同是在2007年底以前签订，且符合《中华人民共和国外商投资企业和外国企业所得税法》规定免税条件，经税务机关批准给予免税的，在合同有效期内可继续给予免税，但不包括延期、补充合同或扩大的条款。各主管税务机关应做好合同执行跟踪管理工作，及时开具完税证明。

4. 外商投资企业按照《中华人民共和国外商投资企业和外国企业所得税法》规定享受定期减免税优惠，2008年后，企业生产经营业务性质或经营期发生变化，导致其不符合《中华人民共和国外商投资企业和外国企业所得税法》规定条件的，仍依据《中华人民共和国外商投资企业和外国企业所得税法》规定补缴其此前（包括在优惠过渡期内）已经享受的定期减免税税款。各主管税务机关在每年对这类企业进行汇算清缴时，应对其经营业务内容和经营期限等变化情况进行审核。

（四）西部大开发税收优惠

根据国务院实施西部大开发有关文件精神，财政部、税务总局和海关总署联合下发的《财政部、国家税务总局、海关总署关于西部大开发税收优惠政策问题的通知》（财税[2001]202号）中规定的西部大开发企业所得税优惠政策继续执行。

1. 适用范围。本政策的适用范围包括重庆市、四川省、贵州省、云南省、西藏自治区、陕西省、甘肃省、宁夏回族自治区、青海省、新疆维吾尔自治区、新疆生产建设兵团、内蒙古自治区和广西壮族自治区（上述地区统称"西部地区"），湖南省湘西土家族苗族自治州、湖北省恩施土家族苗族自治州、吉林省延边朝鲜族自治州，可以比照西部地区的税收优惠政策执行。

2. 具体内容。（1）对设在西部地区国家鼓励类产业的内资企业，在2011年～2020年期间，减按15%的所得税税率征收企业所得税。国家鼓励类产业的内资企业是指以《产业结构调整指导目录》（2005年版）中规定的产业项目为主营业务，其主营业务收入占企业总收入70%以上的企业。收入达到比例的，实行企业自行申请，税务机关审核的管理办法。经税务机关审核确认后，企业方可减按15%所得税税率交纳企业所得税。企业未按规定提出申请或未经税务机关审核确认的，不得享受上述税收优惠政策。（2）对西部地区2010年12月31日前新办的，根据《财政部、国家税务总局和海关总署关于西部大开发税收优惠政策问题的通知》(财税[2001]202号)规定,可以享受企业所得税"两免三减"优惠的交通、电力、水利、邮政、广播电视的企业,其享受的企业所得税优惠可以继续享受到期满为止。(3)对在西部地区新办交通、电力、水利、邮政、广播电视的企业,上述项目业务收入占企业总收入70%以上的,可以享受企业所得税如下优惠政策:内资企业自开始生产经营之日起,第一年至第二年免征企业所得税,第三年至第五年减半征收企业所得税。

新办交通企业,是指投资新办从事公路、铁路、航空、港口、码头运营和管道运输的企业;新办电力企业,是指投资新办从事电力运营的企业;新办水利企业,是指投资新办从事江河湖泊综合治理、防洪除涝、灌溉、供水、水资源保护、水力发电、水土保持、河道疏浚、河海堤防建设等开发水利、防治水害的企业;新办邮政企业,是指投资新办从事邮政运营的企业;新办广播电视企业,是指投资新办从事广播电视运营的企业。

上述企业同时符合规定条件的,第三年至第五年减半征收企业所得税时,按15%税率计算出应纳所得税额后减半执行。

上述所称企业,是指投资主体自建、运营上述项目的企业,单纯承揽项目建设的施工企业不得享受优惠措施。

3. 对实行汇总(合并)纳税企业,应当将西部地区的成员企业与西部地区以外的成员企业分开,分别汇总(合并)申报纳税,分别适用所得税税率。

(五)其他事项

1. 享受企业所得税过渡优惠政策的企业,应按照新税法和实施条例中有关收入和扣除的规定计算应纳税所得额。

2. 企业所得税过渡优惠政策与新税法及实施条例规定的优惠政策存在交叉的,由企业选择最优惠的政策执行,不得叠加享受,且一经选择,不得改变。

3. 法律设置的发展对外经济合作和技术交流的特定地区内,以及国务院已规定执行上述地区特殊政策的地区内新设立的国家需要重点扶持的高新技术企业,可以享受过渡性税收优惠,具体办法由国务院规定。

4. 国家已确定的其他鼓励类企业,可以按照国务院规定享受减免税优惠。

5. 对企业取得的2009年、2010年和2011年发行的地方政府债券利息所得,免征企业所得税。地方政府债券是经国务院批准,以省、自治区、直辖市和计划单列市政府为发行和偿还主体的债券。

6. 对企业有2011年~2013年发行的中国铁路建设债券取得的利息收入,减半征收企业所得税。

第六节 源泉扣缴

一、扣缴义务人

（一）对非居民企业在中国境内未设立机构、场所的，或者虽设立机构、场所但取得的所得与其所设机构、场所没有实际联系的所得应缴纳的所得税，实行源泉扣缴，以支付人为扣缴义务人。税款由扣缴义务人在每次支付或者到期应支付时，从支付或者到期应支付的款项中扣缴。

上述所称支付人，是指依照有关法律规定或者合同约定对非居民企业直接负有支付相关款项义务的单位或者个人。

支付包括现金支付、汇拨支付、转账支付和权益兑价支付等货币支付和非货币支付。

到期应支付的款项，是指支付人按照权责发生制原则应当计入相关成本、费用的应付款项。

（二）对非居民企业在中国境内取得工程作业和劳务所得应缴纳的所得税，税务机关可以指定工程价款或者劳务费的支付人为扣缴义务人。

二、扣缴方法

（一）扣缴义务人扣缴税款时，按前述非居民企业计算方法计算税款。

（二）应当扣缴的所得税，扣缴义务人未依法扣缴或者无法履行扣缴义务的，由企业在所得发生地缴纳。企业未依法缴纳的，税务机关可以从该企业在中国境内其他收入项目的支付人应付的款项中，追缴该企业的应纳税款。

上述所称所得发生地，是指依照实施条例第七条规定的原则确定的所得发生地。在中国境内存在多处所得发生地的，由企业选择其中之一申报缴纳企业所得税。

该企业在中国境内其他收入，是指该企业在中国境内取得的其他各种来源的收入。

（三）税务机关在追缴该企业应纳税款时，应当将追缴理由、追缴数额、缴纳期限和缴纳方式等告知该企业。

（四）扣缴义务人每次代扣的税款，应当自代扣之日起 7 日内缴入国库，并向所在地的税务机关报送扣缴企业所得税报告表。

第七节　特别纳税调整

一、调整范围

特别纳税调整的范围，是指企业与其关联方之间的业务往来，不符合独立交易原则而减少企业或者其关联方应纳税收入或者所得额的，税务机关有权按照合理方法调整。企业与其关联方共同开发、受让无形资产，或者共同提供、接受劳务发生的成本，在计算应纳税所得额时应当按照独立交易原则进行分摊。

独立交易原则，是指没有关联关系的交易各方，按照公平成交价格和营业常规进行业务往来而遵循的原则。

（一）关联方

关联方是指与企业有下列关联关系之一的企业、其他组织或者个人，具体指：

1．在资金、经营、购销等方面存在直接或者间接的控制关系。

2．直接或者间接的同为第三者控制。

3．在利益上具有相关联的其他关系。

（二）关联企业之间关联业务的税务处理

1．企业与其关联方共同开发、受让无形资产，或者共同提供、接受劳务发生成本，在计算应纳税所得额时应当按照独立交易原则进行分摊。

2．企业与其关联方分摊成本时，应当按照成本与预期收益相配比的原则进行分摊，并在税务机关规定的期限内，按照税务机关的要求报送有关资料。

3．企业与其关联方分摊成本时违反以上1、2规定的，其自行分摊的成本不得在计算应纳税所得额时扣除。

4．企业可以向税务机关提出与其关联方之间业务往来的定价原则和计算方法，税务机关与企业协商、确认后，达成预约定价安排。

预约定价安排，是指企业就其未来年度关联交易的定价原则和计算方法，向税务机关提出申请，与税务机关按照独立交易原则协商、确认后达成的协议。

5．企业向税务机关报送年度企业所得税纳税申报表时，应当就其与关联方之间的业务往来，附送年度关联业务往来报告表。

税务机关在进行关联业务调查时，企业及其关联方，以及与关联业务调查有关的其他企业，应当按照规定提供相关资料，包括：

（1）与关联业务往来有关的价格、费用的制定标准、计算方法和说明等同期资料。

（2）关联业务往来所涉及的财产、财产使用权、劳务等的再销售（转让）价格或者最终销售（转让）价格的相关资料。

（3）与关联业务调查有关的其他企业应当提供的与被调查企业的产品价格、定价方式以及利润水平等资料。

（4）其他与关联业务往来有关的资料。

6. 由居民企业，或者由居民企业和中国居民控制的设立在实际税负明显低于25%的税率水平的国家（或地区）的企业，并非由于合理的经营需要而对利润不做分配或者减少分配，上述利润中应归属于该居民企业的部分，应当计入该居民企业的当期收入。所谓控制包括：

（1）居民企业或者中国居民直接或间接单一持有外国企业10%以上有表决权股份，且由其共同持有该外国企业50%以上股份。

（2）居民企业，或者居民企业和中国居民持股比例没有达到上一项规定的标准，但在股份、资金、经营、购销等方面对该外国企业构成实质控制。

（3）上述所指的实际税负明显偏低是指实际税负明显低于企业所得税法规定的25%所得税税率的50%。

7. 企业从其关联方接受的债权性投资与权益性投资的比例超过规定标准而发生的利息支出，不得在计算应纳税所得额时扣除。企业间接从关联方获得的债权性投资，包括：

（1）关联方通过无关联第三方提供的债权性投资。

（2）无关联第三方提供的、由关联方担保且负有连带责任的债权性投资。

（3）其他间接从关联方获得的具有负债事实的债权性投资。

所称权益性投资，是指企业接受的不需要偿还本金和支付利息，投资人对企业净资产拥有所有权的投资。

8. 母子公司间提供服务支付费用的有关企业所得税处理，包括：

（1）母公司为其子公司（以下简称子公司）提供各种服务而发生的费用，应按照独立企业之间公平交易原则确定服务的价格，作为企业正常的劳务费用进行税务处理。

母子公司未按照独立企业之间的业务往来收取价款的，税务机关有权予以调整。

（2）母公司向其子公司提供各项服务，双方应签订服务合同或协议，明确规定提供服务的内容、收费标准及金额等，凡按上述合同或协议规定所发生的服务费，母公司应作为营业收入申报纳税；子公司作为成本费用在税前扣除。

（3）母公司向其多个子公司提供同类服务，其收取的服务费可以采取分项签订合同或协议收取；也可以采取服务分摊协议的方式，即由母公司与各子公司签订服务费用分摊合同或协议,以母公司为其子公司提供服务所发生的实际费用并附加一定比例利润作为向子公司收取的总服务费,在各子公司(包括盈利企业、亏损企业和享受减免税企业)之间按《中华人民共和国企业所得税法》第四十一条第二款规定合理分摊。

(4)母公司以管理费形式向子公司提取费用,子公司因此支付给母公司的管理费,不得在税前扣除。

(5)子公司申报税前扣除向母公司支付的服务费用,应向主管税务机关提供与母公司签订的服务合同或者协议等与税前扣除该项费用相关的材料;不能提供相关材料的,支付的服务费用不得税前扣除。

二、调整方法

(一)可比非受控价格法。它是指按照没有关联关系的交易各方进行相同或者类似业务往来的价格进行定价的方法。

(二)再销售价格法。它是指按照从关联方购进商品再销售给没有关联关系的交易方的价格,减除相同或者类似业务的销售毛利进行定价的方法。

(三)成本加成法。它是指按照成本价合理的费用和利润进行定价的方法。

(四)交易净利润法。它是指按照没有关联关系的交易各方进行相同或者类似业务往来取得的净利润水平确定利润的方法。

(五)利润分割法。它是指将企业与其关联方的合并利润或者亏损在各方之间采用合理标准进行分配的方法。

(六)其他符合独立交易原则的方法。

三、核定征收

企业不提供与其关联方之间业务往来资料,或者提供虚假、不完整资料,未能真实反映其关联业务往来情况的,税务机关有权依法核定其应纳税所得额。

核定方法有:

(一)参照同类或者类似企业的利润率水平核定。

(二)按照企业成本价合理的费用和利润的方法核定。

(三)按照关联企业集团整体利润的合理比例核定。

(四)按照其他合理方法核定。

企业对税务机关按照规定方法核定的应纳税所得额有异议的,应当提供相关证据,经税务机关认定后,调整核定的应纳税所得额。

四、加收利息

企业实施其他不具有合理商业目的的安排而减少其应纳税收入或者所得额的,税务机关有权按照合理方法调整。不具有合理商业目的,是指以减少、免除或者推迟缴纳税款为主要目的。

税务机关依照规定进行特别纳税调整后,除了应当补征税款外,应按照国务院规定加收利息。

应当对补征的税款自税款所属纳税年度的次年 6 月 1 日起至补缴税款之日止的期间,按日加收利息。加收的利息不得在计算应纳税所得额时扣除。

利息应当按照税款所属纳税年度中国人民银行公布的与补税期间同期的人民币贷款基准利率加 5 个百分点计算。

企业依照企业所得税法规定,在报送年度企业所得税纳税申报表时,附送了年度关联业务往来报告表的,可以只按规定的人民币贷款基准利率计算利息。

企业与其关联方之间的业务往来,不符合独立交易原则,或者企业实施其他不具有合理商业目的的安排的,税务机关有权在该业务发生的纳税年度起 10 年内,进行纳税调整。

第八节 所得税的征收管理

一、纳税地点

(一)除税收法律、行政法规另有规定外,居民企业以企业登记注册地为纳税地点;但登记注册地在境外的,以实际管理机构所在地为纳税地点。企业注册登记地,是指企业依照国家有关规定登记注册的住所地。

(二)居民企业在中国境内设立不具有法人资格的营业机构的,应当汇总计算并交纳企业所得税。企业汇总计算并交纳企业所得税时,应当统一核算应纳税所得额,具体办法由国务院财政、税务主管部门另行制定。

(三)非居民企业在中国境内设立机构、场所的,应当就其所设机构、场所取得的来源于中国境内的所得,以及发生在中国境外但与其所设机构、场所有实际联系的所得,以机构、场所所在地为纳税地点。非居民企业在中国境内设立两个或者两个以上机构、场所的,经税务机关审核批准,可以选择由其主要机构、场所汇总缴纳企业所得税。非居民企业经批准汇总缴纳企业所得税后,需要增设、合并、迁移、关闭机构、场所或停止机构、场所业务的,应当事先由负责汇总申报缴纳企业所得税的主要机构、场所向其所在地税务机关报告;

第九章　企业所得税

需要变更汇总缴纳企业所得税的主要机构、场所的，依照前款规定办理。

（四）非居民企业在中国境内未设立机构、场所的，或者虽设立机构、场所但取得的所得与其所设机构、场所没有实际联系的所得，以扣缴义务人所在地为纳税地点。

（五）除国务院另有规定外，企业之间不得合并交纳企业所得税。

二、纳税期限

企业所得税按年计征，分月或者分季预缴，年终汇算清缴，多退少补。

企业所得税的纳税年度，自公历1月1日起至12月31日止。企业在一个纳税年度的中间开业或者由于合并、关闭等原因终止经营活动，该纳税年度的实际经营期不足12个月的，应当以其实际经营期为一个纳税年度。企业清算时，应当以清算期间作为一个纳税年度。

自年度终了之日起5个月内，向税务机关报送年度企业所得税纳税申报表，并汇算清缴，结清应缴应退税款。

企业在年度中间终止经营活动的，应当自实际经营终止之日起60日内，向税务机关办理当期企业所得税汇算清缴。

三、纳税申报

按月或按季预缴的，应当自月份或者季度终了之日起15日内，向税务机关报送预缴企业所得税纳税申报表，预缴税款。

企业在报送企业所得税纳税申报表时，应当按照规定附送财务会计报告和其他有关资料。

企业应当在办理注销登记前，就其清算所得向税务机关申报并依法缴纳企业所得税。

依照企业所得税法缴纳的企业所得税，应以人民币计算。所得以人民币以外的货币计算的，应当折合成人民币计算并缴纳税款。

企业在纳税年度内无论盈利或者亏损，都应当依照企业所得税法规定的期限，向税务机关报送预缴企业所得税纳税申报表、年度企业所得税纳税申报表、财务会计报告和税务机关规定应当报送的其他有关资料。

四、合伙企业所得税的征收管理

自2008年1月1日起，合伙企业缴纳的所得税按下列规定处理，此前规定与下列规定有抵触的，以下列规定为准。

（一）合伙企业每一个合伙人为纳税义务人。合伙人是自然人的，缴纳个人所得税；合伙人是法人和其他组织的，缴纳企业所得税。

（二）合伙企业生产经营所得和其他所得按照先分后税的原则。生产经营所得和其他所得，包括合伙企业分配给所有合伙人的所得和企业当年留存的所得。具体应纳税所得额的计算按照《关于个人独资企业和合伙企业投资者征收个人所得税的规定》（财税[2000]91号）及《财政部国家税务总局关于调整个体工商户个人独资企业和合伙企业个人所得税税前扣除标准有关问题的通知》（财税[2008]65号）的有关规定执行。

（三）合伙人确定应纳税所得额的原则如下：

1. 合伙企业的合伙人以合伙企业的生产经营所得和其他所得，按照合伙协议约定的分配比例确定应纳税所得额；

2. 合伙协议未约定或者约定不明确的，以全部生产经营所得和其他所得，按照合伙人协商决定的分配比例确定应纳税所得额。

3. 协商不成的，以全部生产经营所得和其他所得，按照合伙人实缴出资比例确定应纳税所得额。

4. 无法确定出资比例的，以全部生产经营所得和其他所得，按照合伙人数量平均计算每个合伙人的应纳税所得额。

合伙协议不得约定将全部利润分配给部分合伙人。

（四）合伙企业的合伙人是法人和其他组织的，合伙人在计算其缴纳企业所得税时，不得用合伙企业的亏损抵减其盈利。

参考文献

1.《中华人民共和国企业所得税法》，中华人民共和国主席令[2007]63号，2007年3月16日。

2.《中华人民共和国企业所得税法实施条例》，中华人民共和国国务院令第512号，2007年12月6日。

3.《关于贯彻落实国务院关于实施企业所得税过渡优惠政策有关问题的通知》，财税[2008]21号，2008年2月13日。

4.《关于印发〈企业所得税核定征收办法（试行）〉的通知》，国税发[2008]30号，2008年3月6日。

5.《关于印发〈跨地区经营汇总纳税企业所得税征收管理暂行办法〉的通知》，国税发[2008]28号，2008年3月10日。

6.《关于印发〈高新技术企业认定管理办法〉的通知》，国科发[2008]172号，2008年4月14日。

7.《关于母子公司间提供服务支付费用有关企业所得税处理问题的通知》，

国税发[2008]86号,2008年8月14日。

8.《关于确认企业所得税收入若干问题的通知》,国税函[2008]875号,2008年10月30日。

9.《国家税务总局关于企业所得税减免税管理问题的通知》,国税发[2008]111号,2008年12月1日。

10.《关于印发〈企业研究开发费用税前扣除管理办法（试行）〉的通知》,国税发[2008]116号,2008年12月10日。

11.《关于印发〈非居民企业所得税源泉扣缴管理暂行办法〉的通知》,国税发[2009]3号,2009年1月9日。

12.《税法》,CPA2012年度注册会计师全国统一考试辅导教材,2012年4月第1版。

13.《财政部国家税务总局关于调整个体工商户个人独资企业和合伙企业个人所得税税前扣除标准有关问题的通知》(财税[2008]65号)。

14.《财政部国家税务总局关于合伙企业合伙人所得税问题的通知》,（财税[2008]号159号）。

第十章 个人所得税

个人所得税是对个人所取得的各种应纳税收入为课税对象而征收的一种所得税，其纳税人包括了自然人个人和自然人企业。个人所得税是一种直接税，纳税人难以对税负进行转嫁，常常是政府进行个人收入调节的手段，达到缩小贫富差距，缓和社会矛盾，体现社会公平。我国现行个人所得税的基本规范是《中华人民共和国个人所得税法》，自 1980 年全国人民代表大会制定，1993 年全国人民代表大会常务委员会修改。个人所得税法经过 6 次修改，目前适用的是 2011 年 6 月 30 日，由十一届全国人民代表大会常务委员会二十一次会议修改通过的《中华人民共和国个人所得税法》，自 2011 年 9 月 1 日起执行。

第一节 纳税义务人

个人所得税的纳税义务人，包括中国公民、个体工商业户、个人独资企业和合伙企业的投资者，以及在中国有所得的外籍人员（包括无国籍人员，下同）和我国香港、澳门、台湾同胞。上述纳税义务人依据住所和居住时间两个标准，区分为居民和非居民，分别承担不同的纳税义务。

一、居民纳税义务人

居民纳税义务人是指在中国境内有住所，或者无住所而在中国境内居住满一年的个人。居民纳税义务人负有无限纳税义务。其所取得的应纳税所得，无论来源于中国境内还是中国境外任何地方，都要在中国缴纳个人所得税。

在中国境内有住所的个人是指因户籍、家庭、经济利益关系而在中国境内习惯性居住的个人。这里所说的习惯性居住，是指个人因学习、工作、探亲等原因消除之后，没有理由在其他地方继续居留时，所要回到的地方，而不是指实际居住或在某一个特定时期内的居住地。这是判断纳税义务人属于居民还是非居民的一个重要依据。

在境内居住满一年，是指在一个纳税年度（即公历 1 月 1 日起至 12 月 31 日止，下同）内，在中国境内住 365 日。临时离境的，不扣减日数。临时离境，是指在一个纳税年度中一次不超过 30 日或者多次累计不超过 90 日的离境。综上所述，个人所得税的纳税义务人包括以下两类：

第十章　个人所得税

（一）在中国定居的中国公民和外国侨民。但不包括虽具有中国国籍，却并没有在中国大陆定居，而是侨居海外的华侨和居住在香港、澳门、台湾的同胞。

（二）从公历1月1日起至12月31日止，居住在中国境内的外国人、海外侨胞和我国香港、澳门、台湾同胞。这些人如果在一个纳税年度内，一次离境不超过30日，或者多次离境累计不超过90日的，仍应被视为全年在中国境内居住，从而判定为居民纳税义务人。

现行税法中关于"中国境内"的概念，是指中国大陆地区，目前还不包括香港、澳门和台湾地区。

二、非居民纳税义务人

非居民纳税义务人是指在中国境内无住所又不居住或者无住所而在境内居住不满一年的个人。在现实生活中，习惯性居住地不在中国境内的个人，只有外籍人员、华侨或者香港、澳门和台湾同胞。因此，非居民纳税义务人，实际上只能是在一个纳税年度中，没有在中国境内居住，或者在中国境内居住不满一年的外籍人员、华侨或香港、澳门、台湾同胞。非居民纳税义务人，承担有限纳税义务，仅就其来源于中国境内的所得，向中国缴纳个人所得税。

三、所得来源地的确定

判断所得来源地，是确定该项所得是否应征收个人所得税的重要依据。中国的个人所得税，依据所得来源地的判断应反映经济活动的实质，要遵循方便税务机关实行有效征管的原则。具体规定如下：

（一）工资、薪金所得，以纳税人任职、受雇的公司、企业、事业单位、机关、团体、部队、学校等单位的所在地作为所得来源地。

（二）生产经营所得，以生产、经营活动实现地作为所得来源地。

（三）劳动报酬所得，以纳税人实际提供劳务的地点作为所得来源地。

（四）不动产转让所得，以不动产坐落地为所得来源地；动产转让所得，以实现转让的地点为所得来源地。

（五）财产租赁所得，以被租赁财产的使用地作为所得来源地。

（六）利息、股息、红利所得，以支付利息、股息、红利的企业、机构、组织的所在地作为所得来源地。

（七）特许权使用费所得，以特许权的使用地作为所得来源地。

所得的来源地与所得的支付地并不是同一概念，有时二者是一致的，有时是不同的。

根据上述原则和方法,来源于中国境内的所得有:

(一)在中国境内的公司、企业、事业单位、机关、社会团体、部队、学校等单位或经济组织中任职、受雇而取得的工资、薪金所得。

(二)在中国境内提供各种劳务而取得的劳务报酬所得。

(三)在中国境内从事生产、经营活动而取得的所得。

(四)个人出租的财产被承租人在中国境内使用而取得的财产租赁所得。

(五)转让中国境内的房屋、建筑物、土地使用权,以及在中国境内转让其他财产而取得的财产转让所得。

(六)提供在中国境内使用的专利权、专有技术、商标权、著作权以及其他各种特许权利而取得的特许权使用费所得。

(七)因持有中国的各种债券、股票、股权而从中国境内的公司、企业或其他经济组织以及个人处取得的利息、股息、红利所得。

(八)在中国境内参加各种竞赛活动取得名次的奖金所得;参加中国境内有关部门和单位组织的有奖活动而取得的中奖所得;购买中国境内有关部门和单位发行的彩票取得的中彩所得。

(九)在中国境内以图书、报刊方式出版、发表作品,取得的稿酬所得。

第二节 应税所得项目

个人所得税的应税项目有:

一、工资、薪金所得

工资、薪金所得,是指个人因任职或者受雇而取得的工资、薪金、奖金、年终加薪、劳动分红、津贴、补贴以及与任职或者受雇有关的其他所得。其中,年终加薪、劳动分红不分种类和取得情况,一律按工资、薪金所得课税。津贴、补贴等则有例外,根据我国目前个人收入的构成情况,对于一些项目不予征税,包括:

(一)独生子女补贴;

(二)执行公务员工资制度未纳入基本工资总额的补贴、津贴差额和家属成员的副食品补贴;

(三)托儿补助费;

(四)差旅费津贴、误餐补助。其中,误餐补助是指按照财政部规定,个人因公在城区、郊区工作,不能在单位或返回就餐的,根据实际误餐顿数,按规定的标准领取的误餐费。单位以误餐补助名义发给职工的补助、津贴不能包括在内。

二、个体工商户的生产、经营所得

（一）个体工商户从事工业、手工业、建筑业、交通运输业、商业、饮食业、服务业、修理业以及其他行业生产、经营取得的所得；

（二）个人经政府有关部门批准，取得执照，从事办学、医疗、咨询以及其他有偿服务活动取得的所得；

（三）上述个体工商户和个人取得的与生产、经营有关的各项应纳税所得；

（四）个人因从事彩票代销业务而取得的所得；

（五）其他个人从事个体工商户的生产、经营取得的所得。

三、对企事业单位的承包经营、承租经营所得

对企事业单位的承包经营、承租经营所得，是指纳税义务人按照承包经营、承租经营合同规定分得的经营利润和工资、薪金性质的所得；所说的减除必要费用，是指按月减除 2 000 元。

四、劳务报酬所得

劳务报酬所得，是指个人从事设计、装潢、安装、制图、化验、测试、医疗、法律、会计、咨询、讲学、新闻、广播、翻译、审稿、书画、雕刻、影视、录音、录像、演出、表演、广告、展览、技术服务、介绍服务、经纪服务、代办服务以及其他劳务取得的所得。

在实际操作过程中，可能出现难以判定一项所得是属于工资、薪金所得，还是属于劳务报酬所得的情况。这二者的区别在于：工资、薪金所得属于非独立个人劳务活动所得，即在机关、团体、学校、部队、企业、事业单位及其他组织中任职、受雇而得到的报酬；而劳务所得，则是个人独立从事各种技艺、提供各项劳务取得的报酬。

五、稿酬所得

稿酬所得，是指个人因其作品以图书、报刊形式出版、发表而取得的所得。

六、特许权使用费所得

特许权使用费所得，是指个人提供专利权、商标权、著作权、非专利技术以及其他特许权的使用权而取得的所得。提供著作权的使用权取得的所得，不包括稿酬所得。

七、利息、股息、红利所得

利息、股息、红利所得，是指个人拥有债权、股权而取得的利息、股息、红利所得。

对储蓄存款利息，1999 年 11 月 1 日前是免征个人所得税的。根据国务院《对储蓄存款利息所得征收个人所得税的实施办法》的规定，从 1999 年 11 月 1 日起，从境内的储蓄机构取得人民币、外币储蓄存款利息所得的个人，应当缴纳个人所得税。2007 年国务院对该办法作了修改，从 2007 年 8 月 15 日起，利息所得按 5%的比例税率征收个人所得税。自 2008 年 10 月 9 日起，暂免征收储蓄存款利息的个人所得税。

八、财产租赁所得

财产租赁所得，是指个人出租建筑物、土地使用权、机器设备、车船以及其他财产取得的所得。

九、财产转让所得

财产转让所得，是指个人转让有价证券、股权、建筑物、土地使用权、机器设备、车船以及其他财产取得的所得。具体规定为：

（一）股票转让所得

鉴于我国证券市场发育还不成熟，对股票转让所得的计算、征税办法和纳税期限的确认等都需要作深入的调查研究，结合国际通行做法，作出符合我国实际的规定。因此，国务院决定对股票转让所得暂不征收个人所得税。

（二）量化资产股份转让

集体所有制企业在改制为股份合作制企业时，对职工个人以股份形式取得的拥有所有权的企业量化资产，暂缓征收个人所得税；待个人将股份转让时，就其转让收入额，减除个人取得该股份时实际支付的费用支出和合理转让费用后的余额，按"财产转让所得"项目计征个人所得税。

（三）个人出售自有住房

根据个人所得税法的规定，个人出售自有住房取得的所得应按照"财产转让所得"项目征收个人所得税。

十、偶然所得

偶然所得，是指个人得奖、中奖、中彩以及其他偶然性质的所得。偶然所得应缴纳的个人所得税税款，一律由发奖单位或机构代扣代缴。

第十章 个人所得税

十一、国务院财政部门确定的应该征收的其他所得

除上述列举的各项个人应税所得外，其他确有必要征税的个人所得，由国务院财政部门确定。个人取得的所得，难以界定应纳税所得项目的，由主管税务机关确定。

第三节 税率

我国个人所得税按工资薪金所得、经营所得、稿酬所得、劳务报酬和特许权使用费所得等项目分别确定税率。

一、工资、薪金所得的税率

工资、薪金所得，适用七级超额累进税率，税率为3%～45%（见表10-1）。

表10-1 工资、薪金所得税率表

级数	全月应纳税所得额	税率（%）	速算扣除数（元）
1	不超过1 500元的部分	3	0
2	超过1 500元至4 500元的部分	10	105
3	超过4 500元至9 000元的部分	20	555
4	超过9 000元至35 000元的部分	25	1 005
5	超过35 000元至55 000元的部分	30	2 755
6	超过55 000元至80 000元的部分	35	5 505
7	超过80 000元的部分	45	13 505

二、生产、经营所得和承包、承租经营所得的税率

（一）个体工商户生产、经营所得和个人对单位的承包经营、承租经营所得，适用5%至35%的超额累进税率。

表10-2 生产、经营所得和承包、承租经营所得税率表

级数	全年应纳税所得额	税率（%）	速算扣除数（元）
1	不超过15 000元的部分	5	0
2	超过15 000元至30 000元的部分	10	750
3	超过30 000元至60 000元的部分	20	3 750
4	超过60 000元至100 000元的部分	30	9 750
5	超过100 000元的部分	35	14 750

在企业的实际经营中,因为实行承包、承租的运营形式较多,纳税人应该根据承包、承租经营合同(协议)对所得的实质性约定来确定其适用的税率。

1. 承包、承租人对企业经营成果不拥有所有权,仅是按合同(协议)约定而取得一定收入的,其所得按"工资、薪金"所得项目征税,适用3%至45%的七级超额累进税率。

2. 承包、承租人按合同(协议)的规定在向发包、出租方交纳一定费用后,企业的经营成果属于其拥有,该承包、承租所得,应按企业承包、承租经营所得项目适用5%至35%的五级超额累进税率征税。

(二)个人独资企业和合伙制企业的个人投资者取得的生产经营所得,适用5%至35%的五级超额累进税率。

三、稿酬所得的税率

稿酬所得,适用比例税率,税率为20%,并按应纳税额减征30%,故其实际税率为14%。

四、劳务报酬所得的税率

劳务报酬所得,适用比例税率,税率为20%。对劳务报酬所得一次收入畸高的,实行加成征收,其中:对应税所得额超过20 000元至50 000元的部分加征五成,即按30%税率征收;对应税所得额超过50 000元的部分加征十成,即按40%的税率征收。这事实上形成了一套3级超额累进税率。

表10-3 劳务报酬所得税率表

级数	每次应纳税所得额	税率(%)	速算扣除数(元)
1	不超过20 000元的部分	20	0
2	超过20 000元到50 000元的部分	30	2 000
3	超过50 000元的部分	40	7 000

注:本表所称的每次应纳税所得额是指:①当每次收入额不超过4 000元时,收入额减除费用800元后的余额;②当每次收入额超过4 000元时,收入额减除20%费用后的余额。

五、特许权使用费所得,利息、股息、红利所得,财产租赁所得,财产转让所得,偶然所得和其他所得的税率

特许权使用费所得,利息、股息、红利所得,财产租赁所得,财产转让所得,偶然所得和其他所得,适用比例税率,税率为20%。对个人按市场价格出租房屋取得的租赁所得,从2001年1月起暂减按10%的税率征收个人所得税。

第四节 应纳税所得额的确定

我国的个人所得税实行的是分类所得税制度。个人所得税的应税项目不同，取得某类所得所需费用也不相同，因此，计算个人应纳税所得额需按不同应税项目分类计算。以某类应税项目的收入额减去税法规定的费用减除标准后的余额，为该类收入的应纳税所得额。

一、费用减除标准

（一）工资、薪金所得，从 2011 年 9 月起，以每月收入额减除费用 3 500 元后的余额，为应纳税所得额。在中国境内的外商投资企业和外国企业中工作的外籍人员，应聘在中国境内的企业、事业单位、社会团体、国家机关中工作的外籍专家，在中国境内有住所而在中国境外任职或者受雇取得工资、薪金所得的个人和财政部确定的其他人员，再减除附加减除费用 1 300 元后的余额，为应纳税所得额。

（二）个体工商户业主、个人独资企业的投资者、合伙企业的投资者，以每一纳税年度的收入总额扣除成本、费用后的余额，为应纳税所得额。投资者本人的费用扣除标准为每年 42 000 元（3 500 元/月）。

（三）对企事业单位承包经营、承租经营所得，以每一纳税年度的收入总额减除必要费用后的余额，为应纳税所得额。每一纳税年度的收入总额，是指纳税义务人按照承包经营、承租经营合同规定分得的经营利润和工资、薪金性质的所得；所说的减除必要费用，是指按月减除 3 500 元。

（四）劳务报酬所得、稿酬所得、特许权使用费所得、财产租赁所得，每次收入不超过 4 000 元的，减除费用 800 元；4 000 元以上的，减除 20%的费用，其余额为应纳税所得额。

（五）财产转让所得，以转让财产的收入额减除财产原值和合理费用后的余额，为应纳税所得额。财产原值是指：

1．有价证券，为买入价以及买入时按照规定交纳的有关费用；
2．建筑物，为建造费或者购进价格以及其他有关费用；
3．土地使用权，为取得土地使用权所支付的金额、开发土地的费用以及其他有关费用；
4．机器设备、车船，为购进价格、运输费、安装费以及其他有关费用；
5．其他财产，参照以上方法确定。

纳税义务人未提供完整、准确的财产原始凭证，不能正确计算财产原值的，由主管税务机关核定其财产原值。合理费用是指卖出财产时按照规定支付的有关费用。

（六）利息、股息、红利所得，偶然所得和其他所得，以每次收入额为应纳税所得额。

自 2013 年起，我国上市公司股息红利实施差别化个人所得税政策，规定为：

（1）个人从公开发行和转让市场取得的上市公司股票，持股期限在 1 个月以内（含 1 个月）的，其股息红利所得全额计入应纳税所得额；持股期限在 1 个月以上至 1 年（含 1 年）的，暂减按 50%计入应纳税所得额；持股期限超过 1 年的，暂减按 25%计入应纳税所得额。上述所得统一适用 20%的税率计征个人所得税。

前款所称持股期限是指个人从公开发行和转让市场取得上市公司股票之日至转让交割该股票之日前一日的持有时间。

（2）个人转让股票时，按照先进先出的原则计算持股期限，即证券账户中先取得的股票视为先转让。

应纳税所得额以个人投资者证券账户为单位计算，持股数量以每日日终结算后个人投资者证券账户的持有记录为准，证券账户取得或转让的股份数为每日日终结算后的净增（减）股份数。

（3）对个人持有的上市公司限售股，解禁后取得的股息红利，按照条款（1）规定计算纳税，持股时间自解禁日起计算；解禁前取得的股息红利继续暂减按 50%计入应纳税所得额，适用 20%的税率计征个人所得税。

前款所称限售股，是指财税〔2009〕167 号文件和财税〔2010〕70 号文件规定的限售股。

（4）证券投资基金从上市公司取得的股息红利所得，按照上述条款（1）规定计征个人所得税。

（七）个人将其所得对教育事业和其他公益事业捐赠的部分，按照国务院有关规定从应纳税所得额中扣除。

二、每次收入的确定

纳税义务人取得的劳务报酬所得，稿酬所得，特许使用费所得，利息、股息、红利所得，财产租赁所得，偶然所得和其他所得等七项所得，都是应该按次计算征税的。具体是：

（一）劳务报酬所得，属于一次性收入的，以取得该项收入为一次；属于同一事项连续取得收入的，以一个月内取得的收入为一次。

（二）稿酬所得，以每次出版、发表取得的收入为一次。

（三）特许权使用费所得，以某项使用权的一次转让所取得的收入为一次。

（四）财产租赁所得，以一个月内取得的收入为一次。

（五）利息、股息、红利所得，以支付利息、股息、红利时取得的收入为一次。

（六）偶然所得，以每次收入为一次。

（七）其他所得，以每次收入为一次。

三、应纳税所得额的其他规定

（一）个人将其所得通过中国境内的社会团体、国家机关向教育和其他社会公益事业以及遭受严重自然灾害地区、贫困地区捐赠，捐赠额未超过纳税义务人申报的应纳税所得额30%的部分，可以从其应纳税所得额中扣除。

纳税人通过中国人口福利基金会、光华科技基金会的公益、救济性捐赠，可在应纳税所得额的30%内扣除。

个人通过非营利的社会团体和国家机关向农村义务教育的捐赠，准予在缴纳个人所得税前的所得额中全额扣除。

（二）个人所得（不含偶然所得和经国务院财政部门确定征税的其他所得）用于资助非关联的科研机构和高等学校研究开发新产品、新技术、新工艺所发生的研究开发经费，经主管税务机关确定，可以全额在下月（工资、薪金所得）或下次（按次计征的所得）或当年（按年计征的所得）计征个人所得税时，从应纳税所得额中扣除；不足抵扣的，不得结转抵扣。

（三）个人取得的应纳税所得，包括现金、实物、有价证券和其他形式的经济利益。所得为实物的，应当按照取得的凭证上所注明的价格计算应纳税所得额；无凭证的实物或者凭证上价格明显偏低的，参照当地的市场价格核定应纳税所得额；所得为有价证券的，根据票面价格和市场价格核定应纳税所得额；所得为其他形式经济利益的，参照市场价格核定应纳税所得额。

第五节 应纳税额的计算

各项所得的应纳税额，应根据税法规定的适用税率和费用扣除标准计算。

一、工资、薪金所得应纳税额的计算

工资、薪金所得应纳税额的计算公式为：

应纳税额＝应纳税所得额×适用税率－速算扣除数＝（每月收入额－3 500元或4 800元）×适用税率－速算扣除数

纳税人每月取得工资、薪金收入后，先减去个人承担的基本养老保险金、医疗保险金、失业保险金，以及按省级政府规定标准缴纳的住房公积金，再减去费用扣除额3 500元/月（适用于附加减除费用范围的人员再减去附加减除费用1 300元）为应纳税所得额，按3%至45%的七级超额累进税率计算缴纳个人所得税。

【例10-1】张某6月份取得工资收入8 500元，当月个人承担住房公积金、基本养老保险金、医疗保险金、失业保险金共计1 000元。计算该月张某应纳个人所得税税额。

张某应纳税额＝（8 500－1 000－3 500）×10%－105＝295（元）

二、个体工商户业主、个人独资企业和合伙企业投资者的生产、经营所得应纳税额的计算

个体工商户业主、个人独资企业和合伙企业投资者的生产、经营所得，个人所得税应纳税额的计算有查账征税和核定征收两种办法：

（一）查账征税

凡实行查账征税办法的，生产经营所得按照个人所得税计税办法确定，扣除标准依照以下规定执行：

1．投资者本人的费用扣除标准为每年42 000元（每月3 500元）。

2．投资者及其家庭发生的生活费用不允许在税前扣除。

3．企业生产经营和投资者及其家庭生活共用的固定资产，难以划分的，由主管税务机关根据企业的生产经营类型、规模等具体情况，核定准予在税前扣除的折旧费用的数额或比例。

4．向从业人员实际支付的合理工资可以在税前据实扣除。

5．实际发生的工会经费、职工福利费、职工教育经费支出分别在工资、薪金总额2%、14%、2.5%的标准内据实扣除。

6．每一纳税年度发生的广告费和业务宣传费用不超过当年销售（营业）收入15%的部分，可据实扣除；超过部分在以后的纳税年度结转扣除。

7．企业每一纳税年度发生的与其生产经营业务直接相关的业务招待费支出，按实际发生额的60%扣除，但最高不得超过当年销售（营业）收入的5‰。

8．企业计提的各种准备金不得扣除。

9．投资者兴办两个或两个以上企业，并且企业性质全部是独资的，年度

终了后,汇算清缴时,应纳税款的计算按以下方法进行:汇总其投资兴办的所有企业的经营所得作为应纳税所得额,以此确定适用税率,计算出全年经营所得的应纳税额,再根据每个企业的经营所得占所有企业经营所得的比例,分别计算出每个企业的应纳税额和应补缴税额。

个体工商户的生产、经营所得应纳税额的计算公式为:

应纳税额＝应纳税所得额×适用税率－速算扣除数

或

应纳税额＝(全年收入总额－成本、费用)×适用税率－速算扣除数

【例 10-2】 某小型加工厂系个体工商户,账证比较健全,2012 年 12 月为止共取得营业收入 276 000 元,准许扣除的成本费用和相关税金共计 184 300 元,1 月至 11 月累计已预缴个人所得税 14 300 元,计算该个体工商户 2012 年应纳的个人所得税和 12 月应补缴的个人所得税。

全年应纳税所得额＝276 000－184 300＝91 700(元)

全年应纳税所得税＝91 700×30%－9 750＝17 760(元)

2012 年 12 月该个体工商户应补纳的个人所得税＝ 17 760－14 300＝3 460(元)

(二)核定征收

核定征收方式,包括定额征收、核定应税所得率征收以及其他合理的征收方式。

实行核定应税所得率征收方式的,应纳税额的计算公式如下:

应纳税额＝应纳税所得额×适用税率

其中:应纳税所得额＝收入总额×应税所得率

或

应纳税所得额＝成本费用支出额÷(1－应税所得率)×应税所得率

应税所得率在表 10-4 的范围内由各地根据本地情况确定。

企业经营多业的,无论其经营项目是否单独核算,均应根据其主营项目确定其适用的应税所得率。

实行核定征税的投资者,不能享受个人所得税的优惠政策。

实行查账征税方式的个人独资企业和合伙企业改为核定征税方式后,在查账征税方式下认定的年度经营亏损未弥补完的部分,不得再继续弥补。

表 10-4　应税所得率表

行　业	应税所得率（%）
农、林、牧、渔业	3～10
制造业	5～15
批发和零售贸易业	4～15
交通运输业	7～15
建筑业	8～20
饮食业	8～25
娱乐业	15～30
其他行业	10～30

三、对企事业单位的承包经营、承租经营所得应纳税额的计算

对企事业单位的承包经营、承租经营所得应纳税额的计算公式为：

应纳税额＝应纳税所得额×税率－速算扣除数

或

应纳税额＝（纳税年度收入总额－必要费用）×适用税率－速算扣除数

（一）对企事业单位的承包经营、承租经营所得，以每一纳税年度的收入总额，减除必要费用后的余额为应纳税所得额。

在一个纳税年度中，承包经营或承租经营期限不足一年的，以其实际经营期为纳税年度。

（二）对企事业单位的承包经营、承租经营所得适用的速算扣除数，同个体工商户的生产、经营所得适用的速算扣除数。

四、劳务报酬所得应纳税额的计算

劳务报酬所得应纳税额的计算公式为：

（一）每次收入不足 4 000 元的

应纳税额＝（每次收入额－800）× 20%

（二）每次收入在 4 000 元以上的

应纳税额＝每次收入额 ×（1－20%）× 20%

（三）每次收入的应纳税所得额超过 20 000 元的

应纳税额＝每次收入额×（1－20%）×适用税率－速算扣除数

【例10-3】律师陈某为东方公司兼职作法律顾问，按照合同规定，公司每月支付陈某劳务报酬35 000元，请计算他每月该劳务收入应该缴纳的个人所得税。

应纳税所得额＝每月收入额×（1－20%）＝28 000（元）
应纳税额＝应纳税所得额×适用税率－速算扣除数
　　　　＝28 000×30%－2 000＝6 400（元）

五、稿酬所得应纳税额的计算

稿酬所得应纳税额的计算公式为：

（一）每次收入不足4 000元的

应纳税额＝（每次收入额－800）×20%×（1－30%）

（二）每次收入在4 000元以上的

应纳税额＝每次收入额×（1－20%）×20%×（1－30%）

【例10-4】刘教授本月取得未扣个人所得税的出版稿酬收入28 000元，请计算刘教授应该缴纳的个人所得税。

应纳税所得额＝稿酬收入×（1－20%）＝28 000×（1－20%）
　　　　　　＝22 400（元）
应纳税额＝应纳税所得额×20%×（1－30%）＝3 136（元）

六、特许权使用费所得应纳税额的计算

特许权使用费所得应纳税额的计算公式为：

（一）每次收入不足4 000元的

应纳税额＝（每次收入额－800）×20%

（二）每次收入在4 000元以上的

应纳税额＝每次收入额×（1－20%）×20%

七、利息、股息、红利所得应纳税额的计算

利息、股息、红利所得应纳税额的计算公式为：

应纳税额＝每次收入额×20%

八、财产租赁所得应纳税额的计算

财产租赁所得应纳税额的计算公式为：

（一）每次收入不足 4 000 元的

应纳税额＝［每次收入额—准予扣除项目—修缮费用（800 元为限）—800］×20%

（二）每次收入在 4 000 元以上的

应纳税额＝［每次收入额—准予扣除项目—修缮费用（800 元为限）］×（1—20%）×20%

在确定财产租赁的应纳税所得额时，纳税人在出租财产过程中缴纳的营业税税金和教育费附加等，可持完税（缴款）凭证，从其财产租赁收入中扣除。准予扣除的项目除了规定费用和有关税、费外，还准予扣除能够提供有效、准确凭证，证明由纳税人负担的该出租财产实际开支的修缮费用。允许扣除的修缮费用，以每次 800 元为限。一次扣除不完的，准予在下一次继续扣除，直到扣完为止。

九、财产转让所得应纳税额的计算

财产转让所得应纳税额的计算公式为：

应纳税额＝（收入总额—财产原值—合理费用）×20%

【例 10-5】王某 10 年前以 380 000 元购买了一套公寓房，本月以 800 000 元出售，在售房时按规定支付交易费等相关税费 35 000 元，其应纳的个人所得税额为多少？

应纳税额＝（800 000—380 000—35 000）×20%＝77 000（元）

十、偶然所得和其他所得

偶然所得和其他所得应纳税额的计算公式为：

应纳税额＝每次收入额×20%

【例 10-6】周某在购物节中幸运地中奖，获得奖金 8 888 元。周某在领奖时决定拿出 2 000 元通过当地青少年发展基金会向某农村希望小学捐赠，请计算在商场代扣代缴个人所得税后，周某能得到的奖金。

1. 根据税法，周某可以在税前扣除的捐赠额
   ＝8 888×30%＝2 666.4（元）
2. 应纳税所得额＝偶然所得－捐赠额
   ＝8 888－2 000（元）＝6 888（元）
3. 应纳税额＝应纳税所得额×适用税率
   ＝6 888×20%＝1 377.6（元）
4. 周某能得到的金额＝8 888－2 000－1 377.6＝5 510.4（元）

十一、应纳税额计算中的特殊问题

（一）对个人取得全年一次性奖金计算个人所得税

全年一次性奖金是指企事业单位、行政机关根据对经济效益和员工的业绩评价结果，向员工发放的一次奖金。一次性奖金包括年终加薪、实行年薪和绩效工资办法的单位发放的年薪和绩效工资。

纳税人取得全年一次性奖金，单独作为1个月工资、薪金所得计算纳税，自2005年1月1日起，按下面计税方法，由扣缴义务人在发放时代扣代缴。

1. 先将员工当月内取得的全年一次性奖金，除以12个月，按其商数确定适用税率和速算扣除数。

2. 如果在发放年终一次性奖金的当月，员工当月工资薪金所得低于税法规定的费用扣除（3 500元），应当将全年一次性奖金减除"员工当月工资薪金所得与费用扣除额的差额"后的余额，按上述办法确定全年一次性奖金的适用税率和速算扣除数。

3. 将员工个人当月内取得的全年一次性奖金，按上述第一条确定的税率和速算扣除数计算征税，计算公式如下：

（1）如果员工当月工资薪金高于（或等于）法定的费用扣除额的，适用公式为：

应纳税额＝员工当月取得全年一次奖金×适用税率－速算扣除数

（2）如果员工当月工资薪金低于法定费用扣除额的，适用公式为：

应纳税额＝（员工当月取得全年一次奖金－员工当月工资薪金所得与费用扣除额的差额）× 适用税率－速算扣除数

4. 在一个纳税年度内，对每一个纳税人，该计税办法只能采用一次。

5. 实行年薪和绩效工资的单位，员工取得年终发放的年薪和绩效工资按上述第3、4条规定执行。

6. 员工取得除全年一次性奖金以外的其他各种名目奖金,如半年奖、加班奖、先进奖、考勤奖等,一律与当月工资、薪金合并,按规定缴纳个人所得税。

【例10-7】某公司员工小张2012年在我国境内1至12月的工资每月为5 000元,12月领取了全年奖金 54 000 元,请计算小张取得全年奖金应纳的个人所得税。

(1)年终奖适用的税率和速算扣除数

全年奖金先除以12,每月的奖金＝ 54 000÷12＝4 500(元),按七级超额累进税率表,适用的税率为10%,速算扣除数为105元。

(2)年终奖应纳个人所得税为

应纳税额＝年终奖收入×适用税率－速算扣除数
＝54 000×10%－105＝5 295(元)

7. 全年一次性奖金计算个人所得税的方法存在的问题。

值得注意的是,国家税务总局颁布该一次性奖金计征个人所得税的方法[①],是为解决本属于全年的奖金在一个月内发放时造成当月个人所得税累进税级过高,税负不公平的问题。但现行的实施办法中,如果员工的全年一次性奖金除以12后的商数正好位于工资薪金七级超额累进税率的税级分界处时,会带来税负激增,从而会出现多发奖金反而税后收入减少的尴尬结果,带来税负的不公平。

例如,上述例题中,领导为表彰小张工作表现出色,奖金增加了1 000元,全年一次性奖金为55 000元。

小张多发了1000元奖金后,全年奖金除以12,每月的奖金为4 583.3元,个人所得税适用的税率和速算扣除数则变为20%和555元,应纳税额＝55 000×20%－555＝10 445(元)

由于增加奖金1 000元,带来了小张全年奖金应纳个人所得税额增加了5 150元,税后奖金减少4 150元。小张自然很委屈。

由此,年薪制或实施绩效考评企业在对员工激励时若使用该一次性奖金计算个人所得税方法时要注意尽量不要使员工的奖金除以 12 后的商数处于七级超额累进税率不同税级的分界区。

(二)特定行业职工取得的工资、薪金所得的计税方法

如果企业由于行业的特点,员工的工资、薪金在不同的月份或季节变化幅

---

① 《国家税务总局关于调整个人取得全年一次性奖金计算征收个人所得税方法问题的通知》,国税发[2005]9号。

度较大,如采掘业、远洋捕捞业和远洋运输业,则特定行业的员工取得的工资、薪金可按月预缴,年度终了30天内,合计全年工资、薪金所得,再按12个月平均再计算实际应缴纳个人所得税,多退少补。公式表示为:

应纳所得税额=[(全年工资薪金所得÷12-费用扣除标准)×适用税率-速算扣除数]×12

(三)个人取得公务交通、通信补贴收入征税问题

个人取得的公务用车、通信补贴收入,扣除一定标准公务费用后,按照工资、薪金所得项目计征个人所得税。按月发放的,该补贴收入并入当月"工资、薪金"所得计税;不按月发放的,应划分收入所属月份,与所属月的工资薪金所得合并后计征个人所得税。

(四)关于支付各种免税之外的保险金的征税问题

企业为员工支付各种法定免税保险之外的保险金,应在企业向保险公司缴付时,并入员工当期的工资收入,按"工资、薪金所得"项目计征个人所得税,由企业负责代扣代缴。

(五)企业改制过程中个人取得的量化资产征税问题

1. 对员工以股份形式取得,仅作为分红依据,不拥有所有权的企业量化资产,不征收个人所得税。

2. 对员工以股份形式取得,拥有所有权的企业量化资产,暂缓征收个人所得税;等员工将该股份转让时,就其转让收入,减除个人取得该股份时实际支付的费用支出和合理转让费用后的余额,按"财产转让所得"项征收个人所得税。

3. 对员工以股份形式取得的企业量化资产,参与分配而获得的股息、红利,应按"利息、股息、红利"项征收个人所得税。

(六)个人转让限售股征收个人所得征税问题

自2010年1月1日起,对个人转让限售股取得的所得,按照"财产转让所得"征收个人所得税,适用20%的比例税率。

(七)个人兼职和退休人员再兼职取得收入征税问题

个人兼职收入应按照"劳务报酬所得"项缴纳个人所得税;

退休人员再任职取得的收入,在减除规定的费用扣除标准后,按"工资、薪金所得"项缴纳个人所得税。

(八)企业年金个人所得征税问题

企业年金是指企业及职工按照《企业年金试行办法》规定,在依法参加基本养老保险的基础上,自愿建立的补充养老保险。对个人取得规定之外的其他

补充养老保险收入，应全额并入当月工资、薪金所得依法征收个人所得税。

1. 企业年金的企业缴费部分记入职工个人账户时，当月职工工资薪金所得与记入个人年金账户的企业缴费之和未超过个人所得税费用扣除标准的，不征个人所得税。

2. 职工当月工资薪金所得低于个人所得税费用扣除标准，但加上记入个人年金账户的企业缴费后超过个人所得税费扣除标准的，其超过部分按照"工资、薪金"项计算当期应缴纳的个人所得税款，并由企业缴费时代扣代缴。

第六节　税收优惠

一、免纳个人所得税的个人所得

（一）省级人民政府、国务院部委和中国人民解放军军以上单位，以及外国组织、国际组织颁发的科学、教育、技术、文化、卫生、体育、环境保护等方面的奖金。

（二）国债和国家发行的金融债券利息。

国债利息，是指个人持有中华人民共和国财政部发行的债券而取得的利息所得；国家发行的金融债券利息，是指个人持有经国务院批准发行的金融债券而取得的利息所得。

（三）按照国家统一规定发给的补贴、津贴。

所说的按照国家统一规定发给的补贴、津贴，是指按照国务院规定发给的政府特殊津贴和国务院规定免纳个人所得税的补贴、津贴。

（四）福利费、抚恤金、救济金。

所说的福利费，是指根据国家有关规定，从企业、事业单位、国家机关、社会团体提留的福利费或者工会经费中支付给个人的生活补助费；所说的救济金，是指国家民政部门支付给个人的生活困难补助费。

（五）保险赔款。

（六）军人的转业费、复员费。

（七）按照国家统一规定发给干部、职工的安家费、退职费、退休工资、离休工资、离休生活补助费。

（八）依照我国有关法律规定应予免税的各国驻华使馆、领事馆的外交代表、领事官员和其他人员的所得。此所得是指依照《中华人民共和国外交特权与豁免条例》和《中华人民共和国领事特权与豁免条例》规定免税的所得。

（九）中国政府参加的国际公约、签订的协议中规定免税的所得。

（十）发给见义勇为者的奖金，对乡、镇（含乡、镇）以上人民政府或经县（含县）以上人民政府主管部门批准成立的有机构、有章程的见义勇为基金或者类似性质组织，奖励见义勇为者的奖金或奖品，经主管税务机关核准，免征个人所得税。

（十一）企业和个人按照省级以上人民政府规定的比例提取并缴付的住房公积金、医疗保险金、基本养老保险金、失业保险金，不计入个人当期工资、薪金收入，免征个人所得税。超过规定的比例缴付的部分计征个人所得税。

个人领取原提存的住房公积金、医疗保险、基本养老保险金时，免征个人所得税。

（十二）对个人取得的教育储蓄存款利息所得以及国务院财政部门确定的其他专项储蓄存款或者储蓄性专项基金存款的利息所得，免征个人所得税。

（十三）储蓄机构内从事代扣代缴工作的办税人员取得的扣缴利息税手续费所得，免征个人所得税。

（十四）生育妇女按照县级以上人民政府根据国家有关规定制定的生育保险办法，取得的生育津贴、生育医疗费或其他属于生育保险性质的津贴、补贴，免征个人所得税。

（十五）对第二届全国职工技术创新成果获奖者所得奖金，免予征收个人所得税。

（十六）对延长离休退休年龄的高级专家从其劳动人事关系所在单位取得的，单位按国家有关规定向职工统一发放的工资、薪金、奖金、津贴、补贴等收入，视同离休、退休工资，免征个人所得税。

（十七）个人通过扣缴单位统一向灾区的捐赠，由扣缴单位凭政府机关或非营利组织开具的汇总捐款凭据、扣缴单位记载的个人捐赠明细表等，由扣缴单位在代扣代缴税款时，依法据实扣除。

（十八）经国务院财政部门批准免税的所得。

二、有下列情形之一的，经批准可以减征个人所得税

（一）残疾、孤老人员和烈属的所得。
（二）因严重自然灾害造成重大损失的。
（三）其他经国务院财政部门批准减税的。

三、下列所得，暂免征收个人所得税

（一）外籍个人以非现金形式或实报实销形式取得的住房补贴、伙食补贴、搬迁费、洗衣费。

（二）外籍个人按合理标准取得的境内、外出差补贴。

（三）外籍个人取得的探亲费、语言训练费、子女教育费等，经当地税务机关审核批准为合理的部分。

（四）个人举报、协查各种违法、犯罪行为而获得的奖金。

（五）个人办理代扣代缴税款手续，按规定取得的扣缴手续费。

（六）个人转让自用达5年以上，并且是唯一的家庭居住用房取得的所得。

（七）对按《国务院关于高级专家离休退休若干问题的暂行规定》和《国务院办公厅关于杰出高级专家暂缓离休审批问题的通知》精神，达到退休、离休年龄，但确因工作需要，适当延长离休、退休年龄的高级专家（指享受国家发放的政府特殊津贴的专家、学者），其延长退休期间的工资、薪金所得，视同退休工资、离休工资，免征个人所得税。

（八）外籍个人从外商投资企业取得的股息、红利所得。

（九）凡符合下列条件之一的外籍专家取得的工资、薪金所得免征个人所得税：

1. 根据世界银行专项贷款协议，由世界银行直接派往我国工作的外国专家；

2. 联合国组织直接派往我国工作的专家；

3. 为联合国援助项目来华工作的专家；

4. 援助国派往我国，专为该国无偿援助项目工作的专家；

5. 根据两国政府签订的文化交流项目来华工作两年以内的文教专家，其工资、薪金所得由该国负担的；

6. 根据我国大专院校国际交流项目来华工作两年以内的文教专家，其工资、薪金所得由该国负担的；

7. 通过民间科研协定来华工作的专家，其工资、薪金所得由该国政府机构负担的。

（十）股权分置改革中非流通股股东通过对价方式向流通股股东支付的股份、现金等收入，暂免征收流通股股东应缴纳的个人所得税。

（十一）对被拆迁人按照国家有关城镇房屋拆迁管理办法规定的标准取得的拆迁补偿款，免征个人所得税。

（十二）个人取得单张有奖发票奖金所得不超过800元（含800元）的，暂免征收个人所得税；个人取得单张有奖发票奖金所得超过800元的，应全额按照个人所得税法规定的"偶然所得"项目征收个人所得税。

（十三）自2006年6月1日起，对保险营销员佣金中的展业成本，免征个人所得税；对佣金中的劳务报酬部分，扣除实际缴纳的营业税及附加后，依照税法有关规定计算征收个人所得税。保险营销员的佣金由展业成本和劳务报酬构成，所谓"展业成本"即营销费。根据目前保险营销员展业的实际情况，佣金中展业成本的比例暂定为40%。

（十四）第二届高等学校教学名师奖奖金，免予征收个人所得税；第二届高等学校教学名师奖获奖人数为100人，每人奖金2万元。

四、对在中国境内无住所，但在境内居住1年以上、不到5年的纳税人的减免税优惠

在中国境内无住所，但是居住1年以上、5年以下的个人，其来源于中国境外的所得，经主管税务机关批准，可以只就由中国境内公司、企业以及其他经济组织或者个人支付的部分缴纳个人所得税；居住超过5年的个人，从第6年起，应当就其来源于中国境外的全部所得缴纳个人所得税。

五、对在中国境内无住所，但在一个纳税年度中在中国境内居住不超过90日的纳税人的减免税优惠

在中国境内无住所，但是在一个纳税年度中在中国境内连续或者累计居住不超过90日的个人，其来源于中国境内的所得，以及由境外雇主支付并且不由该雇主在中国境内的机构、场所负担的部分，免予缴纳个人所得税。

第七节 纳税申报及缴纳

个人所得税以所得人为纳税义务人，以支付所得的单位或个人为扣缴义务人。

一、扣缴义务人的扣缴义务

（一）扣缴义务人应当按国家规定办理全员全额扣缴申报。根据所扣缴的税额，扣缴义务人从税务机关取得2%的手续费，用于扣缴费用和奖励办税人员。

（二）扣缴义务人对应扣未扣的个人所得税税款，其应纳税款仍然由纳税人缴纳，扣缴义务人应当承担应扣未扣税款50%以上至3倍的罚款。

（三）扣缴义务人在代扣税款时，应向纳税人开具税务机关统一印制的代扣代收税款凭证。对工资、奖金和利息、股息、红利等所得，因纳税人数众多不便逐一开具凭证的，经主管税务机关同意，可不开具代扣代收税款凭证，但应通过一定形式告知纳税人已扣缴税款。

二、纳税义务人的自行申报纳税义务

（一）纳税义务人在没有扣缴义务人的情况下，应按国家有关规定办理纳税申报。

（二）在两处以上取得工资、薪金所得时，应按国家有关规定办理纳税申报。

（三）从中国境外取得所得的纳税人要自行申报纳税。

（四）个体工商户业主、企事业单位的承包承租人、个人独资企业和合伙企业的投资人，应按国家有关规定办理纳税申报。

（五）自 2006 年 1 月 1 日起，年所得 12 万以上的纳税人，无论是否足额缴纳了个人所得税，必须在纳税年度终了后 3 个月向主管税务机关办理自行申报纳税。

三、代扣代缴期限

企业每月所扣的税款，应当在次月 7 日内缴入国库，并向主管税务机关报送《扣缴个人所得税报告表》、代扣代收税款凭证和包括每一纳税人姓名、单位、职务、收入、税款等内容的支付个人收入明细表以及税务机关要求报送的其他有关资料。

企业因特殊困难不能按期报送《扣缴个人所得税报告表》及其他有关资料的，经县级税务机关批准，可以延期申报。

企业违反上述规定报送虚假纳税资料的，一经查实，其未在支付个人收入明细表中反映的向个人支付的款项，在计算企业所得税时不得作为成本费用扣除。

四、自行申报期限

（一）年所得 12 万元以上的纳税人，在年度终了后 3 个月内向主管税务机关办理纳税申报。

（二）个体工商户和个人独资、合伙企业投资者取得的生产经营所得应纳的税款，分月预缴的，纳税人在每月终了后 15 日内办理纳税申报；分季预缴的，纳税人在每个季度终了后 15 日内办理纳税申报；纳税人在纳税年度终了后 3 个月内汇算清缴，多退少补。

（三）纳税人年度一次性取得对企事业单位的承包、承租经营所得，自取得所得之日起 30 日内办理纳税申报；在 1 年纳税年度内分次取得承包、承租经营所得的，在每次取得所得后的次月 15 日内申报预缴；纳税人在纳税年度终了后3个月内汇算清缴，多退少补。

（四）从中国境外取得所得的纳税人，在纳税年度终了后的30日内向中国境内主管税务机关办理纳税申报。

（五）除以上规定，纳税人取得其他各项所得须申报纳税的，在取得所得的次月15日内向主管税务机关办理纳税申报。

参考文献

1.《中华人民共和国个人所得税法》，1980年9月10日第五届全国人民代表大会第三次会议通过，根据1993年10月31日第八届全国人民代表大会常务委员会第四次会议《关于修改〈中华人民共和国个人所得税法〉的决定》第一次修正，根据1999年8月30日第九届全国人民代表大会常务委员会第十一次会议《关于修改〈中华人民共和国个人所得税法〉的决定》第二次修正，根据2005年10月27日第十届全国人民代表大会常务委员会第十八次会议《关于修改〈中华人民共和国个人所得税法〉的决定》第三次修正，根据2007年6月29日第十届全国人民代表大会常务委员会第二十八次会议《关于修改〈中华人民共和国个人所得税法〉的决定》第四次修正。

2.《中华人民共和国个人所得税法实施条例》，国务院令第142号，1994年1月28日。

3.《国家税务总局关于境外所得征收个人所得税若干问题的通知》，国税发[1994]044号，1994年3月8日。

4.《国家税务总局关于印发〈征收个人所得税若干问题的规定〉的通知》，国税发[1994]089号，1994年3月31日。

5.《关于个人所得税若干政策问题批交》，国家税务总局国税函[2002]629号。

6.《财政部、国家税务总局关于规范个人投资者个人所得税征收管理的通知》，财税[2003]158号，2003年7月11日。

7.《财政税收法规制度》（地税管理篇），天津市财政局、天津市地方税务局2003年版。

8.《国家税务总局关于纳税人取得不含税全年一次性奖金收入计征个人所得税问题的批复》，国税函[2005]715号，2005年7月7日。

9.《财政部、国家税务总局关于调整个体工商户业主、个人独资企业和合资企业投资者个人所得税费用扣除标准的通知》，财税[2006]44号，2006年4月10日。

10.《国家税务总局关于个人住房转让所得征收个人所得税有关问题的通

知》，国税发[2006]108号，2006年7月18日。

11.《关于印发〈个人所得税自行纳税申报办法（试行）〉的通知》，国税发[2006]162号，2006年11月6日。

12.《财政部、国家税务总局关于个人取得有奖发票奖金免征个人所得税问题的通知》，财税[2007]34号，2007年2月27日。

13.《中华人民共和国个人所得税法实施条例》，2008年2月18日修订。

14.《关于个人向地震灾区捐赠有关个人所得税征管问题的通知》，国税发[2008]55号，2008年5月21日。

15.《财政部、国家税务总局、证监会关于个人转让上市公司限售股所得征收个人所得税有关问题的补充通知》，财税[2010]70号，2010年11月10日。

16.《国家税务总局关于企业年金个人所得税有关问题补充规定的公告》，国家税务总局公告2011年第9号，2011年1月30日。

17.《全国人民代表大会常务会员会关于修改〈中华人民共和国个人所得税法〉的决定》，中华人民共和国主席令第48号，2011年6月30日。

18.《国务院关于修改〈中华人民共和国个人所得税法实施条例〉的决定》，中华人民共和国国务院令第600号，2011年7月19日。

19.《财政部、国家税务总局关于调整个体工商户业主、个人独资企业和合伙企业自然人投资者个人所得税费用扣除标准的通知》，财税[2011]62号，2011年7月29日。

20.《财政部、国家税务总局关于地方政府债券利息所得免征所得税问题的通知》，财税[2012]76号，2011年8月26日。

21.《税法》，CPA 2012年度注册会计师全国统一考试辅导教材，2012年4月第1版。

22.《财政部、国家税务总局、证监会关于实施上市公司股息红利差别化个人所得税政策有关问题的通知》，财税[2012]85号，2012年11月16日。

第十一章　企业的财产税种

我国在改革开放以前基本没有对财产征收的税种。1994年的税收制度设置了房产税和遗产与赠与税，但遗产与赠与税至今尚未开征。2006年车船使用税和车船使用牌照税合并改革为车船税，使车船使用税从行为税类转入财产税行列。目前我国正式开征的财产税类只有房产税和车船税。

第一节　房产税

房产税是以房屋为征税对象，按照房产价值或租金收入向房产拥有者或经营者征收的一种财产税。

新中国成立之初，政务院在1950年颁布的《全国税政实施要则》中，就把房产税列为一个独立税种。1951年8月，又颁布了《城市房地产税暂行条例》，将房产税和地产税合并为城市房地产税，并规定只在核定开征的城市征收。1973年简化税制时，把对工商企业征收的城市房地产税并入工商税，保留税种仅对城市的房地产管理部门、个人和外侨征收。现行房产税的基本法规是1986年9月15日国务院颁布的《中华人民共和国房产税暂行条例》，以后简称《房产税暂行条例》。2009年1月1日起，外商投资企业、外国企业和组织及外籍个人，不再按照《城市房产地税暂行条例》缴纳房产税，而依照《中华人民共和国房产税暂行条例》缴纳房产税。至此，在我国境内，中外企业和中外个人终于缴纳统一规定的房产税。

一、房产税的特点和作用

（一）房产税的特点

1. 房产税是一种地方性税种，其收入归地方财政。房产税实施细则由各省、自治区、直辖市人民政府制定，报财政部备案。对房产税的征收管理，地方政府有较大的权限。
2. 房产税税源稳定，征收对象具有固定性，易于控管。
3. 房产税征收面宽，税源分散，不仅涉及企业等经济单位，而且还涉及许多居民。
4. 房产税不容易转嫁。

（二）房产税的作用

1. 有利于国家参与房产受益的分配，配合国家政策的调整，调节产权所有人的收入。

2. 有利于加强对房产的管理，提高房屋的使用效率，减少闲置浪费。

3. 有利于控制房地产投资规模。

4. 有利于地方税体系的建立，为完善分税制财政体制创造条件。

二、纳税义务人和征税对象

（一）纳税义务人

房产税以在征税范围内的房屋产权所有人为纳税人，即在中国境内拥有房屋产权的单位和个人。其中：

1. 产权属国家所有的，由经营管理单位纳税；产权属集体和个人所有的，由集体单位和个人纳税。

2. 产权出典的，由承典人纳税。所谓产权出典，是指产权所有人将房屋、生产资料等的产权，在一定期限内典当给他人使用，而取得资金的一种融资业务。由于在房屋出典期间，产权所有人已无权支配房屋，因此，税法规定对房屋具有支配权的承典人为纳税人。

3. 产权所有人、承典人不在房屋所在地的，由房产代管人或者使用人纳税。

4. 产权不确定及租典纠纷未解决的，由房产代管人或者使用人纳税。

5. 单位和个人无租使用房产管理部门、免税单位及纳税单位的房产，应由使用人代为缴纳房产税。

6. 自2009年1月起，外商投资企业、外国企业和组织及外籍个人，缴纳房产税。

综上所述，房产税的纳税义务人为产权所有人、经营管理单位、承典人、房产代管人或者使用人。

（二）征税对象

房产税的征税对象是房产。所谓房产，是指有屋面和围护结构，能够遮风避雨，可供人们在其中生产、学习、工作、娱乐、居住或储藏物资的场所。

由于房产属于不动财产，所以与房屋不可分割的各种附属设备或一般不单独计算价值的配套设施，也应作为房产一并征税。但对独立于房屋之外的建筑物，如水塔、室外游泳池、玻璃暖房、烟囱、围墙等，不属于房产，所以不征收房产税。

房地产开发企业建造的商品房，在出售前，不征收房产税；但对出售前地产开发企业已使用或出租、出借的商品房,应该按规定征收房产税。

(三)征税范围

房产税的征税范围为:城市、县城、建制镇和工矿区。

1．城市是指国务院批准设立的市。

2．县城是指县人民政府所在地的地区。

3．建制镇是指经省、自治区、直辖市人民政府批准设立的建制镇。

4．工矿区是指工商业比较发达、人口比较集中、符合国务院规定的建制镇标准但尚未设立建制镇的大中型工矿企业所在地。开征房产税的工矿区必须经省、自治区、直辖市人民政府批准。

房产税的征税范围不包括农村,这主要是为了减轻农民的负担。因为农村的房屋,除农副业生产用房外,大部分是农民居住用房。对农村房屋不纳入房产税征税范围,有利于发展农业、繁荣农村经济,有利于社会稳定。

三、房产税的计税依据

房产税的计税依据是房产的计税价值或房产的租金收入。按照房产计税价值征税的称为从价计征;按照房产租金收入计征的,称为从租计征。

(一)从价计征

《房产税暂行条例》规定,房产税按照房产原值一次减除10%~30%后的余值计算缴纳。各地扣除比例由当地省、自治区、直辖市人民政府确定。

房产税属于财产税,应当以房产的价值为计税依据。一般而言,房产的价值有三种形式:一是房产原值,也就是房屋的造价。如按照房屋原值计税比较稳定,但是随着时间的推移,房产的账面原值会随着折旧的提取而逐渐减少,在这种情况下仍按原值计税显然是不合理的。二是房产的净值。按净值计税,既麻烦又不准确。三是房产的市值。从理论上讲,房产税的计税依据应当是房产的市值,因为市值是房屋的公允价值,它包括了因土地开发利用与市场供求等增值因素。但房屋在不发生买卖行为时很难估计市值。因此,房产税以房产余值为计税依据,是考虑到房屋的自然损耗因素,又照顾到房屋后期的增值因素。

房产原值是指纳税人按照会计制度规定,在"固定资产"科目中记载的房屋原价。因此,凡按会计制度规定在账簿中记载有房屋原价的,应以房屋原价按规定减除一定比例后作为房产余值计征房产税;没有记载房屋原价的,在计征房产税时,应按规定调整房产原值;对房产原值明显不合理的,应重新进行评估;对没有房产原值的,应有房屋所在地的税务机关参考同类房屋的价值核定。在原值确定后,再根据当地所使用的扣除比例,计算确定房产余值。扣除比例由省、自治区、直辖市人民政府确定。

此外，还要注意几个问题：

（1）纳税人对原有房屋进行改建、扩建的，要相应增加房屋的原值。

（2）如前所述，房产原值应包括与房屋不可分割的各种附属设备或一般不单独计算价值的配套设施。但对独立于房屋之外的建筑物除外。

（3）对融资租赁房屋的情况，由于租赁费包括购进房屋的价款、手续费、借款利息等，与一般房屋出租的租金内涵不同，且租赁期满后，当承租方偿还最后一笔租赁费时，房屋产权要转移到承租房。这是一种变相的分期付款买固定资产的形式，所以在计征房产税时应以房产余值计算征收。至于租赁期内房产税的纳税人，由当地税务机关根据实际情况确定。

（二）从租计征

房产出租的，以房产租金收入为房产税的计税依据。所谓房产的租金收入，是房屋产权所有人出租房产使用权所得的回报，包括货币收入和实物收入。如果是以劳务或者其他形式为报酬抵付房租收入的，应当根据当地同类房产的租金水平，确定一个标准租金额从租计征。

纳税人对个人出租房屋的租金收入申报不实或申报数与同一地段同类房屋的租金收入相比明显不合理的，税务部门可以按照有关规定，重新核定其应纳税款。

四、房产税的税率

房产税采用的是比例税率。由于房产税的计税依据分为从价计征和从租计征两种形式，所以房产税的税率也有两种：

（一）从价计征的税率。按房产原值一次减除10%~30%后的余值计征，税率为1.2%。

（二）从租计征的税率。按房产的租金收入计征，税率一般为12%。此外，对企事业单位、社会团体以及其他组织按市场价格向个人出租用于居住的住房，减按4%的税率征收房产税；对个人出租住房，用于居住的，按4%的税率征收房产税。

五、应纳税额的计算

与计税依据相对应，房产税应纳税额的计算也分为两种：一是从价计征的计算；二是从租计征的计算。

（一）从价计征的计算

从价计征是按房产的原值减除一定的比例后的余值计征，其公式为：

应纳税额＝应税房产原值×（1—扣除比例）×1.2%

如前所述，房产原值是"固定资产"科目中记载的房屋原价；减除一定比例是省、自治区、直辖市人民政府规定的10%～30%的减除比例；计征的适用税率为1.2%。

【例11-1】某企业的经营用房原值为5 000万元，按照当地规定允许减除20%后计税，适用税率为1.2%，计算应纳房产税税额。

应纳税额＝5 000×（1—20%）×1.2%＝48（万元）

（二）从租计征的计算

从租计征是按房产的租金收入计征，其公式为：

应纳税额＝租金收入×适用税率

【例11-2】张某出租房屋三间给他人居住，年租金收入为40 000元，适用税率为4%，计算其应纳房产税税额。

应纳税额＝40 000×4%＝1 600（元）

六、房产税税收优惠

房产税的减税和免税，基本上是根据国家政策需要和纳税人的负担能力考虑的。因为，房产税是以房产为征税对象，所以，凡属征税范围的房产无论有无收益，都应按规定征税。由于房产税属地方税，因此给予地方政府一定的减免权限，这样有利于地方政府因地制宜地处理问题。除税法规定的减免税外，其他房产税的减免基本上由地方政府根据实际情况自行决定。现行税法规定的免税范围包括：

（一）国家机关、人民团体、军队自用的房产免征房产税。但是上述免税单位的出租房产以及非自身业务使用的生产、营业用房，不属于免税范围。

（二）由国家财政部门拨付事业经费的单位，如学校、医疗卫生单位、托儿所、幼儿园、敬老院以及文化、体育、艺术等实行全额或差额预算管理的事业单位，在本身业务范围内使用的房产免征房产税。

为了鼓励事业单位经济独立，由国家财政部门拨付事业经费的单位，其经费来源实行自收自支后，从事业单位实行自收自支的年度起，免征房产税3年。

这些单位所属的附属工厂、商店、招待所等不属单位公务、业务的用房，应照章纳税。

（三）宗教寺庙、公园、名胜古迹自用的房产免征房产税。

宗教寺庙自用的房产，是指举行宗教仪式等的房屋和宗教人员使用的生活用房屋。公园、名胜古迹自用的房产，是指供公共参观游览的房屋及其管理单位的办公用房屋。

但宗教寺庙、公园、名胜古迹附设的营业单位，如影剧院、饮食部、茶社、照相馆等所使用的房产和出租的房产，不属于免税范围，应照章纳税。

（四）个人所有非营业用的房产免征房产税。

个人所有的非营业用房，主要是指居民住房，不分面积多少，一律免征房产税。

对个人拥有的营业用房或出租的房产，不属于免房产税范围，应照章纳税。

（五）对廉租住房经营管理单位按照政府规定价格、向规定保障对象出租廉租住房的租金收入，免征房产税。

（六）对按政府规定价格出租的公有住房，包括企业和自收自支事业单位向职工出租的单位自有住房、房管部门向居民出租的公有住房、落实私房政策中带户发还产权并以政府规定租金标准向居民出租的私有住房等，暂免征收房产税。

（七）对行使国家行政管理职能的中国人民银行总行（含国家外汇管理局）所属分支机构自用的房产，免征房产税。

（八）对非营利性医疗机构、疾病控制机构和妇幼保健机构等卫生机构自用的房产，免征房产税。

（九）自2011年至2012年12月31日，对高校学生公寓免征房产税。

（十）向居民供热并向居民收取采暖费的供热企业暂免征收房产税。"供热企业"包括专业供热企业、兼营供热企业、单位自供热及为小区居民供热的物业公司等，不包括从事热力生产但不直接向居民供热的企业。

（十一）经财政部批准免税的其他房产。

七、房产税纳税管理

（一）纳税义务发生的时间

1. 纳税人将原有房产用于生产经营的，从生产经营之月起，缴纳房产税。
2. 纳税人自行新建房屋用于生产经营的，从建成之次月起，缴纳房产税。
3. 纳税人委托施工企业建设房屋，从办理验收手续之次月起，缴纳房产税。纳税人在办理手续前，即已使用或出租、出借的新建房屋，应从使用或出租、出借的当月起，缴纳房产税。
4. 纳税人购置新建商品房，自房屋交付使用之次月起，缴纳房产税。
5. 纳税人购置存量房，自办理房屋权属转移、变更登记手续，房地产权属登记机关签发房屋权属证书之次月起，缴纳房产税。

第十一章 企业的财产税种

6．纳税人出租、出借房产，自交付出租、出借房产之次月起，缴纳房产税。

7．房地产开发企业自用、出租、出借本企业建造的商品房，自房屋使用或交付之次月起，缴纳房产税。

8．自2009年1月1日起，纳税人因房产的实物或权利状态发生变化而依法终止房产税纳税义务的，其应纳税款的计算应截至到房产的实物或权利状态发生变化的当月末。

（二）纳税期限

房产税实行按年计算、分期缴纳的征收方法，具体纳税期限由省、自治区、直辖市人民政府确定。分期缴纳，有利于纳税人的资金周转，也有利于税款及时、均衡入库，保证地方财政的正常支出。

（三）纳税地点

房产税在房产所在地缴纳。房产不在同一地方的纳税人，应按房产的坐落地点分别向房产所在地的税务机关纳税。房产税由房产所在地的地方税务局负责征收管理。

第二节 车船税

1951年，我国政务院发布的《车船使用牌照税暂行条例》规定，凡在开征车船使用牌照税的地区行驶的车船，均应向税务机关缴纳税款。1973年车船使用牌照税并入工商税，但对个人、外侨使用的车船仍然征收车船使用牌照税。1986年9月15日，国务院发布了《中华人民共和国车船使用税暂行条例》，对国内企业、单位及公民征收。对外商投资企业、外国企业和外籍人员仍征收车船使用牌照税。当时的车船使用税属于行为税类。2006年我国实行车船税改革，取消了车船使用税和车船使用牌照税，颁布了《中华人民共和国车船税暂行条例》，使车船使用税转变为以车船为征收对象的一种财产税。2011年2月25日，由第十一届全国人民代表大会常务委员会第十九次会议通过了《中华人民共和国车船税法》（简称车船税法），从2012年1月1日起征收。

一、车船税改革的主要内容

经过历次车船税变革和立法，我国的车船税发生了较彻底的变化。其主要内容如下：

（一）以立法形式确立。2012年实施的车船税法是由全国人民代表大会常务委员会通过，是税收法律层级。规范的立法程序保证了车船税法的权威性、科学性和严谨性。

（二）由行为税类改为财产税类。现行车船税，强调车辆、船舶"保有"的特点，使车船税的性质由最初的行为税性质变为财产税性质。

（三）统一了车船税。自2006年起，通过改革取消了车船使用牌照税和车船使用税，把对内资、外资企业及其人员的车船征税统一了起来。

（四）提高了税负水平。为了使车船的税负水平与经济发展水平相适应，提倡节能减排，保护环境，车船税将大排量汽车的征税上限了大幅提高，如气缸容量4.0升以上的载客汽车的征税上限由原来的660元提高到5 400元。

（五）增加了新的税目。车船税法现将游艇作为征税类目纳入车船税，体现了我国车船消费的新趋向和税收公平。

（六）调整了减免税范围。对节约能源、使用新能源的车船可以减征或免征车船税，授权省级人民政府可以对公共交通车船给予初期减税和免税。

二、车船税的意义和作用

车辆和船舶是现代社会生活不可缺少的交通工具，在现代生活中发挥着越来越重要的作用。近十几年来，我国交通运输事业有了迅速发展，机动车船数量大幅度增长。在这种情况下，征收车船税在以下各方面发挥着重要作用：

（一）增加财政收入以支持交通设施建设

与发达国家相比，我国的交通设施不足，远不适应经济发展的需要。近十年来，随着国民经济的迅速发展，交通问题更为突出，已成为影响我国经济建设发展的因素之一。开征车船税，可以将车船所有人手中的部分收入，通过再分配的形式集中起来，增加财政收入，借以增加对交通建设的投入，改善交通设施的落后状况。

（二）影响车船购置数量以节能减排

随着经济的发展，有些单位或个人盲目购买车船，但利用率不高，造成资金和能源的浪费。为此，开征车船税，在一定程度上可以影响车船的数量，节约能源，减少环境污染。

（三）配合有关部门加强车船的管理

车船的流动性大，管理难度也大，征收车船税，可以在一定程度上配合有关部门加强对车船的管理。

三、车船税的纳税人

在我国境内，依法应当在车船管理部门登记的车辆、船舶（以下简称车船）的所有人或者管理人为车船税的纳税人。其中，所有人是指在我国境内拥有车辆和船舶的单位和个人；管理人是指对车船具有管理使用权但没有所有权的单

第十一章 企业的财产税种

位和个人。

四、代缴义务人

（一）车船的所有人和管理人未缴纳车船税的，使用人应当代为缴纳车船税。

（二）从事机动车交通事故责任强制保险业务的保险机构为机动车车船税的扣缴义务人，应当依法代收代缴车船税。

五、税率

车船税的税率采用的是定额税率方式。车船税确定税负总的原则为：非机动车船的税负轻于机动车船；人力车的税负轻于畜力车；小吨位车船的税负轻于大车船。具体适用税额由省、自治区、直辖市人民政府在规定的子税目税额幅度内确定。

车船税条例颁布了税目税额表（见表 11-1）。

表 11-1 车船税税目税额表

税目	计税单位	目录	年基准税额（元）	备注
乘用车按发动机气缸容量(排气量分档)	每辆	1.0 升（含）以下	60～360	核定载客人数 9 人（含）以下
		1.0 升以上至 1.6 升（含）	300～540	
		1.6 升以上至 2.0 升（含）	360～660	
		2.0 升以上至 2.5 升（含）	660～1 200	
		2.5 升以上至 3.0 升（含）	1 200～2 400	
		3.0 升以上至 4.0 升（含）	2 400～3 600	
		4.0 升以上	3 600～5 400	
商用车	每辆	客车	480～1 440	核定载客人数 9 人（包括电车）
	整备质量每吨	货车	16～120	1. 包括半挂牵引车、挂车、客货两用车、三轮汽车和低速载货汽车等。2. 挂车按照货车税额的 50%计算

续表

税目	计税单位	目录	年基准税额（元）	备注
其他车辆	整备质量每吨	专用作业车	16～120	不包括拖拉机
		轮式专用机械车	16～120	
摩托车	每辆		36～180	
船舶	按净吨位每吨	机动船舶	3～6	拖船和非机动驳船分别按船舶税额的50%计算
	艇身长度每米	游艇	600～2 000	

（一）机动船舶的子税目及税额

不同吨位的船舶具体适用税额为：

1．净吨位小于或者等于200吨的，每吨3元；

2．净吨位201吨至2 000吨的，每吨4元；

3．净吨位2 001吨至10 000吨的，每吨5元；

4．净吨位10 001吨及其以上的，每吨6元。

（二）游艇的子税目及税额

1．艇身长度不超过10米的，每米600元；

2．艇身长度超过10米但不超过18米的，每米900元；

3．艇身长度超过18米但不超过30米的，每米1 300元；

4．艇身长度超过30米的，每米2 000元；

5．辅助动力帆艇，每米600元。

六、免征范围

（一）捕捞、养殖渔船；

（二）军队、武警专用的车船；

（三）警用车船；

（四）依照我国有关法律和我国缔结或者参加的国际条约的规定应当予以免税的外国驻华使馆、领事馆和国际组织驻华机构及其有关人员的车船；

（五）对节约能源、使用新能源的车船可以减征或者免征车船税；

（六）经批准临时入境的外国车船和中国香港特别行政区、中国澳门特别行政区、中国台湾地区的车船，不征收车船税；

（七）按规定缴纳船舶吨位的机动船舶，自车船税法实施之日起5年内免征车船税；

（八）机场、港口内部行驶或作业的车船，自车船税法实施之日起 5 年内免征车船税；

（九）各省、自治区、直辖市人民政府可以根据当地实际情况，对公共交通车船给予定期减税、免税。

七、车船税的纳税管理

（一）车船税由地方税务机关负责征收。具体纳税地点，由省、自治区、直辖市人民政府根据当地实际情况确定。

（二）跨省、自治区、直辖市使用的车船，纳税地点为车船的登记地。

（三）车船税的纳税义务发生时间，为车船管理部门核发的车船登记证书或者行驶证书所记载日期的当月。

（四）车船税按年申报缴纳。具体申报纳税期限由省、自治区、直辖市人民政府确定。

第十二章 企业的资源税种

当今世界,能源、矿产、土地等资源成为关系到一国经济发展、国家安全和人民生活的重要因素,甚至引发战争和冲突。同时,许多资源又是不可再生的。各国政府都很重视对资源的管理,对资源征税是实行管理的重要手段之一。我国目前开征的资源税种有资源税、城镇土地使用税、土地增值税和耕地占用税。

第一节 资源税

资源,是指生产资料和生活资料的天然来源,即自然界中没有经过加工而以现成形式存在的一切天然物质财富。很早就有一些国家对自然资源的开发和利用进行征税。第二次世界大战后,石油资源成为各国经济发展的重要物资基础,大多数石油开采国都对石油征收各种形式的资源税。我国于1984年开始设立资源税。在1994年的税制中,对资源税条例作了修订。现行的资源税基本规范是2011年11月1日开始实施的《中华人民共和国资源税暂行条例》和《中华人民共和国资源税暂行条例实施细则》。

一、我国资源税的特点和作用

(一)资源税的特点

1．具有特定资源税的性质,征收范围并非包括全部的资源。
2．采用从量定额征收的方法。
3．级差收入调节和普遍调节相结合。

(二)资源税的作用

1．促进资源合理开采,节约利用资源。
2．合理调节因资源条件差异而形成的级差收入,促使企业在同一起跑线上平等竞争。
3．有利于国家财政收入。

(三)资源税制存在不足

但从现行的征收制度看,资源税制尚存在不足,如不加以完善,其立法目的将难以达到。

1. 资源税的征收范围过小。对具有生态环境价值资源的开采和利用缺乏税收调控，对滥用未征税资源的行为缺乏制约。

2. 资源税的税负设定欠科学。总体上，我国资源税税负偏低。过低的税负使得资源税对企业使用资源行为的调节力度较弱，造成企业浪费矿产资源，资源利用效率低，难以发挥资源税保护资源的目的。

3. 资源税的征收方式不合理。我国目前资源税是对矿产品的销售量和自用数量为计税依据，而不是对开采数量进行征税。现实中开采量和自用量存在较大差距，以销售量和自用量为征税依据，容易造成矿产资源使用者的乱采乱伐，造成自然资源的巨大浪费。

二、纳税义务人

资源税的纳税义务人是在我国境内开采应税资源的矿产品或者生产盐的单位和个人。单位包括企业、行政单位、事业单位、军事单位、社会团体及其他单位；个人是指个体经营者及其他个人。

中外合作开采石油、天然气，按照现行规定只征收矿区使用费，暂不征收资源税。因此，中外合作开采石油、天然气的企业不是资源税的纳税义务人。

针对零星、分散、不定期开采资源的情况，为了加强管理，避免漏税，《资源税暂行条例》将未纳税矿产品的收购单位定为资源税的扣缴义务人。

三、资源税的计税依据

现行资源税采取从价定率和从量定额计征的方法。

（一）从价定率征收的计税依据

资源税采用从价定率征收方式的，以销售额为计税依据。销售额是纳税人销售应税产品向购买方收取的全部价款和价外费用，但不包括收取的增值税销项税额。

纳税人若以人民币以外的货币结算销售额的，应当折合成人民币计算，折算人民币的汇率可选销售额发生当天或当月1日的人民币汇率中间价。纳税人选定何种折算汇率，确定后一年内不得变更。

（二）从量定额征收的计税依据

1. 确定资源税课税数量的基本方法

根据纳税人的不同，确定资源税的计税数量有两种情况：生产产品销售的纳税人和自采自用的纳税人。相应存在两种不同的处理方法：

（1）纳税人开采或者生产应税产品销售的，以实际销售数量为计税数量。

（2）纳税人开采或者生产应税产品自用的，以自用数量为计税数量。

2. 特殊情况的计税数量的确定

实际生产经营活动中,有些情况是比较特殊的,因此,有些具体情况的计税数量按如下办法执行:

(1) 纳税人不能准确提供应税产品销售数量或移送使用数量的,以应税产品的产量或主管机关确定的折算比换算成的数量作为计税数量。

(2) 原油中的稠油、高凝油与稀油划分不清或不易划分的,一律按原油的数量课税。

(3) 煤炭,对连续加工前无法正确计算原炭移送使用量的,可按加工产品的综合回收率,将加工产品实际销量和自用量折算成原煤数量作为计税数量。

(4) 金属和非金属矿产品原矿,因无法准确掌握纳税人移送使用原矿数量的,可将精矿按选矿比折算成原矿数量作为计税数量。

选矿比＝精矿数量÷耗用原矿数量

(5) 纳税人以自产的液体盐加工固体盐,按固体盐税额征税,以加工的固体盐数量为计税数量。纳税人以外购的液体盐加工成固体盐,其加工固体盐所耗用液体盐的已纳税额准予抵扣。

四、资源税的税目和税率

资源税采用"普遍征收,级差调节"的原则,对应税资源实行有幅度的定额税率。

普遍征收是指对在我国境内开发的一切应税资源产品征收资源税;级差调节是指运用资源税对因资源储存状况、开采条件、资源优劣、地理位置等客观存在的差别而产生的资源级差收入,通过实施差别税额标准进行调节。资源条件好的,税额高一些;资源条件差的,税额低一些。

(一) 税目

资源税的税目、税额包括七大类,在七个税目下面设有若干个子目。现行资源税的税目及子目主要是根据资源税应税产品和行业特点设置的。

1. 原油。开采的天然原油纳税;人造石油不纳税。
2. 天然气。专门开采的天然气和与原油同时开采的天然气纳税;煤矿生产的天然气暂不纳税。
3. 煤炭。原煤纳税;洗煤、选煤和其他煤炭制品不纳税。
4. 其他非金属原矿。它是指原油、天然气、煤炭和井矿盐以外的非金属矿原矿,包括宝石、金刚石、玉石、膨润土、石墨、石英砂、萤石、重晶石、蛭石、耐火黏土、云母、大理石、花岗石、石灰石、菱镁矿、石膏、石棉、硫

第十二章 企业的资源税种

铁矿、自然硫、磷铁矿等等。

5. 黑色金属矿原矿。包括铁矿石、锰矿石和铬铁矿。

6. 有色金属矿原矿。包括铜矿石、铅锌矿石、铅土矿石、钨矿石、锡矿石、钼矿石、镍矿石、黄金矿石等。

7. 盐。一是固体盐,包括海盐原盐、湖盐原盐和井矿盐;二是液体盐(卤水盐)。

(二)具体的资源税税目税额表见表12-1。

表12-1 资源税税目税额表

税 目		税 额
一、原油		销售额的5%~10%
二、天然气		销售额的5%~10%
三、煤炭	焦煤	8~20(元/吨)
	其他煤炭	0.3~5(元/吨)
四、其他非金属矿原矿	普通非金属原矿	0.5~20(元/吨或立方米)
	贵重非金属原矿	0.5~20(元/千克或克拉)
五、黑色金属矿原矿		2~30(元/吨)
六、有色金属矿原矿	稀土矿	0.4~60(元/吨)
	其他有色金属原矿	0.4~30(元/吨)
七、盐	固体盐	10~60(元/吨)
	液体盐	2~10(元/吨)

资料来源:作者根据资源税条例整理。

与税目税额表相配的还有《资源税税目税率明细表》和《几个主要品种的矿山资源等级表》。表中对不同等级和不同地区的税额分别作了规定。纳税人可以根据这些规定,报经税务机关审核同意后确定所适用的税额。

对于纳税人开采或者生产不同税目应税产品的,应当分别核算;或者不能准确提供不同税目应税产品的计税数量的,从高适用税额。

(三)扣缴义务人适用的税额

1. 独立矿山、联合企业等收购未税矿产品的单位,按照本单位应税产品税额标准,依据收购的数量代扣代缴资源税。

2. 其他收购单位收购的未税矿产品,按税务机关核定的应税产品税额标准,依据收购的数量代扣代缴资源税。

五、应纳税额的计算

根据应税产品的计税数量和规定的单位税额可以计算应纳税额,具体计算公式为:

应纳税额=课税数量×单位税额

代扣代缴应纳税额=收购未税矿产品的数量×适用的单位税额

由公式可以看出,应纳税额的计算关键要确定计税数量和适用的单位税额。

【例12-1】某铜矿5月销售铜矿原矿20 000吨,已送入选精矿4 000吨,选矿比20%,该铜矿属于五等,按规定适用每吨1.2元的单位税额。计算该矿本月应纳资源税的税额。

(1)销售铜矿石原矿的应纳税额。

应纳税额=课税数量×单位税额
　　　　=20 000×1.2
　　　　=24 000(元)

(2)因无法准确掌握入选精矿石的原矿数量,按选矿比换算原矿数量计算应纳税额。

应纳税额=入选精矿/选矿比×单位税额
　　　　=4 000/20%×1.2
　　　　=24 000(元)

(3)合计应纳税额。

应纳税额=原矿应纳税额+精矿应纳税额
　　　　=24 000+24 000
　　　　=48 000(元)

六、税收优惠

(一)减税、免税项目

根据普遍征收、级差调节的原则,资源税的减免税项目比较少。主要包括:

1. 开采原油过程中用于加热、修井的原油,免税。

2. 纳税人开采或者生产应税产品过程中,因意外事故或者自然灾害等原因遭受重大损失的,由省、自治区、直辖市人民政府酌情决定减税或者免税。

3. 自2007年2月1日起,北方海盐资源税暂减按每吨15元征收;南方海盐、湖盐、井矿盐资源税暂减按每吨10元征收;液体盐资源税暂减每吨2

元征收。

4. 国务院规定的其他减免税项目。

纳税人的减税、免税项目，应当单独核算课税数量；未单独核算或者不能准确提供课税数量的，不予减税或者免税。

5. 从 2007 年 1 月 1 日起，对地面抽采煤层气暂不征收资源税。煤层气指赋存于煤层及其围岩中与煤炭资源伴生的非常规天然气，也称煤矿瓦斯。

6. 自 2010 年 6 月 1 日，纳税人在新疆开采的原油、天然气，自用于连续生产原油、天然气，不缴纳资源税。用于其他方面，视同销售，依照本规定计算缴纳资源税。有下列情形，免征或者减征资源税：

（1）油田范围内运输稠油过程中用于加热的原油、天然气，免征资源税。

（2）稠油、高凝油和高含硫天然气资源税减征 40%。

（3）三次采油资源税减征 30%。

（二）关于出口应税产品不退（免）资源税的规定

资源税针对在中国境内开采或生产应税产品的单位和个人征收，进口的矿产品和盐不征收资源税。由于对进口应税产品不征收资源税，相应的对出口应税产品也不免征或退还已纳的资源税。

七、资源税纳税管理

（一）纳税义务发生的时间

资源税纳税义务发生时间有三种情况：

1. 纳税人销售应税产品，其纳税义务发生时间为：

（1）纳税人采取分期收款结算方式的，其纳税义务发生时间为销售合同规定的收款日期的当天。

（2）纳税人采取预收货款结算方式的，其纳税义务发生时间为发出应税产品的当天。

（3）纳税人采取其他结算方式的，其纳税义务发生时间为收到销售货款或者取得索取销售款凭据的当天。

2. 纳税人自产自用应税产品的纳税义务发生时间，为移送使用应税产品的当天。

3. 扣缴义务人代扣代缴税款的纳税义务时间，为支付开具应支付货款凭据的当天。

（二）纳税期限

纳税期限是纳税人发生纳税义务后缴纳税款的期限。资源税的纳税期限为 1 日、3 日、5 日、10 日、15 日或者 1 个月，由主管税务机关根据实际情况具体核定。不能按固定期限计算纳税的,可以按次计算纳税。

纳税人以 1 个月为一期纳税的,自期满之日起 10 日内申报纳税;以 1 天、3 天、5 天、10 天或者 15 天为一期纳税的,自期满之日 5 天内预缴税款,并于次月 1 日起 10 天内申报纳税并结清上月税款。

(三) 纳税地点

纳税人应当向应税产品的开采或者生产所在地的主管税务机关缴纳税款。

如果纳税人在本省、自治区、直辖市范围内开采或者生产应税产品,其纳税地点需要调整的,由所在地省、自治区、直辖市税务机关决定。

如果纳税人应纳的资源税属于跨省开采,其下属生产单位与核算单位不在同一省、自治区、直辖市的,对其开采的矿产品一律在开采地纳税,其应纳税款由独立核算、自负盈亏的单位按照开采地的实际销售量(或者自用量)及适用的单位税额计算划拨。

扣缴义务人代扣代缴的资源税,也应当向收购地的主管税务机关缴纳。

第二节 城镇土地使用税

土地是重要的资源,也是重要的资产。很多国家将土地作为资产征税。由于我国城镇土地的所有权属于国家,单位和个人只有使用权,所以,我国对土地开征的是城镇土地使用税。城镇土地使用税是以城镇土地为征税对象,对拥有土地使用权的单位和个人征收的一种税。它于 1988 年 11 月 1 日起开征,2006 年做了修订,2007 年 1 月 1 日起按修订后的城镇土地使用税征收。

一、征收城镇土地使用税的作用

城镇土地使用税以使用城镇土地资源的特定行为为课征对象,主要作用是:

(一) 有利于通过经济手段,促使合理节约使用土地,提高土地使用效率。

(二) 有利于调节不同地区、不同地段的土地的级差收入,维护公平竞争和加强经济核算。

(三) 有利于理顺国家和土地使用者之间的关系,维护国有土地的合法权益。

(四) 有利于政府的财政收入。

二、纳税义务人

城镇土地使用税的纳税义务人,是指承担缴纳城镇土地使用税义务的单位和个人。城镇土地使用税的纳税人通常包括以下几类：

（一）拥有土地使用权的单位和个人；

（二）拥有土地使用权的单位和个人不在土地所在地的，其土地的实际使用人和代管人为纳税人；

（三）土地使用权未确定或权属纠纷未解决的，其实际使用人为纳税人；

（四）土地使用权共有的，共有各方都是纳税人，由共有各方分别纳税。几个人或几个单位共同拥有一块土地的使用权，这块土地的纳税人应是对这块土地拥有使用权的每一个人或每一个单位。他们应按其实际使用的土地面积占总面积的比例，分别计算缴纳土地使用税。

过去，外商投资企业和外国企业是不缴纳城镇土地使用税的。在2006年12月31日国务院发布的《关于修改〈中华人民共和国城镇土地使用税暂行条例〉的决定》中，明确对外商投资企业和外国企业征收城镇土地使用税。

三、征税范围

城镇土地使用税的征税范围为：城市、县城、建制镇和工矿区。

（一）城市是指国务院批准设立的市；

（二）县城是指县人民政府所在地的地区；

（三）建制镇是指经省、自治区、直辖市人民政府批准设立的建制镇；

（四）工矿区是指工商业比较发达、人口比较集中、符合国务院规定的建制镇标准但尚未设立建制镇的大中型工矿企业所在地。开征城镇土地使用税的工矿区必须经省、自治区、直辖市人民政府批准。

上述城镇土地使用税的征税范围中，城市的土地包括市区和郊区的土地，县城的土地是指县人民政府所在地的城镇土地，建制镇的土地是指镇人民政府所在地的土地。

四、城镇土地使用税的计税依据

城镇土地使用税以纳税人实际占用的土地面积为计税依据，即税务机关根据纳税人实际占用的土地面积，按照规定的税额计算应纳税额，向纳税人征收土地使用税。

土地占用面积的组织测量工作，由省、自治区、直辖市人民政府根据实际情况确定。

一般按下列办法确定：

1. 凡由省、自治区、直辖市人民政府确定的单位组织测定土地面积的，以测定的面积为准。

2. 尚未组织测量，但纳税人持有政府部门核发的土地使用证书的，以证书确认的土地面积为准。

3. 尚未核发土地使用证书的，应由纳税人申报土地面积，据以纳税。待核发土地使用证以后再作调整。

五、城镇土地使用税的税率

城镇土地使用税采用定额税率，即采用有幅度的差别税额，按大、中、小城市和县城、建制镇、工矿区分别规定。土地使用税每平方米年税额如下：

（一）大城市 1.5 元至 30 元。

（二）中等城市 1.2 元至 24 元。

（三）小城市 0.9 元至 18 元。

（四）县城、建制镇、工矿区 0.6 元至 12 元。

大、中、小城市以公安部门登记在册的非农业正式户口人数为依据，按照国务院颁布的《城市规划条例》中规定的标准划分。人口在 50 万以上者为大城市；人口在 20 万至 50 万之间者为中等城市；人口在 20 万以下者为小城市。

各省、自治区、直辖市人民政府可根据市政建设和经济繁荣程度，在规定税额幅度内确定所辖地区的适用税额。经济落后地区，土地使用税的适用税额标准可适当降低，但降低额不得超过上述规定最低税额的 30%。经济发达地区的适用税额标准可以适当提高，但须报财政部批准。

土地使用税规定幅度税额主要是考虑到我国各地区存在着悬殊的土地级差收益，同一地区内不同地段的市政建设情况和经济繁荣程度也有较大的差别，把土地使用税税额定为幅度税额以拉开档次。这样，各地政府在划分本辖区不同地段的等级、确定适用税额时，就有选择余地，便于具体划分和确定。幅度税额还可以调节不同地区、不同地段之间的土地级差收益，尽可能地平衡税负。

六、应纳税额的计算

城镇土地使用税的应纳税额可以通过纳税人使用的土地面积乘以该土地所在地段适用税额求得。其计算公式为：

全年应纳税额＝实际占用应纳税土地面积（平方米）×适用税率

【例 12-2】某公司使用土地面积为 10 000 平方米，经税务机关核定，该土地每平方米的税额为 6 元。计算其全年应纳的土地使用税。

全年应纳土地使用税税额＝10 000×6＝60 000（元）

七、城镇土地使用税税收优惠

下列土地免交土地使用税：

（一）国家机关、人民团体、军队自用的土地。

这部分土地是指这些单位本身的办公用地和公务用地，如国家机关、人民团体的办公楼用地，军队的训练场用地等。

（二）由国家财政部门拨付事业经费的单位自用的土地。

这部分土地是指这些单位本身的业务用地，如学校的教学楼、操场、食堂等占用的土地。

（三）宗教寺庙、公园、名胜古迹自用的土地。

宗教寺庙自用的土地，是指举行宗教仪式等用地和寺庙内的宗教人员生活用地。公园、名胜古迹自用的土地，是指供公共参观游览的用地及其管理单位的办公用地。

以上单位的生产、经营用地和其他用地，不属于免税范围，应按规定缴纳土地使用税。公园、名胜古迹中附设的营业单位如影剧院、饮食部、茶社、照相馆等使用的土地应缴税。

（四）市政街道、广场、绿化地带等公共用地。

（五）直接用于农、林、牧、渔业的生产用地。

这部分土地是指直接从事于种植、养殖、饲养的专业用地，不包括农副产品加工场地和生活办公用地。

（六）经批准开山填海整治的土地和改造的废弃土地，从使用的月份起免缴土地使用税 5 至 10 年。

（七）对非营利医疗机构、疾病控制机构和妇幼保健机构等卫生机构自用的土地，免征城镇土地使用税。对营利性医疗机构自用的土地自 2000 年起免征城镇土地使用税 3 年。

（八）企业办的学校、医院、托儿所、幼儿园，其用地能与企业其他用地明确区分的，免征城镇土地使用税。

（九）免税单位无偿使用纳税单位的土地（如公安、海关等单位使用铁路、民航等单位的土地），免征城镇土地使用税。纳税单位无偿使用免税单位的土地，纳税单位应照章缴纳城镇土地使用税。纳税单位与免税单位共同使用共有使用权土地上的多层建筑，对纳税单位可按其占用的建筑面积占建筑总面积的比例计征城镇土地使用税。

（十）对行使国家行政管理职能的中国人民银行总行（含国家外汇局）所属分支机构自用的土地，免征城镇土地使用税。

（十一）林业系统所属林区的育林地、运材道、防火设施用地，免征城镇土地使用税。林业系统的森林公园、自然保护区，可比照公园免征土地使用税。

（十二）经营采摘、观光农业的单位和个人，其直接用于采摘、观光的种植、养殖、饲养的土地，免征城镇土地使用税。

（十三）为体现国家政策，支持重点产业的发展，由财政部另行规定对能源、交通、水利设施用地免征城镇土地使用税。

（十四）由省、自治区、直辖市地方税务局确定是否减免城镇土地使用税的土地有：个人所有的居住房屋及院落用地；房产管理部门在房租调整改革前出租的居民住房用地；免税单位职工家属的宿舍用地；民政部门举办的安置残疾人占一定比例的福利工厂用地；集体和个人举办的各类学校、医院、托儿所、幼儿园用地；向居民供热并向居民收取采暖费的供热企业用地等。

八、城镇土地使用税的纳税管理

（一）纳税期限

城镇土地使用税实行按年计算、分期缴纳的征收办法，具体纳税期限由各省、自治区、直辖市人民政府确定。

（二）纳税义务发生时间

1．纳税人购置新建商品房，自房屋交付使用的次月起，缴纳城镇土地使用税。

2．纳税人购置存量房，自办理房屋权属转移、变更登记手续，房地产权属登记机关签发房屋权属证书之次月起，缴纳城镇土地使用税。

3．纳税人出租、出借房产，自交付房租、出借房产之次月起，缴纳城镇土地使用税。

4．以出让或转让方式有偿取得土地使用权的，应由受让方从合同约定交付土地时间的次月起缴纳城镇土地使用税；合同未约定交付时间的，由受让方从合同签订的次月起缴纳城镇土地使用税。

5．纳税人新征用的耕地，自批准征用之日起满一年时开始缴纳城镇土地使用税。

6．纳税人新征用的非耕地，自批准征用次月起缴纳城镇土地使用税。

7．从2009年1月1日起，纳税人因土地的权利发生变化而依法终止城镇土地使用纳税义务的，其应纳税额的计算应截至到土地权利发生变化的当月末。

（三）纳税地点和征收机构

城镇土地使用税向土地所在地的地方税务机关缴纳，纳入地方财政预算管理。

第十二章　企业的资源税种　　　　　　　　　　　　　　　　　　　　243

纳税人使用的土地不属于同一省、自治区、直辖市管辖的，由纳税人分别向土地所在地的税务机关缴纳土地使用税；在同一省、自治区、直辖市管辖范围内的，纳税人跨地区使用的土地，其纳税地点由省、自治区、直辖市地方税务局确定。

第三节　土地增值税

土地增值税起源于 20 世纪初，根据西方学者约翰·穆勒等人关于地租课税的理论——租税学说，首先在美国一些地区尝试对土地征收增值税。此后，土地增值税被许多国家采用，目前世界上已有六十多个国家和地区对土地（连同土地上建筑物）的转让收入征税。

我国自 1987 年对土地使用制度进行改革，实行国有土地使用权有偿转让以来，房地产业发展很快。房地产业的发展对于提高土地使用效益、改善城市设施和人民生活居住条件、改善投资环境、带动相关产业的发展都起到了积极作用。但是，也出现了一些问题：房地产开发过热，炒买炒卖房地产的投机行为盛行，房地产价格上涨过猛，投入开发的资金规模过大，而国家回收土地增值收益少，影响了整个宏观经济的正常运行。要解决上述问题，除了加强对土地出让环节和整个房地产业的监督管理外，还必须完善房地产业的税收制度。因此，我国自1994 年 1 月 1 日起开征了土地增值税。现行土地增值税的基本法规是 1994 年 1 月 1 日实施的《中华人民共和国土地增值税暂行条例》和 1995 年 1 月 27 日开始实施的《中华人民共和国土地增值税暂行条例实施细则》。

一、我国土地增值税的特点和作用

我国的土地增值税是对转让土地使用权、地上建筑物及其附着物并取得收入的单位和个人，就其转让房地产获得的增值额征收的一种税。

（一）我国土地增值税的主要特点

1. 以转让房地产取得的增值额为征税对象；
2. 实行普遍征税的原则，税源面广；
3. 采用余额法或扣除法计算增值额，作为计税依据；
4. 采用四级超率累进税率；
5. 按次征收。

（二）土地增值税的作用

开征土地增值税对于规范房地产市场交易秩序、合理调节土地增值收益、维护国家权益具有十分重要的意义，主要表现在：

1. 适应改革开放的新形势,进一步改革和完善税制,增强国家对房地产开发和房地产市场调控力度。
2. 抑制炒买炒卖土地投机获取暴利的行为。
3. 规范国家参与土地增值收益分配的形式,增加国家财政收入。

二、纳税义务人和征税范围

(一)纳税义务人

土地增值税的纳税义务人是转让国有土地使用权、地上的建筑物及其附着物(以下简称转让房地产)并取得收入的单位和个人。单位包括各类企业、事业单位,国家机关和社会团体及其他组织。个人包括个体经营者。

土地增值税的纳税义务人,不区分法人和自然人,不区分经济性质,不区分内资和外资企业,不区分部门,任何转让房地产的单位和个人都是纳税义务人。

(二)征税范围

1. 根据《土地增值税暂行条例》规定,土地增值税的征税范围包括:

(1)转让国有土地使用权。这里所说的"国有土地"是指国家法律规定属于国家所有的土地。

(2)连同国有土地使用权一并转让的建筑物及其附着物。这里所说的"地上建筑物",是指建于土地上的一切建筑物,包括地上地下的各种附属设施。这里所说的"附着物"是指附着于土地上的不能移动或一经移动即遭损坏的物品。

2. 准确地界定土地增值税的征税范围十分重要。在实际工作中,可以通过以下几条标准来界定征税范围:

(1)土地使用权是否为国家所有,是判定是否属于土地增值税征税范围的标准之一。城市的土地属于国家所有;农村和城市郊区的土地除由法律规定属于国家所有外,属于集体所有。国家为了公共利益,可以依照法律对集体土地实行征用,依法被征用后的土地属于国家所有。国家所有的土地,其使用权在转让时,按照《土地增值税暂行条例》规定,属于土地增值税的征税范围。集体所有的土地,根据相关法律规定,是不得自行转让的,只有由国家征用变为国家所有以后才能进行转让,才被纳入土地增值税的征税范围。

(2)产权是否发生转让是判定是否属于土地增值税征税范围的标准之二。国有土地使用权、地上建筑物及其附着物的产权是否发生转让包含两层意思:一是土地增值税的征税范围不包括国有土地使用权的出让所得的收入。国有土地使用权的出让,是指国家以土地所有者的身份在土地一级市场上将土地使用权卖给土地使用者的行为;而国有土地使用权的转让,是指土地使用者在二级市场上将土地使用权出售的行为。土地使用权转让，其地上的建筑物、其他附着物的所有权随之转让。土地使用权的转让属于土地增值税的征税范围。二是土地增值税的征税范围不包括未转让土地使用权、房产产权的行为。是否发生房地产权属（指土地使用权和房产产权）的变更是确定是否纳入土地增值税征税范围的一个标准。

（3）是否取得收入是判定是否属于土地增值税的征税范围的标准之三。土地增值税的征税范围不包括房地产的权属虽转让但未取得收入的行为。如房地产的继承。需要强调的是，无论是单独转让国有土地使用权，还是房产权和国有土地使用权一并转让的，只要取得收入，均属于土地增值税的征税范围。

三、土地增值税的计税依据

土地增值税的计税依据是纳税人转让房地产所取得的增值额。该增值额是转让房地产的应税收入减除规定的扣除项目金额后的余额。

（一）应税收入的确定

纳税人转让房地产取得的应税收入，应包括转让房地产的全部价款及有关的经济收益。从收入的形式来看，包括货币收入、实物收入和其他收入。

1．货币收入，是指纳税人转让房地产而取得的现金、银行存款和支票、银行本票、汇票等各种信用票据以及国库券、金融债券、企业债券、股票等有价证券。这些类型的收入实质都是转让方因转让土地使用权、房屋产权而向受让方收取的价款。货币收入一般比较容易确定。

2．实物收入，是指纳税人转让房地产而取得的各种实物形态的收入，如钢材、水泥等商品，房屋、土地等不动产等。实物收入的价值不太容易确定，一般要对这些实物形态的财产进行评估。

3．其他收入，是指纳税人转让房地产而取得的无形资产或具有财产价值的权利，如专利权、商标权、非专利技术、土地使用权、著作权等。此类收入的价值需要进行专门的评估。

（二）增值额的扣除项目

土地增值税并不是直接对转让房地产所得的收入征税，而是要对收入额减除国家规定的各项扣除项目金额后的增值额征税。要计算增值额，必须确定扣除项目。税法准予纳税人从转让收入额中减除的扣除项目包括以下几项：

1．取得土地使用权所支付的金额

它包括两方面的内容：

（1）纳税人为取得土地使用权所支付的地价款

如果纳税人是以协议、招标、拍卖等方式取得土地使用权的，地价款为纳税人所支付的土地出让金；如果是以行政划拨方式取得土地使用权的，地价款为按照国家有关规定补缴的土地出让金；如果是以转让方式取得土地使用权的，地价款为向原土地使用人实际支付的地价款。

（2）取得土地使用权缴纳的费用

纳税人在取得土地使用权过程中为办理有关手续，按国家统一规定缴纳的有关登记、过户手续费等费用。

2．房地产开发成本

这是指纳税人开发房地产项目实际发生的成本。包括：

（1）土地征用及拆迁补偿费，包括土地征用费、耕地占用税、劳动力安置费及有关地上、地下附着物拆迁补偿的净支出、安置动迁用房支出等。

（2）前期工程费。包括规划、设计、项目可行性研究和水文、地质、勘察、测绘、"三通一平"等支出。

（3）建筑安装工程费。指以出包方式支付给承包单位的建筑安装工程费，以自营方式发生的建筑安装工程费。

（4）基础设施费。包括开发小区内道路、供水、供电、供气、排污、排洪、通信、照明、环卫、绿化等工程发生的支出。

（5）公共配套设施费。包括不能有偿转让的开发小区内公共配套设施发生的支出。

（6）开发间接费用。指直接组织、管理开发项目发生的费用，包括工资、职工福利费、折旧费、修理费、办公费、水电费、劳动保护费、周转房摊销等。

3．房地产开发费用

这是指与房地产开发项目有关的销售费用、管理费用和财务费用。根据现行财务会计制度的规定，这三项费用作为期间费用，直接计入当期损益，不按成本核算对象进行摊销，所以它们并不按纳税人房地产开发项目实际发生的费用进行扣除，而是按《实施细则》的标准进行扣除。

《实施细则》规定：

（1）纳税人能够按转让房地产项目计算分摊利息支出，并能提供金融机构的贷款证明的，其允许扣除的房地产开发费用为：

房地产开发费用＝利息＋（取得土地使用权支付的金额＋房地产开发成本）×比例数

其中，比例数为5%以内的数。

（2）纳税人不能按转让房地产项目计算分摊利息支出或不能提供金融机构贷款证明的，其申请允许扣除的房地产开发费用为：

房地产开发费用=（取得土地使用权支付的金额＋房地产开发成本）×10%以内

（3）房地产开发企业既向金融机构借款，又有其他借款的，其房地产开发费用计算扣除时不能同时适用上述（1）（2）项所述两种办法。

（4）土地增值税清算时，已经计入房地产开发成本的利息支出，应调整至利息费用中计算扣除。

此外，财政部、国家税务总局还对扣除项目金额中利息支出的计算问题做出了两点专门规定：一是利息的上浮幅度按国家的有关规定执行，超过上浮幅度的部分不允许扣除；二是对超过贷款期限的利息部分和加罚的利息不允许扣除。

4．旧房及建筑物的评估价格

旧房及建筑物的评估价格是指在转让已使用的房屋及建筑物时，由政府批准设立的房地产评估机构评定的重置成本乘以成新度折扣率后的价格。评估价格须经当地税务机关确认。

重置成本的含义是：对旧房及建筑物，按转让时的建材价格及人工费用计算，建造同样面积、同样层次、同样结构、同样建设标准的新房及建筑物所需花费的成本费用。成新度折扣率的含义是：按旧房的新旧程度作一定比例的折扣。

此外，转让旧房的，应按房屋及建筑物的评估价格、取得土地使用支付的地价和按国家统一规定缴纳的有关费用及在转让环节缴纳的税金作为扣除项目金额计征土地增值税。对取得土地使用权时未支付地价款或不能提供已支付的地价款凭据的，在计征土地增值税时不允许扣除。

5．与转让房地产有关的税金

与转让房地产有关的税金是指在转让房地产时缴纳的营业税、城市维护建设税、印花税。因转让房地产缴纳的教育费附加，也可以视同税金予以扣除。

6．其他扣除项目

对从事房地产开发的纳税人，根据《实施细则》的有关规定，可按取得土地使用权所支付的金额和房地产开发成本之和加计20%扣除。在此，应特别指出的是，此条优惠只适用于从事房地产开发的纳税人，除此之外的其他纳税人不适用。这样规定，目的是为了抑制炒买炒卖房地产的投机行为，保护正常开发投资者的积极性。

（三）增值额

土地增值税纳税人转让房地产所取得的应税收入减除规定的扣除项目金

额后的余额为增值额。增值额是土地增值税的关键所在。由于土地增值税是根据增值额与扣除项目金额的比率大小，按适用的税率累进计算征收的，所以增值额与扣除项目金额的比率越大，适用的税率就越高，缴纳的税款就越多。因此，准确核算增值额是十分重要的。

土地增值税的增值额＝应税收入－允许扣除项目的金额

为了保证增值额的可靠性，纳税人有以下情况之一的，按照房地产评估价格计算征收：

（1）隐瞒、虚报房地产成交价格的。隐瞒、虚报房地产成交价格的，应由评估机构参照同类房地产的市场交易价格进行评估。税务机关根据评估价格确定转让房地产的收入。

（2）提供扣除项目金额不实的。提供扣除项目金额不实的，应由评估机构按照房屋重置成本价乘以成新度折扣率计算的房屋成本价和取得土地使用权时的基准地价进行评估。税务机关根据评估价格确定扣除项目金额。

（3）转让房地产的成交价格低于房地产评估价格，又无正当理由的，由税务机关参照房地产评估价格确定转让房地产的收入。

这里所说的"房地产评估价格"，是指由政府批准设立的房地产评估机构根据相同地段、同类房地产进行综合评定的价格。

四、土地增值税的税率

土地增值税实行四级超率累进税率：

（一）增值额未超过扣除项目金额50%的部分，税率为30%；

（二）增值额超过扣除项目金额50%、未超过扣除项目金额100%的部分，税率为40%；

（三）增值额超过扣除项目金额100%、未超过扣除项目金额200%的部分，税率为50%；

（四）增值额超过扣除项目金额200%的部分，税率为60%。

上述所列四级超率累进税率，每级"增值额未超过扣除项目金额"的比例，均包括本比例数。超率累进税率见表12-2。

采用超率累进税率，以增值率作为税率递增的依据，能更好地发挥税收对土地收益的调节力度。因为增值率属于相对数指标，比增值额更能反映纳税人的收益状况。

第十二章 企业的资源税种

表 12-2 土地增值税四级超率累进税率表

级数	增值额与扣除项目金额的比率	税率（%）	速算扣除系数（%）
1	不超过 50%的部分	30	0
2	超过 50%~100%的部分	40	5
3	超过 100%~200%的部分	50	15
4	超过 200%的部分	60	35

资料来源：作者根据土地增值税条例整理。

五、应纳税额的计算

土地增值税按照纳税人转让房地产所取得的增值额和规定税率计算征收。土地增值税的计算公式为：

应纳税额＝∑（每级距的土地增值额×适用税率）

但在实际工作中，通常采用速算扣除数计算：用增值额乘以适用税率的积，减去扣除项目金额乘以速算扣除系数的积，计算出应纳增值税税额。具体公式如下：

应纳税额＝土地增值额×适用税率－扣除项目金额×速算扣除系数

【例 12-3】顺驰公司转让房地产所得的收入为 460 万元，其中扣除项目金额为 100 万元。计算该公司应纳土地增值税的税额。

第一步，计算增值额：
增值额＝460－100＝360（万元）
第二步，计算增值额与扣除项目金额之比率：
增值额与扣除项目金额之比率＝360/100＝360%
根据税率表，增值额超过扣除项目金额 200%，其适用的税率为 60%，速算扣除系数为 35%。
第三步，计算土地增值税税额：
土地增值税税额＝360×60%－100×35%＝181（万元）

六、土地增值税优惠

（一）对建造普通标准住宅免税

纳税人建造普通标准住宅出售，增值额未超过扣除项目金额 20%的，免征土地增值税。

这里所说的"普通标准住宅",是指按所在地一般民用住宅标准建造的居住用住宅。2005年6月1日起,普通标准住宅应同时满足以下条件:住宅小区建筑容积率在1.0以上;单套住宅建筑面积在120平方米以下;实际成交价格低于同级别土地住房平均交易价格1.2倍以下。具体地,普通标准住宅的标准由各省、自治区、直辖市人民政府规定,允许标准适当浮动,但向上浮动比例不得超过上述标准的20%。

纳税人建造普通标准住宅出售,增值额未超过扣除项目金额20%的,免征土地增值税;增值额超过扣除项目金额20%的,应就其全部增值额计税。

(二)对国家征用、收回房地产免税

因国家建设需要依法征用、收回的房地产,免征土地增值税。

这里所说的"因国家建设需要依法征用、收回的房地产",是指因城市实施规划、国家建设的需要而被政府批准征用的房地产或收回的土地使用权。因城市实施规划、国家建设的需要而搬迁,由纳税人自行转让原房地产的,比照有关规定免征土地增值税。

(三)对1994年1月1日前签订转让合同的房地产的税收优惠

1994年1月1日以前已签订的房地产转让合同,不论其房地产在何时转让,均免征土地增值税。

在上述免税期限内再次转让房地产以及不符合上述规定的房地产转让,如超过合同范围的房地产或变更合同的,均按规定征收土地增值税。

七、纳税管理

(一)纳税地点

土地增值税的纳税人应向房地产所在地的主管税务机关办理纳税申报,并在税务机关核定的期限内缴纳土地增值税。

此处的"房地产所在地",是指房地产的坐落地。纳税人转让的房地产坐落在两个或两个以上地区的,应按房地产所在地分别申报纳税。

在实际工作中,纳税地点的确定又可分为以下两种情况:

1. 纳税人是法人。当转让的房地产坐落地与其机构所在地或经营所在地一致时,在办理税务登记的原管辖税务机关申报纳税;如果转让的房地产坐落地与其机构所在地或经营地不一致时,则应在房地产坐落地所在地的税务机关申报纳税。

2. 纳税人是自然人。当转让房地产坐落地与其居住所在地一致时,在住所所在地税务机关申报纳税;当转让的房地产坐落地与其居住所在地不一致时,在办理过户手续所在地的税务机关申报纳税。

（二）纳税申报

土地增值税的纳税人应在转让房地产合同签订后的 7 日内，到房地产所在地主管机关办理纳税申报，并向税务机关提交房屋及建筑物产权、土地使用权证书、土地转让合同、房产买卖合同、房地产评估报告及其他与转让房地产有关的资料。因经常发生房地产转让而难以在每次转让后申报的，经税务机关审核同意后，可以定期进行纳税申报，具体期限由税务机关根据情况确定。

对于纳税人预售房地产所取得的收入，凡当地税务机关规定预征土地增值税的，纳税人应当到主管税务机关办理纳税申报，并按规定比例预交，待办理决算后，多退少补。凡当地税务机关规定不预征土地增值税的，应在收入实现后到税务机关登记或备案。

（三）税收预征规定

各地税务机关要加强对房地产企业的预征土地增值税的管理。科学制定征收制度和办法，确定合理的预征率。除保障性住房外，东部地区省份预征率不得低于 2%，中部和东北地区省份不得低于 1.5%，西部地区省份不得低于 1%。

对于纳税人预售房地产所取得的收入，按照当地税务机关规定预征土地增值税的征收率，纳税人应当到主管税务机关办理纳税申报，并按规定比例预交，待办理决算后，多退少补。

第四节 耕地占用税

土地是人类赖以生存的宝贵资源，耕地是从事农业生产的基本条件。我国是一个地少人多的国家，耕地是我国较为稀缺的自然资源。自 20 世纪 80 年代以来，由于非农业用地和人口的急剧增加，引起人均耕地大幅度减少。为了改变这种局面，合理利用土地资源，加强土地管理，保护农用耕地，国务院决定于 1987 年 4 月 1 日起开征耕地占用税。2007 年 12 月国务院颁布了新的耕地占用税暂行条例，从 2008 年起实施。

耕地占用税是对占用耕地从事建房或其他非农业建设的单位和个人，就其占用耕地征收的一种税。耕地占用税的基本法规是《中华人民共和国耕地占用税暂行条例》。

一、耕地占用税的特点和作用

（一）耕地占用税具有一次性课征、普遍征收、因地制宜和指定用途的特点。国务院明确规定，国家征收的耕地占用税是国家土地综合开发建设基金的主要来源，全部用于发展农业，增加农业投资，即用于同农业生产有直接联系，能形成新的生产能力的开发项目和措施。

（二）开征耕地占用税具有重要的意义：

1．有利于加强土地管理，保护耕地资源。征收耕地占用税，可以在一定程度上遏制城乡非农业建设滥用耕地的势头，改变多征少用、征而不用的不正常现象，促进农业结构的合理调整。

2．有利于增强农业发展的后劲。国家从耕地占用税中拿出一部分返还给地方建立农业发展专项资金，专门用于开垦宜农耕地，整理改良现有耕地，在一定程度上解决农业资金不足的问题，增强农业发展的后劲。

3．有利于积累资金，组织财政收入，开辟财源。

二、纳税义务人、征税对象和范围

（一）纳税义务人

凡是占用耕地建房或从事其他非农业建设的单位和个人，都是耕地占用税的纳税义务人。单位包括各种企业和事业单位、社会团体、国家机关、部队以及其他单位；个人包括个体工商户及其他个人。

（二）耕地占用税的征税对象和范围

耕地占用税的征税对象是指建房或从事其他非农业建设所占用的耕地。耕地是指用于种植农作物的土地。具体来说，耕地占用税的征税范围包括用作建房和其他非农业建设的下列土地：

1．种植粮食作物、经济作物的土地，包括良田、棉田、麻田、烟田、蔗田等。

2．菜地，即城市郊区种植蔬菜的土地。

3．园地，包括苗圃、花圃、茶园、果园、桑园和种植其他经济林木的土地。

4．鱼塘。

5．其他农用土地。如已开发的从事种植、养殖的滩涂、草场、水面和林地等。占用这类土地是否征税，由省、自治区、直辖市本着有利于保护农用土地资源和生态平衡的原则，结合具体情况加以确定。

占用上述耕地，用作建房和其他非农业建设的单位和个人，都是耕地占用税的纳税人。

三、计税依据和税额

耕地占用税的计税依据是纳税人实际占用的耕地面积。

耕地占用税实行从量定额一次性征收，以平方米为单位。根据各县每人平均占有耕地的多少，规定有幅度的税率。总的来说，人口稠密、人均耕地少、经济比较发达、非农业占地问题比较突出或者土地质量好的县，税率要高些；反之，人口稀疏、人均耕地面积较多、经济不太发达或者土地质量差的县，税率就相对低些。耕地占用税税额见表12-3。

表12-3 耕地占用税税额表

税级	地 区	每平方米税额
一	人均耕地不超过1亩的县	10元至50元
二	人均耕地超过1亩但不超过2亩的县	8元至40元
三	人均耕地超过2亩但不超过3亩的县	6元至30元
四	人均耕地超过3亩的县	5元至25元

国务院财政、税务主管部门根据人均耕地面积和经济发展情况确定各省、自治区、直辖市的平均税额（见表12-4）。各地适用税额，由省、自治区、直辖市人民政府在第一税级的税额幅度内，根据该地区情况核定。各地人民政府核定的适用税额的平均水平，不得低于第二税级的平均税额。

经济特区、经济技术开发区和发达地区、人均耕地特别少的地区，使用税率可以适当提高，但是最高不得超过第三税级税额的50%。

表12-4 各省、自治区、直辖市耕地占用税平均税额表

地 区	每平方米平均税额
上海	45元
北京	40元
天津	35元
江苏、浙江、福建、广东	30元
辽宁、湖北、湖南	25元
河北、安徽、江西、山东、河南、重庆、四川	22.5元
广西、海南、贵州、云南、陕西	20元
山西、吉林、黑龙江	17.5元
内蒙古、西藏、甘肃、青海、宁夏、新疆	12.5元

四、应纳税额的计算

耕地占用税的应纳税额的计算公式如下：

应纳税额＝实际占用耕地面积（平方米）×适用税额

五、税收优惠

耕地占用税的减免有三种：一是对特殊占地减免税；二是对纳税困难户减免照顾；三是对特殊建房用地免税。

（一）对特殊占地减免税

1. 军事设施用地可免征耕地占用税。包括：地上、地下的军事指挥、作战工程；军用机场、港口、码头；营区、训练场、试验场；军用洞库、仓库；军用通信、侦察、导航、观测台站和测量、导航、助航标志；军用公路、铁路专用线，军用通讯、输电线路，军用输油、输水管道；其他直接用于军事用途的设施。部队非军事用途和从事非农业生产经营占用耕地，不予免税。

2. 铁路线路、公路线路、飞机场跑道、停机坪、港口、航道占用耕地，减按每平方米 2 元的税额征收耕地占用税。根据实际需要，报国务院财政、税务主管部门并报国务院批准后，可以对此规定的情形免征或者减征耕地占用税。

3. 学校、幼儿园、敬老院、医院用地可免征耕地占用税。学校是指县级以上人民政府教育行政部门批准成立的大学、中学、小学、学历性职业教育学校以及特殊教育学校；而学校从事非农业生产经营用地，不予免税。幼儿园限于县级人民政府教育行政部门登记注册或者备案的幼儿园内专门用于幼儿保育、教育的场所。医院限于县级以上人民政府卫生行政部门批准设立的医院内专门用于提供医护服务的场所及其配套设施；而医院内职工住房占用耕地的，按照当地适用税额缴纳耕地占用税。

4. 直接为农业生产服务的农田水利设施用地，免征耕地占用税。水利工程占用耕地以发电、旅游为主的，不予免税。

（二）对纳税困难户减免照顾

农村革命烈士家属（包括农村烈士的父母、配偶和子女）、革命残疾军人、鳏寡孤独以及革命老根据地、少数民族居住地区和边远贫困山区生活困难的农户，在规定用地标准以内新建住宅纳税确有困难的，由纳税人提出申请，经所在地乡（镇）人民政府审核，报经县级人民政府批准后，可以给予减税和免税。

（三）对特殊建房用地免税

1. 对水库移民、灾民、难民建房占用耕地，免征耕地占用税。

2. 农村居民占用耕地新建住宅，按照当地适用税额减半征收耕地占用税。

3. 农村居民经批准搬迁，原宅基地恢复耕种，凡新建住宅占用耕地不超过原宅基地面积的，不征收耕地占用税；超过原宅基地面积的，对超过部分按照当地适用税额减半征收耕地占用税。

六、纳税管理

纳税人必须在经土地管理部门批准占用耕地之日起 30 日内一次性缴纳耕地占用税。纳税人按有关规定向土地管理部门办理退还耕地、在规定期限内恢复耕地原状的,全额退还已缴纳税款。

耕地占用税向耕地所在地的税务机关缴纳。土地管理部门在批准单位和个人占用耕地后,应及时通知所在地同级征收机关。获准征用或占用耕地的单位和个人,应当持县级以上土地管理部门的批准文件向征收机关申报纳税。

参考文献

1.《中华人民共和国房产税暂行条例》,1986 年 9 月 15 日,国发[1986]90 号。

2.《中华人民共和国城镇土地使用税暂行条例》,1988 年 9 月 27 日,国务院令第 17 号发布。

3.《中华人民共和国资源税暂行条例》,1993 年 12 月 25 日,国务院令第 139 号发布。

4.《中华人民共和国资源税暂行条例实施细则》,1993 年 12 月 30 日,财法字[1995]第 043 号。

5.《中华人民共和国土地增值税暂行条例》,1993 年 12 月 13 日,国务院令第 138 号发布。

6.《中华人民共和国土地增值税暂行条例实施细则》,1995 年 1 月 27 日,财法字[1995]006 号。

7.《中华人民共和国耕地占用税暂行条例》,2007 年 12 月 1 日,国务院国发[511]号。

8.《中华人民共和国耕地占用税暂行条例实施细则》,2008 年 2 月 26 日。

第十三章 企业的行为税种

第一节 城市维护建设税

城市是国家的经济文化中心,是国民经济持续、快速、稳定发展的重要基地和保证。新中国成立以来,尤其是改革开放以来,我国城市的建设取得了很大的成就。但是,城市的维护和建设与经济发展的要求还存在很大的距离。为了搞好城市的维护和建设,使城市维护和建设有稳定的资金来源,国务院于1985年2月8日颁布了《中华人民共和国城市维护建设税暂行条例》,从1986年1月1日起在全国范围内开始施行。

一、城市维护建设税的特点和意义

城市维护建设税是国家对从事经营活动的单位和个人,以其实际缴纳的增值税、消费税和营业税(简称"三税")的税额为计税依据而征收的一种税。它属于行为课税,是我国按税款用途开征的一种税。

(一)城市维护建设税的特点

1. 具有附加税性质。城市维护建设税以纳税人实际缴纳的"三税"税额为计税依据,本身并无特定的征税对象,而是随上述三种税的征收同时征收。因此,实际上是一种附加税。

2. 税率按照纳税人所处地域不同而采用差别比例税率。

3. 具有专款专用性质。城市维护建设税税款专项用于地方城市公用事业和公共设施的维护建设。

(二)城市维护建设税的意义和作用

开征城市维护建设税的目的,是为了扩大和稳定城市维护建设所需资金的来源,加强城市的维护和建设。它对于新兴城市的开发、老城市的维护和改造,以及城镇居民生活环境的改善有着积极的作用。主要表现在以下几方面:

1. 加速城市建设的发展;
2. 为城市建设和维护提供稳定的资金来源;
3. 有利于调动地方政府加强税收征管的积极性;
4. 有利于分税制的实施。

二、纳税义务人

城市维护建设税的纳税义务人，是负有缴纳增值税、消费税和营业税义务的单位和个人。单位包括各类企业、行政事业单位、军事单位、社会团体、其他单位；个人包括个体工商户以及其他个人。这些单位和个人只要缴纳了增值税、消费税和营业税，就必须依法缴纳城市维护建设税。

2010年12月1日起，外商投资企业、外国企业和外籍个人开始征收城市维护建设税。至此，我国境内对所有的单位和个人统一实施了城建维护建设税。

三、税率

城市维护建设税的税率，是纳税人应缴纳的城市维护建设税税额与纳税人实际缴纳的"三税"税额之间的比率。根据纳税人所在地的不同，城市维护建设税设置了三档地区差别比例税率，即：

（一）纳税人所在地为市区的，税率为7%；

（二）纳税人所在地为县城、镇的，税率为5%；

（三）纳税人所在地不在市区、县城或者镇的，税率为1%。

城市维护建设税的适用税率，应当按纳税人所在地的规定税率执行。但是，对于下列两种情况，可按缴纳"三税"所在地的规定税率就地缴纳城建税：

（1）由受托方代征代扣增值税、消费税和营业税的单位和个人，其代征代扣的城市维护建设税按受托方所在地适用的税率一并代征代缴；

（2）流动经营等无固定纳税地点的单位和个人，在经营地缴纳"三税"的，其城市维护建设税按经营地的适用税率同时缴纳。

四、计税依据

城市维护建设税的计税依据，是纳税人实际缴纳的增值税、消费税和营业税的税额。对纳税人违反增值税、消费税和营业税有关税法而加收的滞纳金和罚款，是税务机关对纳税人违法行为的经济制裁，不作为城建税的计税依据；但纳税人在被查补增值税、消费税与营业税和被处以罚款时，应同时对其偷漏的城建税进行补税、征收滞纳金和罚款。

城建税以增值税、消费税和营业税税额为计税依据并同时征收，如果要免征或者减征"三税"，也就同时免征或者减征了城建税。但对出口产品退还增值税、消费税的，不退还已经缴纳的城建税。

五、城建税的纳税环节

城建税以增值税、消费税和营业税的纳税环节为纳税环节。纳税人只要发生增值税、消费税和营业税的纳税义务,就要在同样的环节分别计算缴纳城建税。

六、应纳税额的计算

城建税的应纳税额是由纳税人实际缴纳的增值税、消费税和营业税税额决定的,其计算公式是:

应纳税额＝实际缴纳的增值税、消费税和营业税税额×适用税率

【例13-1】坐落在天津市区的新科公司2007年8月份缴纳增值税6万元,同时缴纳营业税2万元。适用城市维护建设税7%的税率。请计算该公司应纳城市维护建设税税额。

应纳城建税税额＝纳税人实际缴纳的增值税、消费税和营业税税额×适用税率＝（6+2）×7%＝0.56（万元）

七、税收优惠

城建税原则上不单独减免,但因城建税又具有附加税的性质,当主税发生减免时,城建税也相应发生税收减免。城建税的税收减免具体有以下几种情况:

（一）城建税按减免后实际缴纳的增值税、消费税和营业税税额计征,即随"三税"的减免而减免。

（二）对于因减免税而需要进行"三税"退库的,城建税也可以同时退库。

（三）海关对进口产品代征的增值税、消费税,不征收城建税。

（四）对国家重大水利工程建设基金免征城市维护建设税。

八、纳税地点和纳税期限

（一）增值税、消费税和营业税的缴纳地点,同时也是城建税的缴纳地点。但是属于下列情况的,纳税地点为:

1. 代收代扣增值税、消费税和营业税的单位和个人,其城建税的纳税地点在代收代扣地。

2. 跨省开采的油田,下属生产单位与核算单位不在一个省内的,其生产的原油,在油井所在地缴纳增值税。所以,城建税也应随增值税在油井所在地一并缴纳。

3．对管道局输油部分的收入，由取得收入的各管道局于所在地缴纳营业税。所以，其应纳的城建税，也应由取得收入的各管道局于所在地缴纳营业税时一并缴纳。

4．对流动经营等无固定纳税地点的单位和个人，应随同增值税、消费税和营业税在经营地按适用税率缴纳。

（二）由于城建税是由纳税人在缴纳增值税、消费税和营业税时同时缴纳的，所以其纳税期限应与增值税、消费税和营业税的纳税期限一致。根据增值税法和消费税法规定，增值税、消费税的纳税期限均分别为1日、3日、5日、10日、15日或者1个月；根据营业税法规定，营业税的纳税期限分别为5日、10日、15日或者1个月。增值税、消费税和营业税的纳税人的具体纳税期限，由主管税务机关根据纳税人应纳税额大小分别核定，不能按照固定期限纳税的，可以按次纳税。城建税也是如此。

九、城市维护建设税的改革趋势

随着市场经济体制的逐步完善、分税制财政管理体制的施行和税收会计的实施，以纳税人实际缴纳的增值税、消费税和营业税税额为计税依据征收的城建税，暴露出了一些问题。

（一）现行城市维护建设税存在的问题

1．税收法规和税收实务脱节，操作性不强；

2．计税依据设计不尽合理，可能导致收益与负担相脱节；

3．收入规模小，税率低，不能满足需求。

针对城建税暴露出的问题，人们提出了种种改革设想。

（二）城市维护建设税的改革趋势

1．城建税应该彻底摆脱受流转税制约的附加性质，成为税收体系中一个独立的税种。这对稳定地筹集到城建资金、促进社会经济快速发展将起到很大的作用。

2．按照城建设施收益和负担相一致的原则，城建税应以销售收入或者营业收入为计税依据。这样不但有利于公平税负、稳定收入，而且简单明了，增强了可操作性，提高了征管水平，降低了征管成本。

3．城建税应实行有幅度的比例税率，允许城乡各地根据不同的收益水平，结合本地城建资金的需求状况，采用不同的税率。

第二节 印花税

一、印花税的概念及沿革

印花税是对在经济活动和经济交往中书立、使用、领受具有法律效力的凭证的单位和个人征收的一种税，因采用在凭证上粘贴印花税票的办法征税而得名。

印花税始于 1624 年的荷兰，很快成为世界性税种。目前世界上有九十多个国家和地区征收印花税。我国于清朝末年开始征收印花税。新中国成立后开征的 14 个税种中就有印花税。1953 年和 1956 年两次修改条例，缩小范围，减少税目。1958 年并入工商统一税。1988 年 8 月 6 日国务院重新颁布了《中华人民共和国印花税暂行条例》，从 1988 年 10 月 1 日起执行。

二、印花税的特点和意义

（一）印花税的特点

1. 覆盖面广。印花税法规定的征税范围广泛，凡税法列举的合同或具有合同性质的凭证、产权转移书据、营业账簿及权利、许可证照等，都必须依法纳税，涉及经济活动的各个方面。

2. 税率低，税负轻。印花税最高税率为 2‰，最低税率为 0.05‰。按定额税率征税的，每件 5 元。这就是说，与其他税种相比，印花税税率确实要低得多。显然，纳税人的税收负担就要轻一些。

3. 纳税人自行完税。印花税与其他税种不同，实行"三自"的纳税办法。即：纳税人在书立、使用、领受应税凭证发生纳税义务的同时，先根据凭证的计税金额和应使用的税目税率，自行计算其应纳税额；再由纳税人自行购买印花税票，并一次足额粘贴在应税凭证上；最后由纳税人按印花税法的规定对已粘贴的印花税票自行注销或者画销。至此，纳税人的纳税义务才算履行完毕。

4. 轻税重罚。印花税虽然税负较轻，但一旦纳税人违反了印花税法，采取各种手段少纳或不纳税，税法对纳税人的处罚是十分严厉的，可处以税额 5 倍的罚款。

（二）印花税的意义

1. 有利于增加财政收入。
2. 有利于提高纳税人的纳税意识。
3. 有利于促进纳税人各项经济行为的规范化、法制化。

4. 有利于在国际经济交往中维护国家主权。

三、纳税义务人

印花税的纳税义务人,指在中国境内书立、使用、领受印花税法所列举的凭证并应依法履行纳税义务的单位和个人。

所称单位和个人,是指国内各类企业和事业单位、机关、团体、部队以及中外合资企业、合作企业、外资企业、外国企业和其他经济组织及其在华机构等单位和个人。

上述单位和个人,按照书立、使用、领受应税凭证的不同,可以分别确定为立合同人、立据人、立账簿人、领受人、出让人和使用人六种。

(一)立合同人,指书立各类合同的当事人,即对合同有直接权利义务关系的单位和个人,但不包括合同的担保人、证人、鉴定人。各类合同包括购销、加工承揽、建设工程承包、财产租赁、货物运输、仓储保管、借款、财产保险、技术合同或者具有合同性质的凭证。

当事人的代理人有代理纳税的义务,他与纳税人负有同等的纳税义务和责任。

(二)立据人,是指产权转移书据的纳税人。

(三)立账簿人,是指设立并使用营业账簿的单位和个人。例如,企业单位因生产、经营需要,设立了营业账簿,该企业即为纳税人。

(四)领受人,是指领取或接受并持有权利、许可证照的单位和个人。例如,某人因其发明创造,经申请依法取得国家专利机关颁发的专利证书,该人即为领受人。

(五)使用人,即在国外书立、领受,但在国内使用应税凭证的纳税人。

值得注意的是,如果同一应税凭证是由两方或两方以上当事人共同书立并各执一份的,其当事人各方都是印花税的纳税人,应各就其所持凭证的计税金额履行纳税义务。

(六)出让人,是指卖出财产的人,例如股权的出让者。

四、税目和税率

(一)税目

印花税的税目划定了印花税的征税范围。一般地说,列入税目的就要征税,未列入税目的就不征税。印花税共有14个税目:

1. 购销合同。包括供应、预购、采购、购销结合及协作、调剂、补偿、贸易等合同。此外,还包括出版单位与发行单位之间订立的图书、报纸、期刊和音像制品的应税凭证,例如订购单、订数单等。

2. 加工承揽合同。它包括加工、定做、修缮、修理、印刷、广告、测绘、测试等合同。

3. 建设工程勘察设计合同。它包括勘察、设计合同。

4. 建筑安装工程承包合同。它包括建筑、安装工程承包合同。承包合同,包括总承包合同、分包合同和转包合同。

5. 财产租赁合同。它包括租赁房屋、船舶、飞机、机动车辆、机械、器具、设备等合同,还包括企业、个人出租门店、柜台等签订的合同。

6. 货物运输合同。它包括民用航空、铁路运输、海上运输、公路运输和联运合同,以及作为合同使用的单据。

7. 仓储保管合同。它包括仓储、保管合同,以及作为合同使用的仓单、栈单等。

8. 借款合同。它包括银行及其他金融组织与借款人(不包括银行同业拆借)所签订的合同,以及只填开借据并作为合同使用、取得银行借款的借据。银行及其他金融机构经营的融资租赁业务签订的融资租赁合同也属于借款合同。

9. 财产保险合同。它包括财产、责任、保证、信用保险合同,以及作为合同使用的单据。财产保险合同,分为企业财产保险、机动车辆保险、货物运输保险、家庭财产保险和农牧业保险五大类。

10. 技术合同。它包括技术开发、转让、咨询、服务等合同,以及作为合同使用的单据。

11. 产权转移书据。它包括财产所有权和版权、商标权、专利权、专有技术使用权等转移书据。产权转移书据,是指单位和个人产权的买卖、继承、赠与、交换、分割等所立的书据。

12. 营业账簿。它指单位或者个人记载生产经营活动的财务会计核算账簿。营业账簿按其反映内容的不同,可分为记载资金的账簿和其他账簿。

13. 权利、许可证照。它包括政府部门发给的房屋产权证、工商营业执照、商标注册证、专利证、土地使用证等。

14. 证券交易。它是指证券交易中使用的股权转让书据。

(二)税率

印花税的税率有两种形式,即比例税率和定额税率。

1. 比例税率。在印花税的14个税目中,各类合同以及具有合同性质的凭证、产权转移书据、营业账簿中记载资金的账簿,适用比例税率。

2. 定额税率。在印花税的税目中,权利、许可证照和营业账簿税目中的其他账簿,适用定额税率,均为按件贴花,税额为5元。

表 13-1　印花税税目税率表

税目	范围	税率	纳税义务人	说明
1. 购销合同	包括供应、预购、采购、购销结合及协作、调剂、补偿、贸易等合同	按购销金额的0.3‰贴花	立合同人	
2. 加工承揽合同	包括加工、定做、修缮、修理、印刷、广告、测绘、测试等合同	按加工或承揽收入的0.5‰贴花	立合同人	
3. 建设工程勘察设计合同	包括勘察、设计合同	按收取费用的0.5‰贴花	立合同人	
4. 建筑安装工程承包合同	包括建筑、安装工程承包合同	按承包金额的0.3‰贴花	立合同人	
5. 财产租赁合同	包括租赁房屋、船舶、飞机、机动车辆、机械、器具、设备等合同	按租赁金额的1‰贴花。税额不足1元，按1元贴花	立合同人	
6. 货物运输合同	包括民用航空运输、铁路运输、海上运输、内河运输、公路运输和联运合同	按运输费用的0.5‰贴花	立合同人	单据作为合同使用的,按合同贴花
7. 仓储保管合同	包括仓储、保管合同	按仓储保管费用的1‰贴花	立合同人	仓单或栈单作为合同使用的,按合同贴花
8. 借款合同	包括银行及其他金融组织和借款人（不包括银行同业拆借）所签订的借款合同	按借款金额的0.05‰贴花	立合同人	单据作为合同使用的,按合同贴花
9. 财产保险合同	包括财产、责任、保证、信用等保险合同	按保险费收入的1‰贴花	立合同人	单据作为合同使用的,按合同贴花
10. 技术合同	包括技术开发、转让、咨询、服务等合同	按所载金额的0.3‰贴花	立合同人	
11. 产权转移书据	包括财产所有权和版权、商标专用权、专利权、专有技术使用权等转移书据	按所载金额的0.5‰贴花	立据人	

续表

税目	范围	税率	纳税义务人	说明
12．营业账簿	包括生产经营用账簿、记载资金的账簿	资金账簿，按实收资本和资本公积合计金额的0.5‰贴花，其他账簿按件贴花5元	立账簿人	
13．权利、许可证照	包括政府部门发给的房屋产权证、工商营业执照、商标注册证、专利证、土地使用证	按件贴花5元	领受人	
14．证券交易	股权转让书据	1‰	出让方	从2008年9月19日起施行

五、应纳税额的计算

(一) 计算公式

印花税的应纳税额，根据应纳税凭证的性质，分别按比例税率或者定额税率计算，其计算公式为：

应纳税额＝应税凭证计税金额×适用税率
应纳税额＝应税凭证件数×定额税率

这里所说的计税金额，实际上就是印花税的计税依据。具体来说：

1．购销合同的计税依据为购销金额。

2．加工承揽合同的计税依据为加工或承揽收入，如有受托方提供原材料金额的，可不计入计税金额，但受托方提供辅助材料的金额，则应并入计税金额。

3．建设工程勘察设计合同的计税依据为收取的费用。

4．建筑安装工程承包合同的计税依据为承包金额。

5．财产租赁合同的计税依据为租赁金额，经计算，税额不足1元的，按1元贴花。

6．货物运输合同的计税依据为运费收入，但不包括所运货物的金额、装卸费和保险费等。

7．仓储保管合同的计税依据为仓储保管费用。

8．借款合同的计税依据为借款金额。

9．财产保险合同的计税依据为支付或收取的保险费，但不包括所保财产的金额。

10．技术合同的计税依据为合同所载的价款、报酬或使用费。

11．产权转移书据的计税依据为所载金额。

12．营业账簿税目中记载资金的账簿的计税依据为"实收资本"与"资本公积"两项的合计金额。其他账簿的计税依据为应税凭证件数。

13．权利、许可证照的计税依据为应税凭证件数。

（二）需要注意的情况

此外，需要注意以下几种情况：

1．上述凭证以"金额"、"收入"、"费用"作为计税依据的，应当全额计税，不得作任何扣除。

2．同一凭证，有两个或两个以上经济事项而适用不同税目税率，如分别记载金额的，应分别计算应纳税额，相加后按合计税额贴花；如未分别记载金额的，按税率高的计税贴花。

3．按金额比例贴花的应税凭证，未标明金额的，应按照凭证所载数量及国家牌价计算金额；没有国家牌价的，按市场价格计算金额，然后按规定税率计算应纳税额。

4．应税凭证所载金额为外国货币的，应按照凭证书立当日国家外汇管理局公布的外汇牌价折合成人民币，然后计算应纳税额。

5．应纳税额不足1角的，免纳印花税；1角以上的，其税额尾数不满5分的不计，满5分的按1角计算。

6．有些合同，在签订时无法确定计税金额的，可在签订时先按定额5元贴花，以后结算时再按实际金额计税，补贴印花。

7．应税合同在签订时纳税义务即已产生，应计算应纳税额并贴花。所以，不论合同是否兑现或是否按期兑现，均应贴花。

对已履行并贴花的合同，所载金额与合同履行后实际结算金额不一致的，只要双方未修改合同金额，一般不再办理完税手续。

8．对有经营收入的事业单位，凡属由国家财政拨付事业经费、实行差额预算管理的单位，其记载经营业务的账簿按其他账簿定额贴花，不记载经营业务的账簿不贴花；凡属经费来源实行自收自支的单位，其营业账簿应对记载资金的账簿和其他账簿分别计算应纳税额。

9．商品购销活动中，采用以货换货方式进行商品交易签订的合同，是反映既购又销双重经济行为的合同。对此，应按合同记载的购、销合计金额计税贴花。合同未列明金额的，应按合同所载购、销数量依照国家牌价或者市场价格计算应纳税额。

10. 施工单位将自己承包的建设项目分包或者转包给其他施工单位所签订的分包合同或转包合同,应按新的分包合同或转包合同所载金额计算应纳税额。这是因为印花税是一种具有行为税性质的凭证税,尽管总承包合同已依法计税贴花,但新的分包或转包合同是一种新的凭证,又发生了新的纳税义务。

11. 对股票交易征收印花税,始于深圳和上海两地证券交易的不断发展。现行印花税法规定,股份制试点企业向社会公开发行的股票,因购买、继承、赠与所书立的股权转让书据,均依书立时证券市场当日实际成交价格计算的金额,由出让方按 1‰ 的税率缴纳印花税。

12. 对国内各种形式的货物联运,凡在起运地统一结算全程运费的,应以全程运费作为计税依据,由起运地运费结算双方缴纳印花税;凡分程结算运费的,应以分程的运费作为计税依据,分别由办理运费结算的各方缴纳印花税。

对国际货运,凡由我国运输企业运输的,不论是在我国境内、境外起运还是中转分程运输,我国运输企业所持的一份运费结算凭证,均按本程运费计算应纳税额;托运方所持的一份运费结算凭证,按全程运费计算应纳税额。由外国运输企业运输进出口货物的,外国运输企业所持的一份运费结算凭证免纳印花税;托运方所持的一份运费结算凭证应缴纳印花税。国际货运运费结算凭证在国外办理的,应在凭证转回我国境内时按规定缴纳印花税。

六、免纳印花税事项

(一)已缴纳印花税凭证的副本或者手抄本

凭证的正式签署本已按规定缴纳了印花税,其副本或手抄本对外不发生权利义务关系,只是留存备查。但以副本或者手抄本视同正本使用的,则应另贴印花。

(二)财产所有人将财产赠给政府、社会福利单位、学校所书立的书据

所谓社会福利单位,是指抚养孤老伤残的社会福利单位。

对上述书据免税,旨在鼓励财产所有人这种有利于发展文化教育事业、造福社会的捐赠行为。

(三)国家制定的收购部门与村民委员会、农民个人书立的农副产品收购合同

由于我国农副产品种类繁多,地区之间差异较大,随着经济发展,国家指定的收购部门也会有所变化。对此,印花税法授权省、自治区、直辖市主管税务机关根据当地实际情况,具体划定本地区"收购部门"和"农副产品"的范围。

第十三章 企业的行为税种

（四）无息、贴息贷款合同

无息、贴息贷款合同，是指我国的各专业银行按照国家金融政策发放的无息贷款，以及由各专业银行发放并按有关规定由财政部门或中国人民银行给予贴息的贷款项目所签订的贷款合同。

一般情况下，无息、贴息贷款体现国家政策，满足特定时期的某种需要，其利息全部或者部分是由国家财政负担的，对这类合同征收印花税没有财政意义。

（五）外国政府或者国际金融组织向我国政府及国家金融机构提供优惠贷款所书立的合同

该类合同是就具有援助性质的优惠贷款而签订的政府间协议，对其免税有利于引进外资、利用外资，推动我国经济与社会的快速发展。

（六）房地产管理部门与个人签订的用于生活居住的租赁房屋合同

对该类合同免税，是为了满足低收入居民的住房需求。

（七）农牧业保险合同

对该类合同免税，是为了支持农村保险事业的发展，减轻农牧业生产的负担。

（八）特殊货运凭证

这类凭证有：

1. 军事物资运输凭证，即附有军事运输命令或使用专用的军事物资运费结算凭证。

2. 抢险救灾物资运输凭证，即附有县级以上（含县级）人民政府抢险救灾物资运输证明文件的运费结算凭证。

3. 新建铁路的工程临管线运输凭证，即为新建铁路运输施工所需物料，使用工程临管线专用的运费结算凭证。

（九）企业改制过程中有关印花税征免规定

1. 资金账簿的印花税

（1）实行公司制改造的企业在改制过程中成立的新企业（重新办理法人登记的），其新启用的资金账簿记载的资金或因企业建立资本纽带关系而增加的资金，凡原已贴花的部分可不再贴花纳税，未贴花的部分和以后新增加的资金按规定贴花。

（2）以合并或分立方式成立的新企业，其新启用的资金账簿记载的资金，凡原已贴花的部分可不再贴花纳税，未贴花的部分和以后新增加的资金按规定贴花。

（3）企业债权转股权新增加的资金按规定贴花纳税。

(4) 企业改制中经评估增加的资金按规定贴花纳税。

(5) 企业其他会计科目记载的资金转为实收资本或资本公积的资金按规定贴花纳税。

2. 各类应税合同的印花税

企业改制前签订但尚未履行完的各类应税合同，改制后需要变更执行主体的，对仅改变执行主体、其余条款未作变动且改制前已贴花的，不再贴花纳税。

3. 产权转移书据的印花税

企业因改制签订的产权转移书据免予贴花纳税。

（十）高校学生公寓租赁合同对与高校学生签订的高校学生公寓租赁合同免税。

（十一）金融机构与小微企业签订的借款合同

为鼓励金融机构对小型、微型企业提供金融支持，自 2011 年 11 月 1 日至 2014 年 10 月 31 日，对金融机构与小型、微型企业签订的借款合同涉及的印花税免征。

七、纳税方法与纳税申报

（一）纳税方法

印花税的纳税方法，根据税额大小、贴花次数以及税收征收管理的需要，分别采用以下三种纳税办法：

1. 自行贴花办法

这种办法，一般适用于应税凭证较少或者贴花次数较少的纳税人。纳税人书立、领受或者使用印花税法列举的应税凭证的同时，纳税义务即已产生，应当根据应税凭证的性质和适用的税目税率，自行计算应纳税额，自行购买印花税票，自行一次贴足印花税票并加以注销或画销，纳税义务才算全部履行完毕。值得注意的是，纳税人购买了印花税票，支付了税款，国家就取得了财政收入。但就印花税来说，纳税人支付了税款并不等于已履行了纳税义务。纳税人必须自行贴花并注销或画销，这样才算完整地完成了纳税义务。这也就是通常所说的"三自"纳税办法。

对已贴花的凭证，修改后所载金额增加的，其增加部分应当补贴印花税票。凡多贴印花税票者，不得申请退税或者抵用。

2. 汇贴或汇缴办法

这种办法，一般适用于应纳税额较大或者贴花次数频繁的纳税人。

一份凭证应纳税额超过 500 元的，应向当地税务机关申请填写缴款书或者完税证，将其中一联粘贴在凭证上或者由税务机关在凭证上加注完税标记代替贴花。这就是通常所说的"汇贴"办法。

同一种类应纳税凭证，需频繁贴花的，应向当地税务机关申请按期汇总缴纳印花税。获准汇总缴纳印花税的纳税人，应持有税务机关发给的汇缴许可证。汇总缴纳的限期限额由当地税务机关确定，但最长期限不得超过1个月。

实行印花税按期汇总缴纳的单位，对征税凭证和免税凭证汇总时，凡分别汇总的，按本期征税凭证的汇总金额计算缴纳印花税；凡确属不能分别汇总的，应按本期全部凭证的实际汇总金额计算缴纳印花税。

凡汇总缴纳印花税的凭证，应加注税务机关指定的汇缴戳记、编号并装订成册后，将已贴印花或者缴款书的一联粘附册后，盖章注销，保存备查。

经税务机关核准，持有代售许可证的代售户，代售印花税票取得的税款须专户存储，并按照规定的期限，向当地税务机关结报，或者填开专用缴款书直接向银行缴纳，不得逾期不纳或者挪作他用。代售户领存的印花税票及所售印花税票的税款，如有损失，应负责赔偿。

3．委托代征办法

这一办法主要是通过税务机关的委托，经由发放或者办理应纳税凭证的单位代为征收印花税税款。税务机关应与代征单位签订代征委托书。所谓发放或者办理应纳税凭证的单位，是指发放权利、许可证照的单位和办理凭证的鉴证、公证及其他有关事项的单位。如按照印花税法规定，工商行政管理机关核发各类营业执照和商标注册证的同时，负责代售印花税票，征收印花税税款，并监督领受单位或个人负责贴花。税务机关委托工商行政管理机关代售印花税票，按代售金额5%的比例支付代售手续费。工商行政管理机关同时负有监督纳税人依法履行纳税义务的职责。

印花税法规定，发放或者办理应纳税凭证的单位，负有监督纳税人依法纳税的义务，具体是指对以下纳税事项监督：①应纳税凭证是否已粘贴印花；②粘贴的印花是否足额；③粘贴的印花是否按规定注销。对未完成以上纳税手续的，应督促纳税人当场完成。

纳税人不论采用哪一种纳税办法，均应对纳税凭证妥善保存。凭证的保存期限，凡国家已有明确规定的，按规定办；没有明确规定的其余凭证均应在履行完毕后保存1年。

（二）纳税环节

印花税应当在书立或领受时贴花。具体是指，在合同签订时、账簿启用时和证照领受时贴花。如果合同是在国外签订，并且不便在国外贴花的，应在将合同带入境时办理贴花纳税手续。

（三）纳税地点

印花税一般实行就地纳税。对于全国性商品物资订货会（包括展销会、交易会等）上所签订合同应纳的印花税，由纳税人回其所在地后及时办理贴花完税手续；对地方主办、不涉及省际关系的订货会、展销会上所签合同的印花税，其纳税地点由各省、自治区、直辖市人民政府自行确定。

八、对违反税法规定行为的处罚

印花税法规定，纳税人有下列行为之一的，由税务机关根据情节轻重予以处罚：

（一）在应纳税凭证上未贴或少贴印花税票的，税务机关除责令其补贴印花税票、补缴滞纳金外，可处以应补贴印花税票金额50%以上5倍以下的罚款。

（二）已粘贴在应税凭证上的印花税票未注销或者未画销的，税务机关可处以未注销或者未画销印花税票金额50%以上5倍以下的罚款。

（三）已贴用的印花税票揭下重用造成未缴或少缴印花税的，由税务机关追缴其不缴或少缴的税款、滞纳金，并处以不缴或少缴税款50%以上5倍以下的罚款；构成犯罪的，依法追究其刑事责任。

（四）伪造印花税票的，由税务机关责令改正，并处以2 000元以上1万元以下的罚款；情节严重的，处以1万元以上5万元以下的罚款；构成犯罪的，依法追究其刑事责任。

（五）纳税人对汇总缴纳印花税的凭证不按规定办理并保存备查的，由税务机关处以2 000元以下罚款；情节严重的，处以2 000元以上1万元以下罚款，并撤销其汇缴许可证。

（六）纳税人未按规定期限保存纳税凭证的，由税务机关酌情处以2 000元以下罚款；情节严重的，处以2 000元以上1万元以下罚款。

（七）代售户对取得的税款逾期不缴或者挪作他用，或者违反合同将所领印花税票转托他人代售或者转至其他地区销售，或者未按规定详细提供领、售印花税票情况，税务机关可视其情节轻重，给予警告或者取消其代售资格的处罚。

九、加强印花税的征收管理

随着我国市场经济的建立和发展，以及新《税收征管法》的颁布实施，印花税的一些征管规定已不适应实际征管需要，与《税收征管法》难以衔接等矛盾也日益突出。为堵塞印花税征管漏洞，方便纳税人，保障印花税收入持续、稳定增长，必须加强印花税的征收管理。

（一）加强对印花税应税凭证的管理

各级地方税务机关应加强对印花税应税凭证的管理，要求纳税人统一设置印花税应税凭证登记簿，保证各类应税凭证及时、准确、完整地进行登记；应税凭证数量多或内部多个部门对外签订应税凭证的单位，要求其制定符合本单位实际的应税凭证登记管理办法。有条件的纳税人应指定专门部门、专人负责应税凭证的管理。

印花税应税凭证应按照《税收征管法实施细则》的规定保存 10 年。

（二）完善按期汇总缴纳办法

各级地方税务机关应加强对按期汇总缴纳印花税单位的纳税管理，对核准实行汇总缴纳的单位，应发给汇缴许可证，核定汇总缴纳的限期；同时应要求纳税人定期报送汇总缴纳印花税情况报告，并定期对纳税人汇总缴纳印花税情况进行检查。

（三）加强对印花税代售人的管理

各级税务机关应加强对印花税代售人代售税款的管理，根据本地代售情况进行一次清理检查。对代售人违反代售规定的，可视其情节轻重，取消代售资格；发现代售人各种影响印花税票销售的行为要及时纠正。

税务机关要根据本地情况，选择制度比较健全、管理比较规范、信誉比较可靠的单位或个人委托代售印花税票，并应对代售人经常进行业务指导、检查和监督。

（四）核定征收印花税

根据《税收征管法》第三十五条规定和印花税的税源特征，为加强印花税征收管理，有下列情形的纳税人，地方税务机关可以核定其印花税计税依据：

1．未按规定建立印花税应税凭证登记簿，或未如实登记和完整保存应税凭证者；

2．拒不提供应税凭证或不如实提供应税凭证致使计税依据明显偏低者；

3．采用按期汇总缴纳办法的，未按地方税务机关规定的期限报送汇总缴纳印花税情况报告，经地方税务机关责令限期报告，逾期仍不报告的或者地方税务机关在检查中发现有未按规定汇总缴纳印花税情况者。

第三节 契税

一、契税的概念及沿革

契税是对我国境内转移土地使用权和房屋所有权时，依双方当事人所定契约，按资产价的一定比例，向权属承受人征收的税种。

我国契税起源于东晋的"估税"，当时规定买卖土地、奴隶、牛马，立有契券者，需向官府"输估"。我国于1950年发布了《契税暂行条例》，规定土地和房屋买卖、典当、赠与或交换订立契约时，应纳契税。为适应我国的住房商品化和土地管理制度变革的情况，1997年国务院重新颁布了《中华人民共和国契税暂行条例》，并于1997年10月1日起施行。

二、契税的特点和作用

（一）契税的特点

契税是国家对不动产权属发生转移变动时，就当事人双方所立契约，按资产价的一定比例，向权属承受人征收的一次性税收。它与其他税种相比，具有如下特点：

1. 契税具有财产转移税的性质；
2. 契税具有规费的性质；
3. 契税属于一次性课税，普遍适用于内、外资企业和本、外国公民；
4. 契税是一种地方税。

（二）契税的作用

契税是由地方人民政府在办理验契过户手续时征收的，即只有契税征收机关确认权属过户手续合法时才准予纳税，完税后才颁发契证作为合法权属凭证，因此，契税的征收有利于保护不动产的合法权利和增加地方政府的财政收入。

三、征税对象及纳税义务人

契税的征税对象是境内转移土地、房屋权属。具体包括以下五项内容：

（一）国有土地使用权出让。国有土地使用权出让是指土地使用者向国家交付土地使用权出让费用，国家将国有土地使用权在一定年限内让与土地使用者的行为。

（二）土地使用权的转让。土地使用权的转让是指土地使用者以出售、赠与、交换或者其他方式将土地使用权转移给其他单位和个人的行为。土地使用权的转让不包括农村集体土地承包经营权的转移。

（三）房屋买卖。房屋买卖是指房屋所有者将其房屋出售，由房屋承受者交付货币、实物、无形资产或者其他经济利益的行为。

以下几种特殊情况视同买卖房屋：

1. 以房产抵债或实物交换房屋；
2. 以房产作投资或作股权转让；

3．买房拆料或翻建新房，应照章征收契税。

（四）房屋赠与。房屋赠与是指房屋所有者将其房屋无偿转让给受赠者的行为。

（五）房屋交换。房屋交换是指房屋所有者之间互相交换房屋的行为。

有些特殊方式转移土地、房屋权属的，也将视同土地使用权转让、房屋买卖或者房屋赠与。例如，以土地、房屋权属作价投资、入股；以土地、房屋权属抵债；以获奖方式承受土地、房屋权属；以预购方式或者预付集资建房款方式承受土地、房屋权属等。

契税的纳税义务人是境内转移土地、房屋权属时，承受权属的单位和个人。境内是指中华人民共和国实际税收行政管辖范围内。土地、房屋权属是指土地使用权和房屋所有权。单位是指企业单位、事业单位、国家机关、军事单位和社会团体以及其他组织。个人是指个体经营者及其他个人，包括中国公民和外籍公民。

四、税率及计税依据

（一）税率

契税实行有幅度的比例税率。由于我国经济发展的不平衡，各地经济差别较大，契税实行 3%～5%的幅度税率。各省、自治区、直辖市人民政府可以在幅度税率规定范围内，按照本地区的实际情况决定税率。

（二）计税依据

契税的计税依据为不动产的价格。由于土地、房屋权属转移方式不同，定价方法不同，因而具体依据视不同情况而决定。

1．对国有土地使用权的出让、土地使用权出售、房屋买卖，以成交价格为计税依据。成交价格是指土地、房屋权属转移合同确定的价格，包括承受者应交付的货币、实物、无形资产或者其他经济利益。

2．对土地使用权赠与、房屋赠与，由征收机关参照土地使用权出售、房屋买卖的市场价格核定。

3．对土地使用权交换、房屋交换，为所交换的土地使用权、房屋的价格的差额。就是说，在交换价格不等时，由多交付货币、实物、无形资产或者其他经济利益的一方缴纳契税。

4．对以划拨方式取得的土地使用权，经批准转让房地产时，由房地产转让者补交契税。计税依据为补交的土地使用权出让费用或者土地收益。

对成交价格明显低于市场价格并且无正当理由的，或者所交换土地使用权、房屋的价格的差额明显不合理并且无正当理由的，征收机关可以参照市场价格核定计税依据。

五、应纳税额的计算

契税采用比例税率,当计税依据确定以后,应纳税额的计算比较简单。
应纳税额=计税依据×税率

六、税收优惠

（一）一般规定

为了照顾一些行政单位、社会团体、有困难的个人,以及遵守外交协定,规定了一些契税减免：

1. 国家机关、事业单位、社会团体、军事单位承受土地、房屋用于办公、教学、医疗、科研和军事设施的,免征契税。

2. 城镇职工按规定第一次购买公有住房,免征契税。此项规定仅限于第一次,并且是经县以上人民政府批准,在国家规定标准面积以内购买的公有住房。

3. 因不可抗力灭失住房而重新购买的,酌情减免。不可抗力是指自然灾害、战争等不能预见、不可避免,并不能克服的客观情况。

4. 土地、房屋被县级以上人民政府征用、占用后,重新承受土地、房屋权属的,由省级人民政府确定是否减免。

5. 承受荒山、荒沟、荒丘、荒滩土地使用权,并用于农、林、牧、渔业生产的,免征契税。

6. 经外交部确认,依照我国有关法律规定以及我国缔结或参加的双边或多边条约或协定,应当予以免税的外国驻华使馆、领事馆、联合国驻华机构以及外交代表、领事官员和其他外交人员承受土地、房屋权属的,免征契税。

（二）特殊规定

2003年财政部与国家税务总局发出了关于企业改制重组的若干契税政策,对企业改制重组行为的契税,按以下规定执行：

1. 企业公司制改造。非公司制企业,整体改建为有限责任公司或股份有限公司,或者有限责任公司整体改建为股份有限公司的,对改建后的公司承受原企业土地、房屋权属,免征契税。非公司制国有独资企业或国有独资有限责任公司,以其部分资产与他人组建新公司,且该国有独资企业（公司）在新设公司中所占股份超过50%的,对新设公司承受该国有独资企业（公司）的土地、房屋权属,免征契税。

2. 企业股权重组。在股权转让中,单位、个人承受企业股权,企业土地、房屋权属不发生转移,不征收契税。国有、集体企业实施"企业股份合作制改造",由职工买断企业产权,或向其职工转让部分产权,或者通过其职工投资增资扩股,将原企业改造为股份合作制企业的,对改造后的股份合作制企业承受原企业的土地、房屋权属,免征契税。

3. 企业合并。两个或两个以上的企业,依据法律规定、合同约定,合并改建为一个企业,对其合并后的企业承受原合并各方的土地、房屋权属,免征契税。

4. 企业分立。企业依照法律规定、合同约定,分设为两个或两个以上投资主体相同的企业,对派生方、新设方承受原企业土地、房屋权属,不征收契税。

5. 企业出售。国有、集体企业出售,被出售企业法人予以注销,并且买受人与原企业30%以上职工签订服务年限不少于3年的劳动用工合同的,对其承受所购企业的土地、房屋权属,减半征收契税;与原企业全部职工签订服务年限不少于3年的劳动用工合同的,免征契税。

6. 企业注销、破产。企业依照有关法律、法规的规定实施注销、破产后,债权人(包括注销、破产企业职工)承受关闭、破产企业土地、房屋权属以抵偿债务的,免征契税。对非债权人承受注销、破产企业土地、房屋权属,凡与原企业30%以上职工签订服务年限不少于3年的劳动用工合同的,减半征收契税;与原企业全部职工签订服务年限不少于3年的劳动用工合同的,免征契税。

7. 其他。(1)经国务院批准实施债权转股权的企业,对债权转股权后新设立的公司承受原企业的土地、房屋权属,免征契税。(2)政府主管部门对国有资产进行行政性调整和划转过程中发生的土地、房屋权属转移,不征收契税。(3)企业改制重组过程中,同一投资主体内部所属企业之间土地、房屋权属的无偿划转,不征收契税。

8. 继承土地、房屋权属。对于《中华人民共和国继承法》规定的法定继承人继承土地、房屋权属,不征契税。

9. 非法定继承人根据遗嘱承受死者生前的土地、房屋权属,属于赠与行为,应征收契税。

10. 婚姻关系存续期间,房屋、土地原归夫妻一方所有,变更为夫妻双方共有,免征契税。

11. 拆迁居民因拆迁重新购置住房,对购房成交价格中相当于拆迁补偿款部分免征契税,成交价格超过拆迁补偿款的,对超过部分征收契税。

12. 事业单位按照国家规定改制为企业,若投资主体没有发生改变,改制后的企业承受原事业单位土地、房屋权属,免征契税。投资主体发生变化,改制后企业与原事业单位全部职工签订不少于3年劳动用工合同的，对承受原事业单位的土地、房屋权属，免征契税；与原事业单位30%以上职工签订服务年限不少于3年的劳动用工合同的，减半征收契税。

13. 事业单位改制过程中，改制后的企业以出让国家作价出资（入股）方式取得原国有划拨土地使用权的，不属于契税减免范围，应按规定缴纳契税。

14. 公司制企业在重组过程中，以名下土地、房屋权属对其全资子公司进行增资，属同一投资主体内部资产划转，对全资子公司承受母公司土地、房屋权属的行为，不征收契税。

七、征收管理

纳税人在签订土地、房屋权属转移合同的当天，或者取得其他具有土地、房屋权属转移合同性质凭证的当天为纳税义务发生时间。

纳税人应当自纳税义务发生之日起10日内，向土地、房屋所在地的契税征收机关办理纳税申报，并在契税征收机关核定的期限内缴纳税款，索取完税凭证。

经批准减免税的纳税人改变有关土地、房屋的用途，不再属于减免税范围的，应当补交已经减免的税款。纳税义务发生时间为改变有关土地、房屋用途的当天。

符合减免税规定的纳税人，要在签订转移产权合同后10日内向土地、房屋所在地的征收机关办理减免税手续。

第四节 车辆购置税

车辆购置税是对原来由公路管理部门征收的车辆购置费实行"费改税"而形成的一种货物税。2000年10月22日，国务院颁布《中华人民共和国车辆购置税暂行条例》，规定从2001年1月1日起开始向有关车辆征收车辆购置税，原有的车辆购置附加费取消。至此，由交通管理部门征收了15年的车辆购置附加费被国税部门的车辆购置税所取代，其间经历了从"费"（2001年前车辆购置附加费）到"税"（2001年后车辆购置税），从车辆生产厂和海关征收到交通部门代征（2005年以前），直到最后由税务部门直接征收（2005年以后）的过程。

一、纳税义务人

在我国境内购买、进口、自产、受赠、获奖或者以其他方式取得并自用《中华人民共和国车辆购置税暂行条例》规定车辆（以下称应税车辆）的单位和个人，为车辆购置税的纳税人。

二、征收范围

车辆购置税的征收范围包括购置汽车、摩托车、电车、挂车、农用运输车等。具体征收范围见表 13-2。

表 13-2　车辆购置税征收范围表

应税车辆	具体范围	注　释
汽车	各类汽车	
摩托车	轻便摩托车	最高设计时速不大于 50km/h，或者发动机汽缸总排量不大于 $50cm^3$ 的两个或者三个车轮的机动车
	二轮摩托车	最高设计车速大于 50km/h，或者发动机汽缸总排量大于 $50cm^3$ 的两个车轮的机动车
	三轮摩托车	最高设计车速大于 50km/h，或者发动机汽缸总排量大于 $50cm^3$，空车重量不大于 400kg 的三个车轮的机动车
电车	无轨电车	以电能为动力，由专用输电缆线供电的轮式公共车辆
	有轨电车	以电能为动力，在轨道上行驶的公共车辆
挂车	全挂车	无动力设备，独立承载，由牵引车辆牵引行驶的车辆
	半挂车	无动力设备，与牵引车辆共同承载，由牵引车辆牵引行驶的车辆
农用运输车	三轮农用运输车	柴油发动机，功率不大于 7kw，载重量不大于 500kg，最高车速不大于 40km/h 的三个车轮的机动车
	四轮农用运输车	柴油发动机，功率不大于 28kw，载重量不大于 15 000kg，最高车速不大于 40km/h 的三个车轮的机动车

注：表中 $50cm^3$＝50 立方厘米

资料来源：《中华人民共和国车辆购置税暂行条例》。

三、计税依据

车辆购置税采取从价计征的办法，根据应税车辆的计税价格征收。根据不同情况，车辆的计税价格按照下列规定确定：

（一）纳税人购买自用的应税车辆，计税价格为支付给销售者的全部价款和价外费用，但不含增值税。

计税价格＝全部价款÷（1+17%）＋价外费用

"价外费用"是指销售价外的基金、集资费、返还利润、补贴、违约金（延期付款利息）和手续费、包装费、储存费、优质费、运输装卸费、保管费、代收款项、代垫款项以及其他各种性质的价外收费。

（二）纳税人进口自用的应税车辆，计税价格为组成计税价格。计算公式为：

组成计税价格＝关税完税价格＋关税＋消费税

（三）纳税人自产、受赠、获奖或者以其他方式取得并自用的应税车辆，计税价格由主管税务机关参照本条例规定的最低计税价格核定。

国家税务总局参照市场平均交易价格，规定不同类型应税车辆的最低计税价格。如果纳税人购买自用或者进口自用应税车辆，申报的计税价格低于同类型车辆的最低计税价格，又无正当理由的，要按照最低计税价格缴纳车辆购置税。

国家税务总局依据全国市场的平均销售价格制定最低计税价格。

1. 对已经注册登记的车辆，其底盘和发动机同时发生更换，其最低计税价格按照同类型新车的最低计税价格的70%计算。

2. 免税、减税条件消失的车辆，其最低计税价格的确定方法为：

最低计税价格＝同类型新车最低计税价格×［1－（已使用年限/规定使用年限）］×100%

使用年限国产车按10年计算，进口车辆按15年计算，超过使用年限的车辆，不再征收车辆购置税。

3. 非贸易渠道进口车辆的最低计税价格，为同类型新车的最低计税价格。

四、税率

车辆购置税采用比例税率，税率为10%。

车辆购置税实行从价定率的办法计算应纳税额。应纳税额的计算公式为：

应纳税额＝计税价格×税率

五、车辆购置税的减免优惠

（一）外国驻华使馆、领事馆和国际组织驻华机构及其外交人员自用的车辆免税。

（二）解放军和武警部队列入军队武器装备订货计划的车辆免税。

（三）设有固定装置的非运输车辆免税。

（四）回国服务的境外留学人员（含中国香港、澳门地区），用现汇购买一辆国产自用小汽车免税。

（五）来华定居专家进口自用的一辆小汽车免税。

（六）防汛和森林消防部门购置的由指定厂家生产的指定型号的用于指挥、检查、调度、防汛（警）、联络的专用车辆（以下简称防汛专用车和森林消防专用车）免税。

（七）有国务院规定予以免税或者减税的其他情形的，按照规定免税或者减税。

六、征收与管理

（一）车辆购置税实行一次征收制度。购置已征车辆购置税的车辆，不再征收车辆购置税。但底盘发生更换的需重新办理纳税申报，计税依据为最新核发的同类型车辆最低计税价格的70%。

（二）车辆购置税由国家税务局征收。纳税人购置应税车辆，应当向车辆登记注册地的主管税务机关申报纳税；购置不需要办理车辆登记注册手续的应税车辆，应当向纳税人所在地的主管税务机关申报纳税。

（三）纳税人购买自用应税车辆，应当自购买之日起60日内申报纳税；进口自用应税车辆的，应当自进口之日起60日内申报纳税；自产、受赠、获奖或者以其他方式取得并自用应税车辆的，应当自取得之日起60日内申报纳税。

（四）纳税人应当在向公安机关车辆管理机构办理车辆登记注册前，缴纳车辆购置税。纳税人应当持主管税务机关出具的完税证明或者免税证明，向公安机关车辆管理机构办理车辆登记注册手续；没有完税证明或者免税证明的，公安机关车辆管理机构不得办理车辆登记注册手续。

（五）车辆购置税税款应当一次缴清。纳税人以外汇结算应税车辆价款的，按照申报纳税之日中国人民银行公布的人民币基准汇价，折合成人民币计算应纳税额。

（六）免税、减税车辆因转让、改变用途等原因不再属于免税、减税范围的，应当在办理车辆过户手续前或者办理变更车辆登记注册手续前缴纳车辆购置税。

（七）税务机关发现纳税人未按照规定缴纳车辆购置税的，有权责令其补缴；纳税人拒绝缴纳的，税务机关可以通知公安机关车辆管理机构暂扣纳税人的车辆牌照。

（八）已缴税的车辆，因质量原因被退回生产企业或者经销商，或者公安机关车辆管理机构不予办理车辆登记注册的，纳税人可以申请退税。

第五节 证券交易税

一、证券交易税的概念及沿革

证券交易税是指以特定有价证券交易行为为课税对象，以证券成交金额为计税依据所征收的一种税。它是1994年我国税制改革时准备开征的一种税，但现在还未开征，暂由印花税新设的证券交易税目征收。

在国际上，对证券的征税通常涉及资本利得税、交易税、印花税和财产税四类税种。具体内容如下：

（一）资本利得税。股票表示权益性资本，债券表示举债性资本，对转让股票、债券发生增益课征的税收，通称"资税"。由于它是以证券的转让收入扣除原值后的收益为税基，所以属于所得税类。

（二）印花税。股票和债券的转让一般要有合法的凭证，有些国家对其课征税率不一的印花税。如果我国证券交易税开征，印花税将不应再作为对股票转让征税了。

（三）财产税。股票、债券是一种动产，有些国家对其课征"资本登记税"。这种税既不是针对股票的增益，又不是针对股票的交易额，而只是针对股票所表示的投入资本课税，因此具有财产税的特征。

（四）交易税。交易税属于商品及劳务税性质，计税依据是证券的毛交易额，不论其转让时是否有增值。发展中国家和地区为了满足财政上的需要，往往对容易控制管理的上市股票的交易课征税率特低的证券交易税，也称证券转移税。

由此看来，证券交易税是对证券交易行为（重点是股票交易行为）征收的一种税，应属于行为税系。由于其税基较宽，税率较低，只要发生证券交易行为，无论有无盈利，均需缴纳，因而税收收入比较稳定，也能为交易双方所接受，并能以较低的课税成本，充分利用税收杠杆作用来调节证券市场，抑制投机因素，规范交易双方行为。

二、我国开征证券交易税的原则

（一）有利于证券市场健康发展的原则

由于我国证券市场的发展尚处于初级阶段，所以在健全和完善证券税收制度时，首先必须遵守有利于证券市场健康发展的原则。这一原则的具体要求是：

1. 有利于吸引国内外资金，活跃融资市场，保护资金积累。

2. 要有利于实现证券市场的供求平衡,既要鼓励证券公开上市交易,增加供应量;也要刺激投资者的积极性,扩大证券的需求量。

3. 要有利于防止过度的证券投机行为,以鼓励证券市场的中长期投资。

4. 要有利于避免证券市场行情的大起大落,促进证券市场的稳定发展,保护大多数投资者的利益。

(二)公平原则

根据我国现行证券市场的基本格局,税收公平性应该表现在以下两个方面:

1. 普遍课税,即改变我国目前仅就股票投资课税的现状,应对所有的证券投资相应征税;

2. 量能负担,即由于不同证券投资行为的收益状况有所差别,投资风险程度各不相同,所以税收的公平不能是税率水平绝对数的公平,而是要对不同投资行为以及不同的收益状况征收不同的税。

(三)简化原则

简化是世界各国税制改革的共同趋势,我国证券交易税的开征也要贯彻简化原则,在征管方法上要尽量应用现代化的征管设备和方法,有关的政策和具体征管办法要尽可能让投资者便于了解和便于纳税。

(四)尊重国际惯例的原则

由于我国证券市场形成和发展的时间不长,在证券的税收管理方面缺乏经验,国外的证券市场已经历了很长的发展历史,许多国家和地区在证券市场的税收管理方面积累了很多较好的经验,我们应该学习那些能够为我国所用的先进经验和方法。同时,我国已加入了 WTO,这也要求我们创造条件以实现与国际市场接轨。所以,尊重国际惯例也应该是我国证券市场税收建设必须遵循的原则。

三、建立我国证券交易税收制度的步骤

第一步,制定印花税地区差别弹性税率。鉴于上海和深圳所处的地理位置、对外经济联系、经济政策以及股票供求、价位升降规律方面都有较大的差异,可以考虑对股票交易双方各征 3‰~10‰的印花税,并授权当地政府根据一定时期的股市运作状况,灵活地确定该时期的适用税率。实行这种弹性税率的征收实践,一方面可以根据变化了的情况,及时调整税率;另一方面又可以为今后制定全国统一的税率摸索经验。

第二步,制定全国统一的印花税差别税,更有效地调节股票投机收益。为此,可选用或并用以下几种差别税率:

1．交易间隔期差别税率。这是按股票投资者卖出与买进统一股票的间隔时间不同，而确定不同的税率。买卖间隔期长的税率低，买卖间隔期短的税率高，从而起到鼓励长期投资的作用。

2．交易价位差别税率。按某种证券的价位（或某种证券的市价盈利率）确定不同的税率。价位高，税率也高；价位低，税率也低。实现这种差别税率对平抑证券价格有直接的作用，从而弱化众多投资者的投资风险。

3．交易额度差别税率。这是按投资者每次交易股票（证券）的成交金额确定不同的税率。对小额交易轻税，对大额交易重税，以期限制少数人和一些企业的大注投机进而操纵证券市场以牟取暴利的行为。

实行差别税率的办法，在计算和征收税款的具体操作上，可运用交易所中心电脑对证券交易过程的自动控制来进行。以上差别的具体标准和差别幅度的确定，需要在进一步研究近两年我国证券市场交易情况的基础上进行。

第三步，正式设立证券交易税。

1．纳税人。凡是在我国境内从事交易、转让有价证券的单位和个人都是证券交易税的纳税人，买卖双方都是纳税人。

2．课税范围。课税范围包括股票类证券和债券类证券两种。具体包括股票、政府债券、企业债券和投资基金等。在课税范围上，实行收入来源地税收管辖权。设想是：中外投资者，凡买卖在我国境内发行、上市的证券，一律征税；对境内的投资者买卖境外上市的证券不征税。

3．计税依据。证券交易税以证券交易、转让的实际金额作为计税依据，即以证券交易或转让的交割结算单上的实际总金额为计税依据。

4．税率。证券交易税可考虑两档比例税率，即对股票类证券采取 3‰的比例税率，对债券类证券采取 1‰的比例税率。

5．减免税。对财政部发行的国库券等各种证券和中国人民银行发行的各种短期融资债券免征证券交易税。

6．征纳管理。证券交易税实行代扣代征制，即以代理买卖证券的经营机构和证券的托管机构为证券交易税的扣缴义务人。

第十四章 国际税收

第一节 国际税收的概念

一、国际税收的含义

国际税收是指在开放的经济条件下,由于纳税人的经济活动扩大到境外以及国与国之间的税法存在差异而带来的一些税收问题和税收现象。从本质上来说,国际税收就是国家之间的税收关系。国家之间的税收关系主要表现在以下两个方面:

1. 国与国之间的税收分配关系。国与国之间的税收分配关系涉及对同一课税对象由哪国来征税,或征多少税的税收权益划分问题。当一国征税而导致另一国不能征税,或者当一国多征而另一国少征时,两国之间便会发生税收分配关系。

2. 国与国之间的税收协调关系。征税是一个国家的主权,一个主权国家有权决定对什么征税及征多少税。对于征税问题,一国完全可以自行其是。然而,在现代的开放世界中,各国之间是相互依存、密不可分的。一个国家的税收制度会直接影响该国的国际贸易、国际投资、国际技术转让等。因此,在这种情况下,各国实际上并不能随意制定税收制度和行使自己的征税权,在许多问题上还必须考虑本国与其他国家之间的经济关系,这就要求国与国之间在税收制度和税收政策等方面进行一定的协调。

二、国际税收与国家税收的关系

国家税收是经过国家立法机关立法,随后由国家行政机关实施的,也被称为政府税收。而国际税收是完全独立于主权国家之上的,二者是既有联系又有区别的两个概念。

国际税收与国家税收之间的联系表现在以下方面:一方面,国际税收不能脱离国家税收而单独存在。国家税收是国际税收的基础,没有国家税收,就不存在国与国之间的税法冲突和税制协调,国际税收也就无从谈起。另一方面,国家税收受到国际税收的影响。在国与国之间经济联系日益紧密的情况下,任何国家制定本国的税收制度都要考虑国际税收关系，一些国际税收的惯例和规范都应在本国的税收制度和税收征管过程中体现。

国际税收与国家税收的区别表现在：一方面，国家税收涉及在一个国家内部的国家和纳税人之间的利益分配关系，而国际税收是在国与国之间的税收分配关系和税收协调关系。另一方面，国家税收是靠国家的政治权力强制课税的形式；而国际税收是在国家之间产生税收矛盾的时候，按照国际规范调整矛盾而导致的国家间税收的重新分配和协调，不是凭借政治权力进行的强制课税形式。

三、国际税收的研究范围和研究内容

（一）国际税收的研究范围

国际税收活动是由对跨国纳税人的征税矛盾引起的。国际税收的研究范围是由以下两个问题引出的：（1）对跨国纳税人的什么进行征税？（2）征哪种税会引起国家间税收权益变化、产生国际税收活动呢？对以上两个问题的回答就构成了国际税收的研究范围。关于第一个问题主要是从征收的税种方面进行考虑；第二个问题主要从国际税收准则和规范方面考虑。下面从两个方面来说明国际税收的研究范围。

第一个方面为税种方面。税收按征收对象的性质分类，大致可以分成所得税、商品税和财产税三大类。我国目前狭义的国际税收研究范围主要是在所得税和营业财产税上，对于所得税和营业财产税之外的其他财产税的国际影响和协调问题很少研究。广义的国际税收研究范围包括会产生的国际影响和需要协调的所有税种等，实际上包括了所得税、商品税和财产税三大类。

第二个方面为国际税收准则和规范方面。目前我国狭义国际税收研究的国际税收协定主要是关于对所得和财产避免双重征税的协定。而广义国际税收研究的范围还包括其他的一些税种，如对遗产的继承和赠与避免双重征税的协定；此外，还包括其他的含有涉及国际税收问题条款和内容的国际规范。

（二）国际税收的研究内容

国际税收的研究内容是根据确定的国际税收研究范围，需要具体、深入研究的有关国际税收问题。总的来说，国际税收的研究内容包括：国家间税收分配关系的形成、有关税收活动的出现及处理、协调国际税收问题的准则和规范。具体来说，国际税收的研究内容主要包括以下几个方面：

1. 税收管辖权问题

税收管辖权问题是国际税收中的一个根本性的问题。重复征税的发生、国家间税收分配关系的协调，都同税收管辖权有密切关系。所以，国际税收学首

先要研究的就是税收管辖权。

税收管辖权是一个国家的税收主权。税收管辖权有来源地税收管辖权、居民税收管辖权和公民税收管辖权之分，每个主权国家都有自己的税收管辖权。如果有关国家对同一笔跨国收入实行不同的税收管辖权，就会造成国际重复征税。因此，如何确定税收管辖权的原则、一国如何选择最有利的税收管辖权、如何协调各国税收管辖权的行使范围等，都是国际税收要研究的内容。

2．国际双重征税问题

国际双重征税是指两个或两个以上国家，对从事跨国经济活动的同一纳税人所发生的同一征税对象同时征收相同或相似的税收，即发生重叠征税。国际重复征税产生的主要原因，是各国所行使的税收管辖权存在着重叠与交叉现象。国际双重征税问题主要研究国际双重征税的原因、减除国际双重征税的方式和方法等。

3．国际关联企业的征税问题

国际关联企业是指跨国开展经营活动并在资本、财务、管理上相互关联的企业，其基本形式是以母子公司或总分公司关系构成的跨国公司集团。跨国公司经营形式的多样性及其与多个国家存在着税收关系，使得对国际管理企业的征税成为各个国家共同关注的问题。国际税收在这方面主要研究关联企业转移定价，以及如何处理和协调国际关联企业的收入和费用在国家间的分配等问题。

4．国际避税与反避税

国际避税是指纳税人以不违法的手段跨越国境，通过人或物的流动或不流动，来达到减少或免除纳税的目的。国际避税并不是一种违法行为，而是利用了各国在税法规定上的缺陷。由于国际避税影响各国政府的财政收入，因此，各国都采取积极的措施对国际避税加以防范和制止。这种活动被称为反避税。国际避税和反避税是国际税收研究的一项非常重要的内容。

5．国际税收协定

国际税收协定是指两个以上的主权国家，为了协调相互之间在处理跨国纳税人征税和其他方面的税收事务，依据国际关系准则，所签订的一种协议或条约。一般而言，各国政府需要通过签订双边或多边的税收协定来规范国家间的税收分配关系，消除由于税收问题而引起的矛盾和冲突。

第二节 国际重复征税及其避免

一、税收管辖权

国际税收中的诸多问题都直接或间接地与各国实行的税收管辖权有关，税收管辖权及其约束规范问题是研究国际税收的出发点。

（一）税收管辖权的含义

税收管辖权是指国家政治权力中对人和物征税的权力，是国家主权在税收领域中的体现，表现为一国政府在税收方面所行使的立法权和征税管理权。税收管理权是国家政治权力的一部分。

税收管辖权不是在国际税收产生之后才出现的，而是在其产生之前就已经存在了。随着国际往来的频繁，国家之间税收管辖权的矛盾和冲突也越来越明显。随着这种冲突的日益严重，税收管辖权问题也引起了人们的重视，人们开始对各国间税收管辖权矛盾和冲突问题及其解决办法展开了研究。

（二）税收管辖权的原则

税收管辖权是国家主权的重要组成部分，一个主权国家的政治权力所能达到的范围，包括地域范围和人的范围。地域范围是指一国可以对本国界内所有领土的全部空间行使政治权力；人的范围是指一国可以对与本国存在隶属关系的所有公民和居民行使政治权力。这两种不同的范围，作为一国行使税收管辖权征税权力所遵循的指导思想，分别被称为属地原则和属人原则，也被称为属地主义和属人主义。

与税收管辖权类似，属地原则和属人原则也早在国际税收产生之前就已经存在了，只是随着国际交往的频繁，各国税收管辖权发生了矛盾冲突，属地原则和属人原则被人们所重视，并且又被赋予了新的含义。

1. 属地原则

现代税收管辖权的属地原则是指属地主权原则，也称为领域原则，是指一国政府以地域范围作为其行使征税权力所遵循的指导思想。按照属地原则，一国政府在行使征税权力时，只对来源于或存在于本国领土的征税对象征税，而不论纳税人是否为本国的公民或居民。

2. 属人原则

现代税收管辖权的属人原则，又称国籍原则，是指一国政府以人员范围作为其行使征税权力所遵循的指导思想。现代税收管辖权的属人原则，扩大到了该国政治权力管辖的所有居民和公民。按照属人原则，一国政府在行使征税权力时，只对本国公民或居民征税，而对外国居民或公民则不征税。

上述的属地原则和属人原则是税收管辖权的最主要的两项原则，除此之外，还有保护性原则和普遍性原则，这两项原则对属地原则和属人原则具有辅助作用。由于税收管辖权是一种征税权，因此，任何一个主权国家，在不违背国际法和国际公约的情况下，都有权选择对本国最有利的税收制度。当然，税收选择权的选择也不是单一的。

（三）税收管辖权的类型

上述的属地原则和属人原则是两种不同的指导思想原则，在税收上分别表现为地域管辖权、公民管辖权和居民管辖权。这就是国际税收中的三种基本的税收管辖权的类型。

1．地域管辖权

地域管辖权是按照属地原则确立的一种税收管辖权。国家仅对产生于本国境内的征税对象征税。国家在行使地域管辖权时，不考虑与课税对象相联系的纳税人是哪一个国家的公民或居民，而是以课税对象在本国境内发生的事实为依据。纳税人若有来源或存在于该国境内的所得或财产，这个国家就可以对其征税，即使这个纳税人是一个外国的公民或居民也不例外；相反，一个纳税人如果没有来源于或存在于该国领土范围内的所得或财产，这个国家就不能对其征税。

行使地域管辖权的前提条件是纳税人的各种所得与征税国之间存在着经济上的源泉关系。这些渊源联系的联结标志主要有：不动产所在地；常设机构所在地；投资产生的股息利息、特许权使用费、租金的发生地；债务人或支付人所在地等。

2．公民管辖权

税收公民管辖权是按照属人原则确立的一种税收管辖权。国家对具有本国国籍的公民在世界范围内的全部所得和财产行使征税权力，而不考虑该公民是否为本国居民。公民管辖权是以国籍为联结要素的，其行使依据是纳税人与本国之间存在着人身隶属关系，而不考虑征税对象的发生地点，即使这个公民的所得和财产来源或存在于其他国家的领土范围内，也是一样的。

3．居民管辖权

税收居民管辖权也是按照属人原则确定的税收管辖权。国家对本国法律规定的居民在世界范围内的全部所得和财产行使征税权力，而不考虑该项所得是否来源于境内。在一个实行居民税收管辖权的国家，只对居民征税，对非居民不征税，即使这个非居民的所得或财产来源于该国也同样如此。

实行居民管辖权的理论基础是：国家对居民提供了社会公共服务和法律保

护,那么居民就应该对国家履行纳税义务,这是一种权利与义务的对等关系。因此,对居民来源于境外的收入而言,收入来源国不能独占税收管辖权,税收收益应该在收入来源国和居住国之间进行分配。

(四)税收管辖权的实施

一个国家对税收管辖权类型的选择,是一种经过深思熟虑作出的决定,这种决定反映出了该国的经济地位及维护本国利益的态度。税收管辖权的实施是落实在不同税种上的,因税种不同而异。

1. 流转税的税收管辖权

流转税是以流转额为课税对象的,而流转额的发生有着明确的地域性,这样就决定了各国只能按照属地原则行使地域管辖权,只对发生在本国境内的课税对象征税。

2. 所得税的税收管辖权

实行综合所得税制的国家一般都是兼按属人原则和属地原则来实施税收管辖权。其原因是,综合所得税制在征收方式上是对纳税人的各种来源所得综合征税,其征收的依据是与本国存在着特定法律关系的人。各国政府都通过行使主权来维护本国的利益。如果一个国家只是单一地行使一种类型的税收管辖权,就会丧失本国的一部分税收利益。因此,这些国家为了维护各自国家的利益,会同时行使两种类型的税收管辖权。

实行分类税制的国家按属地原则实施税收管辖权。因为,分类所得税制的征税依据是产生于本国境内的应税所得,一般不考虑所得人在本国的法律地位,只要是从本国境内取得了某项应税所得,即为本国的纳税人。所以,实行分类税制的国家一般选择地域管辖权。这些国家主要有:阿根廷、巴拿马、巴拉圭、委内瑞拉、玻利维亚、厄瓜多尔、乌拉圭、埃塞俄比亚、坦桑尼亚等。

3. 财产税的税收管辖权

综合财产税和转移财产税的征收是依据与本国存在着特定法律关系的人,其征收依据一般是兼按属地原则和属人原则。各国都同时选择两种税收管辖权类型,有的国家甚至同时选择三种。

个别财产税的征收依据是具体存在的某项财产,征收对象是一些不动产及有形资产。这种税具有鲜明的地域性,所以各国政府均按属地原则实施地域管辖权,只对存在于本国境内的应税财产征税。

一般来说,考虑国际避税的纳税人一般避免选择同时实施三种税收管辖权的国家,而要选择实施单一税收管辖权的国家。

二、国际重复征税

（一）国际重复征税的概念及产生

国际重复征税是指两个或两个以上的国家，在相同的会计期间，对同一纳税人和同一征税对象课征的相同税种。从征税对象上看，对某一项收益、所得和财产同时进行了两次以上的征税；从纳税人而言，对同一纳税人或同一经济渊源的不同纳税人的同一项目，进行了两次以上的征税。

跨国纳税人和跨国征税对象的出现是发生国际重复征税的前提条件，对于只在居住国或国籍国境内从事生产、投资或经营活动的自然人和法人，其所得只需向居住国或国籍国政府纳税，这样，就不存在国际重复征税的问题。国际双重税收就是对国际税收所涉及的征税对象课征所得税所引起的，在世界各国还没有开征所得税时，不存在国际双重征税问题，只是在发达国家普遍建立了以所得税为主体的纳税体系，加上跨国纳税人的经营活动范围不断扩大之后，国际双重征税的问题才日益突出。当各国行使不同的税收管辖权时，就会产生税收管辖权的冲突，导致国际双重征税的产生。

（二）国际重复征税的分类

国际重复征税分别是由法律、税制和经济制度方面的差异引起的，因此将其分为税制性、法律性和经济性国际重复征税三种类型。

1. 税制性国际重复征税

税制性国际重复征税是指由于税收制度的原因引起的重复征税。实行复税制的国家，往往对同一纳税人的同一税源，既课征流转税，又课征所得税，还可能课征财产税，这就造成了三重征税。

2. 法律性国际重复征税

法律性国际重复征税是由于在法律上采取不同的确立税收管辖权的原则或同一原则在确立税收管辖权时采用的具体标准不同而造成的重复征税。其典型的情况是，两个不同的国家采取不同的税收管辖权。比如，A国采取居民管辖权，B国采取地域管辖权，那么对在A国居住的B国居民而言，将承担两国的纳税义务；而对在B国居住的A国居民而言，同样也必须承担向两国纳税的义务。

3. 经济性国际重复征税

经济性国际重复征税，是对同一经济关系中的不同纳税人的重复征税。经济性国际重复征税的产生有经济上的原因，也有税制上的原因。经济的国际化使股份公司的控股关系超越了国界，这就使同一笔所得在不同纳税人手中被多次征税；税制上的原因是指，许多国家的法律都规定，公司要就其利润向居住国缴纳公司所得税，同时，公司将税后利润以股息、红利等形式分配给居住在不同国家的股东时，股东要缴纳个人所得税，这样，这笔已交公司所得税的利润再次承担了股东的纳税义务。这种对股份公司收益的征税和对股东个人收益的征税，是经济性国际双重征税的典型例子。

（三）国际重复征税的经济影响

国际重复征税的影响主要是消极的影响，具体表现在以下几个方面：

1．违背了税收公平负担的原则。具有相等纳税能力的纳税人，在税收方面应该一律平等，即税收待遇平等，但在国际重复征税存在的情况下，一个跨国纳税人所负担的纳税义务要比仅在一国内从事经济活动所承担的纳税义务要重得多。

2．加重了跨国纳税人的税收负担，影响了投资者对外投资的积极性。国际重复征税造成跨国纳税人要向两个甚至两个以上国家纳税，不合理地加重了跨国纳税人的税收负担。这种加重的税收负担会加大跨国纳税人的成本和投资的风险，削弱其在国际竞争中的地位，从而严重影响到投资者对外投资的积极性。

3．阻碍了国际经济合作与发展。加强国际经济合作与交流，在当今世界的发展中起着重要的作用。国际经济和合作与交流，能使各种资源要素在全世界范围内得到更合理的利用，促进国际性专业化分工，加速各国经济的发展。但是，国际重复征税加重了跨国纳税人的税收负担，阻碍了国际间资金、技术、人才等的自由流动，从而阻碍了国际经济的发展。

4．会引起国家之间的税收权利和利益的冲突。当两个或两个以上国家同时对同一笔跨国所得征税时，一国认为自己有权对某纳税人的所得征税，而另一国则认为对方国家的征税是对自己权利和利益的侵犯，当两国互不相让、无法协调时，利益冲突便不可避免。

减少、避免和消除国际重复征税是各国政府和从事国际经济活动的人们的共同要求，也成为国际税收领域中所要解决的主要问题之一。

三、国际重复征税的避免

由于不同税收管辖权的重叠造成了国际重复征税，国际重复征税不仅直接影响纳税人的利益，还会影响到国际投资和国际贸易的正常进行。因此，国际上有一系列的对税收管辖权的规定和限制，试图在各国之间建立一种公平合理的税收分配关系，避免双重征税的发生。

国际上避免国际重复征税主要有单边、双边和多边三种方式。单边方式是指，居住国（国籍国）在其国内税法中，单方面作出一些规定来减轻或消除对本国居民（公民）来源于境外所得或财产的重复征税，以鼓励本国居民或公民对外投资和从事其他国际经济活动；双边或多边方式是指，两个或两个以上国家通过双边或多边谈判，签订双边或多边的避免国际重复征税的税收协定，以协调国家间的税收关系。税收协定是在各国平等互利的基础上对税收权利分配所达成的一种妥协，这种税收协定的达成关乎各国的根本利益。

在各国税法和国际税收协定中通常采用的减除国际重复征税的方法主要有免税法、扣除法和抵免法三种方法，下面分别介绍这三种方法。

（一）免税法

1. 免税法的概念及限制条件

免税法是指实行居民管辖权的国家，对本国居民来源于国外的所得免税，只对来源于国内的所得征税。免税法的指导原则是承认所得来源国独占征税权，对本国居民来源于境外并已由其他国家征税的所得，免予课征国内所得税。显然，在免税法的情况下，跨国纳税人的跨国所得只受到来源国的一种税收管辖权的管辖，这就从根本上消除了因税收管辖权重叠而导致的国际重复征税。

居住国如果采用免税法减除国际重复征税，会减少本国的税收收入，所以，采用这种方法的国家通常都会有一系列的限制条件：首先，给予免税的国外所得必须来自课税与本国相似的所得税国家，而对于来自不征所得税或所得税税率极低的国际避税地的所得不给予免税；其次，享受免税的国外所得一般应为本国纳税人在国外从事直接投资所得，当本国纳税人在国外企业的股份达到一定比例以上，从而直接参与该企业的经营管理时，其从国外企业分得的股息和红利才可以享受免税。

2. 免税法的种类及计算方法

免税法的具体形式包括全额免税法和累进免税法两种。

全额免税法是指，居住国政府对本国居民纳税义务人征税时，允许其从应纳税额中扣除其来源于国外并已向来源国纳税的那部分所得，即将境外收入排除在外，只考虑境内收入。全额免税法的计算公式如下：

居住国应征所得税额＝居民的国内所得×本国适用税率

【例14-1】甲国 M 公司在某一纳税年度内，国内国外总所得为 100 万元，其中来自国内的所得为 70 万元，来自乙国分公司的所得为 30 万元。甲国实行超额累进税率。税率如下：

年所得额（单位：万元）	税率
60 以下	30%
61~80	35%

81~100　　　　　　　　　40%

乙国实行30%的比例税率。计算甲国M公司应纳所得税额。

(1) 甲国不实行免税法时应征所得税：

M公司在甲国的应纳税额：

60×30%+20×35%+20×40%=33（万元）

M公司在乙国应纳税额：

30×30%=9（万元）

则，M公司的应纳税总额为：

33+9=42（万元）

(2) 如果甲国实行全额免税法，则M公司的应纳税额计算过程如下：

M公司在甲国的应纳税额：

60×30%+10×35%=21.5（万元）

M公司在乙国的应纳税额：

30×30%=9（万元）

则，M公司的应纳税总额为：

21.5+9=30.5（万元）

从上例可知，由于居住国甲国实行了全额免税法，M公司在此纳税年度内少缴纳所得税：42-30.5=11.5（万元）。

累进免税法是指居住国政府对居民纳税人来源于国外的所得或财产虽然免征税，但在确定应在本国纳税的所得或财产适用的税率时，仍需将免予征税的国外所得或财产考虑在内，即以国内外总所得确定适用税率。

累进免税法的计算公式如下：

居住国应征所得税额=居民总所得×适用税率×国内所得/总所得

【例14-2】根据前例，假设居住国甲国采用累进免税法，则M公司应纳税额的计算过程如下：

M公司在甲国的应纳税额：

（60×30%+20×35%+20×40%）×70/100=23.1（万元）

M公司在乙国的应纳税额：

30×30%=9（万元）

则，M公司应纳税总额为：

23.1+9=32.1（万元）

比较例14-1与例14-2可知：

居住国甲国实行累进免税法下，M公司的应纳税额为32.1万元；居住国实行全额免税法下，M公司的应纳税额为30.5万元，累进免税法比全额免税法要多缴纳1.6万元的税。

无论是全额免税法还是累进免税法，都可以避免国际重复征税；同时，免税法的计算比较简便。但由于全额免税法不仅不对本国居民的国外所得征税，而且还要减弱对本国居民纳税人征税的累进性，所以，为了税负公平，实行免税法的国家一般都采取累进免税法。

（二）扣除法

1．扣除法的概念

扣除法是指一国政府对本国居民的国外所得征税时，允许其将该所得负担的外国税款作为费用从应税国外所得中扣除，只对扣除后的余额征税。根据扣除法，一国政府对本国居民已负担国外税收的跨国所得仍要按本国税率征税，只是应税所得可被外国税款冲减一部分，因此，扣除法只能减轻而不能免除所得的国际重复征税。

2．扣除法的计算方法

扣除法的计算方法是：将跨国纳税人国内外的全部所得进行汇总，减去来源于国外所得的已纳税额，就其余额乘上本国适用税率，即为应向居住国缴纳的税额。其计算公式如下：

在居住国应纳税额＝（国内外所得总额－国外已纳所得税额）×适用税率

【例14-3】在例14-1中，其他条件不变，居住国甲国采用扣除法，则M公司应纳税额的计算过程如下：

M公司在乙国的应纳税额：

30×30%＝9（万元）

国内外所得总额－国外已纳所得税额＝100－9＝91（万元）

M公司在居住国甲国的应纳税额：

60×30%＋20×35%＋11×40%＝29.4（万元）

则，M公司的国内外纳税总额为：

9＋29.4＝38.4（万元）

与例14-1和例14-2作比较，38.4大于30.5和32.1，即居住国实行扣除法的情况下，M公司的应纳税额要大于居住国实行免税法情况下的应纳税额。

由上面的分析可知，居住国实行扣除法，不能完全减除由于税收管辖权重叠而造成的国际重复征税，其给予跨国纳税人扣除的一部分税款，只能对国际重复征税起一定的缓解作用。目前采用此法的国家并不多，主要有秘鲁、挪威、西班牙、葡萄牙、哥伦比亚、肯尼亚、泰国等国家和地区。

(三) 抵免法

1. 抵免法概念

抵免法是指实行居民管辖权的国家，对其居民来自世界各国的所得征税时，允许居民把已经缴纳的外国纳税额从其应向本国缴纳的税额中扣除。抵免法既承认来源地税收管辖权的优先地位，同时又坚持了居民税收管辖权，兼顾了纳税人居住国和来源国两方的合法权益。

其计算公式如下：

居住国应征所得税额＝国内外总所得额×居住国税率－允许抵免的已缴来源国税额

根据上述公式中"允许抵免的已缴税额"的计算方法不同，可以把抵免法分为全额抵免和限额抵免两种类型。下面分别计算两种类型及计算方法。

2. 抵免法的类型及计算方法

第一种类型为全额抵免。全额抵免是指对纳税人在国外实际缴纳的税款，不加任何限制条件地全部从本国税款中扣除。其计算公式为：

居住国应征所得税额＝国内外总所得×居住国税率－已缴来源国全部税额

【例14-4】在例14-1中，其他条件不变，居住国甲国采用全额抵免法，则M公司的应纳税额计算过程如下：

M公司在乙国应纳税额：

30×30%＝9（万元）

M公司在甲国的应纳税额：

（60×30%＋20×35%＋20×40%）－9＝24（万元）

则，M公司的国内外纳税总额为：

24＋9＝33（万元）

上例计算表明，M公司在乙国缴纳的税款9万元，在向居住国甲国纳税时，全部得到了抵免，所以称为全额抵免。

第二种类型为限额抵免。限额抵免是指居住国政府对跨国纳税人在国外直接缴纳的所得税给予抵免时，不能超过最高抵免限额，这个最高抵免限额是国外所得额按本国税率计算的应纳税额。这里所称的限额，为外国税款抵免的最高限额。计算公式如下：

居住国应征所得税额＝国内外总所得×居住国税率－已缴来源国全部税额

抵免限额＝收入来源国的所得×居住国税率

第十四章 国际税收

【例14-5】 在例14-1中,其他条件不变,居住国甲国采用限额抵免法,则M公司的应纳税额计算过程如下:

抵免限额为:

30×30%＝9(万元)

M公司在甲国的应纳税额:

(60×30%＋20×35%＋20×40%)－9＝24(万元)

则,M公司的国内外纳税总额为:

24＋9＝33(万元)

如果收入来源国的税率与居住国的税率相同,抵免限额就与纳税人已缴收入来源国的税额相等,那么本国居民向来源国已纳税额,可以得到全部抵免;如果收入来源国的税率低于居住国税率,抵免限额就大于纳税人已向收入来源国缴纳的税额,这样,该居民在计算应缴居住国税额时,抵免来源国已纳税额后,还要向居住国补齐税款差额;如果收入来源国的税率高于居住国税率,抵免限额就小于纳税人已向收入来源国缴纳的税额,该居民的允许抵免税额不能超过其境外所得按居住国税率计算的应纳税额,即不能超过抵免限额。

(四)税收饶让

1. 税收饶让的概念

税收饶让,是指一国政府对本国居民在国外得到的减免的那部分所得税,视同已经缴纳,并允许其用这部分被减免的外国税款抵免在本国应缴纳的税款。税收饶让不是一种消除国际重复征税的方法,而是居住国对从事国际经济活动的本国居民采取的一种税收优惠措施。但税收饶让是在税收抵免的基础上进行的,与税收抵免有密切的联系。

各国是否实行税收饶让抵免,需要有关国家签订国际税收协定加以规定。税收协定中规定的饶让抵免方式,既可以是缔约国双方均对本国居民从对方国家取得的所得实行饶让抵免;也可以是仅由缔约国一方对本国居民从另一方取得的所得实行饶让抵免,另一方则无须承担同样的义务。

2. 税收饶让的计算

【例14-6】 在例14-1中,其他条件不变,居住国甲国采用税收饶让法,乙国为了给予境外投资者以税收优惠,将所得税率由30%降至10%,则M公司的应纳税额计算过程如下:

M公司在乙国应纳税额:

30×10%＝3(万元)

M公司在甲国的应纳税额:

(60×30%＋20×35%＋20×40%)－30×30%＝24(万元)

则，M公司的国内外纳税总额为：

24＋3＝27（万元）

上述计算中，因为乙国有税收优惠，M公司在乙国实际缴纳的税款为3万元，由于居住国甲国实行税收饶让抵免优惠政策，视同M公司在乙国已缴纳税款为按乙国优惠前税率30%计算的9万元为允许扣除额。这样，M公司的纳税总额为27万元，大大降低了税收负担。

目前，许多发达国家出于鼓励本国资本输出的考虑，同意对发展中国家实行税收饶让。这些国家中，有的在国内税法中就规定对发展中国家给予税收饶让，如德国；有的则是通过签订税收协定同意给予发展中国家税收饶让待遇，如日本、比利时等国。我国同日本、英国、丹麦、新加坡、加拿大、芬兰、新西兰、澳大利亚、科威特、意大利、泰国、马来西亚等国签订的税收协定中都规定有税收饶让条款，其中大多数国家都是单方面给予我国税收饶让待遇，但我国与意大利、泰国、马来西亚等国签订的税收协定则规定双方相互给予税收饶让。

第三节 国际避税与反避税

一、国际避税的概念

国际避税是指跨国纳税人利用国与国之间的税制差异以及各国涉外税收法规中的漏洞，在从事跨国经营活动中，通过合法手段，规避或减轻其全球总纳税义务的行为。

国际避税的出现有着主观和客观两方面的原因。从主观上看，是因为跨国纳税人具有减轻税收负担、实现自身经济利益最大化的强烈愿望。从客观上看，国与国之间的税制差异以及国际税收关系中的法律漏洞为跨国纳税人的国际避税活动创造了必要的条件。

国际避税产生的客观原因能够为我们进行国际避税提供一个指导性的参考，帮助我们更好地理解各种避税方法和手段。概括起来，国际避税产生的客观原因主要有以下几个方面：

1. 有关国家的税收管辖权的差异可以为跨国纳税人提供税收管辖权的真空，从而使跨国纳税人有可能躲避开任何国家的纳税义务。

2. 税收负担的差异。各国之间的税收负担差异很大，有的税负较高，有的税负较低，甚至有的国家不征税，这样，就为纳税人将所得从高税负国转移到低税负国进行避税提供了可能。

第十四章 国际税收

3. 国际税收协定的大量存在。为了避免国际重复纳税，目前世界上存在着大量的国际税收协定。然而，税收协定中的有关规定很容易被跨国纳税人利用，进行国际避税。国际税收协定的大量存在，为跨国纳税人进行国际避税提供了方便条件。关于利用国际税收协定进行国际避税，在后面我们会具体论述。

4. 涉外税收法规中的漏洞。税收法规中的漏洞是指各国的税法或大多数双边税收协定都有遗漏或不完善的规定。这些漏洞可以为纳税人进行国际避税创造有利的条件。

二、国际避税常用方法

（一）迁移法

我们知道，在税收的实施过程中，税收主体、税收客体、税收的权利和义务三者是缺一不可的；缺乏其中任何一种要素，税收都不能够付诸实施。国际避税就是从课税主体和课税客体两方面出发，来逃避有关国家的税收管辖，规避对有关国家的纳税义务。迁移法是对上述原理的一个基本的应用。

一般来说，高税国的纳税人所承担的纳税义务，要比低税国的纳税人所承担的纳税义务重，纳税人的迁移可以使一个高税国的纳税人成为一个低税国的纳税人。实际操作中，迁移法可以有以下几种方式：

1. 迁移成为低税国居民

作为一个跨国纳税人，往往可以通过把居所长期迁往低税国，用成为低税国居民或低税国居民企业的方式来规避税收。这种方法一般有永久迁移法、短期迁移法、部分迁移法三种形式。永久迁移法是指纳税人把其住所永久性地迁往低税国的国际税务筹划方法；短期迁移法是指跨国纳税人把其住所非永久性地迁往低税国的国际税务筹划方法；部分迁移法是指纳税人把法律规定构成住所的部分迁往低税国的国际税务筹划方法。三种方法的本质都是规避成为高税国的纳税主体。一个总部设在高税国的跨国公司，把其总部迁到一个投资环境良好的低税国，就是一个典型的迁移成为低税国居民的例子。

由于世界各国税法和各国税收协定对不同组织形式、不同规模、不同资本结构等的企业的税收待遇是不同的，因此，合并或分立迁移很容易被跨国纳税人利用来进行国际避税。合并或分立迁移是企业常采用的两种方法。

合并迁移法是指一些企业在合并或联合后迁往其他国家的国际避税方法。例如，一些国家为了鼓励大的跨国公司到他们那里投资，制定了一些对跨国大公司有利的税法，所以，一些公司在迁往那里前，为了取得这些税收利益往往进行合并，建立联合关系或组成公司集团。

分立迁移法是指一些企业把一个企业分立成几个企业后迁往其他国家的

国际避税法。例如，一些国家对小企业有诸多税收优惠，像较低的税率、较多的扣除、较松的财务制度等，那么，跨国公司就可以把一个企业分立成几个满足该国小企业条件的企业后迁往该国。

合并迁移法和分立迁移法的共同特点是：它们都取决于有关国家的税法和有关国家间的税收协定。大公司也好，小企业也好，对一个国际避税者来说，都不是关键性的问题，是否能避税才是关键问题。

现实生活中利用迁移法来进行国际避税，要比上面介绍的复杂得多。有时候，对纳税人的这种国际迁移很难判断其真正动机，不能说都是由于税收动机，但确实有很多纳税人是为了避税而进行国际迁移。

2. 纳税人居所的虚假迁移和不迁移

一般说，一个纳税人要真正把居所从高税国迁往低税国，其付出的代价是很大的。对于一个企业，其国际搬迁要付出的经济代价往往很大：他们要支付各种由于搬迁而发生的费用，而且，很有可能还要就营业动产和不动产的资本利得向高税国缴纳一大笔资本利得税。这里要介绍的是，利用有关国家税法与各国间税收协定的漏洞和缺陷，如何能做到纳税人居所虚假迁移或不迁移而达到避税的目的。

（1）纳税人居所的名义迁移

纳税人居所的名义迁移是指纳税人利用税法的缺陷和漏洞，从名义上已迁移出居住国，但实际上纳税人仍然留在居住国的一种国际避税方法。如果一个高税国的纳税人有足够的证据证明他不是这个国家的居民，尽管实际上他并没有在其他任何国家取得居所，那么他的纳税义务还是可以减轻，甚至消除的。例如，一个公司所在的高税国以实际管理机构作为判定居民法人的标准，而法律规定实际管理机构是根据公司的董事会、公司总账、股息分配、损益表、营业报告来判定的；那么，该公司要想通过名义迁移变成非居民公司以达到避税的目的，就可以通过下列做法来实现：①改由另一国居民担任常务董事，使高税国居民不再参与直接管理，董事会和股东大会迁至另一国召开，经营决策在另一国制定；②公司总账迁至另一国记录和保存；③公司的股息分配在另一国进行；④公司损益表在另一国公布和编制；⑤公司营业报告在另一国公布。

（2）纳税人居所的不迁移

通过纳税人居所不迁移来达到避税目的有两种方式：一是成为低税国非居民；二是采用信托方式。

成为低税国非居民是指纳税人不迁移出高税国，但成为低税国非居民的国际避税方法。如果一个高税国的跨国自然人成为一个低税国的非居民，而这个低税国与这个纳税人所在的高税国又签订有对低税国非居民有利的税收协定，那么这个跨国自然人就可以享受这个低税国的很多好处,从而达到避税的目的。

采用信托的方式是指通过建立信托财产或者其他信托关系来达到避税目的的国际避税方法。信托一般是指委托人把信托财产委托给受托人,让受托人成为信托财产的独立所有人,并用自己的名义管理和使用信托财产。信托可以从法律上改变资产或权益的所有人,让受托人成为该资产或权益的所有人,这意味着纳税主体也会改变,这为纳税人提供了一种避税的可能:一是可能改变纳税主体,使高税国的纳税主体变为低税国的纳税主体;二是可能分割所得和财产,降低累进税的适用税率。

(二) 选择有利的企业组织形式避税

企业尤其是跨国企业在进行投资时,既可以设立分公司,也可以设立子公司,还可以设立常设机构。由于各种组织形式有各自的不同特点,同时,各国的法律制度的规定也不同,跨国公司在具体选择的时候,要根据具体情况分别考虑,从而达到避税目的。

1. 常设机构

常设机构是指企业进行全部或部分经营活动的固定场所。但各国对常设机构的定义不同,又对常设机构规定了一些不同的减免税项目。于是,纳税人就可以利用常设机构的减免规定,来进行国际避税活动。利用常设机构来避税主要从以下几个方面入手:

(1) 利用常设机构转移货物和劳务

税收协定的经合组织范本列举了常设机构的货物储存,货物的购买、广告、信息或其他辅助活动不在纳税之列。一些双边税收协定仿效经合组织范本,给纳税人提供了可以在各国建立常设机构实施避税的渠道。

利用常设机构转移劳务,是指总机构向常设机构或常设机构之间相互提供的,属于按规定不予扣除的劳务支出。这些转移的劳务支出由于不准许在转入机构作为费用在其所得内扣除,从而有可能被设在高税国的转出机构加以利用,达到避税目的。例如,一个常设机构可以代表其总机构提供某些技术上的或管理性的服务、广告等活动,这一常设机构作为转出机构,可以作为费用抵减一部分利润,如果这一常设机构处在高税国,则达到了一个很好的避税效果。

(2) 利用常设机构转移利润

企业如果将总机构和所有在外的常设机构作为一个法律实体,并将该法律实体发生的全部费用和利润分摊到每一个常设机构上,那么,企业就可以利用处在不同国家的常设机构的税率不同,将利润转移,从而达到避税的目的。

(3) 利用常设机构转移成本费用

驻外常设机构为总机构承担的成本,应由常设机构承担,并允许常设机构作为费用扣除，这样，总机构可以通过将成本多摊入常设机构的方法，增加常设机构的成本费用，利用常设机构所在国的一些税收优惠，成功地躲避一部分税收；对于管理费用，总机构为各常设机构提供的各种管理服务所产生的管理费用，按照国际惯例，允许各常设机构分摊，这样，总机构可以用抬高或压低分配管理费用的方法来实现避税。

2．分公司与子公司

世界各地对子公司和分公司在税收待遇等方面有着许多不同的规定，这为企业设立附属企业的组织形式提供了选择空间。一般而言，分公司最大的优点是其亏损可以冲抵总机构的全球利润，但在转让定价问题上会遇到较多麻烦，因为分公司与总公司是作为一个法人实体出现的，它们之间在转让产品、货物及劳务时，更容易引起各国税务部门的怀疑，常常被作为税务部门的清查对象；子公司由于在国外具有独立的法人地位，一般也是一个独立的纳税实体，它的亏损不能直接记在母公司的账上，但它的最大优点在于便于转让定价。

在比较了子公司和分公司各自的利弊之后，在具体进行组织形式的选择时，还要考虑企业的发展阶段。在开办初期，下属企业可能发生亏损，设立分公司可以与总公司合并报表冲减总公司的利润，减少应纳税所得，少缴所得税，而设立子公司就得不到这项好处。但如果下属企业在开设后不长时间内就可能赢利，那么设立子公司就比较适宜，既可以享受作为独立法人经营的便利，又可以享受未分配利润递延纳税的好处。除了在开办期要对下属企业的组织形式精心选择外，在企业的经营、运作过程中，随着整个集团或下属企业的业务发展、赢利情况的变化，总公司仍有必要通过资产的转移、兼并等方式，对下属分支机构进行调整，以获得更多的税收利益。

（三）利用转让定价

1．转让定价的概念

转让定价又称转让价格，是国际避税中的又一主要避税方法。在国际经济活动中，由于总公司与分公司、母公司与子公司、总机构与驻外机构之间等关联企业的相对独立形式，以及彼此之间的业务和财务联系，使得跨国纳税人有较大的空间在产品、半成品、原材料、专利权、秘密配方、资金信贷等转让过程中，实现转让定价，并利用国家与国家之间税收上的差别，通过转让定价进行国际避税。

例如，某适用增值税高税率的外商企业，在向其低税率国家的关联企业购进原材料时，有意抬高进货价格，将利润转移给关联企业，这样，既可以增加本企业的增值税进项扣除税额，减轻增值税负担；又可以减轻企业所得税负；还可以从关联企业多分得利润。

又如，某些执行产品销售高税率的外商企业，为了减轻销售税的负担，就将自制半成品低价卖给执行产品销售低税率国家的关联企业。该企业虽然减少了销售收入，但关联企业却因低价购进半成品增加了利润，该外商企业不仅合法地实现了国际避税，而且又从关联企业多分得利润。

2. 转让定价的税务动机

（1）减少或规避所得税

跨国公司的子公司遍布世界各地，各子公司要向东道国上交所得税。各国和各地区的税法和税率不同，同样的利润总额在不同的所得税条件下所缴纳的税额不等。公司可以选择税率较低的国家和地区上交所得税，此时上交的所得税最少，从而减少或规避公司整体的所得税税负。高税国一方的子公司对低税国一方的子公司降低售价和收费标准，反过来，低税国一方的子公司对高税国一方的子公司提供高售价和收费标准，把一部分应该在高税国实现并缴纳的利润，转移到低税国。高税国减少的税收收入一部分转移为低税国的税收收入，另一部分直接增加了整个公司的税后所得，达到了减轻税负的目的。

在实际过程中，如果是两个税率相近（特别是高税）的国家的子公司或母子公司之间的交易，通常是通过一个避税地或低税国迂回进行。跨国公司在避税地内设立"基地公司"是这种途径的典型形式。所谓"基地公司"，指它不从事任何生产活动，而是作为中间过程提供相互发货清单的方式（并不一定是货物的实际转移），在跨国公司的子公司、母子公司之间进行活动。它在某种程度上成为跨国公司海外利润的"贮存器"，跨国公司把利润存放在这里，以待日后进一步调整。这样，既可以减轻东道国课征的税负，又可以绕过母国对跨国公司征收的差额税。

避税地在跨国公司利用转让定价避税中发挥着重要作用。充分利用避税地的税收优惠，跨国公司纷纷在避税地设立象征性的分支机构，有计划地利用转让定价，将各子公司的利润收入调拨至避税地，以逃避东道国课税。

（2）降低或躲避预提税

按照国际惯例，世界各国对跨国公司在本国境内取得的收入如股息、利息、租金等要征收预提税。一般对毛所得征税是不作任何扣除的，预提税率在20%左右。跨国公司可以把这些所得利用转让定价加以转化，来回避预提税。可以采取子公司以低价提供产品的办法将利润转移到母公司，代替利息、租金、股息或特许权使用费的支付或调整子公司分摊的总的管理成本费用支付，从而达到躲避预提税的目的。但同时，这种方式的转让定价又有可能使公司的营业税有所增加，公司应权衡利弊合理运用。

(3) 减轻或消除关税负担

关税是流转税中的特殊形式，关税征收会提高商品销售价格。但因为关税多数为以价计征和比例税率，即以进口价值额为基础，这就为跨国公司利用转让定价避税提供了方便。当然还应清楚，海关有权对价格与价值不符的产品价格进行调整，一般是根据国际市场上同类物品的年均零售价来决定进境物品的完税价格，3年以内仍可追征关税。

通过转让定价也可多得退税，减轻公司的纳税总额。许多国家为鼓励出口，增强本国产品在国际市场上的竞争能力，减少别国的经济优势，一般都减轻本国产品的国内税务负担，也是为了避免双重课税，往往对出口产品进行补贴和退税。补贴一般要受到制约，但出口退税是常规做法。退税额以出口货物的价值为基础，抬高出口商品的价值可以获得较多的退税。

3. 转让定价避税的基本形式

(1) 货物购销中的转让定价。在跨国关联企业的内部交易往来中，货物购销占有重要地位。这里的货物购销包括原材料、商品、产品等有形货物的买卖。企业集团往往通过内部购销活动，利用转让定价策略，通过提高或压低价格的方法，来增加或减少有关企业的收入和费用，从而实现利润的转让和资金的流动。

(2) 货款往来中的转让定价。由于借款利息可以在税前支付，而股息只能在税后支付，所以很多企业集团的内部投资都划作借款，以达到避税目的。关联企业还可以通过贷款利率的高低来影响对方企业的费用成本。如果母公司想减少子公司的收入来达到避税的目的，可以采用提高利率的办法来增加子公司的利息支出。

(3) 提供劳务中的转让定价。跨国公司内部之间相互提供劳务，通过提高或压低劳务收费标准额办法，来影响企业之间的收入和费用，转移利润，逃避税收。例如，母公司甲处于高税国，而该母公司的子公司乙处于低税国，则甲向乙提供劳务的时候，如果采用低收费标准，就可以减少母公司的利润、增加子公司的利润，由于母公司所在国的税率高于子公司所在国的税率，这样，整个跨国公司就达到了一个很好的避税效果。

(4) 固定资产购置中的转让定价。母公司对子公司以固定资产投资，作价的高低，既影响到母公司对子公司的股权份额，也影响到子公司每年折旧费的多少。例如，如果想增加子公司的利润、减少母公司的成本，母公司向子公司提供的设备价格较低；如果想减少子公司的利润、增加母公司的成本，母公司向子公司提供的设备价格较高。至于选择低价提供还是高价提供，要视母公司和子公司各自的税率高低而定。

（5）无形资产使用与转让中的转让定价。通过对转让专利、专有技术、商标、商誉、版权等无形资产的使用和转让收取特许权使用费的高低，对关联企业之间的成本和利润实施影响。例如，如果想增加子公司的利润、减少母公司的成本，母公司收取的特许权使用费要低；如果想减少子公司的利润、增加母公司的成本，母公司收取的特许权使用费要高。同样，至于选择低价提供还是高价提供，要视母子公司各自的税率高低而定。

三、国际避税地

国际避税地是跨国纳税人从事国际避税活动的重要舞台，它对国际间的资本流动、跨国公司收入和费用的分配情况以及各国的财政收入都有着重要的影响。

按照跨国纳税人的观点，一般认为国际避税地为：不课征某些所得税和财产税，或者课征的所得税和财产税的税率较低，或者向非居民提供税收优惠，从而形成国际避税活动中心的国家和地区。

（一）国际避税地的类型

1. 免征所得税和一般财产税的国家和地区

这些国家或地区税收法律制度简易，税种较少，仅课征少量的间接税，不课征包括个人所得税、公司所得税、资本利得税、遗产继承税和财产赠与税等在内的所得税和一般财产税。这就意味着，任何企业和个人的经营所得或其他所得，均不用向当地政府缴纳任何的税收。属于这一模式的国家和地区目前主要有巴哈马、瑙鲁、百慕大、格陵兰、哥斯达黎加、瓦努阿图、英属开曼群岛、新喀里多尼亚、法罗群岛、索马里、圣皮埃尔岛、密克隆岛、特克斯和凯科斯等。其中以巴哈马邦和百慕大最为典型。

巴哈马邦位于美洲西印度群岛最北端的巴哈马群岛，其财政收入主要来源于旅游业、以国际汇兑为对象的金融服务业和石油转口业等。该国税制简单、税种较少，以印花税、劳务费、离境税和赌博税等间接税为主，在财政收入中所占的比重不大。不征所得税、遗产税、继承税和不动产税，不征股息、利息、特许权使用费的预提所得税，甚至免缴营业税、入港税等。凡在其境内设立制造业公司，均可享受15年的免税待遇。在大巴哈马岛自由港区（无税区）领取执照的所有公司和企业，则更能获得到2054年前，不开征国内消费税、印花税和大多数关税的保证。

百慕大位于北大西洋西部，实行低税的简单税制，不课征直接税，仅征收关税、印花税、工资税、社会保障税、土地税、旅客税、外汇购置税等少量税种，其中关税构成了财政收入的主要来源。根据公司法，境内所设公司可以通过注册合并，不必向政府当局提交财务报表。政府不过问公司的股东或经理人的国籍。如果在境内设立的公司，在国外发生营业活动，也属合法行为。目前有各类公司7 000多家，多为境外人士所设，其目的就是利用低税的法律环境进行逃避税收活动。

2. 免征境外所得税的国家和地区

免征境外所得税的国家和地区放弃了居民税收管辖权，而仅行使所得来源地税收管辖权，即只对来源于境内的所得行使征税权，而放弃对来源于国外或境外的所得的征税权。这类国家和地区主要有埃塞俄比亚、利比里亚、巴拿马、委内瑞拉、阿根廷、巴西、玻利维亚、危地马拉、尼加拉瓜、厄瓜多尔、多米尼加、巴拉圭、泽西岛、马来西亚、文莱、新加坡、中国香港和澳门等。其中新加坡和中国香港具有典型性。

新加坡是个著名的自由港，法定税种主要有所得税、遗产税、财产税、印花税和关税等，且仅对来源于境内的所得征税。税制具有税种少、结构简单、税率低等特点。我国香港长期奉行所得来源地管辖权，只对在香港境内取得的所得行使税收管辖权，对于在香港境外取得的所得，无论是否汇款到香港均无须缴纳税款。

3. 所得税和一般财产税适用低税率的国家和地区

所得税和一般财产税适用低税率的国家和地区是指虽然征收所得税和一般财产税，但税率较低、税负较轻。属于这一类型的国家和地区主要有阿尔德尼岛、安道尔、安哥拉、巴林、英属马恩岛、坎彭、塞浦路斯、直布罗陀、根西岛、以色列、牙买加、泽西岛、黎巴嫩、利比里亚、埃塞俄比亚、列支敦士登、圣赫勒拿、圣文森特、萨克岛、斯匹次卑尔根群岛、瑞士、汤加、阿根廷、哥斯达黎加、委内瑞拉、海地、巴拿马、马来西亚等。其中以列支敦士登、塞浦路斯为典型。

列支敦士登是位于奥地利和瑞士之间的微型山国，其税制简明，税率较低。所有居民和非居民都有义务缴纳个人所得税和公司税。但公司所得税的课税对象为公司的净所得，实行7.5%～15%的累进税率，对股息征收4%的预提税。

塞浦路斯实行以间接税为主体的简单税制结构。公司所得税系针对居民公司和外国公司的本地分公司的净收益征收，税率为20%～25%。对在塞浦路斯设立的公司，依其国内外收入计征税额。非居民在塞浦路斯所得特许权费收入按总额的10%纳税；利息按公司税率征收，特定情况下可以免征。股东的红利收入各自纳税，此税额仅可在预缴税额中冲减。非居民可申请退还其全部预缴税，海外公司的股东红利无须纳税。个人所得税实行0%～30%的超额累进税率。公司和个人处理不动产或出售含有不动产的公司的股份，课征20%的资本收益税。不动产买卖须按其售价或市价 5%～8%的税率计算其应税额。

(二) 国际避税地的功能

优惠的税收政策是国际避税地所具有的最主要的特征之一；除此之外，稳定的政局、并不沉重的财政支出负担、优越的地理位置、良好的自然环境和政府对经济的较少的干预都是国际避税地吸引跨国投资者的原因。对于从事跨国经营活动的纳税人来说，避税地的功能主要体现在以下几个方面：

1. 避税地的避税功能

对于跨国纳税人来说，避税功能是避税地最重要的功能，它可以为跨国纳税人减轻税负。例如，跨国纳税人可以在避税地建立一个法人实体，通过该法人实体代表居住在高税国中的跨国纳税人处理境外的所得和财产，合法地利用避税地来减轻自己的税负。

2. 避税地对经营活动和财产的保密

为了获得最大的避税效果，投资者希望所在国当局对其经营活动和财产状况不加过问，并对外严守秘密。较好的保密制度是避税地的特征之一，避税地一般都以不同方式提供了这类便利。例如，避税地允许高税国的纳税人在保密的情况下，可以委托避税地的法律事务所或信托机构的成员建立避税地实体，这些人以股东、受益人、常务董事等身份出现在避税地的公司注册中，而身居高税国的真正投资人则充当后台老板在幕后操纵。

3. 避税地对财产地保护及税收保证

投资者都会对自身的资本和财产的安全性加以考虑，避税地为了迎合投资者的这种心理，制定了特别法律来保证投资者的资本和财产安全。例如，一些避税地的公司法规定，在出现紧急情况时，公司可以自动转移法人的地点；可以在别处建立实体来自动转移资产；可以自动或按某人指示更换信托受托人或公司管理者；可以同时设立两套办公机构和账目等等。这样，投资者的财产或资本就可以免受政治动乱或国有化的侵害。

(三) 利用国际避税地避税的方法

1. 虚设机构

虚设机构避税，是指跨国公司通过建立基地公司，开展虚假中介业务，借助转移定价手段，向避税地转移营业利润和所得，以逃避居住国的高税负。所谓基地公司是指以避税地为基地，建立受控于高税负国家的外国股东、从事转移与积累某类所得的公司。它是具有法人资格的公司。跨国纳税人在避税地建立起各种实体后，通过这些公司从事中介业务，但从事中介业务大多不是出于真实的商业经营要求，而是为了谋求公司集团的避税需要进行的。基地公司并不真正插手实际的交易活动，只是利用合同、账簿等手段将母公司的所得一部分或全部留在避税地，以逃避高税国的税负。

当然，跨国的纳税人为了获得最大的避税效果，必然在中介业务中辅以转移定价的手段。在中介业务中，若严格按市场正常价格定价，会使中介业务作用减弱。虽然避税地公司的介入会使一些利润向避税地转移，但是毕竟有限。基地公司只有通过低进高出的手段，才能充分发挥避税地基地公司的避税功能。跨国纳税人可以根据不同的避税需要，在避税地建立不同形式的基地公司，以分别处理不同的中介业务和收入。

（1）在避税地建立贸易公司

贸易公司的主要活动是虚构转销业务，将位于高税国公司的销售利润和其他所得转移到避税地。这一过程中，贸易公司大量采用转移定价的手段，使整个跨国公司的利润转移到基地公司的账上，在避税地积聚，享受低税率或不纳税的待遇，从而减轻全公司的税负。

（2）在避税地建立控股公司

控股公司是指为了控制而非投资目的在一个或多个公司控制大量的股份，拥有重要表决权的公司。这种公司的主要收入是股息和出售股份的资本利得。由于避税地通常对股息和出售股份资本利得不征税或只征很低的税，跨国公司在避税地设立控股公司则有利可图。另外，在跨国公司的兼并或解散中处理有关股份时，控股公司还可取得免缴或少缴资本利得税的好处。

（3）在避税地设立金融公司

金融公司是为了跨国公司集团内部的借贷，充当中介或向第三方筹措资金的机构。公司集团内进行投资，暂时需要大量的资金，通常由设在避税地的金融公司解决，更为关键的是通过金融公司避税。金融公司的利息收入在避税地可以不纳税或少纳税，高税负国家的公司支付给金融公司的利息可作为费用扣除，在利息支付国的预提税也可能因有关的税收协定而得以减免或免除，从而减轻公司集团的税负。

（4）在避税地设立投资公司

投资公司是指专门进行股票、公司债券或其他证券投资的公司。这些证券通常是在证券交易所进行的，它们只构成公司很少或极少的股份，并不能形成任何有影响力的表决权。这类投资公司在避税地建立的目的，是为了逃避或减轻对股息、利息、租金等所得征收的所得税和资本利得税。

（5）在避税地设立知识产权公司

知识产权公司是指专门从事专利、商标、版权等的获得、利用及发放使用许可等各项活动的专业公司。其目的是减轻或消除对特许权使用费征收的预提税。

第十四章 国际税收

(6) 在避税地设立航运公司

由于从事国际海运的航运公司的所有权和经营权可以分离,总管理机构可设在第三国,其船舶可在别处重新注册,许多国家都以船舶公司的实际管理机构作为其居民公司身份的标准,因此,从减轻税负的角度来考虑,航运公司会到避税地办理船舶注册,并设法将管理机构设在避税地或对航运企业提供税收优惠的国家。

(7) 受控保险公司

受控保险公司是指企业集团所拥有的主要为本集团成员提供保险和分保的一种公司组织。由于在企业的经营活动中,每年都要发生大量的保险支出,因此,自20世纪60年代以来,一些大的跨国公司集团开始利用避税地的便利条件,纷纷组建自己的受控保险公司。建立受控保险公司,首先可以减少支付给第三方公司的保险费;其次,可以承担第三方保险公司不能承担的风险;最后,可以发挥利润中心的作用,在无税或低税的条件下积累资金。

(8) 在避税地设立服务公司

服务公司是指从事部门管理、基金管理以及其他类似劳务的服务单位,它可以起到一个企业总机构或控股公司的作用。在国际避税地建立服务公司,可以通过服务公司向它支付劳务费用等来转移资金,以逃避高税国的公司所得税。

2. 虚设避税地信托财产

信托是委托人将财产权转移给受托人,受托人有义务对委托人所委托的财产加以保管使用,从中取得的利益不是给受托人,而是给包括委托人在内的受益人。在纳税人的精心安排下,信托可作为避税的手段。由于信托被作为一个单独的纳税实体对待,所以建立信托可以使委托人合法地与其财产所有权分离。在一般情况下,委托人对信托财产及所得不再负有纳税义务,利用信托进行避税的基本机制正是源于这种所有权的合法分离。高税国的跨国纳税人,通过建立避税地信托,在法律上实现了与信托财产所有权的分离,使这部分财产摆脱了高税国居民管辖权的直接控制,从而只要委托信托公司在避税地管理其所得和财产,就能够避税。

(1) 建立信托合同逃避税收

为了逃避高税国的税收,跨国纳税人可以不迁出高税国而用订立其他形式的信托合同的方式来逃避税收。例如,跨国纳税人可通过与设在避税地的银行订立合同的形式以建立类似的信托关系。建立在避税地的银行作为受托人,可以代信托人收取利息,利用这种信托关系就可以逃避一部分的税收。

(2) 以信托掩盖股东的股权

建立信托财产不仅可以从事消极投资的所得避税活动,还可用来隐瞒股东的股权，从事积极的避税活动。其手段是跨国纳税人通过信托的方式将自己的公司委托给避税地的信托机构进行管理，这时信托机构成为该公司事实上的所有人，从而有效地隐藏了该公司的真实所有权。另外，一些跨国公司还将信托与控股结合起来，即首先在避税地建立信托公司，然后将控股公司的股票交给信托公司拥有，由其管理控股公司，信托的受益人为跨国公司本身。以此方式，跨国公司可隐瞒其对各地受控子公司的真实所有权，并以此进行避税活动。

四、国际反避税

为了维护国际税收的秩序和各国政府的税收利益，各国政府普遍开展了反国际避税工作。在国际经济交往中，世界各国都把避税防范和反避税作为维护国家主权和经济利益的重要工作。避税防范和反避税的方法和手段很多，世界各国因国情不同而异，但就一般情况来说，大致有以下方面：

（一）通过完善税收法规反避税

完善税收法规、堵塞漏洞、增强税法的防护能力，是目前世界各国在反避税的过程中的主要着眼点。在强化和完善税收立法方面各国采取的措施主要可归纳为以下几类：

1. 在税法中制定反避税条款

在税法中制定反避税条款，首先就是在一般的条款中，注意使用文字，设法堵住漏洞；其次，许多国家增加了特殊的反避税条款，这些特殊的反避税条款是针对特定的避税和逃税行为制定的，主要是一些税源大或容易避税的项目，美国、英国、法国等国税法中的许多条款都是以这种方法制定的；再次，有一些国家制定综合反避税条款，其主要内容是明确纳税人的各种法律义务和责任，扩大税务机关的处理权；最后，还有一些国家制定针对国际避税中的习惯做法的反避税条款，例如，对关联企业转让定价作出特殊规定的条款等。

2. 加强税收的征管工作

为了加强反避税，大部分国家加强了国际税收中的征管工作。加强税收的征管工作，首先就是提高了涉外税务人员的素质；其次，各国纷纷加强税务调查，通过对纳税人的经营活动情况进行调查，充分掌握第一手资料；再次，就是加强了税务的审计，例如，美国的《银行存款法》就是参照银行账户的存款，对跨国纳税人的实际和估计的收支进行比较，以检查是否有少报应税所得；最后，在加强税收征管的同时，各国纷纷加强与银行的合作，因为银行在某种程度上相当于企业的出纳，企业的许多经济活动情况都反映在银行账户中。

（二）开展国际合作

由于国际避税至少涉及两个或两个以上的国家，因此，世界各国越来越明确地认识到：单靠一个国家的力量是不够的，必须依靠国家间的合作。其途径有两种：一是通过签订"双边税收协定"或"多边税收协定"进行国家间的相互合作，如我国与日本、美国、英国、巴西等许多国家签订税收协定；二是通过缔约国共同签订的"国际税收协定"进行国际合作，例如，1963年欧洲经济合作组织公布的《经合组织协定范本》(《OECD协定范本》)、1979年联合国专家小组审查通过的《联合国协定范本》(《UN协定范本》)。这两个国际税收协定范本，已成为协调国际税收关系和各国政府间合作反国际避税的重要工具。

第四节 国际税收协定

一、国际税收协定的概念

国际税收协定是指两个或两个以上的主权国家，为了协调相互间的税收分配关系，本着相互尊重主权和平等互利的原则，经对等协商和谈判所签订的一种书面协议。这种协议一般须经缔约国立法机构批准，并通过外交途径交换批准文件后方能生效。

国际税收协定按涉及的主体多少划分，可分为双边税收协定和多边税收协定。双边税收协定是指两个主权国家之间经对等协商缔结的税收协定；多边税收协定是指两个以上国家经过对等协商所缔结的税收协定。目前，国际上的这类税收协定还不多，典型的有《北欧公约》和《安第斯税收条约》两个。多边税收协定由于涉及多个国家，谈判和缔结较为困难。

国际税收协定按照涉及的内容划分，可分为一般税收协定和专项税收协定。一般税收协定是指缔约国各方所签订的广泛涉及各种税收关系的协定。这些税收协定包含了国家间的大部分税收问题，都是以《经合组织协定范本》或《联合国协定范本》为基础缔结的。专项税收协定是指缔约各方对某一项税收业务或特定的税种所签订的协定。与一般税收协定相比，这类协定涉及的面窄、条款少、问题单一，有时被包容在国家之间的经济贸易协定之中，而不独立作为一项税收协定存在。

国际税收协定与国内法律二者都属于法律范畴，体现国家意志，并且相互依存、相互渗透。但国内法协调的是一国内部的税收关系，国际税收协定协调的是一个国家与另一个国家的税收关系，并且二者法律强制力的程度和表现形式是不同的。在处理有关国际税务关系时，如果税收协定与国内税法发生矛盾和冲突时，大多数国家采取的是税收协定优先的做法，也有一些国家将国际法和国内法放在同等地位，按时间的先后顺序确定是优先还是服从。

二、国际税收协定的基本内容

国际税收协定，在很大程度上受《经合组织协定范本》和《联合国协定范本》的影响及制约。从各国所签订的一系列双边税收协定来看，其结构及内容基本上与两个范本一致，都包括七个主要内容：

（一）协定适应的范围

1．人的范围。所谓人的范围，是指税收协定适用于哪些人，具体包括人的属性的选择、人的身份的界定，以及对特殊人归属的确认。在经合组织和联合国的两个范本中，都把适用的纳税人限制在缔约国一方或同时成为缔约国双方的居民的范围。这就意味着，即使是缔约国一方或同时为缔约国双方国民的跨国纳税人，只要他们不属于一方或双方的居住者，不具备一方或双方居民的身份，就不是协定适用的范围，不能享受协定所赋予的税收优惠权。

2．税种的范围。所谓税种的范围，是指税收协定适用于哪些税种。在两个税收协定的范本中，均规定协定仅适用于对所得和财产征收的各种直接税。考虑到各国税收制度总是处于不断的调整与完善之中，协定中专门列出一款，明确协定也适用于签订之日后，缔约国任何一方增加或者代替协定中所列税种的税收。

（二）协定基本用语的定义

1．一般用语的定义解释。一般用语是指在协定中反复出现，需要加以明确解释的用语。一般用语的定义解释主要包括"人"、"缔约国"、"缔约国另一方"、"缔约国一方"等。

2．特定用语的定义解释。特定用语是指在协定中具有特定含义和作用的用语。特定用语对协定的签订和执行具有直接的制约作用，必须对特定用语的内涵和外延做出解释和限定，如"居民"、"常设机构"等。

3．专项用语的定义解释。专项用语是指一些只涉及专门条文的用语。国际税收协定中有一些只涉及专门条文的用语解释，一般放在相关的条款中附带定义或说明。

（三）税收管辖权的划分

对各种所得征税权的划分，是税收协定中包括的一项主要内容。各国对所得的征税有不同的内容，涉及的所得范围各不一样，但总的来看，可分为四大项：

1．对营业所得的征税。营业所得一般由三个部分组成，即一般企业的营业所得、关联企业的营业所得和国际运输企业的营业所得。对缔约国一方企业的营业所得，双边税收协定奉行居住国独占征税的原则；对常设机构的营业利润，一般规定适用来源地国优先征税的原则。

2．对投资所得的征税。投资所得包括股息、利息和特许权使用费等。国际税收协定一般适用来源地国与居住国分享收入的原则。

3．对劳务所得的征税。大多数国际税收协定所涉及的劳务所得通常包括：独立个人劳务所得、非独立个人劳务所得、董事费、艺术家和运动员所得、退休金、为政府服务的报酬、学生收入等项目。区分不同情况，对居住国、来源地国的征税权实施不同的规范和限制。

4．对财产所得的征税。财产所得主要指不动产所得和财产收益两个项目。对于不动产，协定的解释是原则上以财产所在地的缔约国法律为准；对于财产收益，由转让财产的居民所在国征税。

（四）避免双重征税的方法

国际税收协定的核心内容是避免重复征税，确定减除重复征税的方法也是国际税收协定中的重要内容。一般来说，国内税法中未规定减除重复征税方法的国家，必须在协定中列入选择的减除重复征税的方法；国内税法中已有规定方法的，应在协定中加以确认。采用什么样的方法来避免对优先行使征税权而已征税的那部分所得的重复征税，如何在免税法、抵免法和扣除法中选择方法以避免国际间重复征税，如何确定给予对方跨国纳税人的全部或部分优惠以饶让，这些都应在协定中明确说明。

（五）税收无差别待遇原则

无差别待遇是指缔约国一方国民在缔约国另一方负担的税收或者有关条件，不应与缔约国另一方国民在相同情况下的税收负担不同。税收无差别原则在国际税收协定条款规定中具体表现为：

1．国籍无差别条款。缔约国一方国民在缔约国另一方负担的税收或者有关条件，不应与缔约国另一方国民在相同情况下负担或可能负担的税收或有关条件不同，禁止缔约国基于国籍原因实行税收歧视。

2．常设机构无差别条款。缔约国一方企业设在缔约国另一方的常设机构的税收负担，不应高于缔约国另一方进行同样业务活动的企业。

3．费用扣除无差别条款。缔约国一方企业支付给缔约国另一方居民的利息、特许权使用费和其他款项，应与在同样情况下支付给本国居民一样，准予列为支出。

4．资本无差别条款。这是指缔约国双方相互给予对方企业设立在本国的子公司以本国企业待遇，不因企业资本所有权构成不同而加以区别。

（六）交换税务情报

交换税务情报，是加强国家之间税务管理合作和防止国际间偷漏税行为的重要措施。关于情报交换,两个范本都明确了具体规定:一是缔约国双方主管当局应交换为实施本协定的规定所需要的情报;二是缔约国双方交换与税收协定有关的各种国内法律的情报,如税制结构、征收方式、管理层次等。

(七)相互协商程序

协定中列入该条款,其目的是通过缔约国双方税务当局的行政协助解决协定在执行中出现的问题,从而避免或消除重复征税,防止或减少国际间逃税行为的发生。该程序是各税务主管当局之间的一个讨论程序,旨在尽可能找到为各方所能接受的解决相关问题的方法。

三、《经合组织协定范本》和《联合国协定范本》的比较

目前国际上最重要、影响力最大的两个国际税收协定范本是:《经济合作与发展组织关于对所得和财产避免双重征税的协定范本》,即《OECD协定范本》;《联合国关于发达国家与发展中国家间避免双重征税的协定范本》,即《UN协定范本》。这两个范本是两个国际组织为了协调和指导各国签订双边税收协定或多边税收协定而制定并颁布的示范性文本。各国在签订协定的活动中,不仅参照两个税收协定范本的结构和内容来缔结各自的税收协定,而且在协定大多数的税收规范上都遵循两个协定范本所提出的一些基本原则和要求。

国际税收协定范本的主要作用在于,为各国签订相互间税收协定树立一个规范性样本,保证各国签订双边或多边税收协定程序的规范化和内容的标准化,并为解决各国在税收协定谈判签订中遇到的一些技术性困难提供有效的帮助,为各国在处理税收协定谈判和签订中出现的矛盾和问题提供协调性意见和办法。国际税收协定范本有两个特征:一是规范化,这种规范性主要表现在格式的规范、内容的规范等方面;二是内容弹性化,国际税收协定范本适用的范围是所有的国家,它的内容具有弹性,规定和列举了具有一般性和原则性的条款,具体内容则由各谈判国家自己去明确规定。

(一)《OECD协定范本》和《UN协定范本》的联系

两个范本在结构上大体相似,都有开头语(协定名称和协定序言)、协定条款、结束语三部分。在协定条款中,两个范本都分为七章,各章题目均一样,只是在具体条款多少上有所差异。《OECD协定范本》共有30条,《UN协定范本》共有29条。两个范本的基本内容相同,各章内容简要如下:

第一章,协定范围。包括第一条和第二条,说明协定所适用的纳税人、税种的范围。

第二章,协定基本用语的定义。包括第三、四、五条,对协定涉及的概念给出明确的定义。

第三章，对所得征税。包括 16 条，分别对各种所得的征税权给予确定。

第四章，对财产的征税。两个范本都只有一条，是缔约国双方对财产征税的管辖权的划分。

第五章，避免双重征税的方法。两个范本都包括一条，指出缔约国双方对对方已征税款，为了避免重复征税，可以选择免税法和抵免法，并对如何使用这两种方法作了说明。

第六章，特别规定。《OECD 协定范本》包括 5 条，《UN 协定范本》包括 6 条。该部分对税收协定的一些相关方面和技术性问题作了特别规定。

第七章，最后规定。即关于协定生效和终止的规定。

（二）《OECD 协定范本》和《UN 协定范本》的主要区别

尽管两个范本在结构和内容上大体一致，但由于角度不同，反映国家的利益不同，在一些问题的看法和处理上有些分歧。《OECD 协定范本》尽力维护发达国家利益，偏重居民税收管辖权；而《UN 协定范本》则尽力主张发展中国家利益，强调收入来源国优先征税的原则。二者不同之处主要表现为：

1. 总标题不同。《OECD 协定范本》的总标题是《经济合作与发展组织关于对所得和财产避免双重征税的协定范本》，主要用于指导经合组织成员签订相互间的税收协定；《UN 协定范本》总标题是《联合国关于发达国家与发展中国家间避免双重征税的协定范本》，主要指导发展中国家与发达国家签订双边税收协定，处理好发展中国家与发达国家的税收分配关系。

2. 协定适用范围的区别。在适用的税种方面，对财产税是否作为协定适用的税种，《OECD 协定范本》比较肯定；而《UN 协定范本》则采取了灵活的方法。

3. 关于常设机构理解的区别。在常设机构范围大小方面，两个范本有些区别。《UN 协定范本》规定的范围更大一些，如对一些机构在一国经营活动时间的缩短和对一些活动范围的扩大等。

4. 关于营业利润征税的区别。两个范本除对常设机构营业利润是采用"引力原则"还是"利润归属原则"有区别外，还在计算法人缴税利润中的各种费用的扣除上有所区别。《UN 协定范本》明确了常设机构由于使用专利或其他权利而支付的特许权使用费、手续费、某些利息等，不允许从总利润中扣除，相应也不考虑取得的这些收入。另外，对于常设机构为企业采购货物或商品取得的利润是否归属到常设机构利润中去，《OECD 协定范本》持否定态度，而《UN 协定范本》则认为由双方谈判去解决。

5. 关于预提所得税税率限定的区别。在预提所得税税率高低限制方面，两个范本有所不同。《OECD 协定范本》对各项预提所得税税率都作了严格限制,目的是限制收入来源国行使管辖权。《UN 协定范本》则确定由缔约国双方协商解决,总的原则是,收入来源国对各种投资税收都有权行使税收管辖权。

6. 关于对独立个人劳务所得征税的区别。对独立劳务所得方面,《OECD 协定范本》采用了有关常设机构的做法,认为对个人在收入来源国所提供的专业性和其他独立劳务所得课税,以在收入来源国设有固定基地为限。发展中国家认为这种固定基地的限制不合理,因此,《UN 协定范本》提出几条可选的条件,如对非独立劳务所得征税。

7. 关于交换情报条款的区别。在情报交换范围上,两个范本有所不同。《UN 协定范本》强调缔约国双方应交换防止欺诈和偷漏税的情报,并指出双方主管部门应通过协商确定有关情报交换事宜的适当条件、方法和技术,包括适当交换有关逃税的情报。《OECD 协定范本》则没有强调这一点。

四、滥用税收协定避税

(一)滥用税收协定的概念

滥用税收协定,一般指跨国纳税人把对本身的征税权,设法从非协定缔约国转移到缔约国,以利用协定优惠条款,谋取降低税负以至免税,达到避税目的。税收协定包括的优惠条款是针对缔约国双方居民的,其他国家的居民是不能享受的。第三国跨国纳税人,就可以通过取得协定双方中某一方居民的身份,以享受税收协定的待遇,从而减轻纳税义务。

一般来说,滥用税收协定主要有以下三个特点:

1. 行为主体主要是跨国公司,即法人居民。这是因为法人与自然人相比,具有更大的易变性,很容易通过精心策划,巧妙地装扮成缔约国的居民公司,从而谋取到协定待遇。

2. 行为对象主要是针对间接性的投资收益,如股息、利息、特许权使用费及财产租赁收入等,目的是为了减轻预提税的课征。

3. 行为方式主要是通过在协定国组建中介公司来谋求不应得的税收利益。如在缔约国组建各种控股公司、信托公司等。

(二)滥用税收协定的常用方式

在实践中,滥用税收协定的通常做法是跨国纳税人通过在某个国家设立中介公司,然后以该公司名义到与该国有税收协定的国家从事经济活动,从而享受到直接投资不能享受到的协定优惠。因此可以说,滥用税收协定进行避税的手法是以设置中介体为主要特征的。具体可以归纳为以下三类:

1. 设置直接导管公司

直接导管公司,是指为获取某一特定税收协定的好处,而在某一缔约国中

第十四章 国际税收

建立的一种具有居民身份的中介公司。

下面举例说明如何通过建立直接导管公司获得税收优惠。甲国 A 公司原来打算在乙国建立一子公司 B，但是乙国要对本国公司汇往甲国的股息征收较高的预提税。乙丙两国缔结有相互对股息预提税给予减征或免征优惠待遇的税收协定，甲丙两国也有类似的税收协定。此时，甲国的 A 公司便可在丙国建立一个控股公司，通过丙国控股公司来收取来自 B 公司的股息。这样，甲国的 A 公司就可以减少股息所得的纳税义务。由于 A 公司通过丙国的控股公司能够得到甲与丙、乙与丙签订税收协定的税收优惠，丙国的控股公司犹如一条直接吸取缔约国公司所得的导管，因此，被形象地称为直接导管公司。

2．设置脚踏石导管公司

在设立直接导管公司不能直接奏效的情况下，设置脚踏石导管公司是一种更间接、更迂回的避税方式。设置脚踏石导管公司涉及在两个以上的国家设立子公司来利用有关国家所签订的两个税收协定。它实际上是一种直接导管公司与转让定价、避税港相结合的避税手段，属于一种高级避税形式。其结果使当事人不仅获得了其本来没有资格享有的税收协定待遇，而且还可能获得缔约国国内的税收优惠。

例如，甲国公司计划在乙国设立一子公司，但乙国对本国的居民公司汇往甲国的股息征收较多的预提税，而乙国与丙国、甲国与丁国均缔结有相互按低税率征收股息预提税的税收协定，丙国与丁国则有相互对控股公司免征股息预提税的税收协定。此时，甲国公司可在丁国建立一个控股公司，通过丁国的控股公司在丙国建立一个控股公司，再通过丙国控股公司在乙国建立一个子公司。这样，甲国公司便可以减少其股息所得的总纳税义务。由于甲国公司一定要通过建立丁国控股公司和丙国控股公司才能取得乙国公司的股息并规避税负，丁国控股公司和丙国控股公司在其中犹如两块为达到目的所必需的脚踏石，因此，被形象地称为脚踏石导管公司。

3．直接利用双边关系避税

直接利用双边关系进行避税有两种做法：一种叫作设立同一国控股公司，另一种方法是设置低股权控股公司。

设立同一国控股公司，即利用两国之间签订的税收协定中给予某些特殊优惠进行避税。例如，甲国和乙国之间签订的税收协定中，乙国规定如果股息是由同一国内公司收到，则可对股息课以较低税率的税收。这样一来，甲国投资者 A 公司便可在乙国先组建一个完全控股公司 B，由公司 B 向乙国国内其他公司（如 C 公司）进行投资参股，这样甲国投资者便可获得税收优惠。

设置低股权控股公司并不需要通过第三国迂回，而是将中介公司设在缔约国的某一方。一些国家对外签订的税收协定中有明确规定，缔约国一方居民向缔约国另一方居民公司支付股息、利息或特许权使用费享受协定优惠的必要条件是：该公司由同一外国投资者控制的股权不得超过一定比例（比如，全部股权的 25%以上）。针对这种要求，外国投资者可以精心组建外国低股权的控股公司，以谋求税收利益。例如，F 国对外签订税收协定有一个惯例，即：如果股息的受益者是一个外国公司，而该公司持有分配股息的 F 国公司 25%以上的股份，那么，F 国的税收协定通常对这一 F 国公司分配的股息不给予税收优惠。假设甲国与 F 国签订有税收协定，针对这一规定，持有 F 国 N 公司 100%股份的甲国的 M 公司为了获取税收协定的优惠，可以依本国法律在本国境内先组建五个子公司，然后由这五个子公司分别持有 F 国 N 公司的股份，使每个子公司持有的 F 国 N 公司的股份低于 25%，从而受惠于甲国与 F 国之间的税收协定。

第五节 未来国际税收环境

未来国际税收环境正日益发生变化，不仅社会政治经济状况比以往更快地演变，而且一场技术变革也正在进行，这将对税制运行的某些传统方式提出挑战。分析未来税收环境的变化、追踪税收环境变化的趋势，对于跨国经营的企业来说，有着非常重要的意义。

一、国际税收环境的影响因素

考察税制的发展、精确地描绘出未来税制的可能发展是困难的，在这一领域中，分析国际税收环境影响因素的公认的方法就是"STEP"分析法。此方法包括对相应的社会的、技术的、经济的和政治的因素进行分析。

（一）社会因素

社会因素包括人口统计、社会人口流动性、收入分配和教育水平。在许多国家，这三个因素往往是导致税制日益复杂化的主要因素。

首先看人口统计因素。在众多人群的人口统计中的一个主要趋势就是平均年龄的持续增长，在繁荣经济中的老年人比年轻人显得有着更复杂的经济事务，他们更多地是通过储蓄与养老金方式来积累与消费。

再看社会人口流动性因素。在很多国家，家庭变得缺乏稳定性，并且离婚的一个后果是个人所得来源的数目和种类在增加，这也会引起社会的、地理的流动。

最后是收入分配与教育水平。随着收入的增加，人们受教育的水平也在提高，这可能会促进人们更有兴趣采取积极有效的方式对待自己的涉税事务。

这些类似于社会学意义上的变化将迫使把日益变化的社会环境考虑进去的税制变得更加复杂。

（二）技术因素

就技术而言，技术革新的发生和技术变化节奏的日益加快，尤其是互联网的发展，将牵涉到税收。众所周知，最初设计网络是为减少核攻击所造成的联络损失，因为中枢电脑系统是不易被击中的。因此，网络给税务部门带来执行困难，因为资本和劳务能在网上自由流动而税务当局却很难觉察。

技术进步给税收带来了一系列的影响，简单列举如下：

1. 最明显的是税收部门对电脑征收技术的引进，以及日后的电脑缴税。

2. 原有的物理国界已不再具有实质意义，而不同的国家可能会采用不一致的税收管辖权，这将导致税收的不确定和不一致问题。

3. 随着电子商务的发展，网上电子结算将非常普遍并且这一切都是在虚拟的网络空间完成的，因而弄清楚电子结算方式如何与传统的源泉、居民地、原产地和最终环节原则相适应，以及税制和国际税收安排将在多大程度上适应这种高技术变化是目前国际社会考虑的主要问题。

4. 依据收入的源泉课税将会变得很难实施，重点将会转移到按居民地课税，这将涉及居民企业在国家之间的迁移和税收竞争。

5. 由于电子商务很难甚至不可能进行跟踪，因此无法保证纳税人依法纳税，还有认定各经济事项的参与者及确认电子交易的记录也会面临困难。

（三）经济因素

经济力量通常都是不可预测的，平均收入时升时降，但在世界上的许多地区平均收入的长期趋势是上升的。这造成了金融工具的多样性和复杂性，也造成了税收的复杂化。

另一个经济因素是日益激烈的市场竞争。随着技术的发展，空间距离在市场中变得越来越不重要，顾客也比从前拥有更多的信息，价格竞争也日趋激烈，所以许多产品和劳务的价格越来越像股市的价格一样，对供求变化极为敏感并经常波动。所有这些都意味着企业必须面对更加激烈的竞争，进而引起了国家间税收竞争的日益激烈。

（四）政治因素

关于政治因素，在这里不可能讨论所有问题，但各国政府及税务当局在可预见的将来可能采取的政策是应该考虑的。最常见的便是用关税壁垒支持国内生产，造成国际贸易下降。

随着税收竞争的加剧，不同的税收管理者为鼓励个人和企业到自己的管辖范围，还会制定一些特别有吸引力的税收措施，比如给予税收优惠、降低税率等,这些都会改变国际税收的环境。

二、国际税收的发展趋势

在国家之间经济不断融合的世界经济大潮中,一方面,国际税收的发展大大推动了全球经济向一体化的方向迈进;而另一方面,商品、资本、人员跨国流动的自由化使税基范围扩大到全球,不再固定于某个国家,这又给国际税收提出了新的要求,带来了新的挑战。在全球化进程中,国际税收的发展将出现以下趋势:

(一)各国税收制度的趋同化

当前,众多的区域经济一体化组织以及国际税收协调和合作组织,为达到其组织目标和原则,均制定了各种指令,要求参加该组织的成员国在国内立法,对现有法律进行修改和协调,在一定时期内达到该组织的指令或建议所规定的目标,由此引起了各国税收制度的趋同化。

经过20世纪80年代、90年代的世界性税制改革浪潮,发达国家普遍降低了所得税的税率,提高了流转税的比重,双向措施的结果形成了世界性的复合税制结构。复合税制结构在不断完善中成为21世纪税制结构的主体。

(二)税收的国际协调和合作进一步发展

在经济全球化的影响下,税收政策的协调包括三个层次:一是一国政府对本国国内税收制度的主动调整,并在双边基础上进行必要的合作与协调;二是在区域经济一体化的背景下,区域经济一体化成员国对本国税收主权的部分出让;三是在国际组织的协调下,各成员国税收主权的出让与共享。

上述的三个层次又可以体现为三个模式:一是税收协定模式,这是指有关国家通过签订国际税收协定,寻求解决各国税收制度之间相互冲突引起的国际双重征税和国际偷漏税等问题;二是区域协调模式,是指在区域国家内部,通过多方努力,逐步消除各国税制差异,使有关国家的某一税制乃至整个税制大体相同;三是国际协调模式,是指通过建立权威性的国际组织,对各国税收政策进行协调。

(三)国际税收协定网络不断发展

自从20世纪《OECD协定范本》和《UN协定范本》诞生以来,双边税收协定在税收的国际协调与合作过程中发挥了重要作用。各国之间缔结税收协定十分普遍。在经济全球化进程中,各国为了解决由经济全球化带来的国际税收问题,将更加重视利用税收协定这一合作模式。特别是20世纪80年代以来,国际税收协定的网络不断发展,具体表现为:签订税收协定的国家不断增多,协定网络进一步扩大;老协定的修订和新协定的缔结持续不断;协定的内容日渐丰富和扩大。

（四）区域性税收一体化进程加快

在经济全球化进程中，各国经济互相渗透、互相依存，各国难以单纯依靠既有的单边性的国内法规和双边性的国际法规来解决此类新问题，而必须制定新的建立在多边性基础上的国际税法规则。当前，已有如欧盟、北美自由贸易区等区域一体化的组织存在，在这些区域性经济一体化组织中，多边税收国际协调与合作措施和规则已有相当程度的发展。

（五）税收管理措施的革新

现有的税收管理措施是建立在传统的生产、销售和经营管理的模式之上的，面对经济全球化引起的新的税收问题，尤其是电子商务活动所带来的新的税收问题，此类管理措施出现失灵的现象。因此，税收管理措施的革新是未来国际税法发展的新动向，各国将在遵循税收管理的中性、效率、简便等原则的基础上，充分利用科技进步带来的机遇，发展新的税收管理措施。

参考文献

1. 方卫平，《国际税收学》，上海财经大学出版社，2003年9月第1版。
2. 罗宏斌，《国际税收学》，西南财经大学出版社，1996年7月第1版。
3. 梁蓓、罗勇翔，《国际税收》，对外经济贸易大学出版社，2003年10月第1版。
4. 王传纶、朱青：《国际税收》，中国人民大学出版社，1997年10月第2版。
5. 孙耀刚，"国际税收筹划：海外避税途径"，《中国律师》，1998年第3期。
6. 唐向，"税收筹划给国际控股公司带来利益"，《福建税务》，2002年第4期。
7. 张剑，"浅析国际税收的饶让抵免"，《税务与经济》，2000年第5期。
8. 潘向东，"转移价格、转让定价规则与所有权结构"，《涉外税务》，2001年第5期。

第十五章　企业纳税管理制度

我国于 1992 年 9 月 4 日第七届全国人民代表大会常务委员会第二十七次会议通过了《中华人民共和国税收征收管理法》，于 1993 年 1 月 1 日开始实施，1995 年 2 月 28 日第八届全国人民代表大会常务委员会第十二次会议修正。2001 年 4 月 28 日，第九届全国人民代表大会常务委员会第二十一次会议通过了修订后的《中华人民共和国税收征收管理法》，并于 2001 年 5 月 1 日开始实施。税收征管法是企业纳税管理的基本法律依据。

第一节　税务登记制度

税务登记制度是国家税收制度的基本内容之一。按照税务登记制度进行税务登记，是企业的基本纳税义务。只有了解了税务登记制度，企业才能正确地进行税务管理。

一、税务登记在企业税务管理中的意义

税务登记也称纳税登记，是税务机关对企业的生产经营活动及其他应税活动、行为实行法定登记的一项管理制度，也是企业为履行纳税义务向税务机关办理的一项法律程序。它是税务机关对纳税人实施税收管理的首要环节和基础工作，是征纳双方法律关系成立的依据和证明。

税务登记制度在税收制度中有着重要的作用和意义。从政府角度而言，税务登记制度明确了税务机关代表国家征税的主体地位；税务登记制度使税务机关可以及时、准确、全面地了解和掌握所辖企业的数量及其行业分布，为加强征收管理提供依据；税务登记以书面形式确认了税务机关以征税者的身份享有依法征税、稽查、处罚等权利；税务登记可以增强企业依法纳税的意识，明确企业的纳税义务，有利于征税；税务登记还对税务机关提出了为企业服务、接受企业监督等方面的要求。

对企业而言，税务登记对企业的税务管理有着至关重要的作用。主要内容有：

1. 税务登记明确了企业在税收法律关系中的地位

税务登记制度明确了企业合法资格，使企业具备了享有企业应有的权利和

第十五章 企业纳税管理制度

承担相应的义务的资格。

2．税务登记使企业得到经营许可权

税务登记具有许可证的性质，是国家税务机关颁发给符合法定条件的企业，允许其从事生产经营活动及其他应税活动的法律文书。企业在取得税务登记之后，相应地得到了在一定范围内从事应税活动的许可权，并可以认购发票、领取外出经营税收管理证明等。

3．税务登记明确了企业具体的税务内容

经过税务登记程序，税务机关一般依法给企业核定应纳税种、适用税率、纳税时间、纳税地点等具体纳税事项。这些事项明确了企业纳税管理中的具体内容。从这个意义上讲，税务登记证具有抽象性征税通知的作用。

二、企业开业的税务登记

企业开业的税务登记，是指企业向工商行政管理部门登记注册，自取得营业执照之日起 30 日内，向注册地或者纳税义务发生地的主管税务机关申报办理税务登记。

（一）开业税务登记的内容

企业在取得营业执照后，应持有关税务登记的资料，向税务机关办理开业税务登记。办理税务登记时，企业要填报《税务登记表》；应缴纳增值税的企业，还应填报《增值税一般企业申请认定表》。《税务登记表》的内容包括：

1．企业名称；

2．法定代表人或业主姓名及其居民身份证、护照或其他合法入境证件号码；

3．企业的住所和经营地点；

4．登记注册类型及所属主管单位；

5．核算方式；

6．企业所属行业、经营范围、经营方式；

7．注册资本（资金）、投资总额、开户银行及账号；

8．企业生产经营期限、从业人数；

9．企业营业执照号码及执照有效期限和发照日期；

10．财务负责人和办税人员的姓名及其职务；

11．其他有关事项。

（二）开业税务登记的手续和流程

1．提出税务登记申请。企业自领取工商行政管理部门的营业执照之日起 30 日内，持营业执照向税务机关申报办理开业税务登记手续。企业申请办理税务登记应首先到主管税务机关或指定的税务登记点,填报《税务登记表》。我国现行税制将税务机关分为国家税务局系统和地方税务局系统,企业应分别向两套机构登记。

2. 应备齐有关证件及其资料。企业在填报税务登记表时,应携带以下证件和资料:营业执照,有关合同、章程、协议书、项目建议书,银行账号证明,法定代表人和董事会成员名单及法定代表人或业主的居民身份证、护照或其他合法入境证件,组织机构统一代码证书,税务机关要求提供的其他有关证件和资料。

3. 如实填写《税务登记表》、《申请税务登记报告书》、《纳税人基本情况表》等。

4. 领取税务登记证。

企业在办妥开业税务登记手续后,经税务机关审核无误,一般在30日内可领取税务登记证或者注册税务登记证。税务登记证件有正本、副本两个版本,具有同等法律效力,其中正本由企业保存,副本供企业办理有关税务事宜时使用。如果企业已经取得增值税一般纳税人的认定资格,税务机关在税务登记证副本上会加盖"增值税一般企业"确认专用章,作为领购增值税专用发票的凭证。

(三)税务登记证的使用与保管

企业领取税务登记证后,即可开展生产经营等应税活动。企业在办理以下税务事项时,必须持税务登记证,申请减税、免税和退税,申请印制或领购发票,申请办理外出经营活动税收管理证明,申请办理其他应税事项。

根据规定,税务登记证应悬挂在营业场所,亮证经营,并接受税务机关的检查。纳税人应当在规定的期限内持有关证件到主管税务机关办理验证或者换证手续。企业应妥善保管税务登记证,不得涂改、转借或转让,如果企业遗失税务登记证,应当在15日内书面报告主管税务机关,并登报声明作废。同时,凭报刊上刊登的遗失声明向主管税务机关申请补办税务登记证件。

三、变更税务登记

企业在开业税务登记时确定了自己的纳税义务与权利,但在后来如果发生一些变化,那么涉及税务登记内容的变化会改变企业的纳税义务和权利,为了正确地履行纳税义务与权利,企业应及时办理变更税务登记。

(一)变更税务登记的范围

企业在办理税务登记后,凡发生以下变化事项的,均应办理变更税务登记:

1. 企业改变单位名称和法定代表人;

第十五章　企业纳税管理制度

2．企业改变所有制性质或隶属关系；
3．企业改变住所或经营地址；
4．企业改变经营方式、经营范围；
5．企业改变开户银行及账号；
6．企业改变营业执照；
7．其他规定事项。

（二）变更税务登记的程序和要求

1．企业发生应办理变更税务登记的事项，需在规定时限内办理变更税务登记手续。与工商行政管理有关的变动，应在自工商管理部门办理变更登记之日起30日内办理变更手续；不需要在工商管理部门办理变更登记的，应自有关部门批准变更或发布变更之日起 30 日内持有关证件向主管税务机关申报变更税务登记。

2．办理变更手续需备齐有关资料。企业在办理变更税务登记时，应根据不同的情况备齐税务机关所需要的资料。

当税务登记变更内容与工商登记变更内容一致时，企业应向税务机关提供如下资料：变更税务登记申请书；工商变更登记表及营业执照复印件；变更内容的决议及有关证明文件；税务机关发放的原税务登记证件，包括税务登记的正本与副本、登记表等证件；其他有关资料。

当税务登记变更内容与工商登记变更内容无关时，企业所提供的上述资料中可以不包括工商变更登记表及营业执照复印件和税务机关发放的原税务登记证件。

若变更税务登记是由于企业被取消增值税一般纳税人资格引起的，则需提交如下资料：取消增值税一般纳税人资格的决定文件，增值税一般纳税人申请认定原件，税务机关发放的原税务登记证件的正本与副本，企业税种登记表以及其他资料。

3．税务变更登记的审批。在企业向当地税务机关提交税务变更登记有关资料后，经税务机关审批，领取到经批准的《税务登记变更表》。变更登记完成。

四、注销税务登记

（一）注销税务登记的原因

当企业发生税务法律地位变化，丧失纳税人的权利与义务时，应办理注销税务登记。

1．企业因经营期限届满而自动解散；
2．企业由于改组、合并等原因而被撤销；

3. 企业破产；

4. 企业被工商行政管理部门吊销营业执照；

5. 企业依法终止履行纳税义务的其他情况。

（二）注销税务登记的程序与内容

企业在向税务机关办理注销税务登记时，需备齐有关资料。包括《注销税务登记申请书》、董事会的决议或上级主管部门批文、其他有关文件资料。根据不同的注销登记原因，相应履行不同的登记程序。

1. 按规定企业不需要在工商行政管理机关办理注册登记的，在有关机关批准或者宣告终止之日起15日内，持有关证件向原税务机关申报办理注销税务登记。

2. 企业因住所、经营地点变动而涉及改变税务登记机关的，应在向工商行政管理机关申请办理变更或注销登记前，向原税务登记机关申报办理注销税务登记，并在30日内向迁达地主管税务登记机关申报办理税务登记。

3. 企业被工商行政管理机关吊销营业执照的，应自营业执照被吊销之日起15日内，向税务登记机关申报办理注销税务登记。

企业在办理注销税务登记时，应结清应纳税款、滞纳金、罚款，清理发票和纳税缴款书。如果企业在注销税务登记后尚有需出售的商品时，可申请留下部分发票和纳税缴款书，以备今后销售商品和缴纳税款。

第二节　发票管理制度

一、发票管理的意义

发票是指企业在购销商品、提供或接受劳务和其他经营活动中，向对方开具或收取的收付款凭证，是确定经济行为发生的证明文件。发票既是会计核算的原始凭证，又是税务稽查的重要依据。对于确定企业的纳税义务、应纳税额以及纳税期限等，发票起着重要的作用。国家制定了《中华人民共和国发票管理办法》，将发票管理纳入了法治管理轨道。发票管理是税务机关对发票人从印制到检查到最后销毁全过程进行组织、协调、检查监督而开展的各项活动的总称。在企业税务管理中，发票管理也是一个重要的环节，企业不但有使用发票的权利，也有正确保管发票的义务。

二、发票的基本内容

根据企业的不同类型、不同经营方式以及不同经营规模等因素，发票分为不同种类。例如，我国的现行发票有工商企业的增值税专用发票、服务业发票、外商投资企业发票、临时经营发票和邮政电信特种发票等。各种发票的形式和内容虽然有所不同，但基本形式和内容还是相近的。

从发票的形式看，发票都是多联的，基本联次为三联。一般发票的第一联为存根联，由开票方留存备查；第二联为发票联，给对方作为付款的原始凭证；第三联为记账联，开票方作为记账的原始凭证。增值税专用发票还有抵扣联，收执方作为抵扣税款的凭证。

发票的基本内容包括发票的名称、号码、联次及用途、客户名称、商品名称或经营项目、计量单位、数量、单价、大小写金额、开票人、开票日期、开票单位等。增值税专用发票还应包括开票方和购货人的名称、地址和电话、税务登记号、增值税税率、税额等。

三、发票的领购管理

发票领购是指企业按照规定向主管税务机关领取购买发票。企业领购发票的具体程序为：

（一）企业向主管税务机关提出购票申请，并填具领购发票申请单。在申请单中，购票单位和个人要详细写明申请领购票据的名称、联次、本数，并且需要提供经办人身份证、税务登记证或其他有关证明以及财务印章或者发票专用章的印模。

（二）主管税务机关在接到购票申请后，经审核发给企业发票领购簿。

（三）企业凭发票领购簿，向主管税务机关领购发票。实行验旧换新的企业，在领取新发票时还需要交验旧票存根。对财务制度健全、有一定经营规模的纳税人，税务机关根据用票单位业务量对发票需求量的大小，确定一定时期内的合理领购数量，可以按月或按季提供发票。

对临时到外地从事经营活动的单位和个人，可以凭所在地税务机关开具的《外出经营税收管理证明》，在办理纳税担保的前提下，出具购销业务或者其他经营业务的书面证明，可以直接在临时经营地申请发票。

四、发票印制

国家对发票的印制实行统一管理的原则。增值税专用发票由国务院税务主管部门指定的企业印制；一般发票，分别由省级税务机关指定的企业印制。

发票票面上印有全国统一发票监制章。发票监制章的式样和发票版面印刷由国家税务总局规定。发票监制章应套印在票据名称的正中，并仅限于发票联和收款联，其余联不得套印。

国家对发票实行不定期的换版制度，以防假冒。

对于有固定经营场所、财务管理制度健全而且使用发票数量很大的企业，或者普通发票样式不能满足需要的企业，可以向税务机关申请，经批准后到指定的企业印制带有企业名称的发票。

五、发票的使用

企业在销售商品、提供劳务以及开展其他经营活动时，应向对方开具发票。企业在购买商品、接受劳务以及从事其他经营活动时，应向对方索取发票。发票应按规定逐栏如实填写，不得弄虚作假。

（一）发票要全联一次性填写。不能同一事项，有的联次金额大，有的联次金额小。这是隐瞒收支、偷逃税收、贪污公款的一种惯用伎俩。

（二）不准转借代开。所谓转借代开是指替他人开具本企业的发票。这种行为极易形成漏洞。

（三）纳税人从事电子商务必须开具或取得发票。

（四）不准拆本使用。所谓拆本使用是指将整本发票拆开，零星使用。这样容易造成发票丢失。

（五）发票不得跨省、直辖市、自治区使用。

（六）不准买卖发票。所谓买卖发票是指以不合法的手段买卖合法发票，目的是非法使用，取得私利。

（七）不准使用无效发票。

国家根据税收征收管理的需要，积极推广使用税控装置。纳税人应当按照规定使用税控装置，不得损毁或者擅自改动税控装置。

六、对发票违法行为的处罚

（一）违法行为的确定

1. 私自印制发票。未经有关税务部门批准，企业私自印制发票、私刻发票监制章及伪造、私造发票防伪专用品等行为。

2. 买卖发票。贩运和窝藏假发票、向他人提供发票或者借用他人的发票、盗用发票等行为。

3. 未按规定开具发票的行为。应开具而未开具发票；单联填开或上下联金额不一致；填写项目不全；违规涂改发票；转借、转让、代开发票；未经批准拆本使用发票；虚开发票；开具票物不符发票；开具作废发票；未经批准，跨规定使用区域开具发票；以其他单据或白条代替发票开具；扩大专业发票或增值税专用发票开具范围；未按规定报告发票使用情况；未按规定设置发票登

第十五章　企业纳税管理制度

记账簿；其他未按规定开具发票的行为。

4．未按规定索取发票的行为。应取得而未取得发票；取得不符合规定的发票；取得发票时，要求开发票或自行变更品名、金额或增值税税额；自行填开发票入账；其他未按规定取得发票的行为。

5．未按规定保管发票的行为。丢失发票；损毁发票；丢失或擅自销毁发票存根联以及发票登记簿；未按规定缴销发票；未按规定建立发票保管制度；其他未按规定保管发票的行为。

6．未按规定接受税务机关检查的行为。拒绝检查；隐瞒真实情况；刁难并阻挠税务人员进行检查；拒绝接受"发票换票证"；拒绝提供有关资料；拒绝提供境外公证机构或者注册会计师的确认证明；拒绝接受有关发票问题的询问；其他未按规定接受税务机关检查的行为。

（二）对违法行为的处罚

我国的《中华人民共和国税收征收管理法》和《刑法》对有关发票违法行为的处罚进行了规定。

《中华人民共和国税收征收管理法》规定，非法印制发票的，由税务机关销毁非法印制的发票，没收违法所得和作案工具，并处 1 万元以上 5 万元以下的罚款；构成犯罪的，依法追究刑事责任。

《刑法》规定，伪造或者出售伪造的增值税专用发票的，处 3 年以下有期徒刑、拘役或者管制，并处 2 万元以上 20 万元以下罚金。数量特别巨大、情节特别严重、严重破坏经济秩序的，处无期徒刑或者死刑，并处没收财产。

伪造、擅自制造或者出售伪造、擅自制造的可以用于骗取出口退税、抵扣税款的其他发票的，处 3 年以下有期徒刑、拘役或者管制，并处 2 万元以上 20 万元以下罚金。数量特别巨大的，处 7 年以上有期徒刑，并处 5 万元以上 50 万元以下罚金或者没收财产。

伪造、擅自制造或者出售伪造、擅自制造的其他发票，处 2 年以下有期徒刑、拘役或者管制，并处或者单处 1 万元以上 5 万元以下罚金。情节严重的，处 2 年以上 7 年以下有期徒刑，并处 5 万元以上 50 万元以下罚金。

第三节　纳税申报制度

一、纳税申报的意义

纳税申报是指纳税人发生纳税义务后，在税法规定的期限内向主管税务机关依照法律、行政法规的规定提交书面报告的一种法定手续，也是税务机关办理征税业务、核实应纳税款的主要依据。纳税申报在税收制度中有着重要的地位和意义。

（一）纳税申报有利于增强企业依法纳税的观念，实践其作为社会公民的权利和义务。

（二）纳税申报是企业履行纳税义务的手段，也是维护企业权利的过程。税收是对企业经济利益的一种调整。企业在自行计算申报纳税的过程中，一方面在履行纳税义务，另一方面也在维护自身作为纳税人的权利。

（三）纳税申报可以使税务机关及时了解和掌握税源状况，既可减少税款的流失，又可为调整税收政策、完善税制提供依据。

二、企业纳税申报的义务与方式

纳税申报是纳税人所具有的纳税义务的具体内容之一。企业作为纳税人，具有依法向税务机关上报纳税的义务，在发生应纳税行为后，应按照税法规定的期限，向当地主管税务机关办理纳税申报。企业有时作为扣缴义务人，也有义务按照税法规定的申报期限报送代扣代缴、代收代缴税款表及其有关资料。即使企业享有减税或免税的优惠待遇，仍应按照税法规定办理纳税申报。

世界各国纳税申报的方式大体有三种：

（一）直接申报，是指由纳税人直接到当地主管税务机关办理纳税申报。这是一种传统的申报方式。

（二）邮寄申报，是指纳税人在规定的纳税申报期内，将各类填好的纳税表格和资料通过邮寄的方式向当地主管税务机关进行纳税申报。

（三）电子申报，是指用电子计算机实现申报的方式。

上述3种申报方式是我国采用的主要方式。此外，实行定期定额缴纳税款的纳税人，可以实行简易申报、简并征期等申报纳税方式。简易申报是指实行定期定额缴纳税款的纳税人在法律、行政法规规定的期限内或税务机关依据法规的规定确定的期限内缴纳税款的，税务机关可以视同申报。简并征期是指实行定期定额缴纳税款的纳税人，经税务机关批准，可以采取将纳税期限合并为按季、半年、年的方式缴纳税款。

三、纳税申报的内容

按照有关规定，纳税申报的内容主要包括纳税申报表、代扣代缴报告表、财务会计报表和其他有关纳税资料。

（一）纳税申报表

纳税申报表是税务机关统一印制的、纳税人进行纳税申报的书面报告。各税种的纳税申报表，因该税种的计税依据、计税环节、计算办法不同而有所区别，但各税种的纳税申报表的主要内容均应包括：纳税人名称、税种、税款所属期限、应税项目、适用税率、计税依据、应纳税额、缴库日期等。办理了税务登记的企业必须持纳税申报表向税务机关申报纳税。

纳税申报表是企业根据税收法律、行政法规的规定计算应纳税额、缴纳税款的重要凭证，也是税务机关填开完税凭证、征收税款的重要依据。因此，企业应认真、及时、如实地填报纳税申报表。

（二）代扣代缴、代收代缴税款报告表

扣缴义务人在按法律、行政法规的规定代收、代扣税款后，必须按期向税务机关报送代扣代缴报告表，如实将已代扣、代收的税款报缴入库。代扣代缴税款报告表的主要内容有：扣缴义务人名称，扣缴税款所属期限，被代扣和代收税款纳税人的名称，代开或代收税款和税种、税目、税率、计算依据，代扣和代收税额以及税务机关规定的其他应当申报的有关项目。为了便于税务机关审核扣缴义务人报送的代扣代缴、代收代缴税款报告表的正确性，《税收征收管理法》规定，代扣义务人在如实填报扣缴报告表时，还要按税务机关的要求报送其他有关资料，如代扣代缴、代收代缴税款的合法凭证，与代扣、代收税款有关的经济合同、协议书等。扣缴义务人若不如实填报报告表、提供有关资料，致使税款应收未收或者少收、应扣未扣或者少扣、应报未报或者少报的，要承担相应的法律责任。企业有时作为扣缴义务人，也应填报代扣代缴税款报告表。

（三）财务会计报表

由于纳税申报表只是反映与计算税额直接联系的主要项目，不能反映企业在一定时期内生产经营的全貌，为了保证纳税申报的正确性，便于税务机关对纳税人的申报表进行审核并掌握企业的生产经营状况，《税收征收管理法》规定企业在向税务机关报送纳税申报表时，还要附送财务会计报表以及其他有关资料。

财务会计报表是指根据账簿记录及其他有关资料，按规定的指标体系和准则编制的报告文件，用以反映企业或者其他经济组织在一定时期内经济活动的情况和预算执行的结果。财务会计报表按其反映的经济内容可以分为资产负债表、损益表、现金流量表以及附表。不同的企业，由于生产经营的内容与方式不同，其财务会计报表也有所不同，需要向税务机关报送的报表种类也不尽相同。具体报送哪些报表，以及何时报送，由税务机关根据法律、行政法规的规定，结合纳税人的具体情况确定。

四、纳税申报期限

纳税申报期限是指税法规定的，或是税务机关在税法规定的基础上，结合企业生产经营实际情况确定的纳税人计算税额并向税务机关申报的期限。纳税期限具体分为按期申报纳税与按次申报纳税两种。按期申报纳税，是以纳税人发生纳税义务的一定期间为纳税申报期限。不能按期纳税申报的，实行按次申报纳税。

延期申报是指企业不能按照税法规定的期限办理纳税申报或者扣缴税款报告，在提出延期申报书面申请后，经税务机关核准，允许延期申报纳税。延期申报纳税的原因，一般是由于企业遇到水灾、火灾、地震等不可抗力影响造成的困难，而难以按期进行纳税申报。税务机关本着保护纳税人合法权益和维护纳税人正常生产经营活动的原则，可以批准纳税人、扣缴义务人在一定期限内（最长不超过3个月）延期办理纳税申报。

五、违法处罚

对于纳税人、扣缴义务人完全出于主观原因或有意拖欠税款，不按期申报纳税的，税务机关应本着严肃国家税法、加强征收管理的原则，依照《税收征收管理法》第六十二条，由税务机关责令限期改正，可以处2 000元以下的罚款；情节严重的，可以处2 000元以上1万元以下的罚款。

第四节　税务代理

一、税务代理的历史回顾

税务代理起源于日本的明治时代，到1911年日本大阪首先制定了税务代办监督制度，1942年日本政府出台《税务代理士法》，并于1951年改为《代理士法》，这是国际上第一个国家成文的税务代理法规。目前的税务代理主要有两种模式：一种是欧美模式，注册会计师兼代理咨询业务；一种是亚洲模式，以日本为代表，成立专业化的机构从事税务代理。

税务代理经过这几十年的迅猛发展，业已成为一种国际惯例，在很多国家的税收征管中运用，成为征管制度的一个重要组成部分。日本的税务代理士制度最有代表性，它的普及程度高，制度完善成熟。据统计，目前日本有85%以上的企业通过税务代理士来纳税，在东京，这一比例高达96%[①]。

我国的税务代理制度始于20世纪80年代中期，当时我国开始向社会主义市场经济过渡，加之税务机关征管改革的需要，一些地区的税务机关借鉴国际

---

① 数据参阅Http://www.dl-n-tax.gov.cn/guoshui/neirong.jsp?id=3316&i=186，2004年12月12日摘。

上的通行做法，对税务代理进行了尝试。1992年9月，全国人大常委会通过了《中华人民共和国税收征收管理法》，从法律上对税务代理加以肯定，并提出"纳税人、扣缴义务人可以委托税务代理人代为办理税务事宜"。之后我国的税务代理开始走向制度化、规范化的轨道，到目前为止，各地均设有税务事务所，注册税务师分布全国各地。虽然目前还存在税务代理市场不成熟、代理体系不完善、从业人员素质普遍不高等各种问题，但是完善我国的税务代理制度是今后税制改革的一个方向。

二、税务代理的基本特征

税务代理是指税务代理人在国家法律规定的代理权限和范围内，受企业、扣缴义务人的委托，代为办理税务事宜的各项行为的总称。税务代理具有以下特征：

（一）税务代理主体资格的特定性。税务代理的法律主体由两方组成：一方是负有纳税义务的企业作为委托人；另一方作为代理人，是经政府有关部门批准，具有税务代理执业资格的注册税务师和税务师事务所。

（二）税务代理行为的法律性。税务代理行为是一项具有法律责任的契约行为。税务代理人与委托人之间的关系是通过代理协议建立起来的，代理人所从事的税务代理活动受到税收法律、法规及相关法律的约束。

（三）税务代理内容的确定性。税务代理的内容由国家以法律、法规的形式确定，税务代理人不得超过法定的内容从事代理活动，不得代理应由税务机关行使的行政职权。

（四）税务代理不改变原有的税收法律关系。税务代理关系的建立并不改变纳税人、扣缴义务人原来所应承担的法律责任。在税务代理活动中产生的税收法律责任，无论是出自企业、扣缴义务人的原因，还是出自代理人的原因，其承担者都是企业或扣缴义务人。税务代理的这一特征，并不意味着代理人对于自身的代理过错不承担任何责任。如果因代理人工作过失造成企业、扣缴义务人利益损失，委托人可以通过民事诉讼程序要求赔偿。

（五）税务代理的有偿性。税务代理是代理业的一个组成部分，属于中介服务行业。税务代理实行有偿服务，税务代理人根据代理业务工作的内容及复杂程度，收取合理的费用。

三、税务代理的基本原则

税务代理作为一项社会性的中介事务，涉及代理人与委托人及国家各个方面的利益关系。因此税务代理制度的建立必须遵循一定的原则，既能维护纳税人、扣缴义务人的权利，又能够兼顾国家的整体利益。

（一）自愿委托原则。税务代理属于委托代理的范畴，必须依照民法有关代理活动基本原则，坚持自愿委托。也就是说，税务代理行为的发生必须在代理双方自愿的基础上，企业有委托和不委托的选择权，同时，还有选择代理人的权利；而税务代理人也同样有选择企业和扣缴义务人的权利，双方是合同契约关系。

（二）独立、公正的原则。税务代理的独立性表现为税务代理人独立行使法定代理权限内的职责，不受任何其他机关、团体和个人的干预，其中包括不受税务机关的控制及企业和扣缴义务人的左右，这是保证代理公正的一个重要条件。同时税务代理过程会涉及委托人的商业秘密，税务代理人有替委托人保守商业秘密的义务。

此外，税务代理人还必须站在公正的立场上，依照税收法律、法规，代企业履行纳税义务。代理人在开展税务代理活动中，应公正、客观地为企业代办税务事宜，不可因企业付报酬而偏袒、迁就，甚至合谋欺骗税务机关。

（三）依法代理、严格管理的原则。税务代理人及其工作机构是社会服务性的中介人和中介机构，应独立行使代理权限。但为保证代理人正确行使代理权限，保护国家利益和企业、扣缴义务人的合法权益，国家必须对此进行严格的管理和监督，包括明确代理的范围、代理人资格的认定、代理权限及代理责任。

四、税务代理的范围

企业可以委托税务代理人从事以下范围内的业务代理：

（一）办理税务登记、变更税务登记和注销税务登记；

（二）办理除增值税专用发票外的发票领购手续；

（三）办理缴纳税款和申请退税；

（四）制作涉税文书；

（五）建账建制，办理账务；

（六）开展税务咨询，受聘税务顾问；

（七）提起税务行政复议和行政诉讼；

（八）国家税务总局规定的其他业务。

五、税务代理对企业的影响

（一）有助于提高企业申报质量

税务代理人作为协助纳税的专业机构，专业水平比企业的人员一般要高，申报质量自然也比较高。这对企业来说是非常重要的。纳税是企业的义务,但有时囿于企业财务人员水平,企业申报纳税的过程曲折反复,对税务机构和企业来说都是损失;而交由专业的税务代理人来做,自然给税务机构和企业省去了许多麻烦。

(二)降低企业的税收成本

企业将申报纳税外包给税务代理人,可以省下大量的人力、财力,虽然企业会支付税务代理费用,但是总体上看,企业还是降低了税收成本,是受益方。

(三)有助于依法维护企业的合法权益

税务代理人的专业知识可以帮助企业在纳税方面合法地维护自己的权益,合法地节税并正确纳税,同时在面对税务机关对企业可能的税务处罚时,税务代理人可以帮助企业避免不必要的罚款。

第五节 税务行政复议与诉讼

一、税务行政复议

(一)税务行政复议的概念

税务行政复议是指企业、扣缴义务人、纳税担保人及其他税务当事人不服税务机关及其工作人员作出的具体行政行为,依法向上一级税务机关提出申诉,上一级税务机关经审查对原税务机关具体行政行为作出裁决的一种行政司法活动。税务行政复议是我国行政复议制度的重要组成部分。

(二)税务行政复议的特征

1. 税务行政复议以当事人不服税务机关及其工作人员作出的税务具体行政行为为前提。税务行政复议以税务行政争议为自己的调整对象,复议机关所处理的争议只是税务机关在税收征管中发生的纠纷。如果税务机关未作出处理,或者当事人服从了处理决定,税务行政复议就不存在了。

2. 税务行政复议因企业等当事人的申请而产生。当事人不申请,就不可能产生税务行政复议。

3. 税务行政复议案件的审理以书面形式进行,一般不进行公开审理,也无需当事人到场。

4. 税务行政复议由原税务行政处理机关的上一级税务机关进行,而不是其他行政机关或者其他税务机关。

5. 税务行政复议与行政诉讼相连接。一般而言,税务行政案件可以通过税务行政复议得以解决。不能解决的,可向法院提起行政诉讼。但对具体情况规定不同，例如，根据《中华人民共和国税收征收管理法》第八十八条的规定，对于因征税问题引起的争议，税务行政复议是税务行政诉讼的必经前置程序，未经复议不得向法院提起诉讼；对于因处罚、保全措施及强制执行引起的争议，当事人可以选择适用复议或诉讼程序，如选择复议程序，对复议决定仍不服的，可以向法院起诉。

（三）企业申请税务行政复议的条件

1. 申请人认为税务机关具体的行政行为直接侵犯了具有合法权益的公民、法人和其他组织以及外国人、无国籍人、外商投资企业、外国企业和其他外国组织。

2. 有明确的被申请人。

3. 有具体的复议请求和事实根据。

4. 属于税务行政复议受案范围。

5. 属于规定的税务机关管辖。

6. 当事人对征税问题不服的，必须先在法定的期限内缴纳或者解缴税款及滞纳金或者提供相应的担保。

7. 税务行政复议申请必须在法定的期限内提出，申请人可以在得知税务机关作出具体行政行为之日起60日内提出行政复议申请。因不可抗力或者被申请人设置障碍等其他正当理由耽误法定申请期限的，申请期限自障碍清除之日起继续计算。

8. 法律、法规规定的其他条件。

（四）税务行政复议的受理范围

税务行政复议受理范围，是指法律、法规、规章确定的税务机关受理税务行政争议案件的范围和权限。只有确定了税务行政复议的受理范围，才能防止税务机关之间、税务机关同其他行政机关之间因职权不明而相互推诿，使税务行政争议得到正确、及时的审理和解决。

依据税务行政复议与税务行政诉讼的关系，行政复议的受理范围有两种情况：一是必经复议范围；二是选择复议范围。

1. 必经复议范围的税务行政行为。必经复议也称税务行政诉讼的前置程序，是指根据税收法律、法规的规定，对税务机关的具体行政行为不服的当事人，必须首先经过税务行政复议程序；对复议结果仍然不服的，方可进行税务行政诉讼。

纳税人对于税务机关作出的下列征税行为不服的，必须首先经过复议程序，具体包括：征收税款、加收滞纳金、审批减免税和出口退税，以及税务机关委托扣缴义务人作出的代扣代缴税款行为。

2. 选择复议范围的税务行政行为。选择复议，是指发生税务行政争议后，纳税人、扣缴义务人或其他当事人，既可以经过复议阶段，也可以不经复议而直接向法院提起诉讼。除上述必经复议的四种税务行政行为外，大部分的税务行政争议都属于选择复议范围：税务机关作出责令企业提交纳税保证金或提供纳税担保的行为；税务机关采取的纳税保全措施，例如，通知银行或者其他金融机构暂停支付存款，扣押、查封商品、货物或者其他财产；税务机关通知出境管理机关阻止出境的行为；税务机关作出的行政处罚行为，例如，罚款、没收非法所得、停止出口退税权、收缴发票和暂停供应发票；税务机关拒绝颁发税务登记证、发售发票。

（五）税务行政复议的管辖

税务行政复议的管辖是指各级税务机关受理复议案件的权限划分，是对税务机关行政复议受理范围的具体规定。

我国的《行政复议法》和《税务行政复议规则（试行）》对税务行政复议的管辖作了以下规定：

1．对税务机关的税务行政行为不服而提起申请的复议，由上一级税务机关管辖。

2．对税务机关的派出机构作出的具体行政行为不服而提起申请的复议，由设立该派出机构的税务机关管辖。

3．对国家税务总局作出的具体行政行为不服的，向国家税务总局申请行政复议。对行政复议决定不服，申请人可以向人民法院提出行政诉讼，也可以向国务院申请裁决，国务院的裁决为终局裁决。但是向国务院申请二级复议审理是特殊规定，只适用于纳税人不服由国家税务总局直接作出的具体税务行政行为的情况。纳税人不服省级国税机关、地税机关作出的具体税务行政行为，而向国家税务总局申请复议，并且对总局的复议决定不服，这时，纳税人不能向国务院申请裁决，只能向人民法院提起诉讼。

4．纳税人对扣缴义务人作出的代扣、代收税款行为不服而提起申请的复议，由主管该扣缴义务人的税务机关的上一级税务机关管辖。

5．对被撤销的税务机关在其被撤销前作出的税务行政行为不服而提起申请的复议，由继续行使其职权的税务机关的上一级税务机关管辖。

（六）税务行政复议申请人的权利与义务

1．税务行政复议申请人的权利有：申请人对复议决定不服，有依法向人民法院提起行政诉讼的权利；申请人具有委托代理权；申请人拥有申请行政赔偿权；对已发生法律效力，并有利于申请人的复议决定，有申请执行权。

2．税务行政复议申请人的义务有：在得知税务机关作出具体行政行为之日起 60 日内提出行政复议申请；申请行政复议，可以书面申请，也可以口头申请，口头申请的，复议机关应当当场记录申请人的基本情况、行政复议请求以及申请行政复议的主要事实、理由和时间；申请行政复议，复议机关已经受理的，在法定行政复议期限内，申请人不得再向人民法院提起诉讼；申请人向人民法院提起行政诉讼，人民法院已经依法受理的，不得申请行政复议。

（七）税务行政复议的审理与决定

1. 税务行政复议机关应当在受理复议案件之日起 5 日内进行审查，对不符合规定的行政复议申请，决定不予受理，并书面告知申请人；对符合规定，但是不属于本机关管辖范围的，应当告知申请人向有关行政复议机关提出申请。

2. 对符合规定的行政复议申请，自复议机关法制工作机构收到申请之日起即为受理。在受理行政复议申请之日起 7 日内，应当将行政复议申请书副本或者行政复议申请笔录复印件发送被申请人。被申请人应当自收到申请书副本或者申请笔录复印件之日起 10 日内，提出书面答复，并提交当初作出具体行政行为的证据、依据和其他有关材料。

3. 行政复议期间税务具体行政行为不停止执行。但是有下列情形之一的，可以停止执行：被申请人认为需要停止执行的；复议机关认为需要停止执行的；申请人申请停止执行，复议机关认为其要求合理，决定停止执行的；法律、法规规定停止执行的。

4. 复议机关应当自受理申请之日起 60 日内作出行政复议决定。情况复杂、不能在规定期限内作出行政复议决定的，经复议机关负责人批准，可以适当延长，并告知申请人和被申请人；但是延长期限最多不超过 30 日。复议机关作出行政复议决定，应当制作行政复议决定书，并加盖公章。行政复议决定书一经送达，即发生法律效力。

5. 申请人对复议机关的复议结果不服的，可以自收到行政复议决定书之日起 15 日内，依法向人民法院提起行政诉讼。对申请人逾期不起诉又不履行复议决定的，税务机关和复议机关可以向人民法院申请强制执行。

二、税务行政诉讼

（一）税务行政诉讼的特点

税务行政诉讼是指公民、法人和其他组织认为税务机关的具体行政行为违法或者失当，侵害了其合法权益，依法向法院提起行政诉讼，由法院对具体税务行政行为的合法性和失当性进行审理并作出裁决的司法活动。税务行政诉讼是行政诉讼的一个分支，其目的是保护企业和扣缴义务人等当事人的合法权益，对税务机关的行政职权进行有效监督。税务行政诉讼具有以下特点：

1．税务行政诉讼是由法院参与审理、裁决的一种特殊司法活动，其税务争议必须由人民法院出面进行审理并作出裁决，性质上不同于税务行政复议。

2．税务行政诉讼的对象具有特殊性，其被告是税务机关或者是行使税务行政管理权的组织。

3．税务行政诉讼以解决税务行政争议为前提，这是税务行政诉讼与其他行政诉讼活动的根本区别。

（二）税务行政诉讼的原则

1．管辖权的特定原则。由于法院只能受理因具体行政行为引起的税务行政争议案件，所以，法院仅拥有对税务行政案件的部分管辖权。

2．合法性审查原则。除审查税务机关是否滥用权力、税务行政处罚是否有失公正外，法院只对具体税务行为的合法性进行审查，原则上不直接判决变更。

3．不适用调解原则。由于税务行政诉讼所涉及的一方是国家的税务机关，不同于民事纠纷，当出现税务行政争议时，法院不能对税务行政诉讼法律关系的双方当事人进行调解，必须依法处理问题。

4．起诉不停止执行原则。在税务行政诉讼期间，当事人不能以起诉为由而停止执行税务机关所作出的具体税务行政行为。

5．税务机关负举证责任原则。由于税务行政行为是由税务机关单方面依照法律及其有关事实作出的，只有税务机关最了解作出该行为的证据，如果在诉讼中税务机关不提供或不能提供证据，行政诉讼将无法正常开展。所以，税务机关在诉讼中负有举证责任。

6．赔偿原则。如果经审查作出裁决，属于税务机关及其工作人员执行职务不当，给当事人造成损害的，税务机关应负赔偿责任。

（三）税务行政诉讼的起诉

税务行政诉讼起诉，是指公民、法人或者其他组织认为自己的合法权益受到税务机关具体行政行为的侵害，而向人民法院提出诉讼请求，要求人民法院行使审判权，依法保护自身权益的行为。在这里，拥有起诉权的只能是涉及税务具体行政行为的公民、法人或者其他组织，而税务机关则不享有起诉权，只有应诉权。也就是说，税务机关只能作为被告，并且不能反诉。

纳税人、扣缴义务人等税务管理相对人在提起税务行政诉讼时，必须符合下列条件：

（1）诉讼的案件是具体税务行为，且侵犯了自身的合法权益；

（2）有明确的被告；

（3）有具体的诉讼请求和事实及其法律根据；

（4）属于人民法院的受理范围和受诉人民法院管辖。

（四）税务行政诉讼案件的管辖

1．级别管辖。级别管辖是指上下级人民法院之间受理第一审税务案件的分工和权限。根据《行政诉讼法》规定，基层人民法院管辖一般的税务行政诉讼案件；中高级人民法院管辖本辖区内重大、复杂的税务行政诉讼案件；最高人民法院管辖全国范围内重大、复杂的税务行政诉讼案件。

2．地域管辖。地域管辖是指同级人民法院之间受理第一审行政案件的分工和权限，具体又分为一般地域管辖和特殊地域管辖两类。所谓一般地域管辖，指按照最初作出具体行政行为的机构所在地来确定管辖法院；所谓特殊地域管辖，则是根据特殊行政法律关系或特殊行政法律关系所指的对象来确定管辖法院。例如，经过行政复议且复议机关改变原具体行政行为的案件，由原告选择最初作出具体行政行为的税务机关所在地的法院或者复议机关所在地的法院。

3．裁定管辖。裁定管辖是指人民法院依法自行裁定的管辖，包括移送管辖、指定管辖及管辖权的转移。

移送管辖是指已受理案件的法院，将案件移送给有管辖权的法院审理；指定管辖是指上级人民法院以裁定的方式，指定某下一级法院管辖某一案件；管辖权的转移是指上下级法院之间依法转移管辖权。

（五）税务行政诉讼的审理

人民法院对税务行政诉讼的审理，实行合议、回避、公开审批和两审终审的审批制度。人民法院对税务行政案件的审理，除涉及国家秘密、个人隐私和法律另有规定以外，一般公开审理。审理的一般程序包括：

（1）宣布开庭；

（2）法庭调查；

（3）法庭辩论；

（4）合议庭评议；

（5）宣布判决。

（六）税务行政诉讼的判决

人民法院对受理的税务行政诉讼案件经审理之后，可以作出如下判决：

1．维持判决。适用具体税务行政行为证据确凿，适用法律、法规正确，符合法定程序的案件。

2．撤销判决。适用于被诉的具体行政行为的主要证据不足，适用法律、法规错误，违反法定程序，或者超越职权、滥用职权的案件。人民法院可判决撤销或部分撤销原判，同时可判决税务机关重新作出具体行政行为。

3．履行判决。税务机关不履行或拖延履行法定职责的，判决其在一定期限内履行。

4. 变更判决。税务行政处罚明显有失公正的,可以判决变更。

三、税务行政赔偿

(一) 税务行政赔偿的概念

税务行政赔偿是指税务机关对于本机关及其工作人员因职务违法行为给纳税人和其他税务当事人的合法权益造成的损害,代表国家予以赔偿的制度。

税务行政赔偿的前提是税务机关或者其工作人员职务违法行为的存在,同时必须给税务当事人的合法权益造成了损害。如果税务机关及其工作人员虽有违法行使职权的行为,但未构成税务当事人权益的实际损害,则税务机关没有赔偿义务。此外,在征税过程中,虽存在税务机关及其工作人员的职务违法行为,也发生了税务当事人合法权益的损害,但它们之间不存在必然联系,在这种情况下,税务机关也没有赔偿义务。

(二) 税务行政赔偿的范围

税务行政赔偿的范围,是指税务机关对本机关及其工作人员在行使职权时给受害人造成的哪些损害予以赔偿。

1. 侵犯人身权的赔偿。税务机关及其工作人员非法拘禁企业和其他税务当事人或者以其他方式剥夺企业和其他税务当事人人身自由的;税务机关及其工作人员以殴打等暴力行为或者唆使他人以殴打等暴力行为造成公民身体伤害或者死亡的;造成公民身体伤害或者死亡的税务机关及其工作人员的其他违法行为。

2. 侵犯财产权的赔偿。税务机关及其工作人员违法征收税款及滞纳金的;税务机关及其工作人员对当事人违法实施罚款、没收所得等行政处罚的;税务机关及其工作人员对当事人财产违法采取强制措施或者税收保全措施的;税务机关及其工作人员违反国家规定向当事人征收财务、摊派费用的;税务机关及其工作人员造成当事人财产损害的其他违法行为。

3. 税务机关不承担赔偿责任的情形。一般情况下,有损害必赔偿,但在法定情况下,虽有损害发生,国家也不予赔偿。《国家赔偿法》规定了一些情形作为行政赔偿的例外,这些情形包括以下方面:

第一,税务机关工作人员与行使职权无关的行为。国家之所以对行政侵权行为负责,承担其造成损害的赔偿义务,在于这种行为是一种职务行为,是代表国家作出的。对于税务机关工作人员与行使职权无关的个人行为,国家当然不能承担责任。因此,税务机关工作人员非职务行为对他人造成的损害,责任由其个人承担。区分职务行为与个人行为的标准是看行为人是否在行使职权,而不论其主观意图如何。

第二，因纳税人和其他税务当事人自己的行为致使损害发生的。在损害不是由税务行政侵权行为引起，而是由纳税人和其他税务当事人自己的行为引起的情况下，税务机关不承担赔偿义务。但如果出现混合过错，即损害的发生，受害人自己存在过错，税务机关及其工作人员也存在过错，应根据双方过错的大小各自承担责任，税务机关应承担部分赔偿义务。

第三，法律规定的其他情形。

（三）税务行政赔偿的程序

税务行政赔偿的程序由两部分组成：一是非诉讼程序，即税务机关的内部程序；二是税务行政赔偿诉讼程序，即司法程序。

1. 税务行政赔偿非诉讼程序

按照税务行政赔偿的非诉讼程序，首先，由赔偿请求人依照《国家赔偿法》的有关规定，向负有履行赔偿义务的税务机关递交要求赔偿的申请书，提出赔偿要求；然后，负有赔偿义务的税务机关应当在收到申请书之日起的 2 个月内依法给予赔偿；如果税务机关逾期不赔偿或申请人对赔偿有异议，可以在期满之日起 3 个月内向法院提起诉讼。

2. 税务行政赔偿诉讼程序

当出现税务赔偿以后，税务机关逾期不予赔偿或者税务行政赔偿请求人对赔偿数额有异议时，税务行政赔偿人可以向人民法院提起诉讼，进入税务行政赔偿诉讼程序。虽然税务行政诉讼不适用调解原则，但税务行政赔偿诉讼则可以进行调解。

（四）税务行政赔偿的方式

1. 支付赔偿金。这是最主要的赔偿方式。该方法简便易行，适用范围广，受害者易于接受。

2. 返回财产。这是对财产所有权造成损害的赔偿方式。

3. 恢复原状。这是指对受到损害的财产进行修复，使其恢复以前的形状或功能。

参考文献

1.《中华人民共和国税收征收管理法》，法律出版社，2001 年 4 月第 2 版。

2.《中华人民共和国税收复议法》，法律出版社，1999 年 5 月第 1 版。

3.《中华人民共和国税收处罚法、中华人民共和国税收诉讼法》，中国法制出版社，1997 年 8 月第 1 版。

第十六章　企业纳税筹划

无论在哪个国度，依法纳税都是纳税人的神圣义务。但是，对于作为营利性组织的企业而言，税收作为一种支出，毫无疑问会影响利润和现金流。为了增加收益，像努力降低成本费用那样试图减少纳税，是企业的正常行为倾向。于是，纳税筹划成为企业关注的一个重要的管理内容。

第一节　纳税筹划的含义

由于我国税制建设较晚，人们的税收意识和税收知识较差，所以搞清楚一些基本概念，有利于企业的纳税筹划。

一、逃税

逃税是指纳税人采用非法手段，例如伪造、涂改票据和账册，虚列费用，隐瞒收入和利润，转移资产等，以逃避纳税义务、减少纳税的行为。世界各国对逃税行为都采取严禁和严厉惩处的措施。

二、避税

一般而言，避税是指纳税人合法地减少纳税的行为。由于避税行为合法，许多企业热衷于对避税的探索，如关联企业间的转让定价。但面对政府的反避税措施，企业又产生了许多困惑与尴尬。因而，应正确认识避税。

荷兰国际财政文献局（BFD）于1988年出版的《国际税收词汇》中对避税的定义是："避税是指用合法手段以减少税收负担。通常表示纳税人通过个人或企业活动的精心安排，利用税法的漏洞和缺陷，以谋取少纳税的利益。"著名经济学家萨缪尔森在《经济学》一书中指出，"比逃税更加重要的是合法地规避赋税，原因在于议会制定的税法有许多漏洞，听任大量的收入不纳税或者以较低的税率纳税"。

通过对以上两个比较权威的定义进行分析，避税一方面是合法的，但另一方面具有贬义。纳税人利用法律的漏洞，把将要发生的应税行为变为非税行为，或使将发生的重税行为转变为轻税行为，不符合国家的立法意图。虽然不会受到法律制裁，但政府会采取反避税措施。

三、节税

节税是指在税法规定的范围内，当存在着多种纳税方案的选择时，纳税人选择税收负担较低的方案来从事投资、经营、组织、交易和财务等活动，以达到减轻税负目的的行为。例如，对企业选址为税率较低的经济特区或经济开发区。与避税相比，节税不但合乎法律，还符合政府的政策导向，因而受到政府的认可。

四、纳税筹划

对纳税筹划的概念，目前尚难以从词典和教科书中找出很权威或者很全面的解释，但我们可以从专家学者们的论述中加以概括。荷兰国际财政文献局《国际税收词汇》中是这样定义的："纳税筹划是指纳税人通过经营活动或个人事务活动的安排，实现缴纳最低的税收。"印度税务专家 N.J.雅萨斯威在《个人投资和税收筹划》一书中说，纳税筹划是"纳税人通过财务活动的安排，以充分利用税收法规所提供的包括减免税在内的一切优惠，从而获得最大的税收利益"。美国的 W.B.梅格斯博士在《会计学》一书中说："人们合理而又合法地安排自己的经营活动，使之缴纳可能最低的税收。他们使用的方法可称之为税收筹划……少缴税和递延缴纳税收是纳税筹划的目标所在。"另外他还说："在纳税发生之前，有系统地对企业经营或投资行为作出事先安排，以达到尽量地少缴所得税，这个过程就是纳税筹划。"

综合以上表述，我们可以看出，纳税筹划是指在法律规定许可的范围内，为减少纳税而对经营活动和财务活动进行谋划、设计和安排的过程。与避税和节税相比较，纳税筹划的内涵与前两者相似；区别在于避税和节税的概念强调的是目的，而纳税筹划的概念着眼于过程。

纳税筹划可分为广义概念和狭义概念。广义的纳税筹划包括避税筹划和节税筹划，狭义的纳税筹划只是指节税筹划。由于避税不符合国家立法意图，被政府所反对；而节税符合税法精神，符合政府政策，为政府所鼓励。所以，本书采用狭义的纳税筹划概念，即节税筹划。

第二节　企业纳税筹划的起因

一、企业的营利性质是纳税筹划的基本动因

营利是每个企业生产经营的基本目标，而税收是影响企业利润的因素之

第十六章　企业纳税筹划

一。税收的无偿性决定了纳税是企业资金的净流出,没有与之配比的收入。在收入和费用一定的条件下,企业的税后利润与纳税金额互为消长。虽然依法纳税是企业作为纳税人应尽的义务,但对于企业来说,纳税是经济利益的一种损失,因此,企业在履行纳税义务的同时,为了利润的最大化,对纳税进行筹划,尽量减轻纳税负担,这是无可厚非的正常行为倾向。纳税筹划是企业的营利性质所决定的。

二、激烈的竞争促进企业的纳税筹划

市场经济的特征之一是竞争。企业要在激烈的市场竞争中立于不败之地,必须对企业的生产经营进行全方位、多层次的运筹。税收筹划对企业生产经营成果的影响举足轻重,甚至关系到市场经济大潮下企业的生死存亡。竞争加强了企业纳税筹划的紧迫感。

三、沉重的税收负担刺激纳税筹划

各国政府为了取得充足的财政收入,需要向社会征收大量的税收。企业往往成为主要的税负承担者,沉重的税收负担刺激了企业进行纳税筹划的欲望,这成为促使企业加强纳税筹划的又一个因素。一般而言,税负越重,纳税筹划的要求越强烈。

四、法律缺陷和政策导向给纳税筹划提供了可能

任何法律法规都有一定的缺陷,税法也是如此。一个国家的税收制度无论如何健全、严密,税收负担在不同纳税人、不同纳税期、不同行业和不同地区之间总是存在着差别。这种差别的存在为纳税人进行税收筹划、选择最优纳税方案提供了良好的机会。

此外,政府将税收作为宏观调控的经济杠杆,通过设置税种、确定税率、选择课税对象和课税环节等体现政府宏观调控政策,如提供某种税收优惠。在税法规定的范围内,企业对某一税种的应纳税款往往有两个或两个以上纳税方案备选。

税制的缺陷和政府的政策导向为企业实施纳税筹划提供了可能性。

五、纳税意识淡薄

社会道德水准低、人们的纳税意识淡薄或者错误,都会促使逃税、避税和节税之风盛行,纳税筹划活动也会相应增加。

六、税收征管不力

税收征管不科学、征纳道德水准低、处罚不公、随意性大,甚至征纳勾结、人情逃税、化公为私等,都会强化企业的节税、避税甚至逃税行为。

第三节 商品与服务税的筹划

各税种的纳税筹划都是非常具有挑战性的。不同税种、不同地点、不同情况,可以派生出种种筹划方案。我国的商品与服务税制比较复杂,给纳税筹划留下了广阔的空间。这里只是对部分筹划的思路加以介绍,更精彩的方法和案例存在于浩瀚的纳税活动之中。

一、兼营与混合销售活动中的纳税筹划

在市场经济的激烈竞争中,企业的跨行业经营现象已越来越普遍。兼营和混合销售就是指纳税人在经营活动中同时涉及了增值税和营业税的征税范围。

企业在进行筹划时,首先应对比增值税和营业税税负的高低,然后选择低税负的税种。一般人直觉认为增值税税负肯定高于营业税税负,但实际上未必如此。为比较二者税负高低,设经营收入总额为 Y,增值率为 D,增值税税率为 t_1,营业税税率为 t_2,则从理论上有:

应纳增值税税额 $=Y\times D\times t_1$;
应纳营业税税额 $=Y\times t_2$;
当二者税负相等时有:$Y\times D\times t_1=Y\times t_2$,则 $D=t_2/t_1$。

由此可以得出结论:当实际的增值率大于 D 时,纳税人筹划缴纳营业税比较合算;当实际增值率等于 D 时,缴纳增值税和营业税税负完全一样;当实际的增值率小于 D 时,缴纳增值税比较合算。

对于兼营和混合销售纳税筹划的原理,纳税人在实际运用时,还受到税法对这两种经营行为征税规定的限制。下面结合有关征税规定,说明其原理的具体运用。

(一)兼营的纳税筹划

兼营是指纳税人既销售增值税的应税货物或提供增值税应税劳务,同时还从事营业税的应税劳务,并且这两项经营活动间并无直接的联系和从属关系。

税法规定兼营行为的征税办法是:纳税人若能分开核算的,则分别征收增值税和营业税;不能分开核算的,一并征收增值税,不征营业税。这一征税规

定说明，在兼营行为中，属于增值税的应税货物或劳务不论是否分开核算，都要征增值税，没有筹划余地；而对营业税的应税劳务，纳税人可以选择是否分开核算，以选择是缴纳增值税还是营业税。

兼营行为的产生有两种可能：

1．增值税的纳税人为加强售后服务或扩大自己的经营范围，涉足营业税的征税范围，提供营业税的应税劳务；

2．营业税的纳税人为增强获利能力转而也销售增值税的应税商品或提供增值税的应税劳务。

在前一种情况下，若该企业是增值税的一般纳税人，因为提供应税劳务时，可以得到的允许抵扣进项税额也就少，所以选择分开核算分别纳税有利；若该企业是增值税小规模纳税人，则要比较一下增值税的含税征收率和该企业所适用的营业税税率，如果企业所适用的营业税税率高于增值税的含税征收率，则选择不分开核算有利。

在第二种情况下，由于企业原来是营业税纳税人，转而从事增值税的货物销售或劳务提供时，一般是按增值税小规模纳税人方式来征税，这和小规模纳税人提供营业税的应税劳务的筹划方法一样。

【例 16-1】某计算机公司是增值税小规模纳税人。该公司既销售计算机硬件，也从事软件的开发与转让。某月硬件销售额为 28 万元，另接受委托开发并转让软件取得收入 2 万元，该企业应作何种纳税筹划（硬件销售的增值税税率为 4%，转让无形资产的营业税税率为 5%）？

（1）若不分开核算，则：

应纳增值税＝30÷（1＋4%）×4%＝1.154（万元）

（2）若分开核算，则：

应纳增值税＝28÷（1＋4%）×4%＝1.077（万元）

应纳营业税＝2×5%＝0.1（万元）

合计纳税＝1.077＋0.1＝1.177（万元）

（3）相比较，不分开核算比分开核算可以节税 230 元。

（二）混合销售的税收筹划

混合销售行为是指企业的同一项销售行为既涉及增值税应税货物又涉及营业税的应税劳务，而且提供应税劳务的目的是直接为了销售这批货物而作出的，二者间是紧密相连的从属关系。混合销售是面向同一购买人的，增值税应税货物和营业税应税劳务是合并定价，二者不可能分开核算。

现行对混合销售的税务处理办法是：从事货物的生产、批发或零售的企业、企业性单位及个体经营者以及以从事货物的生产、批发或零售为主，并兼营非应税劳务的企业、企业性单位及个体经营者的混合销售行为,视为销售货物,应当征收增值税;其他单位和个人的混合销售行为,视为销售非应税劳务,不征收增值税。这里所谓"以从事货物的生产、批发或零售为主,并兼营非应税劳务",是指纳税人的年货物销售额与非应税劳务营业额的合计中,年货物销售额超过50%,非应税劳务不到50%。

纳税人可以通过控制应税货物和应税劳务的所占比例,来达到选择缴纳低税负税种的目的。因为在实际经营活动中,纳税人的兼营和混合销售往往同时进行,纳税人只要使应税货物的销售额能占到总销售额的50%以上,则缴纳增值税;反之,若应税劳务占到总销售额的50%以上,则缴纳营业税。

【例16-2】利民建筑材料商店,在主营建筑材料批发和零售的同时,还兼营对外承接安装、装饰工程作业。该商店是增值税一般纳税人,增值税税率为17%。本月对外发生一笔混合销售业务,销售建筑材料并代客户安装,这批建筑材料的购入价是100万元,该商店以115万元的价格销售并代为安装,该企业应如何进行纳税筹划(营业税税率为3%)?

企业实际增值率=(115万元-100万元)/115万元×100%=13.04%,而$D=3\%\div17\%\times100\%=17.6\%$,企业实际增值率小于D,选择缴纳增值税合算,可以节税0.9万元[115万元×3%-(115万元×17%-100万元×17%)]。因此,利民商店应当设法使货物的销售额占到全部营业额的50%以上。

【例16-3】齐鲁建筑公司主营建筑工程施工业务,同时也兼营建筑材料的批发。当年承接蓝光公司办公大楼建造工程,双方议定由齐鲁公司包工包料,合并定价,工程总造价为1 200万元。工程完工后,齐鲁公司在施工中使用的建筑材料按市场价折算为1 000万元,但该公司实际进价为800万元,工程建筑施工费为200万元。齐鲁公司应如何进行纳税筹划(营业税税率为3%)?

建筑材料销售的实际增值率=(1 000-800)/1 000×100%=20%
$D=3\%\div17\%\times100\%=17.6\%$

企业实际增值率大于D,经筹划最好缴纳营业税,即要使齐鲁公司当年的总营业额中应税劳务占50%以上,这样可以节税32万元[(1 200万元×17%-800万元×17%)-1 200万元×3%]。

二、改变运输关系的增值税筹划

对于一般纳税人自营车辆来说,运输工具耗用的油料、配件及正常修理费支出等项目,可以抵扣17%的增值税,假设运费价格中的可扣税物耗的比率为R(不含税价,下同),则相应的增值税抵扣率就等于17%×R。

如果企业不拥有自营车辆,而是外购运输,在运费抵扣税时,按现行政策规定可抵扣 7%的进项税，同时，这笔运费在收取方还应当按规定缴纳 3%的营业税。这样，收支双方一抵一缴后，从国家税收总量上看，国家只减少了 4%（即 7%－3%）的税收收入，换句话说，该运费总算起来只有 4%的抵扣率。

若令上述两种情况的抵扣率相等，就可以求出 R 值。即：17%× R＝4%，则 R＝4%÷17%＝23.53%。R 这个数值说明，当运费结构中可抵扣增值税的物耗比率达 23.53%时，实际进项税抵扣率达 4%。此时按运费全额 7%抵扣与按运费中的物耗部分的 17%抵扣，二者所抵扣的税额相等。因此，我们可以把 R＝23.53%称为"运费扣税平衡点"。

【例 16-4】A 企业以自营车辆采购材料一批，内部结算运费价格 2 000 元，现取 R 值为 23.53%计算，则这笔 2 000 元的采购运费价格中包含的物耗为：2 000×23.53%＝470.6 元；相应可抵扣进项税额为：470.6×17%＝80 元。如果自营车辆独立核算时，A 企业可以向该独立车辆运输单位索取运费普通发票并可抵扣 7%的进项税＝2 000×7%＝140 元，与此同时，该独立核算的车辆还应缴纳营业税＝2 000×3%＝60 元。这样，站在 A 企业与独立车辆总体角度看，一抵一缴后实际抵扣税只有 80 元。

以上说明当 R＝23.53%时，两种情况抵扣的税额相等（都是 80 元），该运费扣税平衡点是存在的。

拥有自营车辆的采购企业，当采购货物自营运费中的 R 值小于 23.53%时，可考虑将自营车辆独立出去单独核算。例如，B 企业以自营车辆采购货物，根据其以往年度车辆方面抵扣进项税资料分析，其运费价格中 R 值只有 10%，远低于扣税平衡点。假设 1999 年该企业共核算内部运费 76 万元，则可抵扣运费中物耗部分的进项税＝76 万元×10%×17%＝1.292 万元。

如果自营车辆独立出去，成为隶属于 B 企业的运输子公司后，B 企业实际抵扣税又是多少呢？"独立"后，B 企业一是可以向运输子公司索取运费普通发票计提进项税＝76 万元×7%＝5.32 万元；二是还要承担"独立"汽车应纳的营业税＝76 万元×3%＝2.28 万元，一抵一缴的结果，B 企业实际抵扣税款 3.04 万元，这比原抵扣的 1.292 万元多抵了 1.748 万元。可见，运费的内部核算价未作任何变动，只是把结算方式由内部核算变为对外支付后，B 企业就能多抵扣 1.748 万元的税款。

三、选择供应商考虑增值税的节税

企业的供应商有一般纳税人和小规模纳税人，其适用的税率各有不同，对其税款抵扣的规定也不同。因此，从不同供应商进货，将直接影响到企业的增值税税负。在价格及质量一定的条件下，是从一般纳税人那里购进，还是从小规模企业及个体工商户购进，应做出正确判断。如果购货企业是增值税一般纳税人，应选择从一般纳税人处购进。因为现行增值税是凭合法凭证进行抵扣的，这样可获得17%或13%的税款抵扣。若从小规模纳税人处进货，通过其到税务局代开增值税专用发票，最多可获得3%的税款抵扣；而从个体工商户处购进则不能获得抵扣。例如，用1万元从一般纳税人处购进货物，可获得1 452.99元的增值税进项税额（10 000÷1.17×17%）；从小规模纳税人处购进，只能获得291.26元的进项税额（10 000÷1.03×3%）；而向个体工商户购进，由于不能抵扣，会比从一般纳税人企业进货多交增值税1 452.99元。因而，企业在购进可享受进项税抵扣的货物时，不但要看价格的高低及质量的好坏，还要考虑到进项税抵扣问题。

四、建筑业中营业税的纳税筹划

（一）通过合作建房进行筹划

合作建房是指一方提供土地使用权，另一方提供资金等，双方合作建造房屋。根据营业税的有关规定，合作建房具体可分为两种方式，即纯粹"物物合作方式"和成立"合营企业"方式。这两种方式中又因具体情况的不同产生不同的纳税义务。在这种情况下，纳税人只要认真筹划，就会取得很好的效果。

【例16-5】A、B两个企业合作建房，A提供土地使用权，B提供资金。A、B两企业约定，房屋建好后，双方均分。完工后，经有关部门评估，该建筑物价值1 000万元，于是，A、B各分得500万元的房屋。

在这个例子中，A企业通过转让土地使用权而拥有了部分新建房屋的所有权，从而产生了转让无形资产应缴纳营业税的义务。此时其转让土地使用权的营业额为500万元，应纳的营业税税额为：500万元×5%＝25万元。

若A企业进行税收筹划，则可以不缴纳营业税。假设A企业以土地使用权、B企业以货币资金合股成立合营企业，合作建房，房屋建成后双方采取风险共担、利润共享的分配方式。现行营业税法规定：以无形资产投资入股、参与接受投资方的利润分配、共同承担投资风险的行为，不征收营业税。由于A向企业投入的土地使用权是无形资产，因此，无须缴纳营业税。仅此一项，A企业就少缴了25万元的税款，从而取得了很好的筹划效果。

（二）利用签订建筑承包合同进行筹划

工程承包公司是否与建设单位签订承包合同，将适用不同的税率。具体说，若承包公司与建设单位签订承包合同，就适用建筑业3%的税率；若不签订承包合同，则适用服务业5%的税率。适用税率的不同，为进行税收筹划提供了很好的契机。

【例 16-6】建设单位 B 有一工程需找一施工单位承建。在工程承包公司 A 的组织安排下，施工单位 C 最后中标。于是，B 与 C 签订了承包合同，合同金额为 200 万元。另外，B 还支付给 A 企业 10 万元的服务费用。此时，A 应纳营业税（适用服务业税率）为：10 万元×5%＝5 000 元。

若 A 进行筹划，让 B 直接和自己签订合同，合同金额为 210 万元。然后，A 再把该工程转包给 C。完工后，A 向 C 支付价款 200 万元。这样，A 应纳营业税（适用建筑业税率）为：（210 万元－200 万元）×3%＝3 000 元。于是，通过筹划，A 可少缴 2 000 元的税款。

（三）利用境外子公司进行筹划

现行营业税法规定，外商除设计开始前派员来我国进行现场勘察、搜集资料、了解情况外，设计方案、绘图等业务全部在中国境外进行，设计完成后，将图纸交给中国境内企业。在这种情况下，对外商从我国取得的全部营业收入不征收营业税。无疑，这一规定有助于税收筹划的进行。

【例 16-7】A 公司受 B 单位的委托为其工程设计图纸。双方就此事签订合同，合同金额为 100 万元。取得收入后，A 应纳的营业税为：100 万元×3%＝3 万元。

若 A 进行纳税筹划，在香港设立一规模较小的子公司 C，然后，让 C 与 B 签订设计合同。终了之后，B 付给 C 设计费 100 万元。依据有关规定，在这种情况下，C 不负有营业税纳税义务。于是，通过筹划，A 可少缴纳 3 万元的税款。

第四节　所得税的筹划

所得税在各税种中是比较复杂的，税额的计算受多种因素的影响，政府也经常用所得税发挥调节作用，因而所得税也是纳税筹划中最有作为的税种。与上一节相同，我们在本节只介绍所得税的筹划思路。

一、企业组织形态选择的纳税筹划

（一）通过分公司和子公司转换节税

企业所得税通常对新企业有减免优惠，但新企业往往会有亏损，享受不到优惠政策带来的好处。如果新企业先按分公司的方式设立，则出现的亏损可以抵减总公司的利润，减少交纳所得税；待新企业开始出现盈利后，再将分公司分离出来，按子公司的方式设立，又可以开始享受新企业的减免优惠。

（二）选择合伙制企业节税

公司的企业组织形式存在着"经济性重叠征税",即公司经营利润要重叠课征公司和个人两个层次的所得税。为了减轻双重税负,进行投资时除了要考虑各国税制中对"经济性重叠征税"是否采取"两税合一"等"整体化"措施,以及税负减轻的程度外,还可以从企业形式的选择入手,如不搞公司制企业,而搞合伙制或单人业主制企业。

合伙制企业是由数位合伙人组建和经营的企业。它不同于某个个人开办的单人业主制企业,也不同于所有权和经营权分离的公司。合伙制企业中每一合伙人对整个合伙制企业所欠的债务具有无限的责任,这同公司制中股东对公司债务只负有限责任是明显不同的。合伙制企业由于有一定的规模效益,向外筹资要比单人业主制便利一些,但比起公司制企业却大大逊色。世界上大多数国家都认为合伙制企业不具有独立的法人地位,只有少数国家将合伙制企业区别对待,比如把从事生产经营的合伙制企业认为是法人,其他的不认为是法人。

由于各国政府对合伙制企业性质认定的差异,导致了在税收待遇上的差异。有的国家或地区把合伙制企业当作一个纳税实体,甚至当作公司法人进行征税,例如韩国、我国香港等。比较多的国家对合伙制企业营业利润不征公司税,而只就各个合伙人从合伙企业分得的所得征个人所得税,如澳大利亚、奥地利、美国、德国、丹麦、荷兰、瑞士、南非等。

根据国务院发布的《关于个人独资企业和合伙企业征收所得税问题的通知》,对个人独资企业和合伙企业停止征收企业所得税,其生产经营所得按照个体工商户的生产经营所得征收个人所得税。

综上所述,涉及合伙制的税收筹划应关注如下:

1. 要认真分析各国对合伙制企业的法律界定和税收规定,并从其法律地位、经营和筹资便利、税基、税率、税收待遇(例如是否可以享受协定的条款规定)等综合因素上进行分析和比较,因为综合税负是各种因素作用的结果,不能只考虑一种因素。

2. 从多数国家来看,合伙制企业税负一般要低于公司制企业税负,这是合伙制税收利益所在;但如果合伙制也按照公司制对待,这个优势将失去。

3. 在比较税收利益时,不能仅看名义上的差别,更要看实际税负的差别。比如对重叠课税是否采取"整体化"措施、"整体化"制度下重复征税消除的程度如何等。因为完全整体化,意味着重叠课征彻底消除,公司制税负与合伙制税负便相互接近。

二、居民企业与非居民企业资格选择的纳税筹划

2008年正式实施的内、外资"两税合一"的新《企业所得税法》引入"居

民企业"的概念,将纳税义务人分为了居民企业和非居民企业。

居民企业,是指依法在中国境内成立,或者依照外国(地区)法律成立但实际治理机构在中国境内的企业。其中,实际治理机构是指对企业的生产经营、人员、账务、财产等实施实质性全面管理和控制的机构。居民企业应就来源于中国境内、境外的全球所得作为征税对象缴纳所得税,履行全面的纳税义务。

非居民企业,是指依照外国(地区)法律成立,且实际治理机构不在中国境内,但在中国境内设立机构、场所的,或者在中国境内未设立机构、场所,但有来源于中国境内所得的企业。非居民企业仅就来源于中国境内的收入缴纳企业所得税,履行有限纳税义务。

可见,不同纳税人资格的企业在向我国政府缴纳企业所得税时,纳税义务不同。新《企业所得税法》对居民企业的判定标准,由过去唯一的"登记注册地标准"改为"登记注册地标准"和"实际治理控制地标准"相结合,即依法在中国境内成立,或者依照外国(地区)法律成立但实际治理机构在中国境内的企业,都将成为中国的居民企业。这一新变化对现有企业影响非常大。假如一个外国企业不想成为中国的居民企业,就不能像过去仅在境外注册即可,还必须保证"实际治理机构"不在中国。

税法中所规定的实际治理机构所在地是根据公司的董事会、公司总账、股息分配、损益表、营业报告来判定的。具体是指企业的董事会所在地或董事会重大经营决策会议的召集地,不同于企业的日常经营业务治理机构所在地。如 M 公司为登记注册在避税地的企业,想要通过成为非居民企业以达到避税的目的,就可以通过下列做法来实现:

(1)改由另一国居民担任常务董事,中国居民不再参与直接管理,董事会和股东大会迁至另一国召开,经营决策在另一国制定;

(2)公司总账迁至另一国编制和保存;

(3)公司的股息分配在另一国进行;

(4)公司损益表在另一国公布和编制;

(5)公司营业报告在另一国公布。

由于 M 公司作为非居民企业在中国发展业务,从而发挥和利用了避税地企业的优势。

三、投资决策的税收筹划

投资是企业永恒的主题,它既是企业诞生的唯一方式,也是企业得以存续和发展的最重要手段。对投资主体来说,投资的主要目的就是盈利。由于现代税收制度的发展,对盈利的关注应充分考虑各种税收因素。在投资决策中,税收筹划日益成为重要的内容。

投资在方式上可分为两大类，即直接投资和间接投资。直接投资是指投资主体将金融资产转化为实物资产进行生产、经营活动，并从经营活动中取得盈利；间接投资是指投资主体用货币资产购买各种有价证券，以期从持有和转让中获取投资收益和转让增值。企业的生产经营成果要征收商品与服务税，如增值税；其纯收益还要征收企业所得税。而间接投资的交易须征收证券交易税（目前仍征收印花税），其收益则征收企业所得税。

对直接投资的综合评估主要考虑投资回收期、投资的现金流出和现金流入的净现值、项目的内部报酬率等财务指标。我们需要考虑的税收因素主要是指影响这些指标的税收政策。投资者首先要判定其投资项目按照税法规定应征收哪些商品与服务税，是征收增值税，还是征收营业税？如征收增值税，是否还要征收消费税？除了征收增值税、消费税、营业税外，还有城市维护建设税和教育费附加，其税率或费率是多少？这一切都将影响企业的税费负担，并因此进一步影响到投资者的税后纯收益。这需要投资者在估算销售收入的时候必须考虑销售税金及附加，搞好税收筹划。下面用一案例来说明税收筹划的重要性。

【例16-8】某企业有A、B两个项目可投资，假设这两个项目的企业所得税税率没有差别，且预计两个项目投产以后，年含税销售收入均为100万元，外购各种非增值项目含税支出为90万元。已知A项目产品征收17%的增值税，B项目征收5%的营业税。请问：选择哪一个项目收益更大呢？

考虑税后销售收入净值：

A项目年应纳增值税＝（100－90）/（1＋17%）×17%
　　　　　　　　　＝1.45（万元）

A项目税后销售净收入＝（100－90）/（1＋17%）
　　　　　　　　　　＝8.55（万元）

B项目年应纳营业税＝100万元×5%＝5（万元）

B项目税后销售净收入＝100－90－5＝5（万元）

8.55－5＝3.55（万元）

通过以上比较可知，由于两个项目的应征税种和税率存在差异，在其他条件一致的情况下，A项目将为投资者带来更多的盈利（3.55万元），故应该选择A项目。

直接投资更重要的是要考虑企业所得税的税收待遇。我国企业所得税制度规定了很多税收优惠待遇，包括税率优惠和税额扣除等方面的优惠。比如，对特定项目的农、林、牧、渔业所得可以免征或减半征收企业所得税。符合条件的小型微利企业，减按20%的税率征收企业所得税；国家需要重点扶持的高新技术企业，减按 15%的税率征收企业所得税。其他诸如企业从事符合条件的环境保护、节能节水项目（包括公共污水处理、公共垃圾处理、沼气综合开发利用、节能减排技术改造、海水淡化等）的所得，都存在企业所得税的优惠待遇问题。投资者应该在综合考虑目标投资项目的各种税收待遇的基础上，进行项目评估和选择，以期获得最大的投资税后收益。让我们以另一个简化了的案例来说明企业所得税筹划的重要性。

【例 16-9】某企业存在 C、D 两个投资项目可供投资者选择，两个项目投资建设期均为两年，每年投资额为 1 000 万元。

项目 C：第一年投资 1 000 万元，第二年投资 1 000 万元。经过两年的投产建设，从第三年到第六年，项目 C 获得的投资收益分别为 1 600 万元、1 400 万元、1 200 万元、800 万元。

项目 D：第一年投资 1 000 万元，第二年投资 1 000 万元。经过两年的投产建设，从第三年到第六年，项目 D 获得的投资收益分别为 1 300 万元、1 200 万元、1 000 万元和 650 万元。

假设：两项目的报废残值、年折旧额、投资回收期大体一致。银行利率为 5%，C 项目企业所得税税率为 25%，D 项目的企业所得税税率为 15%。请问：该企业应该选择投资哪个项目？

由于其他情况基本一致，我们只要比较二者的税后收益净现值即可。

分析如下：

项目 C 投资额现值 = 1 000 + 1 000/(1+5%) = 1 952（万元）

项目 C 投资收益现值 = 1 600/(1+5%)^3 + 1 400/(1+5%)^4 + 1 200/(1+5%)^5 + 800/(1+5%)^6 × (1−25%) = 3 053（万元）

项目 C 投资净现值 = 3 053 − 1 952 = 1 101（万元）

项目 C 投资净回报率 = 1 101/1 952 × 100% = 56%

项目 D 投资额现值 = 1 000 + 1 000/(1+5%) = 1 952（万元）

项目 D 投资收益现值 = 1 300/(1+5%)^3 + 1 200/(1+5%)^4 + 1 000/(1+5%)^5 + 650/(1+5%)^6 × (1−15%) = 2 872（万元）

项目 D 投资净现值 = 2 872 − 1 952 = 920（万元）

项目 D 投资净回报率 = 920/1 952 × 100% = 47%

通过计算比较可见，由于二者企业所得税税率存在差异，项目 C 投资净现值和投资回报率都高于项目 D，因此，应该选择项目 C。

四、选择投资性质的纳税筹划

企业的间接投资相对说来要简单一些。由于我国国债利息免征企业所得税，故企业在间接投资时要充分考虑税后收益。比如有两种长期债券，其一是国家重点建设债券，其利率为 4.2%；另一种为国债，利率为 3.4%。企业应该投资于哪一种债券呢？表面看起来国家重点建设债券的利率要高于国债利率，但是由于前者要被征收 25%的企业所得税，而后者不用缴纳企业所得税，实际的税后收益应该通过计算来评价和比较：

4.2%×（1－25%）＝3.15%<3.4%

也就是说，国家重点建设债券税后利率要低于国债利率，故购买国债要更合算些。

事实上，只有当其他债券利率大于 4.533%（即 3.4%/75%）时，其税后收益才大于利率为 3.4%的国债。

第五节　综合筹划

在企业的实际经济活动中，一项纳税筹划可能会涉及多个税种，筹划活动多是综合筹划。

一、让利促销节税

商业企业目前较常见的让利促销活动主要有打折、赠送，其中赠送又可分为赠送实物（或购物券）和返还现金。下面通过一案例具体分析以上三种方式所涉及的税种及承担的税负，以供商业企业选择让利促销方式时加以参考。

【例 16-10】某商场商品销售利润率为 40%，销售 100 元商品，其成本为 60 元。商场是增值税一般纳税人，购货均能取得增值税专用发票。为促销，该商场欲采用三种方式：

一是商品 7 折销售；

二是购物满 100 元者赠送价值 30 元的商品（成本 18 元，均为含税价）；

三是购物满 100 元者返还 30 元现金。

假定消费者同样是购买一件价值 100 元的商品，对于商家来说，以上三种方式的应纳税情况及利润情况如下（由于城建税和教育费附加对结果影响较小，因此计算时未考虑）：

1．7 折销售，价值 100 元的商品售价 70 元

（1）增值税

应缴增值税＝70÷（1＋17%）×17%－60÷（1＋17%）×17%＝1.45（元）

（2）企业所得税

利润额＝70÷（1＋17%）－60÷（1＋17%）＝8.55（元）

应缴所得税额＝8.55×25%＝2.14（元）

税后净利润＝8.55－2.14＝6.41（元）

2．购物满 100 元，赠送价值 30 元的商品

（1）增值税

销售 100 元商品时：

应缴增值税＝100÷（1＋17%）×17%－60÷（1＋17%）×17%
　　　　　＝5.81（元）

赠送 30 元商品视同销售：

应缴增值税＝30÷（1＋17%）×17%－18÷（1＋17%）×17%
　　　　　＝1.74（元）

合计应缴增值税＝5.81＋1.74＝7.55（元）

（2）个人所得税

根据有关规定，为其他单位和部门的有关人员发放现金、实物等应按规定代扣代缴个人所得税，税款由支付单位代扣代缴。为保证让利顾客 30 元，商场赠送的价值 30 元的商品不含个人所得税额，该税由商场承担，因此，赠送该商品时商场需代顾客就偶然所得缴纳的个人所得税额为：

30÷（1－20%）×20%＝7.5（元）

（3）企业所得税

利润额＝100÷（1＋17%）－60÷（1＋17%）－18÷（1＋17%）－7.5＝11.30（元）

由于赠送的商品成本及代顾客缴纳的个人所得税款不允许税前扣除，因此，

应纳企业所得税额＝100÷（1＋17%）－60÷（1＋17%）×25%
　　　　　　　　＝8.55（元）

税后利润＝11.30－8.55＝2.75（元）

3．购物满 100 元返还现金 30 元

（1）增值税

应缴增值税＝100÷（1＋17%）－60÷（1＋17%）×17%
　　　　　＝5.81（元）

（2）个人所得税

应代顾客缴纳个人所得税 7.5 元（同上）。

（3）企业所得税

利润额＝100÷（1＋17%）－60÷（1＋17%）－30－7.5
　　　＝－3.31（元）

应纳所得税额 8.55 元（同上）。

税后利润＝－3.31－8.55＝－11.86（元）

上述三方案中，方案一最优，方案二次之，方案三最差。但如果前提条件发生变化，则方案的优劣就会随之改变。

从以上分析可以看出，顾客购买价值 100 元的商品，商家同样是让利 30 元，但对于商家来说，不同方式下的税负和利润却大不相同。因此，当您在制定每一项经营决策时，不要忘记首先要进行相关的税务问题筹划，以便降低税收成本，获取最大的经济效益。

二、信托节税

信托制起源于中世纪。有钱人想让自己的财产不断增值，而自己又不善于理财；或者不想让自己死后巨额财产在养尊处优的下一代手中挥霍光，于是就把自己的财产通过签订合同等方式委托给既可靠又善于理财的人经营管理，其经营管理的目的必须是有利于该有钱人，这就是信托。

随着经济发展，大量公司形态的"营业信托"（也称商事信托）等信托形式逐渐在许多国家出现。目前信托公司、信托投资公司已如雨后春笋，蓬蓬勃勃发展起来。从国际上看，利用信托进行税收筹划也是纳税人常用的手段之一。

信托反映人们之间财产权利责任的法律关系。在这种关系中包含三类当事人：一是信托者，即财产的所有人；二是受托者，即接受信托者授权而管理信托财产的人；三是受益者，即依据设定的信托契约（合同）享有信托财产利益的人。信托财产的种类不断扩大，最早是以土地为主体，现今除了土地之外，几乎包罗动产、不动产、股票、债券、现金、储蓄、专利、特许权等一切具有确定价值的财产。

（一）对信托的课税主要有：

1．对收益的课税，即对信托财产租赁所得、投资所得、经营所得、财产转让增益等收益征税；

2．对流转的课税，即对信托财产交易额课征的销售税、对信托劳务收入课征的销售税（或增值税）；

3．对契约、合同、文书、凭证课征的印花税。

（二）在信托制下如何进行税收筹划：

1．从信托关系来看，信托所得由受益人取得，信托单位只起中转的作用，本身不是信托所得的纳税义务人。这样，累积在信托组织的所得，有可能享有税收递延的好处。

2．信托单位把信托所得支付给受益人，而什么时间支付是税收筹划需要加以考虑的。因为受益人如果是一个自然人，假定其居民所在国实行的是按综合收入的超额累进税率课征，那么年度之间的税率是有差别的。同样是一笔信托收益，列在 1998 年的账上，加上其他收入，计算的税率可能达到 30%；而列在 1999 年的账上，因总收入较低，税负可能降低到 20%。假定税收上有盈亏结转的待遇，信托收益冲销其他损失后，甚至可免缴所得税。

3. 把信托公司建在国际避税地，如开曼群岛、列支敦士登、泽西岛、马恩岛、直布罗陀等。由于这些地区对信托业实行比较优惠的税收规定，因此这些地区信托业相当发达。例如，直布罗陀规定，信托所得只要直接归受益人所有，将免征所得税，不论其受托人是否为本国居民，也不论其所得究竟来源于境内还是境外。又如，在泽西岛，境内的受托人如取得信托财产的境外所得，而受益人又不是泽西岛的居民，这一信托单位不必缴纳所得税。假定一个居住在境外的英国人，他把 100 万英镑的财产授予泽西岛的受托人（信托组织）管理，每年取得 12 万英镑的利息支付给居住在第三国的受益人，可免征所得税和利息预提税。

4. 除所得税外，信托财产还涉及财产税、遗产税及赠与税、印花税等。这些税种也须考虑在总税负中，不能只核算一个税种的负担率，还要核算综合负担率。

三、跨国控股公司纳税筹划

控股公司是为控制而不是为了投资而拥有其他公司的股票或证券的公司，其收入主要是从子公司取得股息和资本利得。那么设立控股公司能获得哪些税收利益呢？

首先是预提税方面的利益。获得少缴预提税利益的条件有两个：一是子公司支付股息给控股公司只负担税率较低的预提税；二是控股公司支付给母公司的股息同样只负担税率较低的预提税。

由于国际税收协定对缔结国采取限制的低税率，所以控股公司一般应设在税收协定网络比较发达，而且限定税率比较低的国家或地区，例如荷兰、瑞士、塞浦路斯等国。这些国家同世界许多国家签订有双边税收协定，并对协定国均实施低税率的预提税，如荷兰对丹麦、意大利、挪威和瑞典的股息预提税限定税率为零。因此，这些国家成为跨国公司设立控股公司的好场所。

例如，假定母公司 P 设在墨西哥（X 国），子公司 SA 设在丹麦（A 国），那么子公司 SA 支付给母公司的股息要课征 30% 的预提税。现在 P 公司在子公司之上设一控股公司 H（地点在荷兰），那么子公司 SA 支付股息给控股公司 H，只要缴纳 0～15% 的预提税；H 公司以后如果再支付母公司 P 的股息，也只要缴纳25%的预提税，而且还可以全额抵免子公司SA已缴纳的预提税。这样预提税至少减轻5个百分点。

这里还要提到，国际控股公司如果设立在全面免征股息预提税的国家和地区（如美国、新加坡、我国香港等）或者设立在虽有税收协定关系，但不实行预提税低税率优惠的国家和地区，上述所说的利用税收协定的好处将不复存在。因为前者不分是否有协定关系而全面免征股息预提税；后者虽有协定关系，但却没有减征优惠，所以税收协定对于是否可得到预提税利益就成为可有可无的东西。这时，跨国公司的着眼点不在于税收协定网络，而在于是否实施低税模式，因此避税港成为跨国公司设立控股公司的首选，如卢森堡、列支敦士登、马恩岛等。

四、电子商务纳税筹划

电子商务作为一种最新的商务贸易形态，正在全面走入人们的经济活动和社会生活中。中国目前的电子商务主要包括网络销售、信息交换、售前售后服务、电子支付、运输、组成虚拟企业等。由于电子商务的商品交易方式、流转程序、支付方式等与传统的营销方式有很大的不同，目前税法对其规定有许多不明确的地方，为开展税收筹划提供了广阔的余地。对电子商务进行税收筹划的切入点主要有以下几方面：

（一）税收管辖权

目前，大多数国家综合行使居民税收管辖权和所得来源地税收管辖权。当两种税收管辖权发生冲突时，通常按照税收协定的规定来解决。我国税法就中国居民的全球所得以及非居民来源于我国的所得征税。对不同类型的所得，税法对收入来源的判断标准不一。比如，对销售商品的征税主要取决于商品所有权在何地转移；对劳务的征税则取决于劳务的实际提供地；特许权使用费则通常采用受益人所在地为标准。

然而，由于电子商务的虚拟化、数字化、匿名化、无国界和支付方式电子化等特点，其交易情况大多被转换为"数据流"在网络中传送，使税务机关难以根据传统的税收原则判断交易对象、交易场所、制造商所在地、交货地点、服务提供地、使用地等。随着电子商务的发展，公司容易根据需要选择交易的发生地、劳务提供地、使用地，从而达到税收优化的目的。

（二）电子商务企业的性质

大多数从事电子商务的企业注册地位于各地的高新技术园区，拥有高新技术企业证书，且其营业执照上限定的营业范围并没有明确提及电子商务业务。有些企业的营业执照上注明从事系统集成和软件开发销售、出口，但实际上主要从事电子商务业务。这类企业到底是属于所得税意义上的先进技术企业和出口型企业，还是属于生产制造企业、商业企业或是服务企业，因其判定性质不同，将导致企业享受的税收待遇也有所不同。

在所得税上，高新技术企业、生产制造型的外商投资企业可享受减免税优惠；在增值税上，生产制造企业和商业企业在进项税额的抵扣时间上规定不同；服务性企业则适用营业税。

而且，从事电子商务服务的电信企业与普通企业执行的营业税税率不一，从事电子商务服务的电信企业按3%的税率缴纳营业税，而从事电子商务服务的普通企业则需缴纳5%的营业税。那么，被定性为什么样的企业就成为关键问题。

（三）收入性质的确认

电子商务将原先以有形财产形式提供的商品转变为数字形式提供，使得网上商品购销和服务的界限变得模糊。对这种以数字形式提供的数据和信息应视为提供服务所得还是销售商品所得，目前税法还没有明确的规定。

税法对有形商品的销售、劳务的提供和无形资产的使用规定了不同的税收待遇。比如，将电子商务中的有形货物销售收入视为服务收入会直接影响税种的适用和税负的大小。对货物的销售通常适用17%的增值税，而劳务收入则适用5%的营业税。再如，对来源于中国的特许权使用费收入，须缴纳所得税和营业税；而在境外提供劳务有可能在中国免缴税。那么，纳税人就可以通过税收筹划，以享受适当的税收待遇。

（四）常设机构的判断

电子商务使得非居民能够通过设在中国服务器上的网址销售货物到境内或提供服务给境内用户。但我国与外国签订的税收协定并未对非居民互联网网址是否构成常设机构等涉及电子商务的问题作出任何规定。

按照协定的有关规定，"专为本企业进行其他准备性或辅助性活动为目的而设的固定营业场所"不应视为常设机构；相应地，也无需在中国缴纳企业所得税。服务器或网站的活动是否属于"准备性或辅助性"，而不构成税收协定意义上的常设机构，给税收协定的解释和执行提出了新课题。

此外，即使固定通过网络服务供应商的基础设施在国内商议和签发定单，该网络服务供应商是属于独立代理人还是已构成常设机构的非独立代理人也不明确。

（五）制定转让定价政策

由于电子商务改变了公司进行商务活动的方式，原来由人完成的增值活动现在越来越多地依赖于机器和软件来完成。网络传输的快捷性使关联企业在特定商品和劳务的生产与销售上有更广泛的运作空间。它们可快速地在彼此之间有目的地调整成本费用及收入的分摊，制定以谋求整个公司利益最大化为目标的转让定价政策。

同时，由于电子商务信息加密系统、匿名式电子付款工具、无纸化操作及其流动性等特点，使税务机关难以掌握交易双方的具体交易事实，相应地给税务机关确定合理的关联交易价格和作出税务调整增添了相当的难度。

（六）印花税的缴纳

电子商务实现了无纸化操作，而且交易双方常常"隐蔽"进行。网上订单是否具有纸质合同的性质和作用，是否需要缴纳印花税，目前也不明确。

从上述内容可以看出，现行税收政策、法规对于网络经济的发展已相对滞后，有许多不明确的地方，这对税收筹划是一把"双刃剑"，它既可以给企业带来利益，又因为难以把握而制约了电子商务的迅猛发展。例如，增值税进项税的抵扣和固定资产的抵扣两个问题就非常突出。

电子商务中经常出现资金流和物流不一致的情况。例如，电子商城和电子超市网上交易是通过虚拟的货物入库和出库的手续实现的，真正的物流并没有到电子商城或电子超市；而资金流则是从采购方到电子商城或电子超市，再到供应方。

按照目前有关增值税的规定，纳税人购进货物或应税劳务、支付运费，所支付款项的单位必须与开具抵扣凭证的销货单位、提供劳务的单位一致，才能够申报抵扣进项税额，否则不予抵扣。这项规定确定了一个进项税额抵扣的前提，即资金流和物流的方式须一致。

如果提供电子商务平台的企业采用的虚拟出、入库的处理方式使购进货物的企业无法抵扣利用电子商务采购的原材料或商品的进项税额，将加大企业的税负，使电子商务发展受到很大的限制。

目前我国实行的是生产型增值税，企业购入的固定资产不允许抵扣进项税额。从事电子商务的企业为保证网上交易的安全、准确及快捷，需要投入大量资金购置机器设备，而不允许抵扣购入固定资产所发生的进项税的政策在一定程度上制约了电子商务的发展。

如果对电子商务企业等科技含量较高的企业试行消费型增值税，或适当降低其增值税税率，可减轻其税负，促进电子商务的进一步发展。

随着电子商务在中国的快速发展，有必要尽早对这一新经济模式带来的税务问题加以明确和规范，重新修订和解释现行相关税法。

第六节 纳税筹划的案例

案例一：治理污染的纳税筹划

湖北省某市属橡胶集团拥有固定资产 7 亿多元，员工 4 000 多人，主要生产橡胶轮胎，同时也生产各种橡胶管和橡胶汽配件。该集团位于某市 A 村，在生产橡胶制品的过程中，每天产生近 30 吨的废煤渣。为了妥善处理废煤渣，使其不造成污染，该集团尝试过多种办法：与村民协商用于乡村公路的铺设、维护和保养；与有关学校、企业联系用于简易球场、操场的修建等，但效果都不理想。

因为废煤渣的排放未能达标，使周边乡村的水质受到不同程度的污染，导致附近许多村民经常堵住厂区大门不让工人上班，工厂生产受到很大影响。此事曾惊动过各级领导，该集团也因污染问题受到环保部门的多次警告和罚款，最高一次罚款达 10 万元。

该集团要想维持正常的生产经营，就必须治污。如何治污，成了该集团迫在眉睫的一个大问题。该集团根据有关人士的建议，拟订了以下两个方案：

一、把废煤渣的排放处理全权委托给 A 村村委会，每年支付该村村委会 40 万元的运输费用，以保证该集团生产经营的正常进行。此举可缓解该集团同当地村民的紧张关系，但每年 40 万元的费用是一笔不小的支出。

二、将准备支付给 A 村的 40 万元的煤渣运输费用改为投资兴建墙体材料厂，利用该集团每天排放的废煤渣生产"免烧空心砖"，这种砖有较好的销路。此方案的好处有三：一是符合国家的产业政策，能获得一定的节税利益。财政部、国家税务总局《关于部分资源综合利用产品免征增值税的通知》（财税字[1995]44 号）和财税字[1996]20 号明确规定：利用废煤渣等生产的建材产品免征增值税。鄂国税《关于加强资源综合利用企业增值税税收优惠政策管理的通知》明确指出，凡属生产企业生产的原料中掺有不少于 30%的煤矸石、粉煤灰、烧煤锅炉底渣（不包括高炉水渣）及其他废渣的建材产品，免征增值税。二是解决了长期以来困扰企业发展的废煤渣所造成的工业污染问题。三是部分解决了企业的就业压力，使一批待岗职工能重新就业。

对两个方案进行比较可以看出：

方案一是根据传统的就治污而论治污的思维模式得出的。由这种模式形成的方案，一般不会有意识、有目的地去考虑企业的节税利益，而仅以是否解决排污为目的。此种方案并未彻底解决废渣问题。

方案二既考虑治污，又追求企业收益最大化。此方案的建议者懂得企业要想获得税收减免，就必须努力生产出符合税收政策规定的资源综合利用产品。

该集团最终采纳了第二种方案，并迅速建成投产，全部消化了废煤渣，当年实现销售收入 100 多万元，因免征增值税，该厂获得了 10 多万元的增值税节税利益。

案例二：合并子公司获利又惊喜

江苏新华自来水公司于 1985 年创办，由于产品在当地市场上处于绝对"垄断"地位，加上厂内管理科学，公司年年盈利，是当地有名的纳税大户。与公司形成鲜明对比的是，该公司下属的水暖器材经营部，由于市场竞争激烈，效益一年不如一年，最近几年，经营部的职工工资一直不能按时发放。

2000 年 4 月，当地税务局在对该公司进行企业所得税汇算清缴时发现，公司的"管理费用"中列支了水暖器材经营部职工人员的工资 17 万元。

对此，税务机关认为，公司代下属单位支付的职工工资属于与本企业取得经营收入无关的支出，不得税前扣除，应按 33% 的税率补缴企业所得税 5.61 万元。

公司总经理对此感到很困惑：水暖器材经营部的职工是 1993 年兴办实体的时候，专门从总公司挑选出来的一部分"精兵强将"。经营部刚创办的头几年，业绩一直不错。现在经营部效益不佳，咱不能丢下不管呀，他们的工资总公司不付，谁来付？近日，公司财务科科长来到税务师事务所咨询，请求援助。

财务科长向税务师事务所的注册税务师详细介绍了营业部的有关情况：水暖器材经营部是由自来水公司投资 50 万元于 1993 年 7 月兴办的，财务上实行独立核算，自负盈亏。开办之初，每年都有不同程度的盈利，从 1996 年下半年公司开始发生亏损，之后便一蹶不振，到 1999 年底已累计亏损 85 万元。

由于亏损连续不断，企业流动资金发生严重困难，发工资只有靠总公司源源不断地"输血"。公司先是通过资金借贷的方式将这部分资金提供给经营部，但借贷的资金不能在成本中"消化"，于是就在"管理费用"中直接负担，但税法却不允许扣除。

如何才能将这部分必须支付的工资"消化"呢？事务所的代理人员认为：由于总公司和经营部在财务上各自独立核算，在税法上都已构成了企业所得税的纳税义务人。总公司在计算企业所得税时，只能扣除与本企业取得收入有关的成本、费用、税金和损失。所以，总公司为经营部负担的职工工资不得税前扣除。如果将总公司和水暖器材经营部进行合并，那么经营部的工资支出就会在总公司得到"消化"。

在操作上只需注销经营部的营业执照,再将总公司企业法人执照进行变更,把批零水暖器材作为总公司的兼营项目。这样,经营部的销售收入和成本费用直接通过总公司的"其他业务收入"和"其他业务支出"科目核算,经营部人员的工资可直接在总公司的应纳税所得额中扣除。

此外,按照《企业所得税法》的有关规定,纳税人发生年度亏损的,可以用下一纳税年度的所得弥补;下一纳税年度的所得不足弥补的,可以逐年延续弥补,但是延续弥补期最长不得超过5年。由于经营部被合并后已不具有独立纳税人资格,在合并前尚未弥补的经营亏损,在税收法规规定的期限内,可由总公司用以后年度的所得逐年延续弥补。这样,经营部1996年以来累计发生的亏损85万元(已经税务部门核实),还可用总公司2000年度的所得额进行弥补(假设2000年度自来水公司有足够的利润),直接抵减2000年度的所得税。如果按上年同期利润水平计算,2000年度最多可节省企业所得税约33.66万元。

参考文献

1. 威廉·配第,《赋税论》,邱霞译,华夏出版社,2006年。
2. 亚当·斯密,《国民财富的性质和原因的研究》,杨敬年译,陕西人民出版社,2001年。
3. 《简明不列颠百科全书》,中国大百科全书出版社,1986年。
4. 小川乡太郎,《租税总论》,上海商务印书馆,1935年。
5. 萨拉尼耶,《税收经济学》,陈新平译,中国人民大学出版社,2005年。
6. 安福仁,《现代税收理论》,东北财经大学出版社,1995年。
7. 袁振宇等,《税收经济学》,中国人民大学出版社,1995年。
8. 西蒙·詹姆斯、克里斯托弗·诺布斯,《税收经济学》,罗晓林译,中国财政经济出版社,1988年。
9. 高培勇,《西方税收——理论与政策》,中国财政经济出版社,1993年。
10. 陈共,《税收基础》,天津人民出版社,1987年。
11. 陈共,《财政学》,中国人民大学出版社,2004年。
12. 刘宇飞,《当代西方财政学》,北京大学出版社,2003年。
13. 邓子基,《税种结构研究》,中国税务出版社,2000年。
14. 安体富等,《税收负担研究》,中国财政经济出版社,1999年。
15. 胡怡建,《税收学》,上海财经大学出版社,1999年。
16. 杨秀琴、钱晟,《中国税制教程》,中国人民大学出版社,1999年。
17. 王陆进,《发展税收研究》,中国财政经济出版社,1998年。
18. 林江等,《税收原理》,中国财政经济出版社,2004年。
19. 王传纶、高培勇,《当代西方财政经济理论》,商务印书馆,1995年。
20. 高培勇,《中国税费改革问题研究》,经济科学出版社,2004年。
21. 理查·M. 伯德,《税收政策与经济发展》,中国财政经济出版社,1996年。
22. 项怀诚,《中国财政体制改革》,中国财政经济出版社,1994年。
23. 钱晟,《税收负担的经济分析》,中国人民大学出版社,2000年。
24. 岳树民、张松,《纳税人的权利与义务》,中国人民大学出版社,2000年。
25. 王全喜,《国际税收》,中国对外经济贸易出版社,1991年。

26. 王全喜、张晓农，《如何计算和缴纳营业税》，中国人民大学出版社，2000 年。

27. 王全喜，《企业税务管理》，天津社会科学院出版社，2001 年。

28. 迈伦·斯科尔斯等，《税收与企业战略》，张雁翎译，中国财政经济出版社，2004 年。

29. 王乔等，《比较税制》，复旦大学出版社，2004 年。

30. 岳树民，《中国税制优化的理论分析》，中国人民大学出版社，2003 年。

31. 杨斌，《比较税收制度——兼论我国现行税制的完善》，福建人民出版社，1993 年。

32. 于海峰，《中国现行税制税收运行成本分析》，中国财政经济出版社，2003 年。

33. 杨震，《中国增值税转型经济影响的实证研究》，中国财政经济出版社，2005 年。

34. 中国注册会计师协会，《税法》，经济科学出版社，2009 年。

35. 宋献中等，《税收筹划与企业财务管理》，暨南大学出版社，2002 年。

36. 谈多娇，《税收筹划的经济效应研究》，中国财政经济出版社，2004 年。

37. 王延明，《中国公司所得税负担研究》，上海财经大学出版社，2004 年。

38. 盖地，《企业税务筹划理论与实务》，东北财经大学出版社，2005 年。

39. 翟继光，《企业纳税筹划优化设计方案》，电子工业出版社，2009 年。

40. 萨莉·M.琼斯等，《税收筹划原理》，梁云凤译，中国人民大学出版社，2008 年。

41. 蔡昌，《最优纳税方案设计》，中国财政经济出版社，2007 年。

南开大学出版社网址：http://www.nkup.com.cn

投稿电话及邮箱：　022-23504636　　QQ：1760493289
　　　　　　　　　　　　　　　　　QQ：2046170045(对外合作)
邮购部：　　　　　022-23507092
发行部：　　　　　022-23508339　　Fax：022-23508542

南开教育云：http://www.nkcloud.org

App：南开书店 app

　　南开教育云由南开大学出版社、国家数字出版基地、天津市多媒体教育技术研究会共同开发，主要包括数字出版、数字书店、数字图书馆、数字课堂及数字虚拟校园等内容平台。数字书店提供图书、电子音像产品的在线销售；虚拟校园提供 360 校园实景；数字课堂提供网络多媒体课程及课件、远程双向互动教室和网络会议系统。在线购书可免费使用学习平台，视频教室等扩展功能。